Johann Peter Hebel

Werkauswahl

GS-Verlag Basel

Ausgewählt und eingeleitet von Beat Trachsler

Dank
Die Herausgabe dieser Publikation wurde vom Trägerverein des GS-Verlags Basel finanziell unterstützt. Für einen namhaften Druckkostenbeitrag dankt der Verlag ferner E.E. Zunft zu Weinleuten Basel.

Umschlag: Unter Verwendung der Kreidezeichnung von F. Iwanow

Die Deutsche Bibliothek – CIP-Einheitsaufnahme

Hebel, Johann Peter:
Werkauswahl / Johann Peter Hebel. - Basel: GS-Verl., 1991
 ISBN 3-7185-0114-7
NE: Hebel, Johann Peter: [Sammlung]

© 1991 GS-Verlag Basel
Umschlag: Beat Trachsler, Basel
Schneider-Fotosatz Grenzach
ISBN 3-7185-0114-7

Inhalt

Johann Peter Hebels Wesen, Werk, Wirkung   XI

Alemannische Gedichte

Die Wiese	3
Freude in Ehren	11
Die Irrlichter	12
Der Schmelzofen	15
Der Morgenstern	19
Der Karfunkel	22
Das Hexlein	29
Der Mann im Mond	30
Die Marktweiber in der Stadt	32
Der Sommerabend	35
Die Mutter am Christabend	37
Eine Frage	39
Noch eine Frage	41
Gespenst an der Kanderer Strasse	42
Der Käfer	44
Der Statthalter von Schopfheim	45
Der Schreinergesell	54
Hans und Verene	55
Der Winter	57
Das Habermus	58
Wächterruf	61
Der Bettler	62
Der Storch	64
Sonntagsfrühe	67
Auf einem Grabe	69
Der Wächter in der Mitternacht	71
Der zufriedene Landmann	74
Die Vergänglichkeit	76
Der Jänner	80
Der Knabe im Erdbeerschlag	83
Das Spinnlein	84

Dem aufrichtigen und wohlerfahrnen Schweizerboten an seinem Hochzeittage	86

Nachträge
Die Feldhüter	91
Des neuen Jahres Morgengruss	95
Geisterbesuch auf dem Feldberg	98
Der Abendstern	103
Der Schwarzwälder im Breisgau	106
Riedligers Tochter	107
Die Überraschung im Garten	112
Das Gewitter	114
Agatha an der Bahre des Paten	116
Die Häfnet-Jungfrau	117
Auf den Tod eines Zechers	120
Der Wegweiser	120
Der Sperling am Fenster	123
Hephata, tue dich auf!	126
Das Liedlein vom Kirschbaum	129
Der allzeit vergnügte Tabakraucher	130
Erinnerung an Basel	131

Worterklärungen   135

Kalendergeschichten
Kalendergeschichten aus dem «Schatzkästlein des rheinischen Hausfreundes»

Vorrede	147
Allgemeine Betrachtungen über das Weltgebäude	148
Die Erde und die Sonne	148
Denkwürdigkeiten aus dem Morgenlande	153
Zwei Gehülfen des Hausfreunds	155
Kindesdank und -undank	157
Das wohlfeile Mittagessen	159
Das Mittagessen im Hof	160
Der kluge Richter	161
Der schlaue Husar	162

Der Zahnarzt	163
Zwei Erzählungen	166
Das wohlbezahlte Gespenst	168
Der vorsichtige Träumer	170
Missverstand	170
Eine sonderbare Wirtszeche	171
Seltsamer Spazierritt	172
Drei Wünsche	173
Eine merkwürdige Abbitte	176
Der schlaue Pilgrim	177
Untreue schlägt den eigenen Herrn	178
Jakob Humbel	180
Franz Ignaz Narocki	184
Der Wegweiser	185
Brotlose Kunst	186
Glück und Unglück	187
Kannitverstan	189
Schlechter Lohn	191
Der Femdling in Memel	192
Das seltsame Rezept	193
Einfältiger Mensch in Mailand	193
Der Barbierjunge von Segringen	194
Merkwürdige Gespenstergeschichte	195
Gute Antwort	199
Drei andere Wünsche	199
Der Husar in Neisse	200
Ein Wort gibt das andere	203
Moses Mendelssohn	204
Ein teurer Kopf und ein wohlfeiler	205
Teure Eier	205
Die drei Diebe	206
Hohes Alter	209
Merkwürdige Schicksale eines jungen Engländers	209
Der Rekrut	213
Böser Markt	213
Der silberne Löffel	216
Einträglicher Rätselhandel	217
Des Seilers Antwort	220
Der geheilte Patient	221

Wie der Zundelfrieder und sein Bruder dem roten Dieter abermal einen Streich spielen	224
Der kluge Sultan	225
Wie man aus Barmherzigkeit rasiert wird	226
Der Zirkelschmidt	227
Der Star von Segringen	228
Wie man in den Wald schreit, also schreit es daraus	230
Das letzte Wort	231
Gutes Wort, böse Tat	232
Der geduldige Mann	233
Der schlaue Mann	233
Der Heiner und der Brassenheimer Müller	234
Der falsche Edelstein	236
Das schlaue Mädchen	238
Ein gutes Rezept	239
Vereitelte Rachsucht	240
Wie eine greuliche Geschichte durch einen gemeinen Metzgerhund ist an das Tageslicht gebracht worden	243
Seltsame Ehescheidung	244
Der listige Steiermarker	245
Etwas aus der Türkei	247
Wie der Zundelfrieder eines Tages aus dem Zuchthaus entwich und glücklich über die Grenzen kam	248
Die leichteste Todesstrafe	249
Die Bekehrung	250
Der fremde Herr	251
Teures Spässlein	253
Unverhofftes Wiedersehen	254

Kalendergeschichten, die nicht ins «Schatzkästlein» aufgenommen wurden

Feuerfünklein	259
Der listige Kaufherr	259
Drei Worte	261
Geschwinde Reise	262
Der schwarze Mann in der weissen Wolke	264

Die betrogenen Zecher	266
Der Lehrjunge	267
Der Wasserträger	268
Die Tabaksdose	269
Zwei honette Kaufleute	271
Der listige Quäker	271
Die Schmachschrift	272
Der Prozess ohne Gesetz	275
Wie sich der Zundelfrieder hat beritten gemacht	277
Der Wolkenbruch in Türkheim	281
Der grosse Schwimmer	282
Mittel gegen Zank und Schläge	284
Wie einmal ein schönes Ross um fünf Prügel feil gewesen ist	286
Die nasse Schlittenfahrt	288
Der Bauersmann und der Visitator	289
Dankbarkeit	290
Tod vor Schrecken	291
Franziska	292
Hochzeit auf der Schildwache	296
Der gläserne Jude	299
Einer oder der andere	300
Die Probe	301
Die Schlafkameraden	303
Der Friedensstifter	306
Glück und Unglück	307
Verloren oder gefunden	307
List gegen List	308
Hülfe in der Not	311
Gleiches mit Gleichem	314
Der Schneider in Pensa	317
Die Wachtel	322
Der vorteilhafte Rosshandel	324
Einer Edelfrau schlaflose Nacht	325
König Friedrich und sein Nachbar	328
Der Wettermacher	330
Missverstand	332
Die Ohrfeige	333
Der geschlossene Magen	333

Ist der Mensch ein wunderliches Geschöpf	333
Seines gleichen	335
Herr Charles	337
Der Handschuhhändler	341
Das Branntweingläslein	342
Der sicherste Weg	344
Der Herr Graf	344

Johann Peter Hebels
Wesen, Werk, Wirkung

Das Wissen um Johann Peter Hebels Leben und Werk (1760–1826) ist bei der jüngeren deutschsprachigen Generation zusammengeschmoret wie der Sonntagsbraten in der Pfanne. Wenn heute ein Realschüler oder ein Gymnasiast Hebels Namen in Verbindung zu bringen weiss mit dem nichtsnutzigen Dieterli, der auf dem Mond Wellen machen muss, oder mit dem unhöflichen Knaben, der daran schuld ist, dass die Erdbeeren nicht mehr bschüssig sind, dann ist dies schon viel. Und wenn ein solcher Schüler die Geschichte vom 'Kannitverstan' kennt oder die Streiche des Spitzbuben-Trios Zundelheiner, Zundelfrieder und roter Dieter, dann darf man ihn bedenkenlos zu den literarisch Gebildeten seiner Generation zählen.

Der Schreibende weiss, wovon er spricht, denn er ist selber Schulmeister, und eigentlich müsste er sich an der eigenen Nase nehmen, weil er sich allzu brav an den vorgeschriebenen Stoffplan hält, der den Schülern ne freudig Stündli oder zwei mit Johann Peter Hebel vorenthält. Jetzt aber, wo er sich mit dem vorliegenden Lesebuch in der Hand, in dem fast sämtliche Alemannischen Gedichte Hebels und die spannendsten Kalendergeschichten enthalten sind, aufs Katheder schwingen kann, jetzt will er sich bessern! Allerdings: Er wird sich vorbereiten müssen, denn manches Wort und manche Wendung wird zu erklären sein, weil sie aus der Mode gekommen sind. Sowohl die alemannische Mundart als auch die deutsche Schriftsprache haben sich seit Hebels Tagen verändert. Nicht verändert hingegen, nicht aus der Mode gekommen ist der Inhalt der Gedichte und Geschichten, die der in Basel geborene, in Hausen im Wiesental beheimatete und in der baden-württembergischen Residenzstadt Karlsruhe wirkende Autor Johann Peter Hebel aufgeschrieben hat. Ob möglicherweise die Vorbereitung, um die heute notwendigen Erklärungen geben zu können, der Grund ist für den Verzicht auf die

Hebellektüre in der Schulstunde? Wir wollen es nicht hoffen! Nicht von ungefähr wurden übrigens oben die Hebel-Kenntnisse am Gymnasiasten und am Realschüler gemessen: mit beiden Schultypen hat sich Hebel im Laufe seines Lebens intensiv beschäftigt.

Der geneigte Leser wird bereits bemerkt haben, dass diese Einleitung kein gelehrtes Mäntelchen umgehängt bekommen hat, sondern dass da in einfachen Worten eine Handvoll Hinweise gegeben wird auf Hebels Wesen, Werk und Wirkung, vor allem aber auf seine Alemannischen Gedichte und die Kalendergeschichten.

Bevor es jedoch soweit ist, noch ein Wort zur Textvorlage und Textgestaltung dieser Ausgabe: Bereits der frühen Hebelforschung war bekannt, dass es keine einfache Sache ist, Hebels Texte herauszugeben; was beispielsweise die Alemannischen Gedichte angeht, unter anderem deshalb, weil manche von ihnen nicht nur in einer einzigen Fassung überliefert sind — beziehungsweise in einer von Hebel gar nicht oder nicht sorgfältig überprüften Fassung — oder weil sie von Ausgabe zu Ausgabe mit wechselnden Druckfehlern weitergegeben wurden. Kein Wunder, sah sich der Basler Germanist Wilhelm Altwegg veranlasst, im Nachwort seiner zweibändigen Hebel-Ausgabe (1958) zu bemerken: "Bei den Alemannischen Gedichten, diesem eigentlichen Sorgenkind jeder Hebelausgabe, ist es allmählich Brauch geworden, sie nach der Erstausgabe von 1803 abzudrucken. Damit wird aber Hebels eigenes Gebot missachtet, der seinen Gedichten in der Heimatmundart das Weiterleben in der Form wünschte, die er ihnen nach reiflicher und ausführlich begründeter Überlegung im Jahre 1820 gegeben hatte. An Hebels klaren und mehr als nur ein ästhetisches Bekenntnis darstellenden Willen haben wir uns zu halten, mag uns selber auch manches der Erstauflage wegen seiner grösseren Kernigkeit oder bis zur Derbheit gehenden Sinnlichkeit und Frische den Vorzug zu verdienen scheinen."

Angesichts solcher Schwierigkeiten, denen sich auch ein heutiger Herausgeber von Hebels Alemannischen Gedichten — bei den Kalendergeschichten sind die Probleme etwas geringer — gegenübersieht, wenn er die Texte nicht für ein paar Gelehrte edieren will, sondern für jene Menschen, für die sie Hebel verfasst hat, nämlich 'für das Volk', 'für Freunde ländlicher Natur und Sitten' — angesichts solcher Schwierigkeiten schien folgendes Vorgehen angebracht: Reihenfolge der Texte gemäss der bereits erwähnten Ausgabe von Wilhelm Altwegg (Zürich, Atlantis-Verlag, 1958); Übernahme des Textes samt Glossar zu den Alemannischen Gedichten, aber: Satzzeichensetzung gemäss den heute geltenden Regeln und nicht als rhetorische Hilfe wie bei Hebel; Anführungszeichen sind im Text zwei Sorten zu finden: französische «...», um eine direkte Rede zu kennzeichnen, englische „...", wenn jemand etwas denkt; Umwandlung von ß in ss; konsequentes Setzen des Binde-n, wenn das folgende Wort mit einem Selbstlaut beginnt; Vereinheitlichung von: efange — afange in efange, von allewil — alliwil in alliwil, von neumis — näumis in näumis, von Chilchspiel — Chilspel in Chilchspiel, von denkwohl — denkwol in denkwol, von eilf — elf in elf, von Sprüchwort — Sprichwort in Sprichwort; Verbesserung von offensichtlichen Setzfehlern.

Es war eben von der historisch-kritischen Ausgabe von Hebels literarischer Hinterlassenschaft die Rede. Dies ist nicht ohne Absicht geschehen, denn der von der Hebelforschung lange gehegte Wunsch nach einer solchen Ausgabe wird bald in Erfüllung gehen: Der traditionelle Hebel-Verlag C.F. Müller in Karlsruhe wird in zwölf Bänden herausbringen, was Professor Dr. theol. Gustav Adolf Benrath (Mainz), Adrian Braunbehrens (Heidelberg) und Dr. phil. Peter Pfaff (Heidelberg) mit akribischem Fleiss an Wissen zusammengetragen und mit wahrem Pioniergeist aufgezeichnet haben.

"Ich bin von armen, aber frommen Eltern geboren, habe die Hälfte der Zeit in meiner Kindheit bald in einem einsamen Dorf, bald in den vornehmen Häusern einer berühmten Stadt zugebracht. Da habe ich frühe gelernt, arm sein und reich sein."

Diese Sätze stehen in einem höchst bemerkenswerten Schriftstück von Hebels Hand: in der 1820 aufgesetzten

'Niegehaltenen Antrittspredigt vor einer Landgemeinde'. In dieser Selbstvorstellung finden sich eine ganze Reihe von Mitteilungen über den Lebensgang des Autors: „Ich habe schon in dem zweiten Jahre meines Lebens meinen Vater, in dem dreizehnten meine Mutter verloren. Aber der Segen ihrer Frömmigkeit hat mich nie verlassen... Gott hat mir an Elternstatt wohltätige Berater meiner Jugend und treue Lehrer der weltlichen Weisheit und des geistlichen Berufes gegeben... An einem friedlichen Landorte, unter redlichen Menschen als Pfarrer zu leben und zu sterben, war alles, was ich wünschte... Aber, o Gott, auf welchem langen Umweg hast du mich an das Ziel meiner Wünsche geführt! Elf Jahre lang, bis an das einunddreissigste meines Lebens, wartete ich vergeblich auf Amt und Versorgung. Alle meine Jugendgenossen waren versorgt, nur ich nicht... Doch ich wurde unversehens in die Residenz berufen, aber zu keinem Pfarramt. Ich bin von Stufe gestiegen zu Stufe, aber nie zu einem Pfarramt. Ich habe vielleicht zweitausend Jünglinge in Sprachen und Wissenschaften unterrichtet... Ich habe die Liebe und Achtung vieler guter Menschen, ich habe das Vertrauen und die Gnade unserer Fürsten genossen. Ich bin Mitglied der obersten Kirchenbehörde geworden. Ich bin zuletzt mit einer in unserer vaterländischen Kirche noch nie erhörten Würde geehrt worden und mit Fürsten im Rat gesessen. So bin ich an einer unsichtbaren Hand immer höher hinan, immer weiter von dem Ziel meiner bescheidenen Wünsche hinweggeführt worden; und als ich am weitesten glaubte entfernt zu sein, war ich am nächsten. Was ich im zwanzigsten Jahre meines Lebens bald zu erlangen hoffte, gab mir Gott im sechzigsten."

Das nun entspricht nicht der Wahrheit: Gott hat Hebel auch im sechzigsten Jahr nicht gegeben, was er ihm im zwanzigsten vorenthalten hatte, nämlich ein Pfarramt im geliebten und, verursacht wohl durch die Distanz — Hebel lebte seit Ende 1791 in Karlsruhe, der erst 1715 gegründeten Residenzstadt der Markgrafen von Baden-Durlach — in der Erinnerung an seine Jugend verherrlichten Wiesental.

Am 10. Mai des Jahres 1760 kam in einem der hohen,

schmalen Häuser an der St. Johanns-Vorstadt in Basel (heute Totentanz Nr. 2) ein Knabe zur Welt, den man drei Tage später in der nahen Peterskirche auf den Namen seiner beiden Basler Paten, Johann Peter, taufte. Wer hätte damals gedacht, dass dieses Knäblein der Dichter würde unserer baselstädtischen 'Nationalhymne', des Frau Meville-Kolb gewidmeten, mit 'Erinnerung an Basel' überschriebenen, aber nach seiner Eingangszeile besser bekannten Gedichts 'Z' Basel an mim Rhi'?

Denn dieser Dichter war immerhin, was seine Eltern betraf, ein Ausländer; die anno 1726 geborene Mutter, Ursula Oertlin, stammte aus dem markgräflich-badischen Hausen im Wiesental, und der Leinenweber Johann Jakob Hebel, der Vater, war aus dem fränkischen Städtlein Simmern im Hunsrück an die Stadt am Rheinknie gekommen, wo beide bei der Patrizierfamilie Johann Jakob Iselin-Ryhiner im Dienste standen.

Den Winter 1759/60 hatte das junge Paar – die Hochzeit fand 1759 in Hauingen hinter Lörrach statt – in Hausen verbracht. Mit der wärmeren Jahreszeit aber nahmen die beiden wieder die Arbeit im Iselinschen Haushalt auf.

Als ein Jahr nach der Geburt eines Sohnes auch ein Mädchen zur Welt kam, schien das Glück bei der Familie Hebel eingekehrt zu sein. Aber schon wenige Wochen nach Susannes Geburt erkrankte die Familie schwer, vermutlich an Typhus, und, obwohl sie unverzüglich nach Hausen 'in die gesunde Luft' flüchtete, starb der Vater, erst 41jährig, am 26. Juli 1761. Die kleine Susanne folgte ihm eine Woche später ins Grab.

Während der nächsten Jahre vertauschte die Mutter im Winter den Wohnort Basel jeweils mit ihrem Heimatort Hausen. So kam es, dass der kleine Hanspeter als Stadtbub und als Bauernbub aufwuchs. Tief prägten sich, wie unter anderem auch im eben erwähnten Gedicht 'Z' Basel an mim Rhi' festzustellen ist, die Eindrücke jener Zeit in sein Gedächtnis ein.

Vom sechsten bis zum zwölften Lebensjahr ging der kleine Hebel in Hausen zur Schule. Sein Lehrer, Andreas Grether (1728–1801), der die zu Hebels Zeit 60 bis 90 Kinder des etwa 370 Einwohner zählenden Dorfes mit Strenge und für 48 Kreuzer pro Kopf und Jahr unterrichtete, kümmerte sich offenbar wie ein Vater um den aufgeweckten und begabten Jungen. Das Andenken an diesen Dorfschulmeister trug Hebel stets in dankbarem Herzen — wie er sich überhaupt seinen Lehrern gegenüber für das ihm vermittelte Wissen dankbar zeigte — und äusserte sich oft mit Rührung und Achtung über ihn. Grether nahm sich des Jungen auch insofern an, als er ihn, den Gepflogenheiten der Zeit entsprechend, nicht mit Züchtigungen verschonte. So hatte er dem Jungen auch einmal Schläge verabreicht, weil dieser ihn auf der Schultür mit Kohle karikiert hatte.

Hebel schrieb später in der Kalendergeschichte 'Eine Gerechtigkeit' über die Schläge: „Es waren nicht die ersten, auch nicht die letzten, auch nicht die schlechtesten, und hat der Schulherr wohl daran getan."

Ursula Hebel hat ihren Sohn offenbar zur Zufriedenheit auch des Schopfheimer Diakons, der gleichzeitig in Hausen Pfarrer war, Karl Friedrich Obermüller (1739–1810) erzogen, denn er erwähnt die 'Ursula Hebelin, Wittib' (= Wittwe) in einer Liste jener Personen, die ihre Kinder 'auf den rechten Weg' bringen. Dass sich zwischen seiner Mutter und ihm eine starke Bindung entwickelte, hat Hebel selbst und haben seine Biographen mehrfach betont. Umso verständlicher ist es, dass es daher für den Dreizehnjährigen einen Schock bedeutete, als aus der Stadt die Nachricht kam, die Mutter sei erkrankt und wolle nach Hause gebracht werden, und als dann der Heimweg für sie zum Heimgang wurde. Hebel hat diese Begegnung mit dem Tod zwischen Brombach und Steinen nie vergessen und viele Jahre später seiner Mutter und dem Ort ein literarisches Denkmal gesetzt im alemannischen Gedicht 'Die Vergänglichkeit'. Der weit über sein Fach Geschichte hinaus in literarischen und kulturellen Fragen kompetente Basler Professor Jacob Burckhardt (1818–1897) hat das visionäre Zwiegespräch zwischen Vater und Sohn über die Hinfälligkeit allen Menschenwerks und der Welt überhaupt eines der "ewigen, grossen Gedichte der Weltliteratur" genannt. Sind solche Worte höchster

Anerkennung über ein Gedicht, das in Mundart geschrieben ist, nicht erstaunlich? — Wir werden sehen, mit welchem Ernst und mit welchem Forschereifer sich Hebel seinem Dialekt zu nähern versucht hat, um ihn in seinen Wurzeln zu begreifen.

Während den Sommermonaten 1766 bis 1768 drückte Hanspeter Hebel in der Gemeindeschule St. Peter in Basel die Schulbank, ganz in der Nähe, wo heute sein Denkmal steht, und 1772 besuchte er die dritte Klasse des 'Gymnasiums auf Burg', des heutigen Humanistischen Gymnasiums auf dem Münsterhügel. Hebels erster Biograph schrieb: "Ausserdem aber empfing Hebel auch in Basel Unterricht im Lateinischen, so wie im Zeichnen und in anderen Lehrgegenständen." Wahrscheinlich fühlte sich der Schüler Hebel in der Schulstube des 'Kandidaten' (Kandidat für das Pfarramt) Eucharius Müller nicht besonders wohl, und es scheint auch hier zuweilen Tatzen abgesetzt zu haben, denn im Gedicht 'Z' Basel an mim Rhi' heisst die zweite Strophe:

> In der Münsterschuel
> uf mim herte Stuehl
> mag i zwor jez nüt meh ha,
> d'Töpli stöhn mer nümmen a
> In der Basler Schuel.

Wichtiger als die Basler Schulen wurde für den kleinen Hebel aber die Schopfheimer Lateinschule. Er war einer der ersten Schüler dieser eben gegründeten Schule. Sie bestand nur aus zwei Klassen mit vier Schülern in der ersten und zwei in der zweiten Klasse. Der Unterricht dauerte jeweils zwei Stunden an vier Vormittagen. Daher war es Hebel möglich, gleichzeitig auch noch die Hausener Schule zu besuchen. Es ist übrigens unklar, wann Hebels Schopfheimer Zeit begann. Möglicherweise hatte er schon 1769, das heisst noch bei August Gottlieb Preuschen (1733–1803), dem Vorgänger von Obermüller als Diakon von Schopfheim und Pfarrer von Hausen, Lateinunterricht, der in jenem Jahr als Hofdiakon nach Karlsruhe versetzt worden war.

Da Hebel ein kleines Vermögen von 2500 Gulden geerbt hatte, resultierend aus einem Legat (Schenkung) von 'Herrn Brigadier Iselin zu Basel', aus dem Erlös des Elternhauses — noch heute steht es rebenumrankt an der Dorfstrasse in Hausen als Nachbarin der Kirche — und den dazugehörigen Grundstücken, konnte er, nach seiner vorgezogenen Konfirmation, ab 1774 unter den Fittichen Preuschens seine Schulausbildung am Karlsruher 'Gymnasium illustre' fortsetzen. Unter der Regierung des Markgrafen Karl Friedrich erlebte das 'Gymnasium illustre' eine Blütezeit. Der Herrscher wurde ein Vorbild für aufklärerische Schulpolitik. Man sagte über ihn, dass „die Verbesserung der Schulen und Sitten den wichtigsten Gegenstand seiner Regentensorge" darstelle. Im übrigen waren die Markgrafen von jeher am Ausbau ihres Gymnasiums interessiert, weil das Fürstentum Baden-Durlach keine eigene Universität besass.

1761 machte der Colmarer Dichter Gottlieb Konrad Pfeffel den Vorschlag, das Gymnasium zur Universität auszubauen, und der Physiokrat (Gelehrter der Volkswirtschaft) Johann August Schlettwein (1731–1802), der den Markgrafen bis 1773 beraten konnte, hob in einem Gutachten 1764 hervor, ein Gymnasium sei nicht nur Gelehrtenschule, sondern müsse auch den Kindern offenstehen, die nicht zum Studieren bestimmt seien, „sondern der Schreiberey, den Künsten, Handwerken, und andern Geschäften des menschlichen Lebens." Allen Gymnasiasten sollte nach Schlettwein Realunterricht erteilt werden.

Als Hebel 1774 ins Gymnasium eintrat, waren bereits Bestrebungen im Gange, den Unterricht auf die neue wissenschaftliche Entwicklung auszurichten. So kam es, dass Hebel schon während seiner Karlsruher Gymnasiastenzeit die Möglichkeit hatte, sich Kenntnisse der realen Welt anzueignen oder sich zumindest Einsicht zu verschaffen in die Bedeutung der 'natürlichen Dinge'. Denn dies sollte Hebel nützlich werden, als er sich als Präzeptoratsvikar am Lörracher Pädagogium für 'pädagogischen Realismus' stark machte, sowie für seine 'Betrachtungen über das Weltgebäude', die er als Kalendermann verfasste.

Die Karlsruher Realschule, die gerade zu dem Zeitpunkt

gegründet wurde, als Hebel eintraf, stellte einen Markstein dar auf dem Weg, in Süddeutschland Realschulen einzurichten. Neben dem eigentlichen Gymnasium gab es nun also in der Residenzstadt einen dreijährigen Oberstufenkurs, in dem die sogenannten 'Exemten', die Schüler mit der besonderen Ausbildung, akademische Studien treiben konnten. Hebel, der in der Herbstprüfung 1774 den siebten — von sechzehn — und im Frühjahr 1775 gar den vierten Platz in seiner Klasse belegt hatte, wurde mit sieben anderen Schülern zu den 'Exempten' promoviert. Während zunächst den sechzehn Schülern, von denen nur vier nicht Theologie als Studienziel angegeben hatten, die üblichen Gelehrtenschulkenntnisse, vor allem in den alten Sprachen vermittelt wurden, standen in der Oberstufe die Realwissenschaften auf dem Lehrplan. So wurden im ersten Halbjahr vierzehn Stunden Mathematik, Geographie und Geschichte angeboten, im letzten 11 Stunden Physik, Naturrecht und badische Geschichte.

Als sich Hebel 1778 zum Abschlussexamen anmeldete, war er bereits Mitglied der 'lateinischen Sozietät'. Nach der Prüfung, die so ausfiel, dass man ihn mit gutem Gewissen zur Vollendung seiner Studien schicken konnte, reiste Hebel für zwei Jahre nach Erlangen, um an der dortigen Universität Theologie zu studieren. Über seine Studentenzeit ist wenig bekannt. Wohl aber dies, dass sein Vormund damals nicht die notwendigen Gulden schickte und August Gottlieb Preuschen, der den Schüler während seiner Karlsruher Zeit unentgeltlich bei sich hatte wohnen lassen, wegen eines Vorschusses bei den Behörden nachfragen musste. Es hiess im Schreiben: „...dass der Stud. Hebel, der alle gute Hofnung von sich gibt, in seinem Studiren nicht möge behindert werden..."
1780 legte Johann Peter Hebel in Karlsruhe sein theologisches Staatsexamen ab. Ob die Prüfung nicht nach den Erwartungen seiner Gönner ausfiel, ist ungewiss. Feststeht lediglich, dass sich die Gönner zurückzogen, auch Preuschen.

In seiner 'Niegehaltenen Antrittspredigt vor einer Landgemeinde' beklagt sich Hebel — man erinnert sich — er habe elf Jahre lang 'vergeblich auf Amt und Versorgung' gewartet, von seinen 'Jugendgenossen' sei nur er unversorgt geblieben. Ludwig Fertig [vergl. Ludwig Fertig, Johann Peter Hebel der Schulfreund, Reihe: Poeten als Pädagogen, Darmstadt (Wissenschaftliche Buchgesellschaft) 1990] sagt nun in seiner Studie, dass es um 1780 auch in Baden ein ganz gewöhnlicher Vorgang gewesen sei, wenn ein Zwanzigjähriger auf eine Anstellung habe warten müssen. — Gewiss: er erhielt nicht gleich eine Landpfarrei im 'Oberland', wie er es sich wünschte, aber immerhin wurde er noch im selben Jahr 1780 als 'Vicarius ad tempus' Hauslehrer bei Pfarrer Philipp Jakob Schlotterbeck (1728—1786) in Hertingen im Markgräflerland. Es sei nicht verwunderlich, fährt Fertig fort, dass der Kandidat Hebel nicht sofort ordiniert worden sei, weil man dazu in der Regel das 23. Lebensjahr vollendet gehabt haben musste. — Schlotterbecks Gesuch von 1781 um Ordination wurde mit eben diesem Hinweis abgelehnt. Sein neuerlicher Vorstoss von 1782 wurde im August positiv entschieden. Von einer Benachteiligung Hebels kann demnach keine Rede sein! Bis 1783 blieb Hebel bei Schlotterbeck.

Anno 1783 war am Lörracher Pädagogium die Stelle des Präzeptoratsvikars frei geworden. Ein anderer Theologe hatte sie abgelehnt, unter anderem mit dem Hinweis auf die geringe Besoldung, und vorgeschlagen sie „einem jüngeren Candidaten, der etwas zuzusetzen hat, huldreichst zu übertragen". Daraufhin berief die Kirchenbehörde Hebel, obwohl dieser doch auch nicht allzuviel 'zusetzen' konnte. Hebel hat sich dann mit Privatstunden-Geben finanziell über Wasser gehalten. Er ist nämlich dem Ruf gefolgt. Am 28. März 1783 wurde die Bestallungsurkunde (Anstellungsvertrag) ausgefertigt. Die Besoldung erhielt Hebel allerdings erst ab dem 9. Mai! Im erhaltenen Kirchenratsprotokoll wird übrigens als Grund für Hebels Annahme des Rufes angegeben, er wolle sich ganz dem Schulstand widmen. Wenn Hebel wirklich diesen Wunsch geäussert hat, dann würde die ganze schöne Biographen-Theorie, Hebel habe nie und nimmer Lehrer werden wollen, über den Haufen geworfen.

Während Hebels Bedeutung als literarisch wirkender Volkserzieher, nämlich durch die 'Kalendergeschichten', und die pädagogische Absicht seiner Dichtung in der Vergangenheit bereits mehrfach dargestellt wurden, liegt jetzt auch eine gewissenhaft erarbeitete Rekonstruktion seiner Lehrerexistenz vor. Ludwig Fertig (vgl. oben) hat jüngst den Versuch unternommen, „Hebels Lehrerleben als Fall für pädagogische Tätigkeit um 1800 auszulegen". Es wird nun nicht mehr möglich sein, Hebels Lehrerlaufbahn allein von seiner dichterischen Tätigkeit und Bedeutung her zu interpretieren, denn schliesslich war der Dichter schon über zwei Jahrzehnte Lehrer, bevor er sich zu Wort gemeldet hat. Und er wird noch einmal zwei Jahrzehnte lang im Lehramt tätig sein. Es wäre also verfehlt, von Hebel nur als von einem Kirchenmann zu sprechen. Die folgende Übersicht entkräftet diese Auffassung: Von 1780 bis 1783 war Hebel Hauslehrer, danach bis 1791 Präzeptoratsvikar am Pädagogium in Lörrach, daraufhin Subdiakon am Karlsruher Gymnasium, 1792 wurde er Hofdiakon, 1798 ausserordentlicher Professor, 1806 Kirchenrat, 1808 Direktor des Gymnasiums, 1819 Prälat der evangelischen Landeskirche — bis 1824 hat Hebel am Karlsruher Gymnasium unterrichtet! Das Pädagogium, das seit dem späten 17. Jahrhundert seinen Sitz in Lörrach hatte, war bei Hebels Dienstantritt in guter Verfassung. Die Bestimmung in der Schulordnung von 1741, dass es dem Schulleiter bei einer Strafe von 20 Talern verboten ist, sich 'Prorector Gymnasii' zu nennen — er war nur der 'Prorector' — ist nur im Hinblick auf eine Rivalität zwischen dem Pädagogium und dem Karlsruher Gymnasium zu verstehen. Es würde zu weit führen, wollte man hier ein Bild vom Lörracher Pädagogium entwerfen; lediglich zwei wissenswerte Informationen sollen gegeben werden: die eine betrifft das 'Memorierungstreiben', die andere die Zusammensetzung des Kollegiums.

Nachdem bereits in den Statuten von 1719 und 1741 festgehalten worden war, dass das Pädagogium keine reine Memorierschule sein solle, in der die übliche 'Latinitätsgelehrsamkeit' gepflegt wurde, kamen die Lörracher Lehrer 1779 überein, vom stumpfsinnigen Auswendiglernen der Wörter abzukommen, weil es nicht nur eine 'Carnificie' sei, was soviel bedeutet wie: Schinderei, sondern den Schülern keinen grossen Nutzen bringe, da diese nur gerade jene Vokabeln im Kopf hätten, die sie kurz vor dem Examen repetieren mussten. Es sei vernünftiger, das Vokabellernen mit der Interpretation eines Textes zu verbinden. Leider ging die vorgesetzte Behörde in dieser Sache nicht auf Anhieb einig mit den fortschrittlichen Lörracher Lehrern.

Die Zusammensetzung des Kollegiums macht den Charakter des Pädagogiums deutlich: Der Schulleiter, der – wie gesagt – sich nur 'Prorector' nennen durfte, unterrichtete die Prima, die oberste Klasse. Bei Hebels Dienstantritt 1783 war es Tobias Günttert (1751–1821), der in Halle studiert hatte und nach der Hauslehrerzeit in Lörrach – wie dann Hebel auch – Präzeptoratsvikar und 1779 Prorector wurde. Hebel erinnerte sich später „des Wohlwollens und der Güte mit welcher er mich aufnahm und wie ein alter, vieljähriger Freund sich meiner annahm". Diesem Tobias Günttert wird Hebel 1792 aus Karlsruhe erstmals einen Brief in alemannischen Versen schreiben. In Güntterts Familie, die ebenfalls im Schulhaus, dem 'Kapitelhaus', wohnte, konnte der Junggeselle die Mahlzeiten einnehmen. – Der zweite Lehrer war der Präzeptoratsvikar. Er unterrichtete die Secunda, die die Schüler zwei Jahre lang zu besuchen hatten. Hebel hatte demnach keine 'Hilfslehrerstelle' inne, wie man aufgrund der bescheidenen Besoldung vermuten könnte!

Mit dem Geld, das für die Lörracher Vikarstelle zur Verfügung stand, musste sowohl der 'Präzeptoratsvikar' wie der 'Diakonatsvikar' bezahlt werden. Hebel erhielt drei Fünftel des Betrages, 168 Gulden; das heisst, er verdiente halb soviel wie der Schulleiter. – Diakonatsvikar war Karl Friedrich Ludwig Sonntag (1757–1799). Seine Pflicht war es, neben den Geschäften als Pfarr- und Dekanatshelfer durchschnittlich sechs Wochenstunden am Pädagogium zu unterrichten. Dieser 'Lehrerkollege' hat als erster Hebels Leben aufgeschrieben. Der dritte Lehrer schliesslich war ein sogenannter 'illiteratus'; das ist an sich eine wenig schmeichelhafte Bezeichnung – sie heisst übersetzt: ein Ungebildeter, was bedeutet: kein Studierter – doch scheint sie für den gebürtigen Schwaben Johann Christoph Riedel (1737–1799), den Präzeptor Riedel, passend gewesen zu sein, denn Hebel und seine Freunde hatten viel Ärger mit dem 'Schwabenhammel', diesem Muster eines stupiden Pedanten. Den Schülern 'seiner' Secunda erteilte Hebel 26 Wochenstunden, nämlich zwei Stunden Religionsunterricht, zwei Schreiben, zwei Rechnen, zwei Geometrie, zwei Geografie, eine Stunde deutsche Sprache, zwei Stunden Griechisch, eine Wiederholungsstunde und zwölf Stunden Latein.

"Mit reichem Segen wirkte er in seinem Berufe, und fand bei den Eltern, deren Kinder er unterrichtete, dankbare Anerkennung", notierte Sonntag über den Lehrer Hebel, der ihm in einem Brief – notabene dem ersten erhaltenen seiner Hand – die Auffassung mitteilte, „dass Tage, wie der Samstag ist, Tage der Erholung für den sein sollen, der eine Woche lang in die Schulstube eingesperrt war, Tage, die von ihm und nicht von andern sollen benutzt werden". An dieser Stelle klingt ein erstes Mal Hebels Leiden an der amtlichen Belastung an, das sich während der Karlsruher Zeit noch verstärken wird. Der Anlass für Hebels Bemerkung Sonntag gegenüber war die ein gutes Jahr nach seiner Anstellung ausgesprochene Weigerung, neben dem Schulamt auch noch den von ihm erwarteten kirchlichen Diensten nachzukommen.

Hier sei gleich noch eine Stelle in einem anderen Brief zitiert, die doch ernsthafte Zweifel daran aufkommen lässt, dass Hebel nichts anderes im Sinn gehabt habe, als so rasch wie möglich Pfarrer zu werden: „Allein finde ich nicht für gut, um einer Nebensache willen meine Pflicht beiseite zu setzen, und die mir anvertrauten und am Herzen liegenden Schulen [wohl: Schüler] entgelten zu lassen, wofür sie nichts können." Mit Nebensache war das Predigthalten gemeint!

War Johann Peter Hebel ein aufmüpfiger, dem Kirchenrat unangenehmer Zeitgenosse? Tatsache ist, dass Hebel vom Kirchenrat gerügt wurde, weil er seine Weigerung über Sonntag, also nicht auf dem Dienstweg, vorgebracht habe, und dass er seiner „Pflichten, der Kirche zu dienen uneingedenk sei". Er solle sich lieber freuen, dass er nicht ganz aus der Übung komme, liess sich der Kirchenrat weiter vernehmen. Man kann sich vorstellen, dass es diesem auch ein Dorn im Auge war, dass Hebel 1787 nicht, wie üblich, den ganzen 'Kleinen Katechismus' auswendig lernen liess.

Und dann Hebels 'Proteusertum'! Waren dies Gedanken und Verhaltensweisen, die einem jungen lutherischen Theologen anstanden?
Das 18. Jahrhundert war die Zeit der Männerbünde und Geheimgesellschaften. Hebel und Günttert bildeten einen Bund nach dem Muster einer Wiesentaler, einer 'Oberländer' Gemeinde, mit Günttert als Vogt (Bürgermeister), Hebel als Stabhalter (Stellvertreter) und einem Bammert (Bannwart, Feldhüter) in der Person des späteren Hofgerichtsrats August Welper (1770–1829). Um 1787 trat Friedrich Wilhelm Hitzig (1767–1849) dem Kreis bei. Vikar in der väterlichen Pfarrei Röttlen, wurde und blieb er Hebels bester Freund. Nach Hebels Abberufung nahm er dessen Stelle am Lörracher Pädagogium ein, dann erhielt er die Pfarrei seines Vaters zugewiesen. Im Grunde war es Hitzig gegönnt, jenes Leben zu führen, das Hebel für sich, zumindest zeitweilig, ersehnte.
Anstoss für die vier jungen lutherischen Theologen, sich halb ironisch und halb im Ernst mit Proteus, dem heidnischen Gott, der Seiendes in Nichtseiendes verwandelt, zu beschäftigen, war eine Rezension in der 'Jenaischen Allgemeinen Litteraturzeitung' über eine Arbeit zur antiken Philosophie, insbesondere über das Nichtseiende in der Lehre des griechischen Philosophen Parmenides, in der das allgebärende Nichts als Ursprung der Welt erklärt wurde. 'Proteuser' nannten sich die Freunde, die den Schwarzwälder Belchen emphatisch zum Altar ihres Gottes Proteus bestimmt hatten. Der Name 'Belchismus' stand für eine neue Art des Naturerlebnisses. Eine der ersten eigenständigen dichterischen Äusserungen Hebels verdankt ihre Entstehung dieser neuartigen Naturbegegnung: die Hymne 'Ekstase'.

"Naturerlebnis und visionäre Begabung werden in Mundart und in gemeisterter Form in den alemannischen Gedichten ihren endgültigen Niederschlag finden", urteilt Uli Däster in seiner Hebel-Monographie (Rowohlt Taschenbuch Verlag, 1973). Und er fährt fort: „Ein weiteres Motiv wird dort die Liebe sein. Auch ihr ist Hebel in den Lörracher Jahren begegnet."

In Güntterts Haus nämlich lernte Hebel dessen junge Schwägerin Gustave Fecht (1768–1828) kennen. In den Briefen an sie begegnet uns Hebel als ein empfindsamer junger Mann, der sich allerdings später scheuen wird, den Schritt in die Ehe zu wagen. Beide blieben unverheiratet. Der Briefwechsel aber hielt an bis zu Hebels Tod.

Im Februar 1789 schien es Hebel an der Zeit, sich beim Markgrafen wegen einer Beförderung bemerkbar zu machen. Sein Gesuch hat er so geschickt abgefasst, dass der Adressat den Wunsch nach einer Pfarrei wie den Wunsch nach einer besser bezahlten Schulstelle herauslesen konnte. Der Brief wurde an den Kirchenrat Walz (1718–1792) weitergeleitet, der notierte, er sei wieder vorzulegen, wenn es Zeit für Promotionen sei. Ende Jahr meldete sich Hebel wieder beim Markgrafen mit der „untertänigsten Bitte, im Fall dass mit dem Prorektorat an diesem Pädagogium eine Veränderung vorgehen sollte, dass Euer Hochfürstliche Durchlaucht die Stelle eines Prorektors mir in Gnaden zuzuwenden geruhen mögen". Hebel hoffte, Lörracher Schulleiter werden zu können!

Da scheint Hebel, einem erhaltenen Brieffragment zufolge, Anfang 1790 eine Pfarrstelle in Aussicht gestellt bekommen zu haben, aber er lehnte ab mit dem Hinweis auf seine angegriffene Stimme, betonte aber, dass ihm das Unterrichten nicht schade, „wenn er sich vor Schreien und Zorn hüte". Diese Bemerkung mag der Anlass sein, einen kurzen Blick in eine Schulstube zu werfen und Hebel beim Unterricht zu beobachten. Es ist allerdings eine Schulstube im Karlsruher 'Gymnasium illustre', wo Hebel von 1791 bis 1824 Lehrer war. Der Augen- und Ohrenzeuge ist einer seiner letzten Schüler. Dieser schreibt: „In hohem Grad besass Hebel die Gabe, das Interesse der Schüler für den Lehrgegenstand anzuregen; noch als Greis hatte er die geistige Frische bewahrt, der Jugend nahe zu stehen. Auch waren wir ihm mit hingebender Verehrung zugethan. Man weiss, wie scharf das Auge der jungen Leute für kleine Schwächen der Lehrer ist; an ihm erschien uns jede Eigenschaft als hochstehend oder als liebenswürdig. Er konnte auffahrend und jähzornig seyn, obwohl er sich darin zu beherrschen oder es nachgehends angelegentlich wieder gut zu machen suchte; wenn er sich aber in seiner heiteren Stimmung befand, so war es, als ob ein lächelnder Genius die jungen Gemüther zu sich emporhöbe. Mehr als einmal traf es sich, dass er mit abgespannter und verdriesslicher Miene ankam, sich aber allmählig aufheiterte im Verkehr mit seinen Schülern. In übler Laune hatte er die Gewohnheit, mit der Kreide in der Hand den Pult des Katheders vor sich zerstreut und spielend mit Schnörkeln und Buchstaben vollzuschreiben, was er ebenso zerstreut unmittelbar darauf mit dem Schwamm, mitunter auch wohl mit dem Ärmel, wieder abwischte. Fast wie um über seine Verstimmung wegzufahren! Dann konnte es mit einemmal aufleuchten in seinem Gesicht, die Stirne glättete sich, um die Augen zuckte es schalkhaft, es fielen zwei Grübchen in die Wangen, und die ganze Klasse hing an seinem Blick, denn nun wussten wir, dass eine humoristische Randglosse im Anzug war."

Es hatte nicht sein sollen: Nicht Hebel, sondern Ferdinand Zandt (1753–1831) wurde Prorektor des Lörracher Pädagogiums. Gleichwohl hat Hebel zusammen mit Zandt Pläne entworfen für eine Reform des Pädagogiums, die zum Ziel hatten, eine Real-Schule einzurichten.

Da nahm Hebels Leben eine neue Wendung: am 2. November 1791 wurde er zum Subdiakon des 'Gymnasiums illustre' in Karlsruhe ernannt. Allerdings hatte der endlich Beförderte gleich zu Beginn ein Erlebnis, das ihm, der sich seit den Tagen seiner frühen Jugend immer wieder als standesmässig minderwertig vorkam – das demütige s Chäppli-Abzie vor höher gestellten Personen hatte ihm schon die Mutter eingeimpft! – tief kränken musste. Sein Schüler

Friedrich August Nüsslin berichtete später über den Vorfall folgendes: "Sehr erfreut über den hohen Ehrentitel und den grossen Gehalt, womit er beglückt wurde, eilte er sogleich an den Ort seiner Bestimmung, und brachte zuerst seinen hohen Gebietern, den Herren Kirchenräthen, seine demütige Huldigung dar. Wie erschrak er aber, als Einer derselben ihn mit der Frage empfing: Wer ist man?, weil er wissen wollte, ob er ihn, wie überhaupt die fremden Besucher, mit einem Er, oder Ihr, oder Sie anzureden habe. Der neu berufene Diaconus Hebel, war die Antwort. Nicht als Diaconus, als Subdiaconus sind Sie berufen, donnerte ihm der geistliche Herr entgegen. Dieses Sub, versicherte Hebel, sei ihm in den Magen gefahren und habe ihm alle Freude an dem neuen Verhältnisse zerstört."

Am Gymnasium hatte Hebel 21 Wochenstunden zu erteilen; dazu drei an der 'Realschule': Mathematik und Naturkunde, zwei Wissensgebiete, mit denen er sich schon in Lörrach und Hertingen gern beschäftigt hatte. Gewiss, die Bezahlung war seit dem Mai 1792 erheblich höher als in Lörrach, aber dafür musste Hebel auch wesentlich mehr in der Schulstube stehen; vor allem, nachdem 1793 der badische Hof vor den französischen Revolutionstruppen ins preussische Fürstentum Ansbach geflohen war. Im Gefolge des Markgrafen befand sich nämlich auch Hebels Kollege und Freund, der Hofbotanikus und Arzt Karl Christian Gmelin (1762–1835), um den wertvolleren Teil des Naturalienkabinetts in Sicherheit zu bringen. Dessen Botanik- und Biologiestunden hatte jetzt Hebel zu geben. Dass er seine Sache gut machte, geht daraus hervor, dass er 1799 von der 'Mineralogischen Gesellschaft' in Jena zum Ehrenmitglied und 1802 von der 'Vaterländischen Gesellschaft der Ärzte und Naturforscher in Schwaben' zum korrespondierenden Mitglied ernannt wurde; überdies wurden zwei Lilienarten nach ihm benannt.

Nach der Rückkehr des Markgrafen in die Residenz, 1798, erhielt Hebel Titel und Amt eines 'Professors extraordinarius der dogmatischen Theologie und hebräischen Sprache'. Sein Gehalt wurde erhöht, und gleichzeitig wurde er vom Predigtamt befreit. Mit dieser Anerkennung für den gescheiten und offensichtlich hervorragenden Pädagogen war der Auftakt gegeben für seinen unaufhaltsamen beruflichen Aufstieg.

"Während die äussere Lebensgeschichte Hebels sich seit 1791 in der Ereignislosigkeit einer glänzenden Beamtenlaufbahn verliert, sinkt das Bild der verlorenen Heimat tiefer und tiefer ins Innere und tritt nach zehn Jahren als sprachliches Gebilde wieder hervor. Damit beginnt die Geschichte von Hebels Dichtung", schreibt Theodor Salfinger im Nachwort zu seiner Ausgabe: Johann Peter Hebel, Poetische Werke [Zürich (Ex Libris) 1964]. Ob allerdings Hebels Leben in Karlsruhe, zumal als Lehrer und Rektor, ereignislos verlaufen ist? Es ist vielmehr anzunehmen, dass nur allzu oft und allzu viel sich ereignen musste. Ludwig Fertig hat eine ganze Reihe von Äusserungen Hebels zum Thema Überbelastung zusammengestellt: „Für ihn hatte die Berufspflicht stets Vorrang vor der dichterischen Entfaltungsmöglichkeit. Zwar finden sich aus der Karlsruher Zeit viele Belege für sein Leiden an der amtlichen Belastung: 1797 schrieb er zum Beispiel an Gustave Fecht: 'Seit ich wieder hier bin, hängt mir an jedem Knopf ein Knäblein, das seine Lektion und seine Schläge will, und nicht nur jeder Tag, sondern jede Stunde des Tages hat ihre eigene Plage'. Ein Jahr später lesen wir etwa, er habe, über seine Lehrverpflichtungen hinaus, unter anderem 'die Formulare für Betstunden und Wochenpredigten, die monatlichen und den allgemeinen Buss- und Bettag, Beicht und Nachtmahl zu bearbeiten', und der Professorentitel habe keineswegs zu einer Entlastung am Gymnasium geführt. 1807 klagte er: 'Ich bin Geschäftsmann. Meine Geschäfte vermehren sich von Jahr zu Jahr, statt sich zu mindern, und die gute Laune verliert sich unter ihrer Last und unter ihren Zerstreuungen.' Und 1809: 'Fast 3 Wochen lang alle Tage eine Conferenz von 4 Stunden wegen des Studienplans, dann das Examen in Pforzheim, dann der Synodus, dann das eigene lange Examen hier...' Zwei Jahre später: 'Den ganzen Tag auf dem Catheder sitzen, ist ein Feyertagsleben, ein Ostermontags Spässlein, nach dem ich mich zurücksehne. Aber dass ich über den heillosen Mechanismus des Ganzen wachen muss, dass sich mein Museum, meine Proteuskapelle in eine Canzleistube verwandelt hat, wo ich den ganzen Tag Berichte schreiben, Buch und Rechnungen führen, Red und Antwort geben, Akten durchgehen, Süddeutsche Miscellen censiren, statt daran zu arbeiten, examiniren, castigiren (züchtigen), Zeugnisse fertigen, mit allen Vätern aller Kinder des Lyceums correspondiren muss, das lehrt mich den Sinn der Worte verstehen: Ich sterbe täglich. Soll ich den Pult umstossen? Soll ich – Ein Bein hab ich daran.' Aber Hebel stiess den Pult nicht um, er konnte sich von der 'süssen Plage' des Unterrichtens nicht 'losmachen', er war und blieb Lehrer und Schulverwaltungsbeamter; 1820 konnte er dann stolz bemerken: 'Ich habe vielleicht zweitausend Jünglinge in Sprachen und Wissenschaften unterrichtet. Viele von ihnen erfreuen mein Antlitz, wenn ich sie nun als fromme, als glückliche, als geachtete Männer und Freunde wiedersehe.'"

Mitten in dieser rastlos anmutenden Tätigkeit als Pädagoge entsteht nach einer erneuten Reise ins 'Oberland' im Frühjahr 1799 die erste Gruppe der 'Alemannischen Gedichte'. "Schon als Knabe machte ich Verse. Meine Muster waren das Gesangbuch und ein Manuscript, später Gellert, Hagedorn und sogar Klopstock. Je mehr mein Urtheil über Dichterwerke reifte, desto mehr überzeugte ich mich von dem Unwerth meiner eigenen und von dem Unvermögen besseres zu machen. Zuletzt hörte ich ganz auf ohne Vorsatz, wie ich ohne Vorsatz angefangen hatte. Im 28st. Jahr, als ich Minnesänger las, versuchte ich den alemannischen Dialekt. Aber es wollte gar nicht gehn. Fast unwillkürlich, doch nicht ganz ohne Veranlassung, fieng ich im 41ten Jahr wieder an. Nun gings ein Jahr freilich von statten." Mit diesen Worten beschreibt Hebel, dem die geradezu explosionsartige Entstehung seiner 'Allemannischen Gedichte für Freunde ländlicher Natur und Sitten' in der ersten Hälfte des Jahres 1800 und in der zweiten des Jahres 1801 offenbar ebenso wunderbar vorkam wie den staunenden Zeitgenossen seine vorangegangene 'dichterische Laufbahn' einem uns unbekannten Adressaten. [vgl. Johann Peter Hebel, Briefe, herausgegeben und erläutert von Wilhelm Zentner, Karlsruhe (Verlag C.F. Müller) 1957, Brief 309]

Der bereits erwähnte Basler Germanistikprofessor Wilhelm Altwegg hat in seiner grundlegenden Hebel-Monographie die Voraussetzungen aufgezählt, die schliesslich zur ersten Gruppe der Hebelschen Mundartgedichte geführt haben [Wilhelm Altwegg, Johann Peter Hebel, Frauenfeld (Verlag von Huber & Co) 1935, S. 120f.]: „Wie Gottfried Keller in Berlin seinen Schweizer Roman und die Seldwyler Geschichten schrieb, Theodor Storms Lyrik in der Verbannung aus dem Geburtsland am Meere erst ihren vollen Klang erhielt, so sind Hebels Heimatlieder eine Frucht der Trennung und der Fremde. Auf einmal waren versunken Heimatland, Heimatleute, Heimatlaut, unterbrochen der bisher gewohnte persönliche Verkehr mit den Freunden, seltener geworden der sonst selbstverständliche Gebrauch der angestammten Mundart. Da wurde Ersatz der Briefwechsel mit Gustave Fecht und entlud sich alle Lust am saftigen Alemannischen in der poetischen Epistel an den Vetter Vogt (Tobias Günttert). Aber bei aller Ausdruckslust und Gestalterkraft ist die Epistel ohne jeden Dichterehrgeiz, rein aus dem Bedürfnis der Freundesaussprache entstanden. Sie blieb darum ein Vereinzeltes, wie sie Hebel auch später nicht in das Gedichtbändchen aufgenommen hat.

Es musste vorerst die Sehnsucht nach dem Oberland, seinen Menschen und seiner Sprache wachsen, mussten durch die Besuche dort oben und dann wieder das Heimweh die Bilder an Fülle und Glut gesteigert werden und aus der Seele den Glanz der Verklärung erhalten, mussten durch den immer gewisseren Verzicht auf eine tatsächliche Heimkehr diese Bilder als köstlicher Phantasiebesitz die eigentliche Heimat werden und musste der Verzicht auf Gustave die Kräfte der Liebe in diese Welt der Phantasie überleiten. Gerade nach dem zweiten Besuch von 1799 will sich Hebel für die Kürze durch um so ausgiebigeren Briefwechsel schadlos halten."

Den für Hebel bewussten Anlass für die 'Alemannischen Gedichte' erfährt man aus dem Brief vom 8. Februar 1802 an Friedrich David Gräter, der 1791 die Zeitschrift 'Bragur. Ein Litterarisches Magazin der Deutschen und Nordischen Vorzeit' gegründet hatte. Seit 1796 trug die Zeitschrift den Titel 'Braga und Hermode oder Neues Magazin für die vaterländischen Alterthümer der Sprache, Kunst und Sitten'.

„Den ersten Band hat Hebel nachweislich studiert", berichtet Altwegg; und er fährt fort: „Der Inhalt aber des sechsten Bandes der Gräterschen Zeitschrift aus den Jahren 1798 und 1800 mit seinen von Musikbeilagen begleiteten 'Altdeutschen Volksliedern', seiner 'Blumenlese aus den Minnesingern' und einer umfänglichen Abhandlung über das Melker Marienlied vom Anfang des 12. Jahrhunderts unter dem Titel 'Ein altdeutscher oder alemannischer Gesang', dieser Inhalt entspricht nicht nur dem, was dann Hebels Bändchen bot. Er stimmt auch zu dessen Absicht, die, nach dem Brief an Gräter, die doppelte war: 'auf meine Landsleute zu wirken, ihre moralischen Gefühle anzuregen und ihren Sinn für die schöne Natur um sie her teils zu nähren und zu veredeln, teils auch zu wecken' und 'auch allgemeiner zu interessieren und dem Studium der deutschen Sprache ... zu nützen'. Der Schluss wird bündig: dieser Zeitschriftenband hat Hebel den Anstoss gegeben, mit jenem Doppelantrieb des Volkserziehers und des Wissenschafters sich, in der 'Mundart der Landgrafschaft Sausenberg', das heisst in der seiner Heimat Hausen, als Dichter zu versuchen, diese Sprache als alemannisch zu bezeichnen, in ihr das alte Deutsch wiederzuerkennen und ein Wörterbuch sowie Musikbeilagen mitzugeben."

Hebel verhielt sich vorsichtig: Erst nachdem er Gutachten über seine Gedichte bei kompetenten Persönlichkeiten eingeholt hatte, wurde ein Drucker gesucht. Hebel dachte selbstverständlich zuerst an Basel, aber sowohl der berühmte Schriftgiesser und Drucker Haas wie der Drucker Samuel Flick winkten ab. So kam es, dass das schmale Bändchen mit den 32 Gedichten im Januar 1803 schliesslich bei Philipp

Macklot in Karlsruhe in einer Auflage von 1200 Exemplaren erschien, aber auch bloss deshalb, weil Hebels Freunde im Oberland eine stattliche Zahl von Subskriptionen gesammelt hatten. Hitzig allein hatte 135 zusammengebracht.

Rolf Max Kully, dem die Hebelforschung ein Taschenbuch mit Realien über Johann Peter Hebel verdankt [Sammlung Metzler, Bd. 80, Stuttgart 1969] charakterisiert die Gedichte so:

"Die 'Alemannischen Gedichte' waren ein Versuch, zu dem der Autor seinen Namen nicht zu geben wagte, sie gehören bis heute zum besten, was deutsche Mundartlyrik uns geschenkt hat. In den Gedichten ist das ganze Wiesental erfüllt von mythischen Wesen, von Geistern, Engeln, Irrwischen und Wiedergängern. Es gibt nichts Totes in dieser Landschaft: Der Lauf der Wiese wird zum Werdegang eines Mädchens von der Geburt bis zur Hochzeit. Und sogar die Sonne wird zu einer Markgräfler Bäuerin, die mit ihrer Strickarbeit hinter den Bergen hervorkommt, der Mond ist ihr nicht sehr häuslicher Mann, und Morgen- und Abendstern sind ihre Kinder. Wenn diese Vermenschlichungen einer ganz persönlichen mythisch gebundenen Weltschau des Dichters entspringen, so gehen andere Gestalten, wie der Dengelegeist, auf die auch durch äussere Anstösse gegebene Belchenmythologie zurück; aber bezeichnenderweise konnte Hebel das Gedicht über ihn erst vollbringen, nachdem er den ehemaligen Widersacher des Proteus in einen guten Dämon umgedeutet hatte. Andere, wie die Häfnetjungfrau oder das Gespenst an der Kandererstrasse, kommen aus der Volksüberlieferung, und 'Der Statthalter von Schopfheim' greift den biblischen Stoff von David, Nabal und Abigail (I. Sam. 25, 2—42) auf und versetzt ihn in die heimische Umgebung."

Auf die erzieherische Absicht, die hinter Hebels 'Alemannischen Gedichten' steht — wie ja auch hinter den Kalendergeschichten — wurde bereits hingewiesen. Dass die 'rechte Erziehung' auch dem Lehrer Hebel am Herzen lag, dass dieser sich mit den Problemen von Erziehungsfehlern auseinandersetzte und die Auffassung vertrat, dass ein Kind wegen falscher Erziehung Fehlverhalten zeige, hat Ludwig Fertig in seiner Studie dargestellt und auch anhand von Hinweisen auf 'Alemannische Gedichte' belegt:

"Die aufklärerische These, dass Fehlverhalten auf 'frühe Erziehungsfehler' zurückzuführen ist, zeugt von einem optimistischen Bild vom Kinde überhaupt. Man wird an das grosse Gedicht 'Die Wiese' in den 'Alemannischen Gedichten' erinnert: Hier ist das Kind, versinnbildlicht im Flüsschen aus Hebels Heimat, lieblich, heiter, offen für Neues, lernwillig, aktiv; freilich kann dieses Kind auch wild sein, aber rechte Erziehung, die zur guten Natur unbedingt hinzukommen muss, führt am Ende doch zur Gesittung. Auf die Notwendigkeit einer solchen beständigen und konsequenten Erziehungsarbeit wird en passant auch in anderen Gedichten Hebels hingewiesen: Die Mutter belehrt das Kind, dass man nicht in den Tag hineinleben darf und frühzeitig für das Leben lernen muss ('Der Sperling am Fenster'), dass man fromm, sittsam, ehrlich und fleissig zu bleiben hat ('Der Mann im Mond'), dass man in der Schule das Aufgegebene lernen muss ('Das Habermus'), dass ein Mädchen fleissig und züchtig zu sein hat ('Riedlingers Tochter'); es wird vor Verzärtelung gewarnt, die Rute, deren Gebrauch bei guter Erziehung freilich kaum notwendig sein wird, ist durchaus noch gegenwärtig ('Die Mutter am Christabend', 'Eine Frage'); Hebel deutet an, wie durch eine Erzählung des Hausvaters erreicht werden kann, dass die Kinder als Zuhörer lernen, der Stimme des Gewissens zu folgen und der Versuchung zum Glücksspiel im späteren Leben zu widerstehen ('Der Karfunkel'), und der Schulpädagoge Hebel gibt unter der Hand auch den Wink, dass derjenige Karriere macht, der gut lesen und schreiben kann ('Der Statthalter von Schopfheim')."

Hebels 'Alemannische Gedichte', sein 'Wälderbüblein', wie er sie nannte, erregten Aufmerksamkeit bei den Gelehrten in ganz Deutschland. Gross war das Staunen, dass diese ungeschliffene Bauernsprache derart poetische Qualitäten besass. Der Dichter Jean Paul besprach das Bändchen im

November 1803 begeistert in der 'Zeitung für die Elegante Welt'. Auch die zweite Auflage von 1804 fand noch starke Beachtung. Goethe besprach sie im Februar 1805 in der 'Jenaer Allgemeinen Litteraturzeitung'.

Nicht eben begeistert wurden die 'Alemannischen Gedichte' da und dort im Wiesental aufgenommen, weil man Anspielungen auf die persönlichen Verhältnisse zu erkennen glaubte und sich der Lächerlichkeit preisgegeben fühlte. Hebel, der alles andere als dies beabsichtigte, machte sich von der dritten Auflage ab daran, verfängliche Stellen zu ändern. Dabei geriet ihm allerdings manches weniger anschaulich.

„Ich getraue mir kein zweites Bändchen zu Stande zu bringen. Der erste heilige Anflug des Genius ist schnell an mir vorübergegangen", schrieb Hebel bereits im Juli 1803 seinem Freund Hitzig. Die jahrelang aufgestaute dichterische Kraft, die so plötzlich und übermächtig gewirkt hatte, erlahmte bald nach dem Erscheinen der Gedichte. Das will allerdings nicht heissen, dass Hebels poetische Gestaltungskraft ganz und gar erschöpft gewesen wäre. Man denke nur an seine Briefe, die als Keimzelle seiner Dichtung angesehen werden dürfen, an die Kalendergeschichten im 'Rheinländischen Hausfreund' und an die 1824 erschienenen 'Biblischen Geschichten', die er für die Jugend bearbeitet hat.

Markgraf Karl Friedrich, der 1746, 18jährig, die Herrschaft über die verschuldete Markgrafschaft antrat und diese während der 65 Jahre seiner Regierung auf einen vorbildlichen Stand zu heben vermochte, förderte auch, wie bereits erwähnt, das Karlsruher Gymnasium. Er verbesserte die Gehälter der Lehrer und unterstützte die Anstalt, indem er ihr 1750 das Privilegium für den Druck und Verkauf sämtlicher baden-durlach'schen Kirchen- und Schulbücher sowie des lutherischen Kalenders verlieh. Dieser Kalender wurde aber wegen seiner unattraktiven Aufmachung bald nicht mehr gekauft. Die Verfügung des Fürstlichen Geheimrats, dass jede Haushaltung ein Exemplar zu kaufen habe, erregte nur den Unwillen der Bevölkerung. Schliesslich wurde 1802 ein fünfköpfiges Redaktionskollegium eingesetzt, dem auch Hebel angehörte, aber: „viel Köche versalzen den Brei". Und der Curfürstlich badische gnädigst privilegirte Landkalender für die badische Marggrafschaft lutherischen Antheils' ging weiter zurück.

Da sandte Hebel am 18. Februar 1806 ein 'Unabgefordertes Gutachten über eine vorteilhaftere Einrichtung des Calenders' ein, worin er einen „einladenderen" Namen, grössere Sorgfalt beim Druck, Wiedereinführung der roten Farbe, der astrologischen Praktika und des Aderlassmännleins, Erweiterung des Textteils, Gleichförmigkeit im Arrangement, frühzeitige Auslieferung forderte und vor allem die Übertragung der Redaktion an einen einzigen Bearbeiter auf dem Lande — er dachte an Hitzig — und zwar „um eine honette Vergütung dafür auf irgend eine Art. Denn umsonst ist der Tod".

„Hinter dem Titel ... sucht ausser dem markgräfischen Untertan und Lutheraner niemand etwas als die treuherzige Warnung: Kaufe mich nicht, dich gehe ich nichts an", formulierte Hebel, und unter Punkt vier seines Gutachtens, in dem er den Landkalender mit anderen „Produkten" dieser Art, inhaltlich insbesondere mit dem 'Basler Hinkenden Boten', vergleicht, erklärt er:

„Der 'Hinkende Bote' gibt als Hauptingrediens seiner Leseartikel politische Begebenheiten des vorigen Jahrs, Mord- und Diebsgeschichten, verunglückten Schatzgräber- und Gespensterspuk, Feuersbrünste, Naturerscheinungen, edle Handlungen und witzige Einfälle, womöglich meistens aus seiner neuesten Vaterlandsgeschichte. Ahme man dies nach! Auch der Bauer mag gerne wissen, was ausser seiner Gemarkung vorgeht, und will, wenn er unterhalten und affiziert (angeregt) werden soll, etwas haben, von dem er glauben kann, es sei wahr. Mit erdichteten Anekdoten und Spässen ist ihm so wenig gedient als mit ernsten Belehrungen, und wenn wir doch, wie billig, edlere Zwecke mit der Kalenderlektüre erreichen wollen, welches Vehikel wäre zu den mannigfaltigsten Belehrungen geeigneter als Geschichte?"

Man könnte meinen, dass Hebels differenzierte und begründete Darstellung seiner Vorschläge zur Verbesserung des Kalenders hätte reichen sollen, die Kommission zu überzeugen, aber sie reichte nicht: In seinen am 17. Juni 1806 abgeschlossenen 'weiteren Gedanken über eine vorteilhaftere Einrichtung des Kalenders' geht er nochmals auf die verschiedenen Punkte ein:

„Das Volk will Kürze und Mannigfaltigkeit, und die Aufsätze und die Erzählungen müssen ihr eigentümliches Interesse in sich haben, bei dem der Leser alles übrige, was er von der Person oder deren Art nicht weiss, ganz gleichgültig sein kann."

Obschon sich Hebel die Bürde der Redaktionsarbeit nicht auch noch aufladen wollte, beschloss das Konsistorium Anfang 1807, ihm die Redaktion zu übertragen, wohl nicht zuletzt deswegen, weil Hebel durch seine Arbeit an den 'Alemannischen Gedichten' und sein Nachdenken über die Frage, was eigentlich volkstümlich bedeute, besser auf die Aufgabe vorbereitet war als irgend jemand. Und dieser Entscheid sollte sich als richtig erweisen. 'Der Rheinländische Hausfreund oder Neuer Kalender auf das Schaltjahr 1808, mit lehrreichen Nachrichten und lustigen Erzählungen' fand bei den Lesern aus allen Bevölkerungsschichten grossen Beifall. Der Erfolg des volkstümlichen Kalenders, der auch in den nächsten Jahren anhielt, liess die Auflage zeitweise bis auf 50 000 Exemplare ansteigen. Jahr für Jahr steuerte Hebel selbst gegen dreissig Geschichten und Abhandlungen bei, und alle waren sorgfältig ausgearbeitet.

Ob wir uns den Kalendermann Hebel bei seiner Arbeit so vorstellen müssen, wie ihn als Lehrer in der Schulstube einer seiner letzten Schüler später beschrieben hat? „Dann konnte es mit einemmal aufleuchten in seinem Gesicht, die Stirne glättete sich, um die Augen zuckte es schalkhaft, es fielen zwei Grübchen in die Wangen..." — Aber man täusche sich nicht und meine, diese Geschichten seien in ihrer unvergleichlichen Anschaulichkeit und sprachlichen Prägnanz Hebel einfach so in die Feder geflossen! Sie so zu erzählen, wie er sie erzählt hat, das erforderte viele ungewöhnliche inhaltliche, gestalterische und sprachliche Einfälle, damit die Neugier des „geneigten Lesers" geweckt würde. Das erforderte manche Sternstunde. Und Hebel war manche Sternstunde beschieden. Schon die Alten Römer prägten den sich bis heute täglich von neuem bestätigenden Satz: Die Kunst verbirgt die Kunst, womit gesagt werden soll, dass einer dem wahren Kunstwerk nicht ansieht, wie viele Schweisstropfen es seinen Schöpfer gekostet hat.

„Ich habe mich vom ersten Augenblick an nicht begnügt den Calender zu redigiren und in Parallele mit andern grossentheils durch kahle Auszüge aus Zeitungen, Anekdotenbüchern und wässerigen Volksschriften anzufüllen. Ich habe noch jeden Articel selber bearbeitet und dieser Arbeit die nehmliche Zeit, den Fleiss und die Stunden der besten Laune gewidmet, die ich irgend einem Werk auf eigenen Namen und eigene Rechnung hätte widmen können, und so leicht alles hingegossen scheint, so gehört bekanntlich viel mehr dazu etwas zu schreiben, dem man die Kunst und den Fleiss nicht ansieht, als etwas, dem man sie ansieht", hat Hebel dem Kirchenrat Volz in einem Brief bekannt.

Als im Kalender auf das Jahr 1815 auf behördliche Verfügung die von gewissen katholischen Kreisen als anstössig empfundene Geschichte 'Der fromme Rat' eliminiert wurde, war Hebel so verärgert, dass er auf 1816 nur noch zwei eigene Stücke, 1817 keines und 1818 nur ein einziges beisteuerte. Erst der Kalender auf 1819 enthielt wieder vierundzwanzig Beiträge, die Hebel allerdings ursprünglich für einen andern Kalender (der dann nicht erschien) verfasst hatte.

Bereits 1809 war der berühmte Klassiker-Verleger Cotta durch den Kalender des Vorjahrs auf Hebels Erzählerbegabung aufmerksam geworden und mit der Bitte an ihn gelangt, für das 'Stuttgarter Morgenblatt' zu schreiben, aber Hebel wollte sich zu nichts verpflichten. Cottas Vorschlag aber, „die interessantesten Artikel des 'Hausfreundes' in einem 'Schatzkästlein' zu versammeln", nahm Hebel gerne an. Und so erschien 1811 das 'Schatzkästlein des rheinischen Hausfreundes'.

„Für die Sammlung hatte der Autor nicht nur eine wohlbedachte Auswahl getroffen, sondern manche Einzelstücke — vor allem sprachlich — sorgsam überarbeitet, zum Teil umgestaltet", bemerkt Rudolf Suter in seinem Aufsatz über den Kalendermann Hebel, der im Taschenbuch 'Johann Peter Hebel — Wesen, Werk, Wirkung' [Basel (GS–Verlag Basel) 1990, S. 39ff.] abgedruckt ist, und fährt fort: „Die zweite Auflage erschien unverändert 1816, die dritte — ebenfalls unverändert, 1827. Einen zweiten Band stellte Hebel seit 1815 während fast zehn Jahren immer wieder in Aussicht, aber der schöpferische Elan war, ebenso wie für eine Fortsetzung der 'Alemannischen Gedichte', nicht mehr stark genug.

Hebel wäre der Letzte gewesen, der eine Verminderung der Qualität sowohl bei den Gedichten als auch bei den Kalendergeschichten in Kauf genommen hätte. Denn in beiden Sparten war er auf Anhieb und ohne tastende Versuche als Meister aufgetreten; und so sollte auch ein Abklingen der Meisterschaft in allfälligen epigonalen Werken unterbleiben. Gerade darum atmen Hebels Gedichte und Geschichten noch heute dieselbe Frische, strahlen noch den nämlichen Glanz aus, haben noch die gleiche menschlich packende Aktualität wie zu der Zeit ihrer Entstehung. Zehn Prozent dieser zeitlosen Wirksamkeit sind dem Genie des Dichters zuzurechnen, neunzig Prozent aber dem Gestaltungswillen und härtester Kleinarbeit."

Der grundlegende Unterschied zwischen den beiden Werkgruppen, den 'Alemannischen Gedichten' und den 'Kalendergeschichten', besteht darin, dass sich die Gedichte „um den Kern der eigenen Imagination kristallieren" (R. Suter), die Materialien zu den Kalendergeschichten und -betrachtungen aber fremden Quellen entstammen: Zeitungsmitteilungen, Zeitschriftenberichten, Schwanksammlungen, Lehrbüchern, mündlichen und brieflichen Informationen von befreundeten Gewährsleuten. Hebel hat es verstanden, aus diesen Vorlagen Juwelen der erzählenden deutschen Dichtung zu machen, die uns noch heute begeistern.

Obschon er kränkelte, entschloss sich Hebel, die Abschlussprüfungen in Mannheim und Heidelberg im September 1826 selber abzunehmen. Am 9. schrieb er seinen letzten Brief. Er war an Gustave gerichtet. Am Abend des 15., des letzten Examenstages in Mannheim, ehrten ihn die Schüler auf einer Bootsfahrt auf dem Rhein mit Gesang und Bläsermusik. Obwohl sich sein Gesundheitszustand verschlimmerte, reiste er anderntags nach Schwetzingen weiter. An eine Teilnahme an den Heidelberger Prüfungen war aber nicht mehr zu denken. Am 21. September stieg das Fieber rapid an, und in der Nacht auf den 22. starb Johann Peter Hebel gegen vier Uhr. Die Obduktion am Nachmittag zeigte als Todesursache ein Krebsgeschwür.

Am 23. September 1826 wurde der Dichter der 'Vergänglichkeit' und der Autor des 'Kannitverstan' auf dem Schwetzinger Friedhof beigesetzt.

Es war beinahe zu erwarten, dass eine dichterische Leistung, wie Hebel sie vollbracht hatte, Wirkung zeitigen, zu einer nachahmenden Nachfolge verleiten würde. So ist beispielsweise die Basler Dialektliteratur des 19. Jahrhunderts von Hebels Einfluss bestimmt. Besonders im 'Dichterkränzchen' des 1833 aus Berlin nach Basel berufenen Germanisten (Professor für deutsche Sprache und Literatur) Wilhelm Wackernagel (1806–1869) wurde diese Nachfolge gepflegt. Namen wie Philipp Hindermann (1796–1884), Volksschullehrer, Karl Rudolf Hagenbach (1801–1874), Theologieprofessor, und Theodor Meyer-Merian (1818–1867), nachmaliger Direktor des Bürgerspitals, verbinden sich mit dieser im 'Dichterkränzchen' vereinten Gruppe. Aber auch Johann Achilles Mähly (1828–1902), Professor für lateinische Sprache und Literatur, Pfarrer Jonas Breitenstein (1828–1877), die von Jacob Burckhardt, dem nachmaligen Professor für Griechisch und Kunstgeschichte, geförderte Emma (Brenner-) Kron und Jacob Burckhardt selbst (1818–1897) liessen sich von Hebels Dichtung anregen. Und in unserem Jahrhundert, wie steht es da in Basel mit dem

Bedürfnis, im Hebelschen Ton zu dichten?

Hans C. Blumer ist in seinem Beitrag zur bereits erwähnten Taschenbuch-Monographie 'Johann Peter Hebel – Wesen, Werk, Wirkung' der Frage nachgegangen. Er spricht von Fritz Liebrich (1879–1936) mit Recht als von einem der bedeutendsten baselstädtischen Mundartdichter, der sich auch als herausragender Hebelforscher einen Namen gemacht hat. Sodann zählt er aus der letzten Jahrhunderthälfte auf: Dominik Müller (1871–1953), der mit bürgerlichem Namen Paul Schmitz hiess, den überzeugten Kleinbasler Theobald Baerwart (1872–1942), Walter Jost (1892–1977), der sich mit einer einzigen Dichtung, die aber ein genialer Wurf wurde, mit der Dialektversion der Tausendundeinenacht-Geschichte 'Alibaba und die vierzig Räuber' in die Reihe der Mundartdichter gestellt hat, und schliesslich Rudolph 'Bolo' Maeglin (1898–1973), „eine der vielseitigsten Gestalten im Kulturleben unserer Vaterstadt".

Natürlich werde auch heute noch im Dialekt gedichtet, und es seien seit dem Zweiten Weltkrieg einige Autoren mit hübschen Sammlungen an die Öffentlichkeit getreten, wobei jene von Blasius, dem 1906 geborenen Advokat und Notar Felix Burckhardt, am meisten Qualität besässen und sich am erfolgreichsten zeigten, meint H.C. Blumer. „Im Grunde aber stellt sich doch die Frage, ob die Basler Mundartlyrik sich nur in einer Phase der Ruhe oder in einer Krise befindet oder ob sie (mit einigen wenigen Ausnahmen) aufgehört hat zu existieren (und nur in den Cliquen-Zeedeln und Schnitzelbänken der Basler Fasnacht weiterlebt) ... Die Zukunft wird die Frage beantworten müssen."

Das Wissen um Johann Peter Hebel, den Schulmeister und Theologieprofessor, den Mundartdichter und Kalendermann, ist bei der deutschsprachigen Schülergeneration von heute zusammengeschmoret wie der Sonntagsbraten in der Pfanne! Wären da nicht – zumindest im alemannischen Sprachgebiet – die zahlreichen Gremien und Vereinigungen, die um sein Andenken bemüht sind, die literarischen Kostbarkeiten, die er geschaffen hat, wären durch die Flut zweit- und drittrangiger Dichtererzeugnisse, die sich seither über den geneigten Leser ergossen hat, längst aus dessen Gedächtnis fortgespült worden. So erinnert auf der 'Hebelhöhe' bei Schopfheim seine Büste in einem baumumstandenen Pavillon an ihn, Jahr um Jahr wird in Lörrach vom Lörracher Hebelbund die Grossveranstaltung des 'Schatzkästlein' abgehalten, in Hertingen zu seinen Ehren der 'Hebelschoppen' getrunken, im Heimatdorf Hausen die Johann Peter Hebel-Gedenkplakette (seit 1960) und – im Zwei-Jahresrhythmus – der Hebelpreis verliehen (seit 1936); ferner, von der Basler Hebelstiftung, das 'Hebel-Mähli' ausgerichtet. In Basel erinnern die Hebelstrasse, das 1899 aufgestellte Hebel-Denkmal vom Berner Bildhauer Max Leu (1862–1899) vor der Peterskirche, sodann das 1926 von Fritz Liebrich entdeckte Hebel-Geburtshaus an der St. Johanns-Vorstadt (heute Totentanz Nr. 2) und der seit 1988 durch die Basler Hebelstiftung veranstaltete 'Hebelgedenkschoppen' am Vorabend des 10. Mai im Bischofshof, durch den die 1979 wegen des Verkehrslärms aufgegebene Feier vor dem Hebeldenkmal in anderer Form fortgeführt wird, an den Dichter.

Wer wissen möchte, welche Wirkung Hebel heute noch auf die Literaten auszuüben vermag, der setze sich in die Hausener Festhalle, wenn der Johann Peter Hebel-Preis, einer der ältesten Literaturpreise im deutschsprachigen Raum, verliehen wird. Dass sich bei dieser Gelegenheit der oder die Geehrte auf die Begegnung mit Hebels Werk besinnt, liegt nahe. Die folgenden Kurz-Ausschnitte aus der Dankrede beziehungsweise aus einer Erzählung über Hebel von drei der letzten Preisträger, von Erika Burkart (1978), Elias Canetti (1980) und Peter Bichsel (1986), mögen die unterschiedliche Einstellung dem Dichter gegenüber deutlich machen. Sie sind im übrigen in der von Manfred Bosch zusammengestellten Dokumentation 'Der Johann Peter Hebel-Preis 1936–1988' abgedruckt.

Erika Burkart, die 1922 in Aarau geborene Lyrikerin und Romanschriftstellerin verarbeitete ihre erste Begegnung mit Johann Peter Hebel in einer Erzählung:

„Vermutlich ging ich bereits zur Schule, als mich meine Grossmutter Frau Pfarrer Burkart aus Rheinfelden mit Gedichten bekannt machte, die meine Kindheit prägten. In Fricktaler Mundart trug sie uns mehrere der Alemannischen Gedichte vor. Auswendig, glaube ich mich zu erinnern. Immer wieder wollte ich 'Der Winter' und 'Der Knabe im Erdbeerschlag' hören. Diese Gedichte zeigten mir die eigene Welt. Die darin erscheinenden Gestalten waren mir bekannt, der tumbe Junge, der Engel im Silberstaubgewand, der später, viel später für mich zum Engel wurde, den man nicht lässt, bis er einen segnet. – Der im Schneetreiben gehende Mann – näherte, entfernte er sich? – war unser Nachbar. Die Örtlichkeiten in der Dichtung waren identisch mit Orten der eigenen Umgebung. Bei der Umzäunung eines Bauerngartens waren mir die weissbemützten Pfosten aufgefallen, und während eines langwährenden Schneefalls hatte ich die Häuser unter den weissen Dächern in die vermummte Erde zurücksinken sehen. Von ihnen blieben in der blauen Dämmerung nur ein paar gelbe Lichter übrig. Realität und Dichtung verwiesen aufeinander und vertieften gegenseitig das sowohl Heimliche wie Herrliche von Erscheinungen, für die ich damals noch keine Worte hatte."

Am 10. Mai 1980, 220 Jahre nach Hebels Geburt, erhielt der 1905 in Bulgarien geborene Elias Canetti den Hebelpreis. Über seine Begegnung und Erfahrung mit Hebel sagte er in seiner Dankrede:

„Im Alter von 13 Jahren bin ich dem 'Schatzkästlein' begegnet, als ich in Zürich die Kantonsschule besuchte. In dieser Schule habe ich erlebt, was gute Lehrer bedeuten. Doch der beste Lehrer, den ich damals hatte, war Johann Peter Hebel. Heute vor 220 Jahren kam er zur Welt. Es gibt nicht viele, die so lange nach ihrem Tod Lehrer bleiben. Er hat die Gabe, die man sich von einem Lehrer wünscht: er spricht anschaulich, und er spricht zu jedem. Er ist wissbegierig und hat viel gelernt, aber man merkt es nur, wenn er ein Stück Wissen weitergibt: das erklärt er dann so, dass man es nie vergisst. Er nimmt jeden ernst, und bevor er zu ihm spricht, hat er ihn auch gehört, nicht zu einem engen Zweck, sondern weil er daran Anteil nimmt, was jeder treibt. Wer im 'Schatzkästlein' liest, hat nie das Gefühl, dass es ein Geringstes gibt, über jeden weiss er etwas Merkwürdiges zu berichten, jeder zählt, weil jeder sein Leben hat, das gilt nicht nur für alle Arten von Menschen, es gilt auch für den Maulwurf, für Spinnen und Eidechsen, es gilt selbst für Planeten und Kometen, als ob auch sie ein Leben hätten.

Seine Sprache ist so, als wäre sie um seinetwillen eben entstanden. Ihre Frische sucht in der Literatur ihresgleichen. Er kennt keine müden Worte, sie erschlaffen so wenig wie sie vor Hochmut bersten, und was man von Sprache überhaupt denken möchte, bei ihm ist es Wahrheit geworden: jede Geschichte, die man von ihm liest, erfüllt und entlässt einen mit Erwartung."

Der Schweizer Schriftsteller Peter Bichsel schliesslich — er ist 1935 in Luzern zur Welt gekommen — hat in seiner Dankrede bei der Verleihung des Hebelpreises 1986 Hebels Wesen und Wirkung so skizziert:

„Ein Hausener hat mir gesagt, dass ich doch bitte kurz sprechen solle. Weil über Hebel schon alles gesagt sei, kämen die Gescheiten in ihren Reden auf die verrücktesten Details, und das wäre ja dann der Hebel auch nicht mehr. Recht hat er, so wie auch der Hanspeter Hebel ein Recht darauf hat, dass wir ihn nicht kennen — dass er noch ein ganz anderer sein darf als der, den wir zu erkennen glauben.

Ganz unschuldig aber ist der Johann Peter Hebel nicht dafür, dass uns der Hanspeter so interessiert. Der Hausfreund bietet sich uns immer wieder körperlich an, er kommt und schaut selber nach. Ich verstehe ihn — glaube ich vorschnell — so gut, dass ich selbst glaube, so zu sein wie der Hebel selbst. Das führt dann zum allgemeinen Hebelmissbrauch, und jeder entschiedene Fanatiker reklamiert ihn dann für sich: der Patriot und der Volkstümler, der Soziale und der Religiöse und selbstverständlich auch ich.

Er hat sich das selbst eingebrockt — und es geschieht ihm recht.

Das hat Walter Benjamin freundlicher ausgedrückt, wenn

er in seinem Essay 'Der Erzähler', in dem auch viel von Hebel die Rede ist, zu dem Schluss kommt: 'Der Erzähler' ist die Gestalt, in welcher der Gerechte sich selbst begegnet. Davon hat Hebel offensichtlich gewusst. Seine Prosa ist kalkuliert, er setzt seine Mittel bewusst ein. Der Erzähler Hebel wirkt bescheiden, aber im Grunde genommen kann er sehr eitel sein. Die Autorität des Hausfreundes ist ihm selbstverständlich. Man muss ihn anschauen, diesen Mann. Er ist kein skurriles Männchen vom Belchen, sondern ein schöner, stattlicher Mann. Seine Beamten-Karriere mag auch damit zu tun haben. Damit wäre auch geklärt, weshalb diese Karriere so zufällig und ungewollt erscheint. Der Unentschiedene hat es sich selbst zuzuschreiben, dass wir die Entschiedenheit in seinem Leben suchen [...]"

Drei Stimmen über Hebel von Literaturschaffenden der Gegenwart, einer Zeit, in der in der Literatur vor allem das Negative, Kaputte, Skurrile und Abstossende als darstellungswürdig gilt. Bemerkenswert ist an den drei Stellungnahmen, wie unverkrampft die Begegnung mit Hebel auch heute noch sein kann. Es ist doch noch nicht alles über diesen Dichter gesagt! Hebel hat doch noch unentdeckte Seiten!

Alemannische Gedichte

Die Wiese[1]

Wo der Denglegeist[2] in mitternächtige Stunde
uffeme silberne Gschir si goldeni Sägese denglet,
(Todtnau's Chnabe wüsse 's wohl) am waldige Feldberg,
wo mit liebligem Gsicht us tief verborgene Chlüfte
d'Wiese luegt und check go Todtnau aben ins Tal springt,
schwebt mi muntere Blick, und schwebe mini Gidanke.

Feldbergs liebligi Tochter, o Wiese, bis mer Gottwilche!
Los, i will di jetz mit mine Liederen ehre
und mit Gsang bigleiten uf dine freudige Wege!

Im verschwiegene Schoss der Felse heimli gibore,
an de Wulke gsäugt, mit Duft und himmlischem Rege,
schlofsch e Bütschelichind in dim verborgene Stübli,
heimli, wohlverwahrt. No nie hen menschligi Auge
güggele dörfen und seh, wie schön mi Meiddeli do lit
im christalene Ghalt und in der silberne Wagle,
und 's het no kein menschlig Ohr si Otmen erlustert
oder si Stimmli ghört, si heimli Lächlen und Briegge.
Numme stilli Geister, sie göhn uf verborgene Pfade
us und i, sie ziehn di uf und lehre di laufe,
gen der e freudige Sinn und zeige der nützligi Sache,
und 's isch au kei Wort verlore, was sie der sage.
Denn so bald de chasch uf eigene Füeßlene furtcho,
schliefsch mit stillem Tritt us dim christalene Stübli
barfis usen und luegsch mit stillem Lächlen an Himmel.
O, wie bisch so nett, wie hesch so heiteri Äugli!

Gell, do ussen isch's hübsch, und gell, so hesch der's nit
        vorgstellt?
Hörsch, wie's Läubli ruuscht, und hörsch, wie d'Vögeli
        pfife?

---

[1] Ein Waldstrom dieses Namens, der an dem Feldberg im Breisgau entspringt, bei Gündenhausen einen andern Strom gleichen Namens aufnimmt und bei Kleinhüningen im Kanton Basel in den Rhein ausströmt.
[2] Gespenst auf dem Feldberg.

Jo, de seisch: «I hör's, doch gangi witers und blib nit.
Freudig isch mi Weg und alliwil schöner wie witer!»

Nei, so lueg me doch, wie cha mi Meiddeli springe!
«Chunnsch mi über», seit's und lacht, «und witt mi, se
      hol mi!»
Allwil en andere Weg und alliwil anderi Sprüngli!
Fall mer nit sel Rainli ab! – Do hemmer's, i sag's jo, –
hani's denn nit gseit? Doch gaukelet's witers und witers,
groblet uf alle Vieren und stellt si wieder uf d'Beinli,
schlieft in d'Hürst, – jetz suech mer's eis! – dört
      güggelet's use.
Wart, i chumm! Druf rüeft's mer wieder hinter de Bäume:
«Rot! Wo bin i jetz?» – und het si urige Phatest.
Aber wie de gohsch, wirsch sichtli grösser und schöner.
Wo di liebligen Otem weiht, se färbt si der Rase
grüener rechts und links, es stöhn in saftige Triebe
Gras und Chrüter uf, es stöhn in frischere Gstalte
farbigi Blüemli do, und d'Immli chömmen und suge.
's Wasserstelzli chunnt, und lueg doch, 's Wuli vo
      Todtnau!
Alles will di bschauen, und alles will di bigrüesse,
und di fründlig Herz git alle fründligi Rede:
«Chömmet, ihr ordlige Tierli, do hender, esset und
      trinket!
Witers goht mi Weg, Gsegott, ihr ordlige Tierli!»

Rotet jetz ihr Lüt, wo üser Töchterli hi goht!
Hender gmeint an Tanz und zue de lustige Buebe?
Z'Utzefeld verbei goht's mit biwegliche Schritte
zue de Schöne Buechen[1] und hört e heiligi Mess a.
Guet erzogen isch's, und anderst cha me nit sage.
No der heilige Mess se seit's: «Jetz willi mi schicke,
ass i witers chumm.» – Jetz simmer scho vornen an
      Schönau,
jetz am Chastel verbei und alliwil witers und witers
zwische Berg und Berg im chüele duftige Schatte
und an mengem Chrütz verbei, an menger Kapelle.

---

[1] Eine Kapelle dieses Namens an der Wiese.

Aber wie de gohsch, wirsch alliwil grösser und schöner.
Wo di liebligen Otem weiht, wie färbt si der Rase
grüener rechts und links, wie stöhn in chräftige Triebe
neui Chrüter do, wie schiessen in prächtige Gstalte
Bluemen an Bluemen uf und geli saftigi Wide!
Vo dim Otem gwürzt stöhn roti Erdbeerichöpfli
Millione do und warten am schattige Talweg.
Vo dim Otem gnährt stigt rechts an sunnige Halde
goldene Lewat uf in Feldere Riemen an Rieme.
Vo dim Otem gchüelt singt hinter de Hürste verborge
freudig der Hirtebueb, und d'Holzax tönet im Buechwald.
's Mambecher Hätteli chunnt und wulligi Häli vo Zell her.
Alles lebt und webt und tönt in freudige Wiise;
alles grüent und blüeiht in tusigfältige Farbe;
alles isch im Staat und will mi Meiddeli grüeße.
Doch de bisch ke Meiddeli meh, jetz sag i der Meidli.

Aber an der Bruckwoog, nit wit vom steinene Chrützli,
chresme d'Büebli vo Zell hoch an de felsige Halde,
suechen Engelsüess und luegen aben und stune.
«Toneli», seit der Seppli, «was het echt d'Wiesen im
                    Chöpfli?
Lueg doch, wie sie stoht und wie sie nieder an d'Stross
                    sitzt
mit vertieftem Blick und wie sie wieder in d'Höchi
schiesst und in d'Matte lauft und mittere selber im
                    Champf isch!»

Feldbergs Tochter, los, de gfallsch mer numme no
                    halber!
's goht mer wie dem Seppli. Was hesch für Jesten im
                    Chöpfli?
Fehlt der näumis, se schwetz, und hättsch gern näumis,
                    se sag mer's!
Aber wer nüt seit, bisch du! Mit schwankige Schritte
laufsch mer d'Matten ab in dine tiefe Gidanke
furt ins Wiesetal, furt gegenem Husemer Bergwerch,
und schangschiersch der Glauben und wirsch e luthrische
                    Chetzer!

5

Hani's denn nit gseit, und hani mer's echter nit vorgstellt?
Aber jetz isch's so, was hilft jetz balgen und schmäle!
Ändere chani's nit, se willi der lieber gar helfe;
öbbe bringsch mer doch no Freud und heiteri Stunde!
Halt mer e wenig still, i will di jetz lutherisch chleide.
Do sin wiissi Bauwelestrümpf mit chünstlige Zwickle
(leg sie a, wenn d' chasch!) und Schueh und silberni
                Rinkli;
do ne grüene Rock! Vom breit verbendlete Liibli
fallt bis zue de Chnödlenen abe Fältli an Fältli.
Sitzt er recht? Tue d'Häftli i und nimm do das Brusttuech,
sammet und roserot. Jetz flichti der chünstligi Zupfe
us de schöne, sufer gstrehlte, flächsene Hoore.
Obe vom wiissen Äcken und biegsem in d'Zupfe
                verschlunge
fallt mit beiden Ende ne schwarze sidene Bendel
bis zuem tiefe Rocksaum abe. – Gfallt der die Chappe,
wasserblaue Damast und gstickt mit goldene Blueme?
Zieh der Bendel a, wo in de Ricklene durgoht,
unter de Zupfe dure, du Dotsch, und über den Ohre
fürsi mittem Letsch und abe gegenem Gsicht zue!
Jetz e side Fürtuech her und endli der Hauptstaat,
zwenzig Ehle lang und breit e Mailänder Halstuech!
Wie ne luftig Gwülch am Morgehimmel im Früeihlig
schwebt's der uf der Brust, stigt mittem Otem und senkt si,
wahlet der über d'Achslen und fallt in prächtige Zipfle
übere Rucken abe, sie rusche, wenn den im Wind gohsch!
Het me's lang, se losst me's henke, hör i mi Lebtig.
D'Ermel, denkwol, henksch an Arm, wil's Wetter so
                schön isch,
ass me's Hemd au sieht und dini gattigen Ärmli,
und der Schiehuet nimmsch in d'Hand am sidene Bendel.
D'Sunne git eim wärmer und schint eim besser in d'Auge,
wer en in de Hände treit, und 's stoht der au hübscher!
Jetz wärsch usstaffiert, as wenn de hoffertig stoh wottsch,
und de gfallsch mer selber wieder, chani der sage.

Wienes si jetz freut, und wie's in zimpfere Schritte
tänzlet und meint, es seig d'Frau Vögtene selber,

wie 's si Chöpfli hebt und jeden Augeblick z'ruck schielt,
öb me's echt au ab bschaut und öb men em ordeli noluegt!
Jo, de bisch jo hübsch, und jo, du Närli, mer luege,
du Marggröfer Meidli mit diner goldige Chappe,
mit de lange Zupfen und mit der längere Hoorschnuer,
mittem vierfach zsemmegsetzte flattrige Halstuech!

    Aber rotet jetz, wo 's hoffertig Jümpferli hi goht!
Denkwol uffe Platz, denkwol zuer schattige Linde
oder in d'Weserei und zue de Husemer Chnabe?
Hender gmeint, jo wol! Am Bergwerch fisperlet's abe,
lengt e wenig duren und trüllt e wengeli d'Räder,
was der Blosbalg schnufe mag, ass d'Füürer nit usgöhn.
Aber 's isch sis Blibes nit. In d'Husemer Matte
schiesst's und über d'Legi mit grosse Schritte go Fahrnau,
laufsch mer nit, se gilt's mer nit, durs Schopfemer Chilspel.

    Aber z'Gündehuse, wer stoht echt an der Strosse,
wartet, bis de chunnsch und goht mit freudige Schritte
uf di dar und git der d'Hand und fallt der an Buese?
Chennsch die Schwesterli nit? 's chunnt hinte füre vo
                              Wislet.
Uf und nieder het's di Gang und dini Giberde.
Jo, de chennsch's! Worum denn nit? Mit freudigem Brusche
nimmsch's in d'Arm und losch's nit goh, gib achtig,
                              verdruck's nit!
Jetz goht's wieder witers und alliwil aben und abe!
Siehsch dört vorne 's Röttler Schloss – verfalleni Mure?
In vertäfelte Stube mit goldene Liiste verbendlet
hen sust Fürste gwohnt und schöni fürstligi Fraue,
Heren und Heregsind, und d'Freud isch z'Röttle deheim
                              gsi.
Aber jetz isch alles still. Undenkligi Zite
brenne keini Liechter in sine verrissene Stube,
flackeret kei Füür uf siner versunkene Füürstet,
goht kei Chrueg in Cheller, ke Züber aben an Brunne.
Wildi Tube niste dört uf moosige Bäume.
Lueg dört ehnen isch Mulberg und do im Schatte verborge
's Föhris Hüsli und am Berg dört d'Höllstemer Chilche.

Steine lömmer liegen und fahre duren in d'Matte,
guete Weg isch au nit um, und weidli chasch laufe.
Wenn's nit nidsi gieng, i weiss nit, öbbi der no chäm.
Unter Steine chunnsch mit dine biwegliche Schritte
wieder über d'Stross. Jetz wandle mer füren ins Rebland
nebe Hauigen aben und neben an Hagen und Röttle.
Lueg mer e wenig ufe, wer stoht dört oben am Fenster
in sim neue Chäppli, mit sine fründligen Auge?
Neig di fin, zeig wie, und sag: «Gott grüess ich, Her
 Pfarer!»
Jetz goht's Tuemrige zu, jetz witer in d'Lörecher Matte.
Siehsch das ordelig Städtli mit sine Fenstren und Gieble,
und die Basler Here dört uf der staubige Strosse,
wie sie riten und fahren? Und siehsch dört 's Stettener
 Wirtshus!
Worum wirsch so still und magsch nit dure go luege?
Gell, de siehsch sel heilig Chrütz vo witem und trausch nit,
möchtisch lieber z'ruck as fürsi! Los der nit gruse!
's währt nit lang, se stöhn mehr frei uf schwitzrischem Bode.

Aber wie de gohsch vom Bergwerch abe go Schopfe
bis an Stetten aben uf diner steinige Landstross,
bald am linke Bord, bald wieder ehnen am rechte
zwischenem Faschinat, wirsch alliwil grösser und schöner,
freudiger alliwil und schaffig, was me cha sage.
Wo di liebligen Otem weiht, wie färbt si der Rase
grüener rechts und links, wie stöhn mit chräftige Triebe
neui Chrüter uf, wie prangen in höhere Farbe
Bluemen ohni Zahl. De Summervögle tuet d'Wahl weh.
Wechslet nit der Chlee mit goldene Chetteneblueme,
Frauemänteli, Hasebrötli, würzigi Chümmi,
Sunneblueme, Habermark und Dolden und Ruchgras?
Glitzeret nit der Tau uf alle Spitzen und Halme?
Wattet nit der Storch uf hoche Stelze derzwüsche?
Ziehn si nit vo Berg zue Berg in lange Reviere
feisti Matte Stunde wiit und Tauen an Taue?
Und derzwüsche stöhn scharmanti Dörfer und Chilchtürn.
'S Brombecher Mummeli chunnt, es chömme Lörecher
 Rössli,

fresse der us der Hand und springen und tanze vor Freude,
und vo Baum zue Baum vo Zell bis füre go Rieche
halte d'Vögeli Judeschuel und orglen und pfife.
D'Brombecher Linde lit, der Sturmwind het sie ins Grab
         gleit.
Aber rechts und links wie schwanken an flachere Raine
Roggen und Weizehalm! Wie stöhn an sunnige Halde
Reben an Reben uf! Wie woget uf höchere Berge
rechts und links der Buechewald und dunkleri Eiche!
O 's isch alles so schön, und überal anderst und schöner!
Feldbergs Tochter, wo de bisch, isch Nahrig und Lebe!

 Neben an der ufen und neben an der abe
gigst der Wage, d'Geisle chlöpft und s'Sägese ruschet,
und de grüessisch alli Lüt und schwetzisch mit alle.
Stoht e Mühli näumen, en Öli oder e Ribi,
Drohtzug oder Gerstestampfi, Sägen und Schmidte,
lengsch mit biegsemen Armen, mit glenkseme Fingere
         dure,
hilfsch de Müllere mahlen und hilfsch de Meidlene ribe,
spinnsch mer's Husemer Ise wi Hanf in gschmeidigi Fäde.
Eicheni Plütschi versägsch, und wandlet 's Ise vom
         Füürherd
uffen Ambos, lüpfsch de Schmiede freudig der Hammer,
singsch derzu und gehrsch ke Dank «Gott grüessich,
         Gott bhüetich!»
Und isch näume ne Bleichi, se losch di das au nit verdriesse,
chuuchisch e bitzeli duren und hilfsch der Sunne no
         bleiche,
ass sie fertig wird, sie isch gar grüseli landsem!

 Aber solli eis, o Wiese, sage wie 's ander,
nu se seig's bikennt! De hesch au bsunderi Jeste,
's chlage's alli Lüt und sagen, es sei der nit z'traue,
und wie schön de seigsch, wie liebli dini Giberde,
stand der d'Bosget in den Auge, sage sie alli.
Eb men umluegt, chresmisch näumen über d'Faschine
oder rupfsch sie us und bahnsch der bsunderi Fuessweg,
bohlsch de Lüte Stei uf d'Matte, Jaspis und Feldspat.

9

Hen sie näume gmeiht und hen sie gwarbet und gschöchlet,
holsch's und treisch's de Nochbere duren Arfel um Arfel.
's sagen au e Teil, de seigisch glücklich im Finde
uf de Bänke, wo nit gwüscht sin, aber i glaub's nit.
Mengmol haseliersch, und 's muess der alles us Weg goh;
öbbe rennsch e Hüsli nieder, wenn's der im Weg stoht.
Wo de gohsch und wo de stohsch, isch Balgen und Balge.

   Feldbergs Tochter, los, de bisch an Tuged und Fehler
zitig, chunnt's mehr halber vor, zuem Manne, wie wär's
            echt?
Zeig, was machsch für Äugli? Was zupfsch am sidene
            Bendel?
Stell di nit so närsch, du Dingli! 's meint no, me wüss nit,
ass es versprochen isch, und ass sie enander scho bstellt
            hen!
Meinsch, ich chenn di Holderstock, di chräftige Burst nit?

   Über hochi Felsen und über Stuuden und Hecke
eis Gangs us de Schwitzerberge gumpet er z'Rhineck
aben in Bodesee und schwimmt bis füre go Chostanz,
seit: «I muess mi Meidli ha, do hilft nüt und batt nüt!»
Aber oben an Stei, se stigt er in landseme Schritte
wieder usem See mit sufer gwäschene Füesse,
Diesehofe gfallt em nit und 's Chloster dernebe,
furt Schaffhuse zue, furt an die zackige Felse.
An de Felse seit er: «Und 's Meidli muess mer werde!
Lib und Lebe wogi dra und Chrezen und Brusttuech.»
Seit's und nimmt e Sprung. Jetz bruttlet er abe go Rhinau;
trümmlig isch's em worde, doch chunnt er witer und witers.
Eglisau und Chaiserstuehl und Zurzi und Waldshuet
het er scho im Äcke, vo Waldstadt lauft er zue Waldstadt,
jetz an Chrenzech aben in schöne breite Reviere,
Basel zue. Dört wird der Hochzitzedel gschriebe.
Gell, i weiss es! Bisch im Stand und läugnisch, was wohr
            isch?

   Hätti z'rote gha, 's wär z'Wil e schickliche Platz gsi;
's het scho menge Briggem si gattig Brütli go Wil gfüehrt,

usem Züribiet, vo Liestel aben und Basel,
und isch jetz si Ma, und 's chocht em d'Suppen und
                              pflegt em
ohni Widerred vo mine gnädige Here.
Aber di Vertraue stoht zuem Chleihüniger Pfarer.
Wie de meinsch, se göhnmer denn dur d'Riechemer Matte!
Lueg, isch sel nit d'Chlübi, und chunnt er nit ebe dört abe?
Jo, er isch's, er isch's, i hör's am freudige Brusche!
Jo, er isch's, er isch's mit sine blauen Auge,
mit de Schwitzerhosen und mit der sammete Chreze,
mit de christalene Chnöpfen am perlefarbige Brusttuech,
mit der breite Brust und mit de chräftige Stotze,
's Gotthards grosse Bueb, doch wie ne Rotsher vo Basel
stolz in sine Schritten und schön in sine Giberde.

O wie chlopft der di Herz, wie lüpft si di flatterig
                              Halstuech
und wie stigt der d'Röti jetz in die lieblige Backe
wie am Himmel 's Morgerot am duftige Maitag!
Gell, de bischem hold, und gell, de hesch der's nit
                              vorgstellt,
und es wird der wohr, was im verborgene Stübli
d'Geister gsunge hen und an der silberne Wagle!
Halt di numme wohl! – I möcht der no allerlei sage,
aber 's wird der windeweh! Di Kerli, di Kerli!
Förchsch, er lauf der furt, se gang! Mit Tränen im Äugli
rüeft's mer: «Bhüetdi Gott» und fallt em freudig an Buese.
Bhütdi Gott der Her und folgmer, was i der gseit ha!

Freude in Ehren

Ne Gsang in Ehre,
wer will's verwehre?
Singt 's Tierli nit in Hurst und Nast,
der Engel nit im Sterneglast?
E freie, frohe Muet,
e gsund und fröhlich Bluet
goht über Geld und Guet.

Ne Trunk in Ehre,
wer will's verwehre?
Trinkt 's Blüemli nit si Morgetau?
Trinkt nit der Vogt si Schöppli au?
Und wer am Werchtig schafft,
dem bringt der Rebesaft
am Sunntig neui Chraft.

Ne Chuss in Ehre,
wer will's verwehre?
Chüsst 's Blüemli nit sie Schwesterli,
und 's Sternli chüsst si Nöchberli?
In Ehre, hani gseit,
und in der Unschuld Gleit,
mit Zucht und Sittsemkeit.

Ne freudig Stündli,
isch's nit e Fündli?
Jetz hemmer's und jetz simmer do;
es chunnt e Zit, würd's anderst goh.
's währt alles churzi Zit,
der Chilchhof isch nit wit.
Wer weiss, wer bal dört lit?

Wenn d'Glocke schalle,
wer hilftis alle?
O gebis Gott e sanfte Tod!
E rüeihig Gwisse gebis Gott,
wenn d'Sunn am Himmel lacht,
wenn alles blitzt und chracht,
und in der letzte Nacht!

Die Irrlichter

Es wandlen in der stille dunkle Nacht
wohl Engel um, mit Sterneblueme gchrönt,
uf grüene Matte, bis der Tag verwacht,
und do und dört e Bettzitglocke tönt.

Sie spröche mitenander deis und das,
sie machen öbbis mitenander us;
's sin gheimi Sache, niemes rotet, was?
Druf göhn sie wieder furt und richte's us.

Und stoht ke Stern am Himmel und ke Mon,
und wemme nümme sieht, wo d'Nussbäum stöhn,
müen selli Marcher usem Füür an d'Fron,
sie müen den Engle zünde, wo sie göhn.

Und jedem hangt e Bederthalben a,
und wenn's em öd wird, lengt er ebe dri
und biisst e Stückli Schwefelschnitten a
und trinkt e Schlückli Treber-Brenntewi.

Druf putzt er d'Schnören amme Tschäubli ab.
Hui, flackeret's in liechte Flammen uf
und, hui, goht's wieder d'Matten uf und ab
mit neue Chräfte d'Matten ab und uf.

's isch chummliger so, wenn eim vorem Fuess
und vor den Auge d'Togge selber rennt,
as wemme sie mit Hände trage muess
und öbbe gar no d'Finger dra verbrennt.

Und schritet spot e Mensch dur d'Nacht derher
und sieht vo witem scho die Kerli goh
und bettet lisli: «Das walt Gott der Herr» –
«Ach bleib bei uns» – im Wetter sind sie do.

Worum? So bald der Engel bette hört,
se heimelet's en a, er möcht derzue.
Der füürig Marcher blieb jo lieber dört,
und wenn er chunnt, se hebt er d'Ohre zue.

Und schritet öbsch e trunkne Ma dur d'Nacht,
er fluecht und sappermentet: «Chrütz und Stern»
und alli Zeichen, ass der Bode chracht,
sel hörti wohl der füürig Marcher gern.

Doch wird's em nit so guet. Der Engel seit:
«Furt, weidli furt! Do magi nüt dervo!»
Im Wetterleich, sen isch der wiit und breit
kei Marcher me, und au kei Engel do.

Doch goht me still si Gang in Gottis Gleit
und denkt: «Der chönnet bliben oder cho,
ne jede weiss si Weg, und 's Tal isch breit»,
sel isch 's Vernünftigst, und sie lön ein go.

Doch wenn der Wunderfitz ein öbbe brennt,
me lauft im Uverstand den Engle no,
sel isch ene wie Gift und Poperment;
im Augeblick se lön sie alles stoh.

Z'erst sage sie: «Denkwol es isch si Weg,
er goht verbei, mer wen e wenig z'ruck!»
So sage sie und wandle still us Weg,
und sieder nimmt der füürig Ma ne Schluck.

Doch folgt me witers über Steg und Bort,
wo nummen au der Engel goht und stoht,
se seit er z'letzt: «Was gilt's, i find en Ort,
du Lappi, wo di Weg nit dure goht!»

Der Marcher muess vora, mit stillem Tritt
der Engel hinterher, und lauft me no,
se sinkt men in e Gülle, 's fehlt sie nit.
Jetz weisch di Bricht, und jetz chasch wieder goh!

Nei, wart e wenig, 's chunnt e gueti Lehr!
Vergiss mer's nit, schrib's lieber in e Buech!
zum erste sagi: „Das walt Gott der Her"
isch alliwil no besser as e Fluech.

Der Fluech jagt d'Engel mittem Heil dervo;
ne christli Gmüet und 's Bette zieht si a;
und wemme meint, me seh ne Marcher cho,
's isch numme so d'Laterne vorne dra.

Zuem anderen, und wenn en Ehrema
ne Gschäft für ihn ellei z'verrichte het,
so loss en mache! Was goht's di denn a?
Und los nit, wemme mittem Nochber redt!

Und goht me der us Weg, se lauf nit no!
Gang diner Wege furt in Gottis Gleit!
's isch Uverstand, me merkt's enanderno,
und 's git en Unehr. Sag, i heig der's gseit!

Der Schmelzofen

Jetz brennt er in der schönsten Art,
und 's Wasser ruuscht, der Blosbalg gahrt,
und bis ass d'Nacht vom Himmel fallt,
se würd die ersti Massle chalt.

Und 's Wasser ruuscht, der Blosbalg gahrt;
i ha druf hi ne Gulde gspart.
Gang, Chüngi, lengis alte Wi,
mer wen e wengli lustig si!

Ne Freudestund isch nit verwehrt;
me gniesst mit Dank, was Gott bischert,
me trinkt e frische, frohe Muet,
und druf schmeckt wieder 's Schaffe guet.

E Freudestund, e gueti Stund!
's erhaltet Lib und Chräfte gsund;
doch muess es in der Ordnig goh,
sust het me Schand und Leid dervo.

E frohe Ma, ne brave Ma!
Jetz schenket i und stosset a:
Es leb der Marggrof und si Huus!
Ziehnt d'Chappen ab und trinket us!

Ne bessere Her treit d'Erde nit,
's isch Sege, was er tuet und git,
i cha's nit sage, wieni sott:
Vergelt's em Gott! Vergelt's em Gott!

Und 's Bergwerch soll im Sege stoh!
's het menge Burger 's Brot dervo.
Der Her Inspekter lengt in Trog
und zahlt mit Freud, es isch kei Frog.

Drum schenket i und stosset a!
Der Her Inspekter isch e Ma
mit üsers Gattigs Lüte gmei
und fründli gege gross und chlei.

Er schafft e guete Wi ufs Werk,
er holt en über Tal und Berg,
er stellt en luter uffe Tisch
und misst, wie's recht und billig isch.

Sel isch verbei, der Ma am Füür
muess z'trinke ha, wär's no so tür.
Es rieslet menge Tropfe Schweiss,
und will's nit go, men ächzet eis.

Me streift der Schweiss am Ermel ab,
me schnufet, d'Bälg verstuune drab,
und mengi liebi Mitternacht
wird so am heisse Herd verwacht.

Der Schmelzer isch e plogte Ma,
drum bringem's ein, und stosset a:
Gsegott! Vergiss di Schweiss und Ach!
's het jeden anderen au si Sach.

Am Zahltag teiltisch doch mit keim
und bringsch der Lohn im Nastuech heim,
se luegt di d'Marei fründli a,
und seit: «I ha ne brave Ma!»

Druf schlacht sie Eieren-Anken i
und sträut e wenig Imber dri;
sie bringt Salat und Grüebe dra
und seit: «Jetz iss, du liebe Ma!»

Und wenn e Ma si Arbet tuet,
se schmeckt em au si Esse guet.
Er tuuschti nit in Leid und Lieb
mit mengem riche Galgedieb.

Mer sitze do, und 's schmecktis wohl.
Gang, Chüngeli, lengis no nemol,
wil doch der Ofe wieder goht
und 's Erz im volle Chübel stoht!

So brenn er denn zue gueter Stund,
und Gott erhaltich alli gsund,
und Gott biwahrich uf der Schicht,
ass niemes Leid und Unglück gschicht!

Und chunnt in strenger Winterszit,
wenn Schnee uf Berg und Firste lit,
en arme Bueb, en arme Ma
und stoht ans Füür und wärmt sie dra

und bringt e paar Grumbireli
und leit's ans Füür und brotet sie
und schloft bim Setzer uffem Erz –
schlof wohl, und tröst der Gott di Herz!

Dört stoht so ein. Chumm, arme Ma,
und tuenis Bscheid, mer stossen a!
Gsegott, und tröst der Gott di Herz!
me schloft nit lieblig uffem Erz.

Und chunnt zuer Zit e Biederma
ans Füür und zündet 's Pfifli a
und setzt sie näumen ane mit,
se schmeck's em wohl, und – brenn di nit!

Doch fangt e Büebli z'rauchen a
und meint, es chönn's as wie ne Ma,
se macht der Schmelzer churze Bricht
und zieht em's Pfifli usem Gsicht.

Er keit's ins Füür und balgt derzue:
«Hesch's au scho glehrt, du Lappi, du!
Sug amme Störzli Habermark –
Weisch? Habermark macht d'Buebe stark!»

's isch wohr, 's git mengi Churzwil mehr
am Sunntig no der Chinderlehr,
und strömt der füürig Isebach
im Sand, es isch e schöni Sach.

Frog menge Ma: «Sag, Nochber, he!
hesch au scho 's Ise werde seh
im füürige Strom de Forme no?»
Was gilt's, er cha nit sage: Jo!

Mir wüsse, wie me's Ise macht
und wie's im Sand zue Massle bacht
und wiemes druf in d'Schmidte bringt
und d'Luppen unterm Hammer zwingt.

Jetz schenket i und stosset a:
Der Hammermeister isch e Ma!
Wär Hammerschmied und Zeiner nit,
do läg e Sach, was tät me mit?

Wie gieng's im brave Hamberchsma?
's muess jede Stahl und Ise ha;
und muess der Schnider d'Nodle ge,
sen isch's au um si Nahrig gscheh.

Und wenn im früeihe Morgerot
der Buur in Feld und Flure stoht,
se muess er Charst und Haue ha
sust isch er e verlorene Ma.

Zum Broche bruucht er d'Wägese,
zum Meihe bruucht er d'Sägese
und d'Sichle, wenn der Weize bleicht,
und 's Messer, wenn der Trübel weicht.

So schmelzet denn, und schmiedet ihr,
und dankich Gott der Her derfür!
Und mach en andere Sichle drus,
und was me bruucht in Feld und Hus!

Und numme keini Sebel meh!
's het Wunde gnueg und Schmerze ge,
's hinkt mengen ohni Fuess und Hand,
und menge schloft im tiefe Sand.

Kei Hurlibaus, ke Füsi meh!
Mer hen 's Lamento öbbe gseh
und ghört, wie's in de Berge chracht,
und Ängste gha die ganzi Nacht.

Und glitte hemmer, was me cha;
drum schenket i und stosset a:
Uf Völkerfried' und Einigkeit
von nun a bis in Ewigkeit!

Jetz zahlemer! Jetz göihmer hei
und schaffe hüt no allerlei
und dengle no bis tief in d'Nacht
und meihe, wenn der Tag verwacht.

Der Morgenstern

Woher so früeih, wo ane scho,
Her Morgestern, enanderno
in diner glitzrige Himmelstracht,
in diner guldige Lockepracht,
mit dinen Auge chlor und blau
und sufer gwäschen im Morgetau?

Hesch gmeint, de seisch elleinig do?
Nei, weger nei, mer meihe scho!
Mer meihe scho ne halbi Stund;
früeih ufsto isch de Gliedere gsund,
es macht e frische, frohe Muet,
und d'Suppe schmeckt eim no so guet.

's git Lüt, sie dose frili no,
sie chönne schier nit use cho.
Der Mähder und der Morgestern
stöhn zitli uf und wache gern,
und was me früeih um Vieri tuet,
das chunnt eim z'nacht um Nüni guet.

Und d'Vögeli sin au scho do,
sie stimmen ihri Pfifli scho,
und uffem Baum und hinterm Hag
seit eis im andere Guete Tag!
Und 's Turteltübli ruukt und lacht,
und 's Bettziglöckli isch au verwacht.

Se helfis Gott, und gebis Gott
e guete Tag, und bhüetis Gott!
Mer betten um e christlig Herz,
es chunnt eim wohl in Freud und Schmerz;
wer christli lebt, het frohe Muet:
der lieb Gott stoht für alles guet.

Weisch Jobbeli, was der Morgestern
am Himmel suecht? Me seit's nit gern!
Er wandlet imme Sternli no,
er cha schier gar nit vonnem lo.
Doch meint si Muetter, 's müess nit si,
und tuet en wie ne Hüenli i.

Drum stoht er uf vor Tag und goht
sim Sternli no dur's Morgerot.
Er suecht, und 's wird em windeweh,
er möcht em gern e Schmützli ge,

er möcht em sagen: «I bi der hold!»
es wär em über Geld und Gold.

Doch wenn er schier gar binem wär,
verwacht si Muetter handumcher,
und wenn sie rüeft enanderno,
sen isch mi Bürstli niene do.
Druf flicht sie ihre Chranz ins Hoor
und lueget hinter de Berge vor.

Und wenn der Stern si Muetter sieht,
se wird er todesbleich und flieht,
er rüeft sim Sternli: «Bhüetdi Gott!»
es isch, as wenn er sterbe wott.
Jetz Morgestern, hesch hohi Zit,
di Müetterli isch nümme wit.

Dört chunnt sie scho, was hani gseit,
in ihrer stille Herlichkeit.
Sie zündet ihri Strahlen a,
der Chilchturn wärmt si au scho dra,
und wo si fallen in Berg und Tal,
se rüehrt si 's Leben überal.

Der Storch probiert si Schnabel scho:
«De chasch's perfekt, wie gester no!»
Und d'Chemi rauchen au alsgmach;
hörsch's Mühlirad am Erlebach,
und wie im dunkle Buechewald
mit schwere Streiche d'Holzax fallt?

Was wandlet dört im Morgestrahl
mit Tuech und Chorb dur's Mattetal?
's sin d'Meidli jung und flink und froh,
sie bringe weger d'Suppe scho,
und 's Anne-Meili vornen a,
es lacht mi scho vo witem a.

Wenn ich der Sunn ihr Büebli wär,

und 's Anne-Meili chäm ungfähr
im Morgerot, ihm giengi no,
i müesst vom Himmel abe cho,
und wenn au d'Muetter balge wott,
i chönnt's nit lo, verzeihmer's Gott!

Der Karfunkel

Wo der Ätti si Tubak schnätzlet, se lueget en d'Marei
fründlig und bittwis a: «Verzehlis näumis, o Ätti,
weisch, so wieder wie necht, wo 's Chüngi het welle
                              vertschlofe!»
Drüber rucke 's Chüngi und's Anne-Bäbi und d'Marei
mit de Chunklen ans Liecht und spanne d'Saiten und
                              striche
mittem Schwärtli 's Rad und zupfen enander am Ermel.
Und der Jobbi nimmt e Hampfle Liechtspön und setzt si
nebene Liechtstock hi und seit: «Das willi verrichte.»
Aber der Hans-Jerg lit e lange Weg überen Ofe,
lueget aben und denkt: «Do obe höri's am beste
und bi niemes im Weg.» Druf, wo der Ätti si Tubak
gschnitte het und 's Pfifli gfüllt, se chunnt er an
                              Liechtspon
und hebt 's Pfifli drunter und trinkt in gierige Züge,
bis es brennt. Druf druckt er 's Füür mit de Fingeren abe
und macht 's Deckeli zue. «Se willi denn näumis verzehle»,
seit er und sitzt nieder, «doch müender ordeli still si,
ass i nit verstuun, eb's us isch, und du dört obe,
pack di vom Ofen abe! Hesch wieder niene ke Platz gwüsst?
Isch's der z'wohl, und glust's di wieder no nem Karfunkel?
Numme ken, wie sel ein gsi isch, woni im Sinn ha.

's isch e Plätzli näumen, es goht nit Egge no Pflueg druf,
Hurst an Hurst scho hundert Johr und giftigi Chrüter,
's singt kei Trostle drinn, kei Summervögeli bsuecht sie,
breiti Dosche hüete dört e zeichnete Chörper.
's wär ke ungschickt Bürschli gsi, sel seit me, doch seig er

zitlich ins Wirtshus gwandlet, und über Bibel und Gsang-
buech
sin em d'Charte gsi am Samstig z'oben und Sunntig.
Flueche het er chönne, ne Hex im ruessige Chemi
hätt sie bsegnet und bettet, und d'Sternen am Himmel hen
zittert.

   's het emol im grüene Rock e borstige Jäger
zuegluegt, wie sie spiele. Mit unerhörte Flüeche
het der Michel Stich um Stich und Büessli verlore.
„Du vertlaufsch mer nit!" seit für si selber der Grüenrock;
d'Wirtene het's no ghört und denkt: „Isch's öbbe ne
Werber!"
's isch ke Werber gsi, der werdet's besser erfahre,
wenn der Michel gwibet het und 's Güetli verlumpet.
Was het 's Strosswirts Tochter denkt? Sie het em us Liebi
Hand und Jowort ge, doch nit us Liebi zum Michel,
nei zu Vater und Mutter, es isch ihr Willen und Wunsch gsi.
Sellen Oben isch's in schwere Gidanke vertschlofe,
selli Mittnacht het's e schwere bidütseme Traum gha.
's isch em gsi, es chömm vo Staufe füren an d'Landstross;
an der Landstross goht e Chapeziner und bettet.
„Schenket mer au ne Helgli, Her Pater, went der so guet si!
Bini nit e Bruut? 's cha si, 's het gueti Bidütig."
Landsem schüttlet si Chopf der Pater, und unter der Chutte
lengt er e Hampfle voll Helge. „Do zieh der selber ein use!"
Seit's, und wo nes zieht, so lengt's in schmutzigi Charte.
„Hesch echt 's Eckstei-Ass? 's bidütet e rote Charfunkel;
's isch ke guete Schick." - „Jo weger", seit es, „das hani."
Wieder seit der Pater: „Se zieh denn anderst, o Brütli!
Hesch echt siebe Chrütz?" - „Jo weger", seit es und
süfzget. -
„Tröst di Gott, zieh anderst! Es chönne no besseri drinn si.
Hesch e bluetig Herz?" - „Jo weger!" seit's und erschrickt
drob. -
„Jetz zieh nonemol, 's cha si, di Heilige chunnt no! -
Isch's der Schuflebueb?" - „Es wird wohl, bschauet en
selber!" -
„Jo de hesch en! Tröst di Gott! Er schuflet di abe."

So het's im Kätterli traumt, und so het's sellemol gschlofe.
Strosswirts Tochter, was hesch denkt, und hesch mer en
doch gno?
Jo, es het jo müessen und gseit: „Ins Here Gotts Name!
No de siebe Chrützen und hinterem bluetige Herze
chunnt mi Heilige, will's der Her, und schuflet mi abe."
Z'erst hätt's möge go. Zwor mengmol het no der Michel
gspielt und trunke, bis gnueg, und gfluecht und 's Kätterli
ploget.
Mengmol isch er in si gange, wenn 's en mit Träne
bittet het und bettet. Nemol se seit er: „Jetz willi
mit der akkordieren, und d'Charte willi verflueche.
Soll mi der Teufel hole, so bald i eini me arüehr!
Aber ins Wirtshus gangi, sel willi, sel chani nit mide.
Grums und hül, so lang 's der gfallt, ich cha der nit helfe!"

Het er 's erst nit ghalte, sen isch er im andere treu gsi.
Woner ins Wirtshus chunnt, se sitzt mi borstige Grüenrock
hinterm Tisch, selbdritt, und müschlet d'Charten und
rüeft em:
„Bisch mer e Kamerad, se chumm, se wemmer eis mache!"
„Ich nit", seit der Michel, „Bas Margret, leng mer e
Schöppli!"
„Du nit?" seit der Grüen. „Chumm numme, bis de di
Schoppe
trunke hesch, und 's goht um nüt, mer mache für
Churzwil!"
„He", denkt binem selber de Michel, „wenn es um nüt goht,
sel isch jo nit gspielt", und setzt si nebene Grüenrock.
's chunnt e Chnab ans Fenster mit lockiger Stirnen und
rüeft em:
„Meister Michel, uf e Wort! Der Strossewirt schickt mi."
„Schick en wieder", seit er, „i weiss scho, was er im Chopf
het!
Wer spielt us? und was isch Trumpf? und gstoche das
Eckstei!"
Druf und druf! Z'letzt seit der Grüen: „Was bisch du ne
Glückschind!
Möchtsch nit umme Chrützer mache?" - Sel isch jetz eitue,

denkt der Michel, gspielt isch gspielt, und seit: „Es isch
eitue!"
„Chömmet", rüeft der Chnab und pöpperlet wieder am
Fenster,
„Nummen uf en einzig Wörtli!" – „Loss mi ungheit jetz!
Chrütz im Baum und Schufle no und nonemol Schufle!"
Und so goht's vom Chrützer bis endli zue der Dublone.

Wo sie ufstöhn, seit der Grüenrock: „Michel, i cha di
jetz nit zahle. Magsch derfür mi Fingerring bhalte,
bis i en wieder lös. Es sin verborgeni Chräfte
in dem rote Karfunkel. O lueg doch, wie ner ein a'blitzt!"
's drittmol chlopft's am Fenster: „O Michel, chömmet,
wil's Zit isch!"
„Loss en schwetze", seit der Grüenrock, „wenn er nit goh
will!
Nimm du do mi Fingerring, und wenn de ke Chrützer
Geld deheim und niene hesch, es cha der nit fehle.
Wenn der Ring am Finger steckt und wenn de in Sack
lengsch
alli Tag emol, se hesch e bairische Taler.
Nummen an kem Firtig! I wott der das selber nit rote.
Chasch mi witers bruche, se rüef mer nummen! I hör di.
Heissi nit Vizli Buzli, und hani d'Ohre nit bimer?"

Sieder briegget d'Frau deheim im einseme Stübli
und liest in der Bibel und im verrissene Bettbuech,
und der Michel chunnt und schändet: „Findi di wieder
an dim ewige Betten und dunderschiessige Hüle?
Lueg do, was i gunne ha, ne rote Charfunkel!"
's Kätterli verschrickt: „O Jesis", seit es, „was siehni!
's isch ke guete Schick!" – und sinkt dernieder in Ohnmacht.

Wärsch doch nümme verwacht, wie menge bittere
Chummer
hättsch verschlofen, armi Frau, wo diner no wartet!

Jetz wird's tägli schlimmer. Uf alle Marte flankiert er,
alli Chülbene bsuecht er, und wo me ne Wirtshus bitrittet,

z'nacht um Zwölfi, vormittag und z'oben um Vieri,
sitzt der Michel dört und müschlet trüeglichi Charte.
's Chind verwildert, 's Güetli schwindet, Acker um Acker
chunnt an Stab, und d'Frau vergoht in bittere Träne.
Goht er öbbe heim, git's schnödi Reden und Antwort:
„Chunnsch du Lump?" Und so und so. – Mit trunkene Lippe
fluecht der Michel, schlacht si Frau. Jetz muess er zum
          Pfarer,
jetz vor Oberamt und mittem Haschierer im Turn zue.
Goht er schlimm, se chunnt er ärger, wennem der Vizli
Buzli wieder d'Ohre striicht und Gallen ins Bluet mischt.

So währt's siebe Johr. Emol se bringt en der Buzli
wieder usem Turn und „Allo, göhn mer ins Wirtshus,
eb de heim chunnsch mit de Streiche, wo si der ge hen!
Was der d'Frau zum Willkumm gchocht het, wird di nit
          brenne.
Los, de duursch mi, wenni dra denk, es möcht mi
          versprenge,
wie's der goht und wie der d'Frau di Lebe verbittert.
So ne Ma wie du, wo 's Tags si Taler vertue cha.
Glückli bisch im Spiele, doch no nem leidige Sprichwort,
mittem Wibe hesch's nit troffe, chani der sage.
Wärsch ellei, wie hättsch's so guet und lebtisch so rüeihig!
's pin'get di, me sieht der's a, und d'Odere schwelle.
Trink e Schlückli Brenz, es chüelt der öbbe di Jast ab!"

Aber d'Frau deheim, mit z'semmegschlagene Hände
sitzt sie uffem Bank und luegt dur Tränen an Himmel.
„Siebe Johr und siebe Chrütz!" so schluchzget sie endli,
„'s wird mer redli wohr, und Gott im Himmel well's ende!"
Seit's und nimmt e Buech und bettet in Todesgidanke.
Drüber schnellt der Michel d'Tür uf, und fürchterli
          schnauzt er:
„Hülsch au wieder? Du hesch's nötig, falschi Kanali!
Surchrut choch mer!" 's Kätterli seit: „'s isch niene ke
          Füür meh."
„Surchrut willi! Lueg, i dreih der 's Messer im Lib um." –
„Lieber hüt, as morn. De bringsch mi untere Bode,

ei Weg wie der ander, und 's Büebli hesch mer scho
gmordet." –
„Di soll der Dunder und's Wetter in Erdsboden abe
verschlage!"
Seit's und zuckt, und sinnlos schwanket 's Kätterli nieder.
„O, mi bluetig Herz", so stöhnt's no lisli, wo's umfallt.
„Chumm, o Schuflebueb, do hesch mi, schufle mi abe!"
Jetz der Michel furt, vom schnelle Schrecken ergriffe,
lauft ins Feld, der Bode schwankt, und 's rasslet im
Nussbaum.
„Vizli Buzli, rot mer du!" So rüeft er. Der Buzli,
hinterem Nussbaum stoht er, und chunnt und frogt en:
„Was fehlt der?"
"D'Kätheri hani verstoche, jetz rot mer, was i soll mache!" –
„Isch das alles?" seit der Buzli. „Weger de chasch ein
doch verschrecken, ass me meint, was Wunder passiert seig!
Närsch, jetz chasch im Land nit blibe, 's möcht e Verdruss
ge.
Isch nit dört der Rhi? Und chumm, i will di bigleite,
's stoht e Schiff am Gstad!" – Jetz stige sie ehnen im
Sunggäu
frisch ans Land, und quer dur's Feld. Im einseme Wirtshus
brennt e Licht. „Mer wen doch luege, wer no do in isch",
seit der Grüen, „wer weiss, do chasch der d'Grille vertribe!"

Aber im Wirtshus sitze no spoti nächtligi Gselle,
und 's goht vornen a mit Banketieren und Spiele.
„Chrütz isch Trumpf! Und no nemol! Und chönnet der
die do?
Gstoche die! und no ne Trumpf! Und – gstoche das Herzli!"
's isch scho halber Zwölfi. Will echt mit lockiger Stirne
jetz ke Chnab erschine? Nei weger! Michel, es endet!
O, wie spielsch so söllich ungschickt! „Gstoche das Herzli!"
lengt em tief in d'Seel, und allimol, wenn er e Stich macht,
wiederholt's der Grüen, und wirft im Michel e Blick zue.
Drüber warnt's uf Zwölfi. Mit alliwil schlechtere Charte
spielt er allwil schlechter und zahlt efange mit Chride.
Druf het's Zwölfi gschlage. Jetz lengt er mit gringletem
Finger

27

frisch in Sack: „Wer wechslet no ne bairische Taler?"
Schlechti Münz, Her Michel! Er lengt in glasigi Scherbe,
tuet e Schrei und luegt mit Gruus und Schrecke der
Grüen a.
Aber der Buzli leert si Brenntewigläsli und schmatzget:
„Michel, chumm jetz furt, der Wirt würd wellen ins Bett
goh!
's chömme hüt viel Gäst, sie hen e lustige Firtig.
Isch nit Ludwigstag, der fünfezwenzigst Augusti?
Dreih am Ring, so lang de witt, de bringsch en nit abe!"
O, wie het der Michel glost – e lustige Firtig!
O wie het er d'Füess am Tischbei unte verchlammert!
's hilft nit lang und tuet nit guet. Mit ängstlichem Bebe
stoht er uf und seit ke Wort, und göhn mit enander,
vornen a der Grüen und an de Ferse der Michel,
wie ne Chalb im Metzger folgt zuer bluetige Schlachtbank.
Öbbe ne Büchseschuss vom Wirtshus stellt en der Buzli.
„Michel", seit er, „lueg, es stoht kei Sternli am Himmel!
Lueg, der Himmel hangt voll Wetter über und über!
's goht kei Luft, es schwankt kei Nast, es rüehrt si ke
Läubli,
und du bisch mer au so still. I glaub, de witt bette,
oder machsch der d'Ürten und isch der 's Lebe verleidet?
Wie de meinsch! Di Wahl isch schlecht, i muess der's
bikenne.
Se, do hesch e Messer! I ha's am Blotzemer Mert gchauft!
Hau der d'Gurgele selber ab, se chost's di ke Trinkgeld!"» –

So het der Ätti verzehlt, und mit engbrüstigem Otem
seit druf d'Muetter: «Bisch bal fertig? Mach mer die Meidli
nit so z'förche, 's sin doch nummen erdichteti Märli!» –
«Jo, i bi jo fertig!» erwidert der Ätti, «dört lit er
mit sim Ring im Dorneghürst, wo d'Trostle nit singe.»
Aber d'Marei seit: «O Muetter, wer wird em denn förche!
Denksch, i merk nit, was er meint, und was er will sage?
Jo, der Vizli Buzli, das isch die bösi Versuechung.
Lockt sie nit, und füehrt sie nit in Sünden und Elend,
wenn e Mensch nit bette mag, und folgt nit, und schafft
nüt!

Und der lockig Chnab isch gueti Warnig im Gwisse.
O, i chenn mi Ätti wohl und sini Gidanke!»

Das Hexlein

Und woni uffem Schnidstuehl sitz
für Basseltang und Liechtspön schnitz,
se chunnt e Hexli wohlgimuet
und frogt no frei: «Haut's Messer guet?»

Und seit mer frei no «Guete Tag!»,
und woni lueg und woni sag:
«'s chönnt besser go, und grosse Dank!»
se wird mer's Herz uf eimol chrank.

Und uf und furt enanderno,
und woni lueg, isch's nümme do,
und woni rüef: «Du Hexli he!»,
se git's mer scho kei Antwort meh.

Und sieder schmeckt mer's Esse nit;
stell umme, was de hesch und witt,
und wenn en anders schlofe cha,
se höri alli Stunde schla.

Und was i schaff, das grotet nit,
und alli Schritt und alli Tritt,
se chunnt mim Sinn das Hexli für,
und was i schwetz, isch hinterfür.

's isch wohr, es het e Gsichtli gha,
's verluegti si en Engel dra,
und 's seit mit so me freie Muet,
so lieb und süess: «Haut's Messer guet?»

Und leider hani's ghört und gseh
nur sellemols und nümme meh.
Dört isch's an Hag und Hurst verbei
und witers über Stock und Stei.

Wer spöchtet mer mi Hexli us,
wer zeigt mer siner Muetter Hus?
I lauf no, was i laufe cha,
wer weiss, se triffi's doch no a!

I lauf no alli Dörfer us,
i suech und frog vo Hus zue Hus,
und würd mer nit mi Hexli chund,
se würdi ebe nümme gsund.

Der Mann im Mond

«Lueg, Müetterli, was isch im Mo?»
He, siehsch's denn nit, e Ma!
«Jo wegerli, i sieh en scho.
Er het e Tschöpli a.

Was tribt er denn die ganzi Nacht,
er rüehret jo kei Glied?»
He, siehsch nit, ass er Welle macht?
«Jo, ebe dreiht er d'Wied.

Wär ich, wie er, i blieb dehei
und machti d'Welle do.»
He, isch er denn us üser Gmei?
Mer hen scho selber so.

Und meinsch, er chönn so, wiener well?
Es wird em, was em ghört.
Er gieng wol gern – der sufer Gsell
muess schellewerche dört.

«Was het er bosget, Müetterli?
Wer het en bannt dörthi?»
Me het em gseit der Dieterli,
e Nütnutz isch er gsi.

Ufs Bette het er nit viel gha,
ufs Schaffen o nit viel,
und öbbis muess me triebe ha,
sust het me langi Wil.

Drum, het en öbbe nit der Vogt
zuer Strof ins Hüsli gsperrt,
sen isch er ebe z'Chander ghockt
und het d'Butelli gleert.

«Je, Müetterli, wer het em's Geld
zue some Lebe ge?»
Du Närsch, er het in Hus und Feld
scho selber wüsse z'neh.

Nemol, es isch e Sunntig gsi,
so stoht er uf vor Tag
und nimmt e Beil und tummlet si
und lauft in Lieler Schlag.

Er haut die schönste Büechli um,
macht Bohnestecke drus
und treit sie furt und luegt nit um
und isch scho fast am Hus.

Und ebe goht er uffem Steg,
se ruuscht em öbbis für:
«Jetz, Dieter, goht's en andere Weg!
Jetz, Dieter, chumm mit mir!»

Und uf und furt, und sieder isch
kei Dieter wit und breit.
Dört obe stoht er im Gibüsch
und in der Einsamkeit.

Jetz haut er jungi Büechli um;
jetz chuuchet er in d'Händ;
jetz dreiht er d'Wied und leit sie drum,
und 's Sufe het en End.

So goht's dem arme Dieterli;
er isch e gstrofte Ma!
«O bhüetis Gott, lieb Müetterli,
i möcht's nit mittem ha!»

Se hüet di vorem böse Ding,
's bringt numme Weh und Ach!
Wenn's Sunntig isch, se bett und sing.
Am Werchtig schaff di Sach.

Die Marktweiber in der Stadt

I chumm do us 's Rotshere Hus,
's isch wohr, 's sieht proper us;
doch isch's mer, sie heigen o Müeih und Not
und allerlei schweri Gidanke,
    «Chromet süessen Anke!»
wie's eben überal goht.

Jo weger, me meint, in der Stadt
seig alles sufer und glatt;
die Here sehn eim so lustig us,
und 's Chrütz isch ebe durane
    «Chromet jungi Hahne!»
mengmol im pröperste Hus.

Und wemme gchämpft muess ha,
goht's, meini, ehnder no a
im Freie dusse, wo d'Sunne o lacht
und Bluemen und Ähri schwanke
    «Chromet süessen Anke!»
und d'Sterne flimmere z'nacht.

Und wenn der Tag verwacht,
was isch's nit für e Pracht!
Der lieb Gott, meintme, well selber cho,

er seig scho an der Chrischone[1]
   «Chromet grüeni Bohne!»
und chömm jetz enanderno.

Und d'Vögeli meine's o,
sie werde so busper und froh
und singe: „Herr Gott, dich loben wir",
und 's glitzeret ebe zendane;
   «Chromet jungi Hahne!»
's isch wohr, me verlueget si schier.

Und fasst e frische Muet
und denkt: Gott meint is guet,
sust hätt der Himmel kei Morgerot;
er willis nummen o üebe.
   «Chromet geli Rüebe!»
Mer bruche ke Zuckerbrot.

Und innewendig am Tor
het menge d'Umhäng no vor,
er schloft no tief, und 's traumt em no.
Und ziehn sie der Umhang fürsi,
   «Chromet schwarzi Chirsi!»
se simmer scho alli do.

Drum merke sie's selber schier
und chömme zum Pläsier
ufs Land und hole ne frische Muet
im Adler und bim Schwane
   «Chromet jungi Hahne!»
und 's schmecktene zimli guet.

Und doch meint so ne Her,
er seig weiss Wunder mehr
und lueget ein numme halber a.
Es dunkt mi aber, er irr si.
   «Chromet süessi Chirsi!»
Mi Hans isch au no e Ma.

---

[1] Alte Kirche auf einem Bergrücken.

Rich sin sie, 's isch kei Frog,
's Geld het nit Platz im Trog.
Mir tuet, bim Bluest, e Büessli weh,
bi ihne heisst's: Dublone,
    «Chromet grüeni Bohne!»
und hen no alliwil meh.

Was chost en Immis nit?
's heisst numme: Mul, was witt?
Pastetli, Strübli, Fleisch und Fisch
und Törtli und Makrone.
    «Chromet grüeni Bohne!»
Der Platz fehlt uffem Tisch.

Und erst der Staat am Lib!
Me cha's nit seh vor Chib.
Lueg numme die chospere Junten a!
I wott, sie schenkte mir sie.
    «Chromet schwarzi Chirsi!»
Sie chönnte mini drum ha.

Doch isch eim 's Herz bitrüebt,
se gib em, was em bliebt,
es schmeckt em nit und freut en nit;
es goht eim wie der Chranke.
    «Chromet süessen Anke!»
Was tuet me denn dermit?

Und het me Chrütz und Harm,
sen isch me ringer arm;
me het nit viel und brucht nit viel
und isch doch sicher vor Diebe;
    «Chromet geli Rüebe!»
z'letzt chunnt men o zuem Ziel.

Jo gell, wenn's Stündli schlacht?
He jo, 's bringt jedi Nacht
e Morgen, und me freut sie druf.
Gott het im Himmel Chrone.

«Chromet grüeni Bohne!»
Mer wen do das Gässli uf.

Der Sommerabend

O, lueg doch, wie isch d'Sunn so müed,
lueg, wie sie d'Heimet abezieht!
O lueg, wie Strahl um Strahl verglimmt,
und wie sie 's Fazenetli nimmt,
e Wülkli, blau mit rot vermüscht,
und wie sie an der Stirne wüscht.

's isch wohr, sie het au übel Zit,
im Summer gar, der Weg isch wit,
und Arbet findt sie überal
in Hus und Feld, in Berg und Tal.
's will alles Liecht und Wärmi ha
und spricht sie um e Segen a.

Meng Blüemli het sie usstaffiert
und mit scharmante Farbe ziert
und mengem Immli z'trinke ge
und gseit: «Hesch gnueg und witt no meh?»
Und's Chäferli het hinteno
doch au si Tröpfli übercho.

Meng Somechöpfli het sie gsprengt
und 's zitig Sömli use glengt.
Hen d'Vögel nit bis z'allerletzt
e Bettles gha und d'Schnäbel gwetzt?
Und kein goht hungerig ins Bett,
wo nit si Teil im Chröpfli het.

Und wo am Baum e Chriesi lacht,
se het sie'm roti Bäckli gmacht;
und wo im Feld en Ähri schwankt
und wo am Pfohl e Rebe rankt,

se het sie eben abe glengt
und het's mit Laub und Bluest umhengt.

   Und uf der Bleichi het sie gschafft,
hütie und ie us aller Chraft.
Der Bleicher het si selber gfreut,
doch hätt' er nit Vergelt's Gott! gseit.
Und het e Frau ne Wöschli gha,
se het sie trochnet druf und dra.

   's isch weger wohr, und überal,
wo d'Sägesen im ganze Tal
dur Gras und Halme gangen isch,
se het sie gheuet froh und frisch.
Es isch e Sach, bi miner Treu,
am Morge Gras und z'obe Heu!

   Drum isch si jetz so sölli müed
und brucht zuem Schlof kei Obelied;
ke Wunder, wenn sie schnufft und schwitzt.
Lueg, wie sie dört uf 's Bergli sitzt!
Jetz lächlet sie zuem letztemol.
Jetz seit sie: «Schlofet ali wohl!»

   Und dunten isch sie! Bhüet di Gott!
Der Guhl, wo uffem Chilchturn stoht,
het no nit gnueg, er bschaut sie no.
Du Wunderfitz, was gaffsch denn so?
Was gilt's, sie tuet der bald derfür
und zieht e roten Umhang für!

   Sie duuret ein, die gueti Frau,
sie het ihr redli Huschrütz au.
Sie lebt gwiss mittem Ma nit guet,
und chunnt sie heim, nimmt er si Huet;
und was i sag, jetz chunnt er bald,
dört sitzt er scho im Fohrewald.

   Er macht so lang, was tribt er echt?
Me meint schier gar, er traut nit recht.

Chumm numme, sie isch nümme do,
's wird alles si, se schloft sie scho.
Jetz stoht er uf, er luegt ins Tal,
und 's Möhnli grüesst en überal.

Denkwol, mer göhn jetz au ins Bett,
und wer kei Dorn im Gwisse het,
der brucht zuem Schlofen au kei Lied;
me wird vom Schaffe selber müed;
und öbbe hemmer Schöchli gmacht,
drum gebis Gott e gueti Nacht!

Die Mutter am Christabend

Er schloft, er schloft! Do lit er wie ne Grof!
Du lieben Engel, was i bitt,
bi Lib und Lebe verwach mer nit,
Gott gunnt's mim Chind im Schlof!

Verwachmer nit, verwachmer nit!
Di Muetter goht mit stillem Tritt,
sie goht mit zartem Muettersinn
und holt e Baum im Chämmerli dinn.

Was henki der denn dra?
Ne schöne Lebchuechema,
ne Gitzeli, ne Mummeli
und Blüemli wiiss und rot und gel
vom allerfinste Zuckermehl.

's isch gnueg, du Muetterherz!
Viel Süess macht numme Schmerz.
Gib's sparsem wic der liebi Gott,
nit all Tag helset er Zuckerbrot.

Jetz Rümmechrüsliger her,
die allerschönste, woni ha,
's isch nummen au kei Möseli dra.
Wer het sie schöner, wer?

's isch wohr, es isch e Pracht,
was so en Öpfel lacht;
und isch der Zuckerbeck e Ma,
se mach er so ein, wenn er cha.
Der lieb Gott het en gmacht.

Was hani echt no meh?
Ne Fazenetli wiiss und rot,
und das eis vo de schöne.
O Chind, vor bittre Träne
biwahr di Gott, biwahr di Gott!

Und was isch meh do inn?
ne Büechli, Chind, 's isch au no di.
I leg der schöni Helgeli dri,
und schöni Gibettli sin selber drinn.

Jetz chönnti, traui, goh;
es fehlt nüt meh zum Guete –
Potz tausig, no ne Ruete!
Do isch sie scho, do isch sie scho!

's cha si, sie freut di nit,
's cha si, sie haut der 's Füdeli wund;
doch witt nit anderst, sen isch's der gsund;
's muess nit si, wenn d' nit witt.

Und willsch's nit anderst ha,
in Gottis Name seig es drum!
Doch Muetterliebi isch zart und frumm,
sie windet roti Bendeli dri,
und macht e Letschli dra.

Jetz wär er usstaffiert
und wie ne Maibaum ziert,
und wenn bis früeih der Tag verwacht,
het's Wiehnechtchindli alles gmacht.

De nimmsch's und danksch mer's nit;
drum weisch nit, wer der's git.
Doch macht's der numme ne frohe Muet,
und schmeckt's der numme, sen isch's scho guet.

Bim Bluest, der Wächter rüeft
scho Ölfi! Wie doch d'Zit verrinnt,
und wie me si vertieft,
wenn's Herz an näumis Nahrig findt!

Jetz, bhüetdi Gott der Her!
En anderi Cheri mehr!
Der heilig Christ isch hinecht cho,
het Chindes Fleisch und Bluet agno;
Wärsch au so brav wie er!

Eine Frage

Sag, weisch denn selber au, du liebi Seel,
was 's Wiehnechtchindli isch, und hesch's bidenkt?
Denkwol, i sag der's, und i freu mi druf.

O, 's isch en Engel usem Paradies
mit sanften Augen und mit zartem Herz.
Vom reine Himmel abe het en Gott
de Chindlene zuem Trost und Sege gschickt.
Er hüetet sie am Bettli Tag und Nacht.
Er deckt sie mittem weiche Fegge zue,
und weiht er sie mit reinem Otem a,
wird's Äugli hell und 's Bäckli rund und rot.
Er treit sie uf de Hände in der Gfohr,
günnt Blüemli für sie uf der grüene Fluer,

und stoht im Schnee und Rege d'Wiehnecht do,
se henkt er still im Wiehnechtchindlibaum
e schöne Früehlig in der Stuben uf
und lächlet still und het si süessi Freud,
und Muetterliebi heisst si schöne Name.

  Jo, liebi Seel, und gang vo Hus zue Hus,
sag «Guete Tag» und «Bhüetich Gott» und lueg!
der Wiehnechtchindlibaum verrotet bald,
wie alli Müetter sin im ganze Dorf.

  Do hangt e Baum, nei lueg me doch und lueg!
In alle Näste nüt as Zuckerbrot.
's isch nit viel nutz. Die het e närschi Freud
an ihrem Büebli, will em alles süess
und liebli mache, tuet em, was es will.
Gib acht, gib acht, es chunnt emol e Zit,
se schlacht sie d'Händ no z'semmen überm Chopf
und seit: «Du gottlos Chind, isch das mi Dank?»
Jo weger, Müetterli, das isch di Dank!

  Jetz do sieht's anderst dri ins Nochbers Hus.
Scharmanti bruni Bire, welschi Nuss
und menge roten Öpfel ab der Hurd,
e Gufebüschli, doch will's Gott der Her
ke Gufe drinn. Vom zarte Beseris
e goldig Rüetli, schlank und nagelneu!
Lueg, so ne Muetter het ihr Chindli lieb!
Lueg, so ne Muetter zieht's verständig uf,
und wird mi Bürstli meisterlos und meint,
es seig der Her im Hus, se hebt si bherzt
der Finger uf und förcht ihr Büebli nit
und seit: «Weisch nit, was hinterm Spiegel steckt?»
Und's Büebli folgt und wird e brave Chnab.

  Jetz göhn mer wieder witers um e Hus.
Zwor Chinder gnueg, doch wo me luegt und luegt,
schwankt wit und breit ke Wiehnechtchindlibaum.
Chumm, weidli chumm, do blibe mer nit lang!

O Frau, wer het die Muetterherz so gchüelt?
Verbarmt's di nit, und goht's der nit dur d'Seel,
wie dini Chindli, wie di Fleisch und Bluet
verwildern ohni Pfleg und ohni Zucht
und hungrig bi den andre Chinde stöhn
mit ihre breite Rufe, schüch und fremd?
Und Wi und Kaffi schmeckt dir doch so guet!

Doch lueg im vierte Hus, dass Gott erbarm,
was hangt am grüene Wiehnechtchindlibaum?
Viel stachlig Laub und näume zwische drinn
ne schrumpfig Öpfeli, ne dürri Nuss!
Sie möcht, und het's nit, nimmt ihr Chind uf d'Schoss
und wärmt's am Buese, lueget's a und brieggt;
der Engel stüürt im Chindli Tränen i.
Sel isch nit gfehlt, 's isch mehr as Marzipan
und Zuckererbsli. Gott im Himmel sieht's
und het us mengem arme Büebli doch
e brave Ma und Vogt und Richter gmacht
und usem Töchterli ne bravi Frau,
wenn's numme nit an Zucht und Warnig fehlt.

Noch eine Frage

Und weisch denn selber au, du liebi Seel,
worum de dine zarte Chinde d'Freud
in so ne stachlig Bäumli[1] ine henksch?
Wil's grüeni Blättli het im Winter, meinsch,
und spitzi Dörn, ass 's Büebli nit, wie 's will,
die schöne Sachen use hökle cha.
's wär nit gar übel gfehlt, doch weisch's nit recht.
Denkwol, i sag der's, und i freu mi druf.

Lueg, liebi Seel, vom Menschelebe soll
der dornig Freudebaum en Abbild si.

---

[1] Stechplame

Nooch binenander wohne Leid und Freud,
und was der 's Lebe süess und liebli macht
und was no schöner in der Ferni schwebt,
de freusch di druf, doch in de Dörne hangt's.

 Was denksch derzue? Zuem erste sagi so:
Wenn Wermet in di Freudebecher fliesst
und wenn e scharfe Schmerz dur's Lebe zuckt,
verschrick nit drab und stell di nit so fremd!
Di eigni Muetter selig, tröst si Gott,
sie het der 's Zeichen in der Chindheit ge.
Drum denk: «Es isch e Wiehniechtchindlibaum,
nooch binenander wohne Freud und Leid.»

 Zum zweite sagi das: Es wär nit guet,
wenn's anderst wär. Was us de Dorne luegt,
sieht gar viel gattiger und schöner us,
und 's Fürnehmst isch, me het au länger dra.
's wär just, as wemme Zuckerbrot und Nuss,
und was am Bäumli schön und glitzrig hangt,
uf eimol in e Suppeschüssle tät
und stellti's umme: «Iss, so lang de magsch
und näumis do isch!» Wär's nit Uverstand?

 Zum dritte sagi: Wemmen in der Welt
will Freude hasche, Vorsicht ghört derzue;
sust lengt me bald in d'Aglen und in Dörn
und zieht e Hand voll Stich und Schrunde z'ruck.
Denn d'Freud hangt in de Dorne. Denk mer dra
und tue ne wenig gmach! Doch wenn des hesch,
se loss der's schmecke! Gunn der's Gott der Her!

Gespenst an der Kanderer Strasse

 's git Gspenster, sel isch us und isch verbei!
Gang nummen in der Nacht vo Chander hei
und bring e Ruusch! De triffsch e Plätzli a
und dört verirsch. I setz e Büessli dra.

Vor Ziten isch nit wit vo sellem Platz
e Hüsli gsi; e Frau, e Chind, e Chatz
hen g'otmet drinn. Der Ma het vorem Zelt
si Lebe glo im Heltelinger Feld.

Und wo sie hört: «Di Ma lit unterm Sand»,
se het me gmeint, sie stoss der Chopf an d'Wand.
Doch holt sie d'Pappe no vom Füür und blost
und git's im Chind und seit: «Du bisch mi Trost!»

Und 's wär's au gsi. Doch schli[i]cht emol mi Chind
zuer Türen us, und d'Muetter sitzt und spinnt
und meint, 's seig in der Chuchi, rüeft und goht
und sieht no just, wie's uffem Fuessweg stoht.

Und drüber lauft e Ma voll Wi und Brenz
vo Chander her ans Chind und überrennt's,
und bis sie 'm helfe will, sen isch's scho hi
und rüehrt sie nit – e flösche Bueb isch's gsi.

Jetz rüstet sie ne Grab im tiefe Wald
und deckt ihr Chind und seit: «I folg der bald!»
Sie setzt si nieder, hüetet's Grab und wacht,
und endli stirbt sie in der nünte Nacht.

Und so verwest der Lib in Luft und Wind.
Doch sitzt der Geist no dört und hüetet's Chind,
und hütigs Tags, de Trunkene zum Tort,
goht d'Chandrer Stross verbei an sellem Ort.

Und schwankt vo Chander her e trunkene Ma,
se sieht's der Geist sim Gang vo witem a
und füehrt en abwärts, seig er, wer er sei,
er losst en um kei Pris am Grab verbei.

Er chunnt vom Weg, er trümmlet hüst und hott
und bsinnt si: «Bini echterst, woni sott?»
Und luegt und lost, und mauet öbbe d'Chatz,
se meint er, 's chreih e Guhl an sellem Platz.

Er goht druf dar, und über Steg und Bruck
se maut sie eben allwil witer z'ruck;
und wenn er meint, er seig jetz bald dehei,
so stoht er wieder vor der Weserei.

Doch, wandle selli Stross her nüechteri Lüt,
se seit der Geist: «Ihr tüent mim Büebli nüt!»
Er rüehrt sie nit, er losst sie ordeli
passieren ihres Wegs. – Verstöhndter mi?

Der Käfer

Der Chäfer fliegt der Jilge zue,
es sitzt e schönen Engel dört,
er wirtet gwis mit Bluemesaft,
und 's chostet nit viel, hani ghört.

Der Engel seit: «Was wär der lieb?» –
«Ne Schöppli Alte hätti gern!»
Der Engel seit: «Sel cha nit si,
sie hen en alle trunke fern.» –

«Se schenk e Schöppli Neuen i!» –
«Do hesch eis!» het der Engel gseit.
Der Chäfer trinkt, und 's schmeckt em wohl,
er frogt: «Was isch mi Schuldigkeit!»

Der Engel seit: «He, 's chostet nüt!
Doch richtsch mer gern e Gfallen us,
weisch was, se nimm das Bluememehl,
und tragmer's dört ins Nochbers Hus!»

Er het zwor selber, was er brucht,
doch freut's en, und er schickt mer au
mengmol e Hämpfeli Bluememehl,
mengmol e Tröpfli Morgetau.»

Der Chäfer seit: «Jo frili, jo!
Vergelt's Gott, wenn de z'friede bisch.»
Druf treit er's Mehl ins Nochbers Hus,
wo wieder so en Engel isch.

Er seit: «I chumm vom Nochber her,
Gott grüess di, und er schick der do
au Bluememehl!» Der Engel seit:
«De hättsch nit chönne juster cho.»

Er ladet ab; der Engel schenkt
e Schöppli guete Neuen i.
Er seit: «Do trink eis, wenn de magsch!»
Der Chäfer seit: «Sel cha scho si!»

Druf fliegt er zu sim Schätzli heim,
's wohnt in der nöchste Haselhurst.
Es balgt und seit: «Wo blibsch so lang?»
Er seit: «Was chani für mi Durst?»

Jetz luegt er's a und nimmt's in Arm,
er chüsst's und isch bim Schätzli froh.
Druf leit er si ins Totebett
und seit zum Schätzli: «Chumm bal no!»

Gell, Seppli, 's dunkt di ordeli!
De hesch au so ne lustig Bluet.
Je, so ne Lebe, liebe Fründ,
es isch wohl für e Tierli guet.

Der Statthalter von Schopfheim

Vetter Hans-Jerg, 's dunnert, es dunneret ehnen am Rhistrom,
und es git e Wetter! I wott, es zög si vorüber.
's chunnt so schwarz – nei lueget, wie's blitzt, und loset,
wie's windet,

wie's im Chemi tost und der Guhl uffem Chilcheturn
gahret!
Helfis Gott! - 's chunnt alliwil nöcher und alliwil stärcher.
Ziehnt doch d'Läden a, der Glast möcht' d'Auge verblende,
und jetz holet 's Chrüsli und sitzet do ummen, i willich
us den alte Zite vom Statthalter näumis verzehle.
Friedli het me nem gseit, und het's e seltseme Bueb ge,
isch's der Friederli gsi in siner Juged, das weissi!
Aber schöner as er isch ken durs Wiesetal gwandlet,
woner no Bureknecht bim alte Statthalter gsi isch.
Chrusi Löckli het er gha und Auge wie Chole,
Backe wie Milch und Bluet und rundi chräftige Glieder.
's Meisters Vreneli het an ihm si eigeni Freud gha,
er am Vreneli au, doch isch er numme der Chnecht gsi.
- Nei, wie macht's, und nei, wie schüttet's! Bringet der 's
Chrüsli
und e Ränftli Brot derzue? Jetz sitzet und loset! -

Vor fünfhundert Johren, i ha's vom Ätti erfahre,
isch e schwere Chrieg und sin Panduren im Land gsi.
Drunter isch's und drüber gange, was me cha sage.
Rich isch richer worden an Geld, an Matten und
Hochmuet,
Arm isch ärmer worden, und numme d'Schulde hen
zuegno.
Menge brave Ma het's nümme chönne prästiere,
het si Sach verloren und Hunger glitten und bettlet.
Mengi hen si z'semme grottet zwische de Berge.
Z'letzt het no der Friede ne Pack Maroden im Land glo,
gföhrli Volch mit Schwert und Büchse, listig und unheim.
's sin bitrüebti Zite gsi, Gott well is biwahre!
Selmol het e Bur uf der Egerte nieden an Fahrnau
Hus und Schüre gha und Stiere, 's wärich ke Tropfe
Wasser uffene g'standen, und uf de Matte vo Fahrnau
bis go Huse Tensch und Tensch und Schmehlen an
Schmehle
het der Ueli gmeiht, und 's Heu uf d'Egerte heimgfüehrt,
aber e wüeste Ma zue dem, wie's ken meh in siebe
Here Ländere git; im Welschland isch er so worde.

Hätt em der Statthalter z'Schopfe nit 's Vreneli endli zur Frau ge,
's Vreneli voll Verstand und wie der Morge so lieblig,
's hätt 's ke Magd im Hus bis Bettzit chönnen erlide
und kei Chnecht hätt zuenem dingt. Es chunnt eim e Bettler,
und me git em ke Brot, se seit me doch öbben im Friede:
«Helfich Gott!» – Er nit! «I will der 's Bettle verleide»,
het er gseit, «und gang, wil's Zit isch! Flieh mi der Teufel!»
Und die arme Lüt hen 's Gott befohlen und briegget.
Jedem chunnt si Zit! So öbbe ne Wuche vor Wiehnecht
het der Ueli gmetzget, und het er gwurstet bis z'obe,
het er z'nacht si Chrüegli glüpft bim brotene Rippli.
«Vreni, gang in Cheller!» und »Vreni, leng mer z'trinke!»
het er mehr as zwenzigmol mit brochener Stimm gseit.
Gsinnet hen sie 'n emol uf siebe Mos und e Schöppli.

Aber wo meinetder mög sel Zit der Friederli gsi si?
Öbben im Fuetergang? Bi's Meisters Stieren und Rosse?
Hender gmeint, jo wohl! Scho z'Fasnecht isch er im Meister
us de Hände gwütscht, sust hätt en der Statthalter ghüblet.
Het er näumis bosget, se willi's nit verrote;
was goht's mi denn a? Furt isch er! Über e Monet
het me ke Spur meh gha, bis öbben afangs Aprille
stoht er bi den arme Manne zwische de Berge.
Schön an Wuchs und Gsicht und fründli gege de Lüte,
muetig wie ne Leu, doch voll verborgener Bsinnig,
hen sie 'n alli gern und sage: «Seig du der Hauptma!
Was de seisch, das tüemer, und schickis numme, se göihmer,
hundertfüfzig Ma und siebenesiebezig Buebe!»
Und der Friedli seit: «D'Marodi wemmer verfolge.
Wenn e riche Bur die Arme ploget und schindet,
wemmer em der Meister zeigen, ass es en Art het,
bis au wieder Recht und Gsetz und Ordnig im Land isch.»
Helfis Gott der Herr! – Jetz rüeft der Hauptma sim Völchli:
«Manne, was fange mer a? I hör der Ueli het gmetzget,
's wär e Site Speck wol us der Büttene z'hole
und e Dotzet Würst. Wie wär's. Doch 's Vreneli duurt mi.
Besser isch's, es göhn e paar und singen ums Würstli!

47

Saget, i löss en grüessen, er soll's im Friede verzehre,
und mer vo der Sau doch au ne Müsterli schicke.
Hemmer nit menge Hirz us sine Gärte verscheuchet?
Hemmer uf sine Matte ne Habermarkstörzli vertrette?
Oder e Bäumli gschüttlet? Isch sine Chnechten und Buebe
nummen au so viel gscheh? Sie hen doch ghüetet und
            gwässert
z'nacht um Eis, und früeih vor Tag; sie könne nit chlage.
Leget em's ordlig ans Herz, i wünsch ich gueti Verrichtig!»
Seit's und 's göhn drei Bueben und chömme mit Säcke
          zum Ueli.
«Gueten Obe!» – «Dunderschiess! Was hender, was
         wender?» –
«He, mer chömme do abe vom Sattelhof. Zeiget, wie sinder!
So het üse Meister gseit, so sagemer wieder.»
Schlimmer Wis isch, wo sie cho sin, 's Vreneli näume
dusse gsi, doch d'Chnecht sin uffem Ofebank glege,
und der Ueli voll Wi git grobi Rede und Antwort.
«Saget euem Meister – (es isch mit Ehre nit z'melde)
Meister hi und Meister her, und wer isch der Meister?
's lauft so War jetz gnueg im Land, wo bettlen und stehle,
Schereschlifer, Hafebinder, alti Saldate,
Sägefeiler, Zeinemacher, anderi Strolche.
Wemmen alle wott ge, me müesst no mittene laufe.
Packetich, jetz isch's hochi Zit!» – «He jo, der Gottswille!
Nummene Hämpfeli Mehl und nummen au so ne
         Würstli!» –
«Wart du Siebechetzer, e Rippestückli wird guet si!
Jobbi, gang an d'Stud und leng mer de Fareschwanz abe!
Wenderich packe jetz gli, i frog, ihr luftige Strolche!»
Jo, sie hen si packt, doch hinterne schliche vom Ofe
d'Chnecht zuer Türen us und sueche 's Vreneli dusse.
«Meisterne, jetz isch's gfehlt, jetz Meisterne, helfet und
         rotet!
Das und das isch gscheh, sie hen's nit an is verdienet.
Hemmer 's Wasser gchert, und hemmer de Hirze ghüetet
z'nacht um Eis und früeih vor Tag, mer chönne nit chlage,
kuntereri si hennis ghulfe, gell aber, Jobbi!
Aber chömmemer wieder, se werde sie anderster rede.»

's Vreneli lost und lost, es macht bidenklichi Miene;
's Vreneli bindet d'Chappen und schüttlet 's Mailänder
　　　　　　　　　　　Halstuech;
's Vreneli chnüpft am Fürtuechbendel – «Seppli, spann's
　　　　　　　　　　　Ross a
und e Welle Strau, hesch ghört, und loss mer der Meister
nüt eninne werden und gang ein d'Fahrnauer Stross uf,
lueg, öb alles sicher isch und niene ke Volch stoht!»

　　Sieder chömme d'Buebe mit leere Säcke zum Friedli.
Tausig Sapermost, wie sin em d'Flammen ins Gsicht cho!
Wo ner sie frogt: «Was hender?» und wo sie'm dütliche
　　　　　　　　　　　Bricht gen:
«Nüt, und wüssetder was? Göhnt ihr enandermol selber!
's isch im Ueli z'heiss, der sollet cho, go nem blose!» –
«'s isch e Wort, i gang», seit jetz der Hauptma und funklet,
«'s soll en nit lang brenne, 's isch chüel im Fahrnauer
　　　　　　　　　　　Chilchhof!
Ueli, du hesch 's Letzt im Räf, seh chani der sage!»
Seit's und pfift in Wald, und gschwinder as me ne Hand
　　　　　　　　　　　chert,
pfift's vo Wald zue Wald an allen Enden und Orte,
und es lauft derher vo allen Orten und Ende.
«Allo, frisch, bergab! Der Egerten-Ueli het gmetzget,
's goht in eim jetz hi, mir metzge hinecht der Ueli!
's duuret mi frili si Frau, 's wird uding ab is verschrecke.»
Jetz chunnt's schwarz bergab, wohl über Studen und Hecke,
nebe Reibbech aben ins Tanners Wald und vo dörtweg
rechts und links ins Fahrnauer Holz, was gischmer, was
　　　　　　　　　　　heschmer!
D'Wälder fahre mit Schlitte voll Spö der Wiese no abe,
sehn's und huure nieder am Steinebrückli und bette:
«Alli guete Geister!» und «Heiligi Muetter Gottis!»
Aber wo der Hauptme bi Fahrnau usen an Wald chunnt,
düsslet er: «Buebe z'ruck! I hör e Wägeli fahre;
's chönnt d'Faktorene si, sie isch die Nemtig go Basel,
und der müent sie nit verschrecke, lönt mi ellei goh!»
Seit's, und wiener chunnt, wütsch's übers Wägeli abe
und goht uffen dar und luegt em fründlig in d'Auge.

«Friedli, bisch's!» – «I mein's emol!» – «Se bis mer
                              Gottwilche
unterm freie Himmel und unter de liebe Sterne!
Gell, i darf di duze? Was wirsch doch nummen au denkt ha
ob mim trutzige Ma und sine trutzige Rede.
Lueg, i cha nit derfür, wo's z'spot isch, seit mer's der Seppli
dussen am Wasserstei. Es wär sust anderster gange.
O, de glaubsch nit, wieni gstroft bi. Besseri Zite
hani glebt ins Vatters Hus. Jetz sin sie vorüber.
Chumm, do bringi der näumis, e Säckli voll dürri Chriesi,
schöni Gumpist-Öpfel und au e bitzeli Geiss-Chäs,
do ne Säckli Habermehl und do ne paar Würstli
und e Logel voll Wi, gib achtig, ass es nit gäutschet,
's isch kei Bunte druf, und au ne Rölleli Tubak.
Chumm e wenig absits, bis do die Wälder verbei sin,
und bis ordli, hesch g'hört, und nimm di Gwissen in
                              Obacht.»
Aber der Friedli schwört: «Bi Gott, der Ueli muess sterbe!
's isch nit Gnad!» Doch 's Vreneli seit: «Jetz los mer e
                              Wörtli:
Gschwore hesch, und jo, wenn's Zit isch, sterbe mer alli,
und der Ueli au, doch loss du lebe, was Gott will,
und denk an di selber und an die chünftige Zite.
So blibsch nit, wie de bisch, und so ne Lebe verleidet.
Bisch nit im Land deheim, und hesch nit Vatter und
                              Muetter?
Öbbe möchtsch au heim, den erbsch en ordeli Güetli
in der Langenau, und gfallt der e Meidli, de hättsch's gern,
isch's bim Ätti nit Nei, de chasch no Stabhalter werde.
Nimm, wie müesst's der werden, an so ne Missetat z'denken
und mis Here Stab mit bluetige Hände z'regiere!
Halt's im Ueli z'guet! Si Grobheit nimm für en Ehr uf,
's isch zwor keini gsi, doch denk au, ass er mi Ma isch!
Schlacht's nit z'Schopfen Ölfi! 's isch Zit, se sag mer, witt
                              folge?»
Aber der Friederli stoht, er stoht in schwere Gidanke
und het d'Auge voll Wasser und möcht gern schwetzen
                              und cha nit.
Endli bricht em's Herz: «Nu jo denn, wenn d'mer e
                              Schmutz gisch!

Bhüetdi Gott der Her und, jo, i will mi bikehre.
Buebe, jetz packet uf, mer wen im Friede verlieb neh!
Göhnt e paar uf d'Möhr und schiesset näumen e Hirzli!»
Seit's, und goht in Wald und lueget an Himmel und
briegget,
bis si d'Sternen ins Morgeliecht tunken und drinn
verlösche.
Endli goht er au, doch luege mengmol enander
d'Mannen a und sage: «Was fehlt doch echterst im
Hauptma?»

Aber 's Statthalters Tochter lit jetz bim Ueli und stosst en:
«Schnarchle mer doch nit so! Me cha jo nit nebe der
schlofe!»
Und der Ueli zuckt und streckt si: «Vreni, wie isch mer?» –
«He, wie wird's der si?» – «I ha ne bluetige Traum gha.
Vreni 's goht nit guet, i ha mi selber seh metzge.
Hen sie mi nit verstochen und in der Büttene brüeihet
mittem Messer gschabt? De glaubsch nit, wie's mer so weh
tuet!» –
Aber 's Vreneli seit: «He, 's macht nüt. Chunnt der nit
mengmol
öbbis für? Jetz isch es d'Sau, drum hesch die seh metzge.»
Aber 's Ueli's Schlof isch us, und schweri Gidanke
chämpfe bis an Tag mit sine zerrüttete Sinne,
bis er 's Kaffi trinkt, bis 's Vreneli Suppen ischnidet,
bis en alte Ma verzagt zuer Stubetür itritt:
«Chümmi, Reckholderberi! Will nieme nüt chrome do
inne?»
«Nei, der löset nüt!» – «Drum isch's mer au nit ums Löse!
Chönnti, Meister Ueli, mit euch e wengeli rede?
Isch das eui Frau, se mag sie's hören, es schadt nüt.
Nechte fahri selbfeuft mit War der Wiese no abe,
ich, mi Rössli, mi Bueb und 's Richterlis Rössli und
Matthis.
Womer an Fahrnau chömme, so stoht's voll Mannen und
Buebe
links im Wald und an der Stross e luftige Kerli.
's stoht e Wibsbild binem, es mag e suferi gsi si,

wenni's unter hundert sieh, se willi's erchenne;
het der Mond nit gschienen, und hani d'Auge nit bimer?
So viel hani ghört: „'s isch gfluecht, der Ueli muess sterbe!"
Woni nebe abe gang, se seit er's zum Wibsbild.
Witers weiss i nüt, und witers chani nüt sage;
Warten isch nit guet, me lost, und wandlet sis Wegs furt.
Bhüetich Gott, i gang, und tüent jetz selber, was guet
                                isch.» –
Wie het's Vreneli glost! Doch bhaltet's verständigi Bsinnig.
«Hesch en denn nit gmerkt, es isch em nummen um
                                Brenz gsi?»
Aber's Uelis Ghör isch weg, er lit in der Ohnmacht,
d'Auge stöhn verchehrt, me sieht fast nüt meh vom
                                Schwarze,
d'Zungen isch em glähmt, sie luegt vorusen, und
                                chölschblau
isch er bis an Hals. Me holt der Meister vo Hage,
holt vo Zell der Dokter-Friedli, 's isch em nit z'helfe.
Friederli du hesch d'Wohret gseit, der Ueli muess sterbe.
Vormittag isch's so, und Nomittag isch's anderst.
Schwetze lehrt er nümmen und siechet ebe so ane,
bis am dritte Tag; uf eimol schnappt er und endet,
und am Zistig druf, se singt's haupthöchlige: „Mitten
wir im Leben sind" – d'Stross uf zuem Fahrnauer Chilchhof.
Furt treit hen sie en, sel isch gwis, doch heisst es, en andre
heig en gholt, und 's gang zue Ziten e bluetigen Eber.
Göhntder z'nacht vom Bergwerch heim und hentder
                                uf d'Site
gladen und der sehnt en Eber mit bluetige Wunde,
göhnt em still usweg. Es isch der Egerten-Ueli.
Sehntder nüt, sen isch er's nit. Ich ha nen no nie gseh.

Aber wer wird jetz mit Zuespruch 's Vreneli tröste?
Gross isch 's Leid just nit, und siebe Wuche no Pfingste
rüeft me 's wieder us. Mit wem? Der werdet nit froge.
Grüseli het der Vater gmacht und gschworen: «I lid's nit!
So ne vertlaufene Burst mit miner liiblichte Tochter,
mit mim Fleisch und Bluet? I füehr di selber ins Zuchthus.»
Aber was isch's gsi? – Es isch die einzigi Tochter

und isch Frau für ihn, und mag er roten und warne,
muess er's ebe lo gscheh, – doch het's em nümmen ins
                              Hus dörft,
het's au nümme bitrette, bis no Micheli si Vatter
z'Wil dur d'Wiese ritet, er het e Wage voll Wi gchauft.
Gross isch's Wasser gsi, und finster, wo sie derdur sin,
und chunnt usem Weg, und 's tribt en aben und abe,
bis er abem Choli fallt und nümmen ans Gstad chunnt.
An der Schorebruck, dört hen sie 'n mornderigs gfunde.

  Aber jetz zieht üser Paar im Friede go Schopfe
und nimmt Bsitz vo Hus und Guet, der Friedli wird Burger,
füehrt si ordelig uf, er cha guet lesen und schribe, –
Helfis Gott! – und stigt nootno zu Würden und Ehre.
Wer wird Chilchelueger, und wer wird Weibel, und wer
                              stoht
bald am Rothusfenster und lächlet güetig, wenn öbbe
mittem Huet in der Hand e Langenauer verbei goht?
Isch's nit mi Herr Frieder mit siner lockige Stirne? –
Nei, wie macht's, und nei, wie schüttet's, loset doch numme,
fangt's nit vornen a? – Z'letzt sage d'Burger: «Der Hügli
cha jo nit Gschriebes lese, wie chaner denn Statthalter
                              blibe?
's wär für Ihn, Her Frieder, und Er muess d'Burger regiere.
Er isch e brave Ma, in alle Stücke biwandert,
und si Frau, Statthalters Bluet, mit Tuged bihaftet,
isch die gueti Stund, und gscheit, no gscheiter as Er schier.
Sager nit lang Nei, 's nutzt nüt, mer lön is nit brichte.» –
«Nu, se sagi Jo, 's Regiere chunnt mi nit suur a.» –
Dreimol chlöpft der Hurlibaus – nei loset, wie's schüttet,
lueget, wie's dur d'Chlimse blitzt! – Im Pflueg und im Engel
hen sie tanzt bis tief in d'Nacht und gessen und trunke.
Wohr isch's: e brävere Ma hätt d'Stadt nit chönnen erchise,
und im Vreneli gunni 's au. In d'Schopfemer Chilche
het er en Orgle gschafft, vor sine Ziten isch nüt gsi,
(z'Huse stoht sie no), d'Marodi het er vertriebe
und uf d'Burger Obsicht treit und groten und gwarnet.
Aber si Frau und er, sie hen in Frieden und Liebi
mit enander glebt und Guets an Armen erwiese,

jo, und 's isch em e Muetter zu siebe Chindere worde, –
Helfis Gott! – und 's stammt von ihnen im Schopfemer
                      Chilchspiel
mengi Famili her und blüeiht in Richtum und Ehre. –
Helfis Gott und bhüetis Gott! Ins Here Gotts Name!
das het gchlöpft, und das het gmacht, 's isch weger e
                      Schlag gsi! –
Mengi Famili, se sagi – die wenigste wüsse's meh selber.
Wer sie sin, und wie sie heisse, das willi jetz sage.
Zwor isch 's Chrüegli leer – nei loset, was git's uf der Gass
                      duss?
Vetter Hans-Jerg, 's stürmt! Fürio! 's lauft alles der Drau zue.

Der Schreinergesell

Mi Hamberch hätti glert, so so, la la;
doch stoht mer 's Trinke gar viel besser a
as 's Schaffe, sel bikenni frei und frank;
der Rucke bricht mer schier am Hobelbank.

Drum het mer d'Muetter mengmol profezeit:
«Du chunnsch ke Meister über wit und breit!»
Z'letzt hani 's selber glaubt und denkt: „Isch's so,
wie wird's mer echterst in der Fremdi go?"

Wie isch's mer gange? Numme z'guet! I ha
in wenig Wuche siebe Meister gha.
O Müetterli, wie falsch hesch profezeit?
I chömm kei Meister über, hesch mer gseit.

Hans und Verene

Es gfallt mer nummen eini,
und selli gfallt mer gwis!
O wenni doch das Meidli hätt,
es isch so flink und dundersnett,
　　so dundersnett,
i wär im Paradies!

's isch wohr, das Meidli gfallt mer,
und 's Meidli hätti gern!
's het alliwil e frohe Muet,
e Gsichtli het's wie Milch und Bluet,
　　wie Milch und Bluet,
und Auge wie ne Stern.

Und wenni 's sieh vo witem,
se stigt mer's Bluet ins Gsicht;
es wird mer übers Herz so chnapp,
und 's Wasser lauft mer d'Backen ab,
　　wohl d'Backen ab;
i weiss nit, wie mer gschicht.

Am Zistig früeih bim Brunne,
se redt 's mi frei no a:
«Chumm, lüpf mer, Hans! Was fehlt der echt?
Es isch der näume gar nicht recht,
　　nei gar nit recht!»
I denk mi Lebtig dra.

I ha 's em solle sage,
und hätti 's numme gseit!
Und wenn i numme richer wär,
und wär mer nit mi Herz so schwer,
　　mi Herz so schwer,
's gäb wieder Glegeheit.

Und uf und furt, jetz gangi,
's würd jäten im Salat,
und sag em's, wenni näume cha,

und luegt es mi nit fründli a,
    nit fründli a,
so bini morn Saldat.

  En arme Kerli bini,
arm bini, sel isch wohr.
Doch hani no nüt Unrechts to,
und sufer gwachse wäri jo,
    das wäri scho,
mit sellem hätt's ke Gfohr.

  Was wisplet in de Hürste,
was rüehrt sie echterst dört?
Es fisperlet, es ruuscht im Laub.
O bhüetis Gott der Her, i glaub,
    i glaub, i glaub,
es het mi näumer ghört.

  «Do bini jo, do hesch mi,
und wenn de mi denn witt!
I ha's scho sieder'm Spötlig gmerkt;
am Zistig hesch mi völlig bstärkt,
    jo, völlig bstärkt.
Und worum seisch's denn nit?

  Und bisch nit rich an Gülte
und bisch nit rich an Gold,
en ehrli Gmüet isch über Geld,
und schaffe chasch in Hus und Feld,
    in Hus und Feld,
und lueg, i bi der hold!»

  O Vreneli, was seisch mer,
o Vreneli, isch's so?
De hesch mi usem Fegfüür gholt,
und länger hätti 's nümmer tolt,
    nei, nümme tolt.
Jo, friili willi, jo!»

Der Winter

Isch echt do obe Bauwele feil?
Sie schütten eim e redli Teil
in d'Gärten aben und ufs Hus;
es schneit doch au, es isch e Gruus;
und 's hangt no menge Wage voll
am Himmel obe, merki wol.

Und wo ne Ma vo witem lauft,
so het er vo der Bauwele gchauft;
er treit sie uf der Achsle no
und uffem Huet und lauft dervo.
Was laufsch denn so, du närsche Ma?
De wirsch sie doch nit gstohle ha?

Und Gärten ab und Gärten uf
hen alli Scheie Chäppli uf.
Sie stöhn wie grossi Here do;
sie meine, 's heig's sust niemes so.
Der Nussbaum het doch au si Sach
und 's Herehus und 's Chilchedach.

Und wo me luegt, isch Schnee und Schnee,
me sieht ke Stross und Fuessweg meh.
Meng Somechörnli chlei und zart
lit unterm Bode wohl verwahrt,
und schnei's, so lang es schneie mag,
es wartet uf si Ostertag.

Meng Summervögeli schöner Art
lit unterm Bode wohl verwahrt;
es het kei Chummer und kei Chlag
und wartet uf si Ostertag;
und gang's au lang, er chunnt emol,
und sieder schloft's, und 's isch em wohl.

Doch wenn im Früehlig 's Schwälmli singt,
und d'Sunnewärmi abe dringt,

Potz tausig, wacht's in jedem Grab
und streift si Totehemdli ab.
Wo nummen au ne Löchli isch,
schlieft 's Leben use jung und frisch. -

Do fliegt e hungerig Spätzli her!
e Brösli Brot wär si Begehr.
Es luegt ein so verbärmli a;
's het sieder nechte nüt meh gha.
Gell, Bürstli, sel isch anderi Zit,
wenn 's Chorn in alle Fure lit?

Do hesch! Loss andern au dervo!
Bisch hungerig, chasch wieder cho! -
'S muess wohr si, wie 's e Sprüchli git:
„Sie seihe nit, und ernde nit;
sie hen kei Pflueg, und hen kei Joch,
und Gott im Himmel nährt sie doch."

Das Habermus

's Habermues wär fertig, se chömmet, ihr Chinder, und
esset!
Bettet: „Aller Augen" - und gent mer ordeli Achtig,
ass nit eim am ruessige Tüpfi 's Ermeli schwarz wird.

Esset denn, und segnich's Gott, und wachset und
trüeihet!
D'Haberchörnli het der Ätti zwische de Fure
gseiht mit flissiger Hand und abegeget im Früeihjohr.
Ass es gwachsen isch und zitig worde, für sel cha
euen Ätti nüt, sel tuet der Vater im Himmel.
Denket numme, Chinder, es schloft im mehlige Chörnli
chlei und zart e Chiimli, das Chiimli tuetich ke Schnüüfli,
nei, es schloft, und seit kei Wort, und isst nit und trinkt nit,
bis es in de Fure lit, im luckere Bode.
Aber in de Furen und in der füechtige Wärmi

wacht es heimli uf us sim verschwiegene Schlöfli,
streckt die zarte Gliedli und suget am saftige Chörnli
wie ne Muetterchind, 's isch alles, ass es nit briegget.
Siederie wird's grösser und heimli schöner und stärcher
und schlieft us de Windlen, es streckt e Würzeli abe
tiefer aben in Grund und suecht si Nahrig und findt sie.
Jo, und 's sticht's der Wunderfitz, 's möcht nummen au
                                    wüsse,
wie's denn witer oben isch. Gar heimlig und furchtsem
güggelet's zuem Boden us – Potz tausig, wie gfallt's em!
Üse lieber Herget, er schickt en Engeli abe.
«Bringem e Tröpfli Tau und sag em fründli Gottwilche!»
Und es trinkt, und 's schmecktem wohl, und 's streckt si
                                    gar sölli.
Sieder strehlt si d'Sunnen, und wenn sie gwäschen und
                                    gstrehlt isch,
chunnt sie mit der Strickete füre hinter de Berge,
wandlet ihre Weg hoch an der himmlische Landstross,
strickt und lueget aben, as wie ne fründligi Mueter
no de Chindlene luegt. Sie lächlet gegenem Chiimli,
und es tuetem wohl, bis tief ins Würzeli abe.
«So ne tolli Frau, und doch so güetig und fründli!»
Aber was sie strickt? He, Gwülch us himmlische Düfte!
's tröpflet scho, ne Sprützerli chunnt, druf regnet's gar sölli.
's Chiimli trinkt bis gnueg; druf weiht e Lüftli und trochnet's,
und es seit: «Jetz gangi nümmen untere Bode,
um ke Pris! Do blibi, geb, was no us mer will werde!»

Esset Chindli, gsegn' es Gott, und wachset und trüeihet!
's wartet herbi Zit ufs Chiimli. Wulken an Wulke
stöhn am Himmel Tag und Nacht, und d'Sunne verbirgt si.
Uf de Berge schneit's, und witer niede hurniglet's.
Schocheli schoch, wie schnatteret jetz und briegget mi
                                    Chiimli!
Und der Boden isch zue, und 's het gar chündigi Nahrig.
«Isch denn d'Sunne gstorbe», seit es, «ass sie nit cho will!
Oder förcht sie au, es frier sie? Wäri doch blibe,
woni gsi bi, still und chlei im mehlige Chörnli
und deheim im Boden und in der füechtige Wärmi!»

Lueget Chinder, so goht's! Der werdet au no so sage,
wenn der use chömmet und unter fremde Lüte
schaffe müent und reblen und Brot und Plunder verdiene:
«Wäri doch deheim bim Müetterli hinterem Ofe!»
Tröstich Gott! 's nimmt au en End, und öbbe wird's besser,
wie's im Chiimli gangen isch. Am heitere Maitag
weiht's so lau, und d'Sunne stigt so chräftig vom Berg uf,
und sie luegt, was 's Chiimli macht, und git em e Schmützli,
und jetz isch em wohl, und 's weiss nit z'blibe vor Freude.

Nootno prange d'Matte mit Gras und farbige Blueme;
nootno duftet 's Chriesibluest und gruenet der Pflumbaum;
nootno wird der Rogge buschig, Weizen und Gerste,
und mi Häberli seit: «Do blibi jo nit dehinte!»
Nei es spreitet d'Blättli us – wer het em sie gwobe?
und jetz schiesst der Halm – wer tribt in Röhren an Röhre
's Wasser us de Wurzle bis in die saftige Spitze?
Endli schlieft en Ähri us und schwankt in de Lüfte –
sagmer au ne Mensch, wer het an sideni Fäde
do ne Chnöspli ghenkt und dört mit chünstlige Hände?
D'Engeli, wer denn sust? Sie wandle zwische de Furen
uf und ab, vo Halm zue Halm, und schaffe gar sölli.
Jetz hangt Bluest an Bluest am zarte schwankigen Ähri,
und mi Haber stoht as wie ne Brüütli im Chilchstuehl.
Jetz sin zarti Chörnli drin, und wachsen im Stille,
und mi Haber merkt afange, was es will werde.
D'Chäferli chömme und d'Fliege, sie chömme z'Stubete
                          zuenem
luege, was er macht, und singen: „Eie Popeie!"
Und 's Schiiwürmli chunnt, Potz tausig, mittem Laternli
z'nacht um Nüni z'Liecht, wenn d'Fliegen und d'Chäferli
                          schlofe.

Esset Chinder, segn' es Gott, und wachset und trüeihet!
Sieder het me gheuet und Chriesi gunne no Pfingste;
sieder het me Pflümli gunne hinterem Garte;
sieder hen sie Rogge gschnitte, Weizen und Gerste,
und die arme Chinder hen barfis zwische de Stupfle
gfalleni Ähri glesen, und 's Müüsli hetene ghulfe.

Druf het au der Haber bleicht. Voll mehligi Chörner
het er gschwankt und gseit: «Jetz isch's mer afange ver-
	leidet,
und i merk, mi Zit isch us, was tueni ellei do
zwische de Stupfelrüeben und zwische de Grumbire-
	stude?»
Druf isch d'Muetter usen und 's Efersinli und 's Plunni,
's het ein scho an d'Finger gfrore z'morgen und z'obe.
Endli hemmer en brocht und in der staubige Schüre
hei sie'n dröscht vo früeih um Zwei bis z'oben um Vieri.
Druf isch's Müllers Esel cho und hetten in d'Mühli
gholt und wieder brocht in chleini Chörnli vermahle;
und mit feister Milch vom junge fleckige Chüeihli
hetten 's Müetterli gchocht im Tüpfi. – Geltet, 's isch guet
	gsi?
Wüschet d'Löffel ab, und bett eis: „Danket dem Herren –"
und jetz göhnt in d'Schuel, dört hangt der Oser am Simse!
Fall mer keis, gent Achtig und lehret, was menich ufgit!
Wenn der wieder chömmet, so chömmeter Zibbertli über.

Wächterruf

    Loset, was i euch will sage!
D'Glocke het Zehni gschlage.
Jetz bettet und jetz göhnt ins Bett,
und wer e rüeihig Gwisse het,
schloft sanft und wohl! Im Himmel wacht
e heiter Aug die ganzi Nacht.

    Loset, was i euch will sage!
D'Glocke het Ölfi gschlage.
Und wer no an der Arbet schwitzt,
und wer no bi der Charte sitzt,
dem bieti jetz zum letztemol, –
's isch hochi Zit – und schlofet wohl!

Loset, was i euch will sage!
D'Glocke het Zwölfi gschlage.
Und wo no in der Mitternacht
e Gmüet in Schmerz und Chummer wacht,
se geb der Gott e rüeihigi Stund
und mach di wieder froh und gsund!

Loset, was i euch will sage!
D'Glocke het Eis gschlage.
Und wo mit Satans Gheiss und Not
e Dieb uf dunkle Pfade goht
– i will's nit hoffen, aber gschieht's –,
gang heim! Der himmlisch Richter sieht's.

Loset, was i euch will sage!
D'Glocke het Zwei gschlage.
Und wem scho wieder, eb's no tagt,
die schweri Sorg am Herze nagt,
du arme Tropf, di Schlof isch hi!
Gott sorgt! Es wär nit nötig gsi.

Loset, was i euch will sage!
D'Glocke het Drü gschlage.
Die Morgestund am Himmel schwebt,
und wer im Friede der Tag erlebt,
dank Gott und fass e frohe Muet
und gang ans Gschäft und – halt di guet!

Der Bettler

«En alte Ma, en arme Ma,
er sprichtich um e Wohltat a.
E Stückli Brot ab euem Tisch,
wenn's eue guete Willen isch!
He jo, dur Gotts Wille!

In Sturm und Wetter, arm und bloss,
gibore bini uf der Stross,
und uf der Stross in Sturm und Wind
erzogen, arm, e Bettelchind.
Druf woni chräftig worde bi
und d'Eltere sin gstorbe gsi,
se hani denkt: Soldatetod
isch besser weder Bettelbrot.
I ha in schwarzer Wetternacht
vor Laudons Zelt und Fahne gwacht,
i bi bim Paschal Paoli
in Korsika Draguner gsi,
und gfochte hani wie ne Ma
und Bluet an Gurt und Sebel gha.
I bi vor menger Batterie,
i bi in zwenzig Schlachte gsi,
und ha mit Treu und Tapferkeit
dur Schwert und Chugle 's Lebe treit.
Z'letzt hen sie mi mit lahmem Arm
ins Elend gschickt. Das Gott erbarm!
He jo, dur Gotts Wille!»

«Chumm arme Ma!
I gunn der's, wienis selber ha.
Und helf der Gott us diner Not,
und tröst di, bis es besser goht.»

«Vergelt's der Her, und dank der Gott,
du zarten Engel wiss und rot,
und geb der Gott e brave Ma! –
Was luegsch mi so biwegli a?
Hesch öbben au e Schatz im Zelt
mit Schwert und Ross im wite Feld?
Biwahr di Gott vor Weh und Leid
und geb dim Schatz e sicher Gleit
und bring der bald e gsunde Ma!
's goht zimli scharf vor Mantua.
's cha si, i chönnt der Meldig ge. –
Was luegsch mi a und wirsch wie Schnee?

Denkwol, i henk mi Bettelgwand
mi falsche graue Bart an d'Wand!
Jetz bschau mi recht, und chennsch mi no?
Geb Gott, i seig Gottwilche do!»

«Her Jesis, der Friedli, mi Friedli isch do!
Gottwilche, Gottwilche, wohl chenni di no!
Wohl het mi bigleitet di liebligi Gstalt
uf duftige Matten, im schattige Wald.
Wohl het di bigleitet mi bchümmeret Herz
dur Schwerter und Chugle mit Hoffnig und Schmerz
und briegget und bettet. Gott het mer willfahrt
und het mer mi Friedli und het mer en gspart.
Wie chlopft's mer im Buese, wie bini so froh!
O Muetter, chumm weidli, mi Friedli isch do!»

Der Storch
Nach dem Frieden

Willkumm, Her Storch! bisch au scho do
und schmecksch im Weiher d'Frösche scho?
Und meinsch, der Winter heig si Sach,
und 's besser Wetter chömm alsgmach?

He jo, der Schnee gieng überal;
me meint, es werd scho grüen im Tal.
Der Himmel isch so rein und blau,
und 's weiht ein a so mild und lau.

Nei loset, wiener welsche cha!
Verstoht men au ne Wörtli dra?
Drum chunnt er über Strom und Meer
us wite fremde Ländere her.

Was bringsch denn Neus us Afrika?
Sie hen gwis au so Umständ gha

und d'Büchse gspannt und d'Sebel gwetzt
und Freiheitsbäum vor d'Chilche gsetzt?

    De hesch so roti Strümpfli a.
Isch öbbe Bluet vom Schlachtfeld dra?
Wo hesch die schwarze Fegge gno?
Bisch öbbe z'noch an d'Flamme cho?

Um das hättsch über Land und Meer
nit reise dörfe hi und her
vom Rhistrom bis in Afrika.
De hättsch's jo in der Nööchi gha.

    Mer wüsse leider au dervo,
und mengi Wunde bluetet no,
und 's druckt no menge Chummer schwer,
und menge schöne Trog isch leer.

Und witer an den Alpe hi
isch's, Gott erbarm's, no ärger gsi,
und Weh und Ach het usem Wald
und us de Berge widerhallt.

    Ans Wilhelm Telle Freiheitshuet
hangt menge Tropfe Schwitzerbluet.
Wie het's nit numme blitzt und gchracht
und dunderet in der Wetternacht!

    Doch öbben in der Wetternacht
het Gottis Engel au no gwacht.
«Jo frili», seit er, «Chlipp und Chlapp!»
und schwenkt der Schnabel uf und ab.

    Gang Muetter und heiß 's Büebli cho!
Lueg Chind, di Storch isch wieder do!
Sag: „Grüess di Gott! Was bringsch mer mit?"
I glaub, bim Bluest, er chennt di nit.

    's macht's, wil d'so gross und sufer bisch

und 's Löckli chrüser worden isch.
Fern hesch no so ne Jüppli gha,
jetz hesch scho gstreifti Hösli a.

Er pepperet no alliwil,
und 's schint, er wiss no sölli viel.
Es goht em au wie mengem Ma,
er het si Gfalle selber dra!

's isch gnueg, Her Storch! Mer wüsse's scho,
und was de seisch, mer glaube's jo!
Es freut di au, ass 's Dorf no stoht,
und alles gsund isch – dank der Gott!

He jo, 's mag wieder zimli go,
und 's Feldpicket isch nümme do;
wo Lager gsi sin Zelt an Zelt,
goht jetz der Pflueg im Ackerfeld.

Und der, wo d'Storche heisset cho
und d'Rabe nährt, isch au no do.
Er schafft den Arme Brot ins Hus
und heilt die alte Presten us.

Und wo me luegt und luege cha,
se lächlet ein der Frieden a
wie Morgeliecht, wenn d'Nacht vergoht
und d'Sunne hinter de Tanne stoht.

Gang lueg e wenig d'Gegnig a!
I glaub, de wirsch e Gfalle ha.
Mi Matten isch der wol bikannt
am Brunnen abe linker Hand.

Und triffsch am Bach e Fröschli a,
sen isch's der gunnt. Verstick nit dra!
Und, was i bitt, loss d'Imme goh!
Mi Grosse seit, sie fliege scho.

Sonntagsfrühe

Der Samstig het zuem Sunntig gseit:
«Jetz hani alli schlofe gleit;
sie sin vom Schaffe her und hi
gar sölli müed und schlöfrig gsi,
und 's goht mer schier gar selber so,
i cha fast uf ke Bei me stoh.»

So seit er, und wo's Zwölfi schlacht,
se sinkt er aben in d'Mitternacht.
Der Sunntig seit: «Jetz isch's an mir!»
Gar still und heimli bschliest er d'Tür.
Er düselet hinter de Sterne no
und cha schier gar nit obsi cho.

Doch endli ribt er d'Augen us,
er chunnt der Sunn an Tür und Hus;
sie schloft im stille Chämmerli;
er pöpperlet am Lädemli;
er rüeft der Sunne: «D'Zit isch do!»
Sie seit: «I chumm enanderno.»

Und lisli uf de Zeche goht
und heiter uf de Berge stoht
der Sunntig, und 's schloft alles no;
es sieht und hört en niemes goh;
er chunnt ins Dorf mit stillem Tritt
und winkt im Guhl: «Verrot mi nit!»

Und wemmen endli au verwacht,
und gschlofe het die ganzi Nacht,
se stoht er do im Sunneschi
und luegt eim zu de Fenstren i
mit sinen Auge mild und guet
und mittem Meien uffem Huet.

Drum meint er's treu, und was i sag,
es freut en, wemme schlofe mag

und meint, es seig no dunkel Nacht,
wenn d'Sunn am heitere Himmel lacht.
Drum isch er au so lisli cho,
drum stoht er au so liebli do.

Wie glitzeret uf Gras und Laub
vom Morgetau der Silberstaub!
Wie weiht e frische Maieluft
voll Chriesibluest und Schlecheduft!
Und d'Immli sammle flink und frisch,
sie wüsse nit, ass 's Sunntig isch.

Wie pranget nit im Garteland
der Chriesibaum im Maiegwand,
Gelveieli und Tulipa
und Sterneblueme nebe dra
und gfüllti Zinkli blau und wiiss,
me meint, me lueg ins Paradies!

Und 's isch so still und heimli do,
men isch so rüeihig und so froh!
Me hört im Dorf kei «Hüst» und «Hott»;
e «Guete Tag» und «Dank der Gott»
und «'s git gottlob e schöne Tag»
isch alles, was me höre mag.

Und 's Vögeli seit: «Frili jo!
Potz tausig, jo, do isch er scho!
Er dringt jo in sim Himmelsglast
dur Bluest und Laub in Hurst und Nast!»
Und 's Distelzwigli vorne dra
het 's Sunntigröckli au scho a.

Sie lüte weger 's Zeiche scho,
der Pfarer, schint's, well zitli cho.
Gang, brechmer eis Aurikli ab,
verwüschet mer der Staub nit drab,
und, Chüngeli, leg di weidli a,
de muesch derno ne Meie ha!

Auf einem Grabe

Schlof wohl, schlof wohl im chüele Bett!
De ligsch zwor hert uf Sand und Chies;
doch spürt's di müede Rucke nit.
    Schlof sanft und wohl!

Und 's Deckbett lit der, dick und schwer
in d'Höchi gschüttlet, uffem Herz.
Doch schlofsch im Friede, 's druckt di nit.
    Schlof sanft und wohl!

De schlofsch und hörsch mi «Bhüetdi Gott»,
de hörsch mi sehnli Chlage nit.
Wär's besser, wenn de 's höre chönntsch?
    Nei, weger nei!

O, 's isch der wohl, es isch der wohl!
Und wenni numme bi der wär,
se wär scho alles recht und guet.
    Mer tolten is.

De schlofsch und achtisch 's Unrueih nit
im Chilcheturn die langi Nacht,
und wenn der Wächter Zwölfi rüeft
    im stille Dorf.

Und wenn's am schwarze Himmel blitzt
und Gwülch an Gwülch im Donner chracht,
se fahrtder 's Wetter übers Grab
    und weckt di nit.

Und was di früeih im Morgerot
bis spot in d'Mittnacht bchümmert het,
Gottlob, es ficht di nümmen a
    im stille Grab.

Es isch der wohl, o, 's isch der wohl!
und alles, was de glitte hesch,

Gott Lob und Dank, im chüele Grund
    tuet's nümme weh.

Drum, wenni numme bi der wär,
so wär jo alles recht und guet.
Jetz sitzi do und weiss kei Trost
    mim tiefe Schmerz.

Doch öbbe bald, wenn's Gottswill isch,
se chunnt mi Samstig-z'oben au,
und druf, se grabt der Nochber Chlaus
    mir au ne Bett.

Und wenni lig und nümme schnuuf
und wenn sie 's Schloflied gsunge hen,
se schüttle sie mer 's Deckbett uf,
    und – «Bhüetdi Gott!»

I schlof derno so sanft wie du
und hör' im Chilchturn 's Unrueih nit.
Mer schlofe, bis am Sunntig früeih
    der Morge taut.

Und wenn emol der Sunntig tagt,
und d'Engel singe 's Morgelied,
se stöhn mer mit enander uf,
    erquickt und gsund.

Und 's stoht e neui Chilche do,
sie funklet hell im Morgerot.
Mer göhn und singen am Altar
    Hallelujah!

Der Wächter in der Mitternacht

«Loset, was i euch will sage!
D'Glocke het Zwölfi gschlage.»

Wie still isch alles! Wie verborgen isch,
was Lebe heisst, im Schoss der Mitternacht
uf Stross und Feld! Es tönt kei Menschetritt;
es fahrt kei Wagen us der Ferni her;
kei Hustür gahret, und kei Otem schnuuft,
und nit emol e Möhnli rüeft im Bach.
's lit alles hinterm Umhang jetz und schloft,
und öb mit liichtem Fuess und stillem Tritt
e Geist vorüber wandlet, weissi nit.

Doch, was i sag, ruuscht nit der Tiich? Er schiesst
im Leerlauf ab am müede Mühlirad,
und näume schliicht der Iltis unterm Dach
de Tremle no, und lueg, do obe zieht
vom Chilchturn her en Ül im stille Flug
dur d'Mitternacht, und hangt denn nit im Gwülch
die grossi Nachtlaterne dört, der Mond?
Still hangt si dört, und d'Sterne flimmere,
wie wemmen in der dunkle Regenacht
vom wite Gang ermattet uf der Stross
an d'Heimet chunnt, no keini Dächer sieht
und numme do und dört e fründli Licht.

Wie wird's mer doch uf einmol so kurios?
Wie wird's mer doch so weich um Brust und Herz?
As wenni briegge möcht, weiss nit worum;
as wenni 's Heimweh hätt, weiss nit no was.

«Loset, was i euch will sage!
D'Glocke het Zwölfi gschlage.
Und isch's so schwarz und finster do,
se schine d'Sternli no so froh,
und us der Heimet chunnt der Schi
's muess lieblig in der Heimet si!»

Was willi? Willi dure Chilchhof goh
ins Unterdorf? Es isch mer d'Tür seig off,
as wenn die Toten in der Mitternacht
us ihre Gräbere giengen und im Dorf
e wenig luegten, öb no alles isch
wie almig. 's isch mer doch bis dato ken
bigegnet, ass i weiss. Denkwol i tue's
und rüef de Tote – nei sel tueni nit!
Still willi uf de stille Gräbere goh!
Sie hen jo d'Uhr im Turn, und weiss i denn,
isch au scho ihri Mitternacht verbei?
's cha si, es fallt no dunkler alliwil
und schwärzer uf sie abe – d'Nacht isch lang.
's cha si, es zuckt e Streifli Morgerot
scho an de Berge uf – i weiss es nit.

Wie isch's so heimli do? Sie schlofe wohl,
Gott gunnene's! – e bitzli schuderig,
sel läugni nit; doch isch nit alles tot.
I hör jo 's Unrueih in der Chilche; 's isch
der Pulz der Zit in ihrem tiefe Schlof,
und d'Mitternacht schnuuft vo de Berge her.
Ihr Otem wandlet über d'Matte, spielt
dört mittem Tschäubbeli am grüene Nast
und pfift dur d'Scheie her am Gartehag.
Sie chuuchet füecht an d'Chilchemur und chalt;
die lange Fenster schnattere dervo
und 's lopperig Chrütz. Und lueg, do lüftet sie
en offe Grab! – Du gueten alte Franz,
se hen sie au di Bett scho gmacht im Grund,
und 's Deckbett wartet uf di nebe dra,
und d'Liechtli us der Heimet schine dri!

He nu, es gohtis alle so. Der Schlof
zwingt jeden uffem Weg, und eb er gar
in d'Heimet dure chunnt. Doch wer emol
si Bett im Chilchhof het, gottlob, er isch
zuem letztemol do niden übernacht,
und wenn es taget und mer wachen uf

und chömmen use, hemmer nümme wit,
e Stündli öbben oder nitemol. –
Se stolperi denn au no d'Stäpfli ab
und bi so nüechter bliebe hinechtie.

    «Loset, was i euch will sage!
    D'Glocke het Zwölfi gschlage.
    Und d'Sternli schine no so froh,
    und us der Heimet schimmert's so,
    und 's isch no umme chleini Zit.
    Vom Chilchhof het me nümme wit.»

  Wo bini gsi? Wo bini echterst jetz?
E Stäpfli uf, e Stäpfli wieder ab,
und witers nüt? Nei weger, witers nüt?
Isch nit 's ganz Dörfli in der Mitternacht
e stille Chilchhof? Schloft nit alles do
wie dört vom lange müede Wachen us,
vo Freud und Leid, und isch in Gottis Hand,
do unterm Straudach, dört im chüele Grund,
und wartet, bis es taget um sie her?

  He, 's würd jo öbbe! Und wie lang und schwarz
au d'Nacht vom hoche Himmel abe hangt,
verschlofen isch der Tag deswege nie;
und bis i wieder chumm und nonemol,
so gen mer d'Gühl scho Antwort, wenni rüef,
se weiht mer scho der Morgeluft ins Gsicht.
Der Tag verwacht im Tannewald, er lüpft
alsgmach der Umhang obsi; 's Morgeliecht,
es rieslet still in d'Nacht und endli wahlt's
in goldne Strömen über Berg und Tal.
Es zuckt und wacht an allen Orte; 's goht
e Lade do und dört e Hustür uf,
und 's Lebe wandlet use frei und froh.

  Du liebi Seel, was wird's e Firtig si,
wenn mit der Zit die letzti Nacht versinkt,
wenn alli goldne Sterne gross und chlei

und wenn der Mond und 's Morgerot und d'Sunn
in Himmelsliecht verrinnen und der Glast
bis in die tiefe Gräber abe dringt
und d'Muetter rüeft de Chindlene: «'s isch Tag!»
und alles usem Schlof verwacht, und do
ne Laden ufgoht, dört e schweri Tür!
Die Tote luegen use, jung und schön.
's het menge Schade guetet übernacht,
und menge tiefe Schnatte bis ins Herz
isch heil. Sie luegen use, gsund und schön,
und tunke 's Gsicht in Himmelsluft. Sie stärkt
bis tief ins Herz – o wenn's doch bald so chäm!

    «Loset, was i euch will sage!
D'Glocke het Zwölfi gschlage.
Und d'Liechtli brennen alli no;
der Tag will iemerst no nit cho.
Doch Gott im Himmel lebt und wacht,
er hört wohl, wenn es Vieri schlacht!»

Der zufriedene Landmann

    Denkwol, jetz lengi au in Sack
und trink e Pfifli Rauchtubak
und fahr jetz heim mit Eg und Pflueg,
der Laubi meint scho lang, 's seig gnueg.

    Und wenn der Kaiser usem Rot
in Feld und Forst ufs Jage goht,
se lengt er denkwol au in Sack
und trinkt e Pfifli Rauchtubak.

    Doch trinkt er wenig Freud und Lust,
es isch em näume gar nit just.
Die goldne Chrone drucke schwer;
's isch nit, as wenn's e Schiehut wär.

Wohl goht em menge Batzen i,
doch will au menge gfuettert si;
und woner lost, isch Bitt und Bitt,
und alli tröste chaner nit.

Und wenn er hilft und sorgt und wacht
vom früeihe Morge bis in d'Nacht
und meint, jetz heiger alles to,
se het er erst ke Dank dervo.

Und wenn vom Treffe bluetig rot
der Jenneral im Lager stoht,
se lengt er endli au in Sack,
und trinkt e Pfifli Rauchtubak.

Doch schmeckt's em nit im wilde Gwühl
bim Ach und Weg und Saitespiel;
er het turnieret um und um,
und niemes will en lobe drum.

Und Fürio und Mordio
und schweri Wetter ziehnem no;
do lit der Granedier im Bluet,
und dört e Dorf in Rauch und Gluet.

Und wenn in d'Mess mit Guet und Geld
der Chaufher reist im wite Feld,
se lengt er eben au in Sack,
und holt si Pfifli Rauchtubak.

Doch schmeckt's der nit, du arme Ma!
Me sieht der dini Sorge a,
und 's Eimoleis, es isch e Gruus,
es luegt der zue den Augen us.

De treisch so schwer, es tuet der weh;
doch hesch nit gnueg und möchtsch no me
und weisch jo nit, wo ane mit;
drum schmeckt der au di Pfifli nit.

Mir schmeckt's, Gottlob, und 's isch mer gsund.
Der Weize lit im füechte Grund,
und mittem Tau im Morgerot
und mit sim Otem segnet's Gott.

Und 's Anne-Meili flink und froh,
es wartet mit der Suppe scho,
und d'Chinderli am chleine Tisch,
me weiss nit, welles 's fürnehmst isch.

Drum schmeckt mer au mi Pfifli wohl.
Denkwol, i füllmer's nonemol!
Zuem frohe Sinn, zuem freie Muet,
und heimetzue schmeckt alles guet.

Die Vergänglichkeit

*Gespräch auf der Strasse nach Basel zwischen
Steinen und Brombach, in der Nacht*

Der Bueb seit zum Ätti:

Fast allmol, Ätti, wenn mer's Röttler Schloss
so vor den Auge stoht, se denki dra,
öb's üsem Hus echt au emol so goht.
Stoht's denn nit dört, so schuderig, wie der Tod
im Basler Totetanz? Es gruset eim,
wie länger as me's bschaut. Und üser Hus,
es sitzt jo wie ne Chilchli uffem Berg,
und d'Fenster glitzeren, es isch e Staat.
Schwetz, Ätti, goht's em echterst au no so?
I mein emol, es chönn schier gar nit si.

Der Ätti seit:

Du guete Burst, 's cha frili si, was meinsch?
's chunnt alles jung und neu, und alles schliicht

sim Alter zue, und alles nimmt en End,
und nüt stoht still. Hörsch nit, wie 's Wasser ruuscht,
und siehsch am Himmel obe Stern an Stern?
Me meint, vo alle rüehr sie kein, und doch
ruckt alles witers, alles chunnt und goht.

Je, 's isch nit anderst, lueg mi a, wie d'witt.
De bisch no jung; närsch, ich bi au so gsi,
jetz würd's mer anderst, 's Alter, 's Alter chunnt,
und woni gang, go Gresgen oder Wies,
in Feld und Wald, go Basel oder heim,
's isch einerlei, i gang im Chilchhof zue, –
briegg, alder nit! – und bis de bisch wien ich,
e gstandene Ma, se bini nümme do,
und d'Schof und Geisse weide uf mim Grab.
Jo wegerli, und 's Hus wird alt und wüest;
der Rege wäscht der's wüester alli Nacht,
und d'Sunne bleicht der's schwärzer alli Tag,
und im Vertäfer popperet der Wurm.
Es regnet no dur d'Bühni ab, es pfift
der Wind dur d'Chlimse. Drüber tuesch du au
no d'Auge zue; es chömme Chindeschind
und pletze dra. Z'letzt fuults im Fundement,
und 's hilft nüt me. Und wemme nootno gar
zweitusig zehlt, isch alles z'semmegkeit.
Und 's Dörfli sinkt no selber in si Grab.
Wo d'Chilche stoht, wo 's Vogts und 's Here Hus,
goht mit der Zit der Pflueg —

Der Bueb seit:

Nei, was de seisch!

Der Ätti seit:

Je, 's isch nit anderst, lueg mi a, wie d'witt!
Isch Basel nit e schöni, tolli Stadt?
's sin Hüser drinn, 's isch mengi Chilche nit
so gross, und Chilche, 's sin in mengem Dorf
nit so viel Hüser. 's isch e Volchspiel, 's wohnt

e Richtum drinn, und menge brave Her
und menge, wonni gchennt ha, lit scho lang
im Chrützgang hinterm Münsterplatz und schloft.
's isch eitue, Chind, es schlacht emol e Stund,
goht Basel au ins Grab und streckt no do
und dört e Glied zum Boden us, e Joch,
en alte Turn, e Giebelwand; es wachst
do Holder druf, do Büechli, Tanne dört
und Moos und Farn, und Reiger niste drinn –
's isch schad derfür! – und sin bis dörthi d'Lüt
so närsch wie jetz, so göhn au Gspenster um,
d'Frau Faste, 's isch mer jetz, sie fang scho a,
me seit's emol, – der Lippi Läppeli,
und was weiss ich, wer meh? Was stossisch mi?

Der Bueb seit:

Schwetz lisli, Ätti, bis mer über d'Bruck
do sin und do an Berg und Wald verbei!
Dört obe jagt e wilde Jäger, weisch?
Und lueg, do niden in de Hürste seig
gwiss 's Eiermeidli glege, halber ful,
's isch Johr und Tag. Hörsch, wie der Laubi schnuuft?

Der Ätti seit:

Er het der Pfnüsel! Seig doch nit so närsch!
– «Hüst, Laubi, Merz!» – und loss die Tote go,
sie tüen der nüt meh! – Je, was hani gseit?
Vo Basel, ass es au emol verfallt.
Und goht in langer Zit e Wandersma
ne halbi Stund, e Stund wit dra verbei,
se luegt er dure, lit ke Nebel druf,
und seit sim Kamerad, wo mittem goht:
«Lueg, dört isch Basel gstande! Selle Turn
seig d'Peterschilche gsi, 's isch schad derfür!»

Der Bueb seit:

Nei, Ätti, isch's der Ernst? Es cha nit si!

Der Ätti seit:

Je, 's isch nit anderst, lueg mi a, wie d' witt,
und mit der Zit verbrennt die ganzi Welt.
Es goht e Wächter us um Mitternacht,
e fremde Ma, me weiss nit, wer er isch,
er funklet wie ne Stern und rüeft: «Wacht auf!
Wacht auf, es kommt der Tag!» – Drob rötet si
der Himmel, und es dundert überal,
z'erst heimlig, alsgmach lut, wie sellemol,
wo Anno sechsenünzgi der Franzos
so uding gschosse het. Der Bode schwankt,
ass d'Chilchtürn guge; d'Glocke schlagen a
und lüte selber Bettzit wit und breit,
und alles bettet. Drüber chunnt der Tag;
o, bhüetis Gott, me brucht ke Sunn derzue,
der Himmel stoht im Blitz und d'Welt im Glast.
Druf gschieht no viel, i ha jetz nit der Zit;
und endli zündet's a und brennt und brennt,
wo Boden isch, und niemes löscht. Es glumst
wohl selber ab. Wie meinsch, sieht's us derno?

Der Bueb seit:

O, Ätti, sag mer nüt me! Zwor, wie goht's
de Lüte denn, wenn alles brennt und brennt?

Der Ätti seit:

He, d'Lüt sin nümme do, wenn's brennt, sie sin –
wo sin sie? Seig du frumm und halt di wohl,
geb, wo de bisch, und bhalt di Gwisse rein!
Siehsch nit, wie d'Luft mit schöne Sterne prangt!
's isch jede Stern verglichlige ne Dorf,
und witer obe seig e schöni Stadt,
me sieht si nit vo do, und haltsch di guet,
se chunnsch in so ne Stern, und 's isch der wohl,
und findsch der Ätti dört, wenn's Gottswill isch,
und 's Chüngi selig, d'Muetter. Öbbe fahrsch
au d'Milchstross uf in die verborgeni Stadt,

und wenn de sitwärts abe luegsch, was siehsch?
e Röttler Schloss! Der Belche stoht verchohlt,
der Blauen au, as wie zwee alti Türn,
und zwische drinn isch alles use brennt
bis tief in Boden abe. D'Wiese het
ke Wasser meh, 's isch alles öd und schwarz
und totestill, so wit me luegt – das siehsch
und seisch dim Kamerad, wo mitder goht:
«Lueg, dört isch d'Erde gsi, und selle Berg
het Belche gheisse! Nit gar wit dervo
isch Wislet gsi; dört hani au scho glebt
und Stiere gwettet, Holz go Basel gfüehrt
und brochet, Matte graust und Liechtspöh gmacht
und gvätterlet bis an mi selig End,
und möcht jetz nümme hi.» – «Hüst Laubi, Merz!»

Der Jänner

Im Ätti setzt der Öldampf zue.
Mer chönnte 's Ämpeli use tue,
und d'Läden uf. Der Morgeschi
blickt scho zum runde Nastloch i. –
O lueget doch, wie chalt und rot
der Jänner uf de Berge stoht!

Er seit: «I bi ne bliebte Ma,
der Stern am Himmel lacht mi a!
Er glitzeret vor Lust und Freud,
und muess er furt, sen isch's em leid;
er luegt mi a und cha's nit lo
und würd bizite wieder cho.

Und untermer in Berg und Tal,
wie flimmeret's nit überal!
An allen Ende Schnee und Schnee;
's isch alles mir zue Ehre gscheh,
und woni gang im wite Feld,
sin Strosse bahnt, und Brucke gstellt.»

Er seit: «I bi ne frische Ma,
i ha ne luftig Tschöpli a
und roti Backe bis ans Ohr,
e heiter Aug und Duft im Hoor,
ke Wintergfrist, ke Gliederweh
und woni gang, se chracht der Schnee.»

Er seit: «I bi ne gschickte Ma,
lueg, wieni überzuckere cha!
I chuuch, und an de Hürste hangt's,
und an de zarte Birche schwankt's.
Der Zuckerbeck mit gschickter Hand,
mit Geld und Guet wär's nit im Stand.

Jetz lueg au dini Schiben a,
und wieni Helgli chritzle cha!
Do hesch e Blüemli, wenn's der gfallt,
do hesch e ganze Tannewald!
Der Früehlig chönnt's nit halber so,
's isch mit der Farb nit alles to.»

Er seit: «I bi ne starche Ma,
und zwing mi näumer, wenn er cha!
Der Forster gstablet uf der Jacht,
der Brunntrog springt, der Eichbaum chracht.
D'Frau Sunne mittem Gsichtli rund
het's Herz nit, ass sie füre chunnt.»

's isch wohr, me weiss nit, was sie tribt
und wo sie alli Morge blibt.
Wie länger Nacht, wie spöter Tag,
wie besser ass sie schlofe mag,
und blieb es bis um Zehni Nacht,
se chäm sie erst, wenn's Ölfi schlacht.

Nei, het sie's ghört? Dört chunnt sie jo!
Me meint, 's brenn alles liechterloh!
Sie stoht im chalte Morgeluft,
sie schwimmt im rote Nebelduft.

Zeig, chuuch e wenig d'Schiben a,
's isch, ass me besser luege cha!

Der Nebel woget uf und ab,
und d'Sunne chämpft, sie losst nit ab.
Jetz het sie's gunne. Wit und breit
strahlt ihri Pracht und Herrlichkeit.
O lueg, wie 's über d'Dächer wahlt,
am Chilchefenster, lueg, wie's strahlt!

Der Jänner setzt si Arm in d'Huft,
er ruckt am Huet und schnellt in d'Luft.
Der Jänner seit: «I förch di nit.
Chumm, wenn de mit mer baschge witt!
Was gilt's, de würsch bizite goh
und rüehmsch dim Büebli nüt dervo!»

Je, 's wär wohl hübsch und liebli so,
im warme Stübli gfallt's eim scho.
Doch mengi Frau, dass Gott erbarm,
sie nimmt ihr nackig Chind in d'Arm,
sie het em nüt um d'Gliedli z'tue
und wicklet's mittem Fürtuech zue.

Sie het kei Holz und het kei Brot,
sie sitzt und chlagt's im liebe Gott.
Gfriert Stei und Bei, wohl taut der Schmerz
no Tränen uf im Muetterherz.
Der Jänner isch e ruuche Ma,
er nimmt si nüt um d'Armet a.

Gang, bring der arme Fischer-Lis
e Säckli Mehl, e Hemdli wiss,
nimm au ne Wellen oder zwo
und sag, sie soll au zuenis cho
und Weihe hole, wenni bach,
und decket jetz der Tisch alsgmach.

Der Knabe im Erdbeerschlag

E Büebli lauft, es goht in Wald
am Sunntignomittag;
es chunnt in d'Hürst und findet bald
Erdbeeri Schlag an Schlag;
es günnt und isst si halber z'Tod
und denkt: „Das isch mi Obedbrot."

Und wie nes isst, se ruuscht's im Laub;
es chunnt e schöne Chnab.
Er het e Rock wie Silberstaub
und treit e goldne Stab.
Er glänzt wie d'Sunn am Schwitzerschnee.
Si lebelang het's nüt so gseh.

Druf redt der Chnab mi Büebli a:
«Was issisch, i halt's mit?»
»He, nüt», seit's Büebli, luegt en a
und lüpft si Chäppli nit.
Druf seit der Chnab: «He, issisch nüt,
du grobe Burst, se battet's nüt!»

Verschwunden isch mi Chnab, und's stöhn
die nöchste Hürst im Duft;
drus fliegt en Engeli wunderschön
uf in die blaui Luft,
und 's Büebli stoht und luegt em no
und chratzt im Hoor und lauft dervo.

Und sieder isch kei Sege meh
im Beeri-Esse gsi.
I ha mi Lebtig nüt so gseh,
sie bschiessen ebe nie.
Iss hampflevoll, so viel de witt,
sie stillen eim der Hunger nit!

Was gibi der für Lehre dri?
Was seisch derzue? Me muess
vor fremde Lüte fründli si
mit Wort und Red und Gruess
und 's Chäppli lüpfe z'rechter Zit,
sust het me Schimpf und chunnt nit wit.

Das Spinnlein

Nei, lueget doch das Spinnli a,
wie's zarti Fäde zwirne cha!
Bas Gvatter, meinsch, chasch's au ne so?
De wirsch mer's, traui, blibe lo.
Es macht's so subtil und so nett,
i wott nit, assi 's z'hasple hätt.

Wo het's die fini Riste gno,
bi wellem Meister hechle lo?
Meinsch, wemme 's wüsst, wol mengi Frau,
sie wär so gscheit und holti au!
Jetz lueg mer, wie 's si Füessli setzt
und d'Ermel streift und d'Finger netzt.

Es zieht e lange Faden us,
es spinnt e Bruck ans Nochbers Hus,
es baut e Landstross in der Luft,
morn hangt sie scho voll Morgeduft,
es baut e Fuessweg nebe dra,
's isch, ass es ehne dure cha.

Es spinnt und wandlet uf und ab,
Potz tausig, im Galopp und Trab!
Jetz goht's ring um, was hesch, was gisch!
Siehsch, wie ne Ringli worden isch!
Jetz schiesst es zarti Fäden i.
Wird's öbbe solle gwobe si?

Es isch verstuunt, es haltet still,
es weiss nit recht, wo 's ane will.
's goht weger z'ruck, i sieh's em a;
's muess näumis Rechts vergesse ha.
„Zwor", denkt es, „sel pressiert jo nit,
i halt mi nummen uf dermit."

Es spinnt und webt und het kei Rast,
so gliichlig, me verluegt si fast.
Und 's Pfarers Christoph het no gseit,
's seig jede Fade z'semmegleit.
Es muess ein gueti Auge ha,
wer's zehlen und erchenne cha.

Jetz putzt es sini Händli ab,
es stoht und haut der Faden ab.
Jetz sitzt es in si Summerhus
und luegt die lange Strossen us.
Es seit: „Me baut si halber z'Tod,
doch freut's ein au, wenn's Hüsli stoht."

In freie Lüfte wogt und schwankt's,
und an der liebe Sunne hangt's;
sie schint em frei dur d'Beinli dur,
und 's isch em wohl. In Feld und Flur
sieht 's Mückli tanze, jung und feiss;
's denkt bi nem selber: „Hätti eis!"

O Tierli, wie hesch mi verzückt!
Wie bisch so chlei und doch so gschickt!
Wer het di au die Sache glehrt?
Denkwol der, wonis alli nährt,
mit milde Händen alle git.
Bis z'frieden! Er vergisst di nit.

Do chunnt e Fliege, nei wie dumm!
Sie rennt em schier gar 's Hüsli um.
Sie schreit und winslet Weh und Ach!
Du arme Chetzer hesch di Sach!

Hesch keini Auge bi der gha?
Was göhn di üsi Sachen a?

   Lueg, 's Spinnli merkt's enanderno,
es zuckt und springt und het si scho.
Es denkt: „I ha viel Arbet gha,
jetz muessi au ne Brotis ha!"
I sag's jo, der, wo alle git,
wenn's Zit isch, er vergisst ein nit.

Dem aufrichtigen und wohlerfahrnen Schweizerboten an seinem Hochzeittage

   I ha 's ja gseit, und 's isch so cho!
Was hani gseit? 's werd nit lang goh,
se bringt der Bott vom Schwizerland
es Brütli an der weiche Hand,
es lieblig Brütli mit'm Chranz
zuem Chilchgang und zuem Hochzittanz.

   's isch frili wohr, und so ne Ma
es Fraueli, das muess er ha.
Früeih, wenn er mit'm Morgerot
uf d'Stross go Brugg und Basel goht,
wer nimmt en z' erst no lieb und warm
zuem Bhüetdigott und Chuss in Arm?

   Und wenn er mittem Abedstern
in d'Heimet chunnt, was hätt er gern?
's sött näumis an der Huustür stoh,
es sött em lieb eggege cho
und fründli säge: «Grüess di Gott,
du liebe Ma und Schwizerbott!»

   Und säge sött's em: «Liebe Ma,
chumm weidli, leg d'Pantofflen a
und 's Tschöpli! Uffem Tischtuech stoht

dis Süppli scho vo wissem Brot.
Chumm liebi Seel, und iss jetz z' Nacht!
Und 's Bettli isch den au scho gmacht.»

Das weiss er wohl, mi Schwizerbott,
's isch nit, as wenni 'm 's säge wott.
Drum het er au am lange Rhi
und Kanton us und Kanton i
meng Meidschi scharf in d'Auge gno,
öb nit bald wöll die rechti cho.

Und Kanton us und Kanton i,
bald an der Limmet, bald am Rhi
wol het er bravi Meidsch'ne gseh,
wie 's Rösli rot, wiss wie der Schnee,
so tusigschön und guet und froh.
Die rechti het nit welle cho.

's macht nüt. Mi liebe Schwizerbott
het gseit: «I find sie doch, will's Gott!»
I glaub es schier, Herr Bottema!
Längst heit er 's in der Nöchi gha.
Tüent d'Augen uf! Bim Sapperlot,
sie chunnt nit selbst. Verzeih mir's Gott!

Jetz het er sie, und isch er froh,
der Landamma, isch's gwüs nit so?
Gib, was de hesch, biet, was de witt,
er tuuschti mit em Kaiser nit.
Er lueget nu sis Brütli a:
«Jetz bisch mi Wib und i di Ma!»

I säg es frei und säg es lut:
Herr Schwizerbott mit euer Brut,
Gott gunntich wol e bravi Frau,
und wie 's euch freut, so freut's üs au,
und gebich Gott de alliwil
der liebe neue Freude viel.

Denk, wenn's no einist gwintert het,
was streckt si da im chline Bett
und lächlet lieb? Mi Bottema,
er luegt si goldig Buebli a.
Er lengt e süesse Zuckerring:
«Lueg, was i der vo Aarau bring!»

Nu flink dur's Land, Herr Bottema,
mit euer Täschen uf und a
und bringet, wie mer's gwahnet sin,
viel schöni Bricht und Lehre drinn.
An Zuckerbrot und Marzipa
für d'Chindli soll's nit Mangel ha.

Nachträge

zu den Alemannischen Gedichten

Die Feldhüter

Hinte Wald und Berg bis an die duftige Wulke,
vorne Matte voll Chlee und Saat und goldene Lewat,
stoht e Hütten im Feld und in der einseme Mittnacht.
Numme d'Sterne wachen und numme no d'Feldberger
 Wiese
und der Schuhu im Wald und öbbe Geister und Hirze.
Aber im Hüttli sitzen und hüete die buschige Felder
's Meiers muntere Fritz und 's Müllers lockige Heiner.
«Heinerli», seit der Fritz, «der Schlof goht lisli um d'Hütte.
Lueg, jetz chunnt er is inen, und lueg doch weger, er het di!
Weidli, chumm ins Grüen! Mer wenn im lieblige Wechsel
mitenander singen. Es weiht e lustige Nachtluft,
gvätterlet mittem Laub und exerziert mit de Halme:
Rechts um kehrt euch! Links her stellt euch! Nonemol
 rechts um!»
Aber 's Müllers Heiner mit siner lockige Stirne
streckt si und stoht uf und suecht si gläseni Röhre.
«Fritzli, stoss mi nit!» Jetz stöhn sie gegen enander,
der am Chriesibaum, der an der duftige Linde,
und probiere d'Tön in ihrer Höchi und Tiefi,
setzen ab und setzen a. «Sing, Heinerli, du z'erst!»
seit der Fritz, «de hesch doch, traui, näume ne Schätzli.»

Heiner

Tränki früeih am Brunne, so holt au's Meieli Wasser.
Wäscht es am Obe Salat, se chummi wieder und tränki.
«Gueten Obe!» – «Dank der Gott! Mer treffe's doch ordli.» –
«Jo, mer treffe's ordli; s' isch hüt e lieblige Tag gsi.»

Fritz

In der Chilchen im Chor, und wenn der Herr Pfarer e
 Spruch seit,
luegi mi Vreneli a, öb es au ordeli acht git,
und es luegt mi a, öb ich au ordeli acht gib.
Lauft au drüber 's Sprüchli furt, mer chönne's nit hebe.

Heiner

Schön tönt d'Schopfemer Glocke, wenn früeih der
                              Morgen in d'Nacht luegt;
süess tönt d'Menschestimm wohl in der Schopfemer Orgle:
Schöner tönt es mi a, und süesser goht's mer zue Herze,
wenn mi's Meieli grüesst und seit: «Mer treffe's doch ordli.»

Fritz

Weiht der Früehlig ins Tal und riesle die lustige Bächli
und der Vogel zieht, furt möchti riten, und d'Welt us.
Wenn i bi mim Vreneli sitz im heitere Stübli,
isch das Stübli mi Welt und, Gott verzeih mer's, mi Himmel.

Heiner

Ziehni der Nüntelstei, gschickt baui Mühlen an Mühle:
«Uf und zue, und mir die Chue!» – Wer zeigt mer mi
                              Meister?
Aber isch's Meieli do, und höri si Stimm und si Rädli,
oder es lueget mer zue, ne Schulerbüebli chönnt's besser.

Fritz

Cheigle mer uf em Platz, sitzt's Vreneli unter de Linde,
fallemer Siebe gwis. Doch seits: «Zeig, triffsch mer der
                              Chünig»,
triffi der Chünig ellei. Doch seit's: «Jetz gangi», und 's
                              goht au
und isch nümme do, blind lauft mer d'Chugle dur d'Gasse.

Heiner

Lieblige Ton und Schall, wo hesch di Gang in de Lüfte?
Ziehsch mer öbben ins Dorf und chunnsch ans Meielis
                              Fenster,
weck mer's lisli uf: «Es losst di der Heinerli grüesse.»
Frogt's mi früeih, so läugni's. Doch werde mi d'Auge
                              verrote.

Fritz

Vreneli, schlof frei wohl in dim vertäfelte Stübli,
in dim stille Herz, und chummi der öbben im Traum vor,
lueg mi fründli a und gib mer herzhaft e Schmützli!
Chummi heim und triff di a, i gib der en anders.

Heiner

Her Schulmeister, o Mond, mit diner wulkige Stirne,
mit dim glehrte Gsicht und mit dim Pflaster am Backe,
folge der dini Chinder, und chönne sie d'Sprüchli und
 d'Psalme?
Blib mer nit z'lang stoh bi sellem gattige Sternli!

Fritz

Wülkli der chüele Nacht in diner luftige Höchi,
seif mer der Schuelmeister i mit diner venedische Seifi,
mach em e rechte Schuum! So brav und alliwil besser,
ass er sie nit chüsse cha, die gattige Sternli.

Heiner

Ruuscht scho der Morgen im Laub? Göhn d'Geister heim
 uffe Chilchhof?
Arme Steffi, du bisch tief in der Wiesen ertrunke,
und di Chüngeli isch im heimlige Chindbett verschiede.
Aber jetz chömmeter z'semmen all Nacht am luftige
 Chrützweg.

Fritz

Füürige Manne im Ried und am verschobene Marchstei,
machetich numme lustig! Me weiss scho, werich zuem Tanz
 spielt.
Chömmer kein in d'Nöchi mit siner brennige Stange!
Dass di dieser und jener, du sappermentische Rotchopf! –

«Friederli», seit der Heiner, «gern issi Eieren-Anke,
Ziebeleweihe so gern, doch chönnti alles vergesse,
höri di lieblige Stimm und dini chünstlige Wise.
Chömme mer heim ins Dorf, o wüssti, was der e Freud wär!
Gell, de nimmsch mer's ab, vier neui weltlichi Lieder
von des Sultans Töchterlein, der Schreiber im Korbe,
's dritt vom Doktor Faust, und 's viert vom Lämmlein im
                                                                 Grünen.
's isch nit lang, i ha sie neu am Chanderer Märt gchauft.»

«Heinerli», seit der Fritz, «i schenk dir e sufere Helge.
D'Muetter Gottis luegt im goldene Helgen in Himmel.
«Jesis Mareie», seit sie, «wie isch's do oben so heiter»,
und ihr Gsicht wird sunnehell und lächlet so liebli,
ass me möcht katholisch werde, wemme sie aluegt.
Bring's dim Meili, weisch was, 's het au so fründligi Augen,
und bis nit so schüüch, und sag em, wie's der um's Herz
                                                                 isch.

Des neuen Jahres Morgengruss

Der Morge will und will nit cho,
und woni los, schloft alles no;
i weck si nit, so lang i cha,
i lueg e wengeli d'Gegnig a.
Zeig Wülkli, mach jetz keini Streich!
Der Mond schint ohni das so bleich.

Kei Blüemli rot, kei Blüemli wiiss!
An alle Bäume nüt as Ris!
Um alli Brunntrög Strau und Strau,
vor Chellertür und Stalltür au.
Mi Vetter het's drum sölli gmacht
und lauft jetz furt in dunkler Nacht.

Das Ding, das muess mer anderst cho!
Ich bi der Ma, und's blibt nit so.
Die Gärte müenmer gsüfert si,
Aurikeli und Zinkli dri
und neui Blüeten alli Tag,
was Hurst und Nast vertrage mag.

Es rüehrt si nüt. Sie schlofe no. –
Nei lueg, es sitzt e Spätzli do!
Du arme Tropf bisch übel dra.
Was gilt's, er het e Wibli gha,
und druf isch Not und Mangel cho,
sie hen sie müesse scheide lo[1].

Jetz het er e bitrüebti Sach,
kei Frau, kei Brot, kei Dach und Fach,
und stoht er uf, so spot er mag,
se seit em niemes „Guete Tag";

---

[1] Nach Versicherung der Naturforscher zieht das Weibchen des gemeinen Finken, besonders aus den nördlichen Gegenden, gleich andern Zugvögeln, in ein milderes Klima, und nur die Männchen bleiben zurück. Daher die naturhistorische Benennung Fringilla caelebs.

und niemes schnidt em d'Suppen i.
Wart Bürstli, dir muess ghulfe si.

   Es rüehrt si nüt. Sie schlofe no. –
Ne gattig Chilchli hen si do,
so sufer wie in menger Stadt.
's isch Sechsi uffem Zifferblatt.
Der Morge chunnt. Bi miner Treu,
es friert ein bis in Mark und Bei.

   Die Tote gspüre nüt dervo;
ne rüeihig Lebe hen sie do.
Si schlofe wohl, und's friert si nit;
der Chilchhof macht vo allem quitt.
Sin echt no leeri Plätzli do?
's cha si, me bruucht e paar dervo.

   Ne Chindli, wo ke Muetter het,
denk wohl, i mach em do si Bett.
En alte Ma, en armi Frau,
denk wohl, i bring di Stündli au.
Hesch mengi Stund im Schmerz verwacht,
do schlof, und hesch e stilli Nacht.

   Jetz brennt emol e Liechtli a
und dört en anders nebe dra,
und d'Läde schettere druf und druf,
do goht, bim Bluest, e Hustür uf!
«Grüess Gott, ihr Lüt, und ich bi do,
i bi scho z'nacht um Zwölfi cho.

   Mi Vetter het si Bündel gmacht,
und furt bi Nebel und bi Nacht.
Wär ich nit uf d'Minute cho,
's hätt weger chönne gföhrli go.
Wie gfall ich in mim Sunntiggwand?
's chunnt fadeneu us 's Schniders Hand.

   E Rübelirock, er stoht mer wohl
zuem rote Scharlachkamisol,

und plüschi Hose han i a,
e Zitli drin, e Bendeli dra,
ne gchrüslet Hoor, e neue Huet,
e heiter Aug, e frohe Muet.

Es luegt do ein mi Schnappsack a,
und 's nimmt en Wunder, was i ha.
Ihr liebe Lüt, das sagi nit,
wenn's chunnt, so nimm verlieb dermit!
's sin Rösli drinn und Dorne dra,
me cha nit jedes bsunders ha,

und Wagleschnüer und Wickelband,
e Fingerring ans Brütlis Hand,
en Ehrechranz ins lockig Hoor,
e Schlüssel au zum Chilchhoftor.
Gent Achtig, was i bitt und sag,
's cha jede treffen alli Tag.

E stille Sinn in Freud und Not,
e rueihig Gwisse gebich Gott!
Und wer's nit redli meint und guet
und wer si Sach nit ordli tuet,
dem bring i au kei Sege mit,
und wenni wott, se chönnti nit.

Jetz göhnt und leget d'Chinder a,
und was i gseit ha, denket dra,
und wenn der au in d'Chilche went,
se schaffet, was der z'schaffe hent.
Der Tag isch do, der Mond vergoht,
und d'Sunne luegt ins Morgerot.»

Geisterbesuch auf dem Feldberg

Hani gmeint, der Denglegeist, ihr Chnabe vo Todtnau,
seig e böse Geist, jetz wüssti andere Bricht z'ge.
Us der Stadt, das bini, und will's au redli bekenne,
mengem Chaufher verwandt, vo siebe Suppe ne Tünkli,
aber e Sunntigchind. Wo näume luftigi Geister
uffem Chrützweg stöhn, in alte Gwölbere husen
und verborge Geld mit füürigen Auge hüeten
oder vergosse Bluet mit bittere Träne wäschen
und mit Grund verschare, mit rote Nägle verchratze,
sieht's mi Aug, wenn's wetterleicht. Sie wimsle gar sölli.
Und wo heiligi Engel mit schöne blauen Auge
in der tiefe Nacht in stille Dörfere wandle,
an de Fenstere losen und, höre sie liebligi Rede,
gegen enander lächlen und an de Hustüre sitzen
und die frumme Lüt im Schlof vor Schade bewahre,
oder wenn sie selbander und -dritt uf Gräbere wandlen,
und enander sage: «Do schloft e treui Muetter,
do en arme Ma, doch het er niemes betroge.
Schlofet sanft und wohl, mer wennich wecke, wenn's Zit
                 isch»,
sieht's mi Aug im Sterneliecht, und höri sie rede.
Menge chenni mit Namen, und wemmer enander bigegne,
biete mer is d'Zit, und wechsle Reden und Antwort:
«Grüess di Gott! Hesch gueti Wacht?» – «Gott dank der!
               so zimli.»
Glaubet's oder nit! – Nemol, se schickt mi der Vetter
Todtnau zue mit allerhand verdriesslige Gschäfte.
Wo mer's Kaffi trinken und Ankeweckli drin tunke:
«Halt er si nienen uf, und schwetz er nit, was em ins Mul
               chunnt»,
rüeft mer der Vetter no, «und loss er si Tabatiere
nit im Wirtshus lige, wie's sust bi Here der Bruuch isch.»
Uf und furt, i gang, und was mi der Vetter ermahnt het,
hani richtig versorgt. Jetz sitzi z'Todtnau im Adler –
und jetz gang i spaziere und mein, i chönn nit verire,
mein, i seig am Dorf; zletzt chresmi hinten am Feldberg.

D'Vögel hen mi glockt und an de Bächlene d'Blüemli.
Selle Fehler hani, i cha mi an allem vertörle.
Drüber wird es chüel, und d'Vögel sitzen und schwige.
S' streckt scho dört und do e Stern am düstere Himmel
's Chöpfli usen und luegt, öb d'Sunn echt aben ins Bett seig,
öb es echt dörf cho, und rueft den andere: «Chömmet!»
und i ha kei Hoffnig meh. Druf leg i mi nieder.
's isch e Hütte dört, und isch en Ärfeli Strau drinn.
„O du liebe Zit", so denki, „wenn i deheim wär!
Oder es wär scho Mitternacht. Es wird doch e Gspenstli
näume dohinte si und z'nacht um Zwölfi verwachen
und mer d'Zit vertribe, bis früeih die himmlische Liechter
d'Morgeluft verlöscht, und wird mer zeige, wo's Dorf isch."
Und jetz, woni's sag, und mittem vordere Finger
's Zitli frog, wo's Zeigerli stand, 's isch z'finster für's Aug
gsi,
und wo's Zitli seit, 's gang ab den Ölfen, und woni
's Pfifli use leng und denk: „Jetz trinki no Tubak,
assi nit vertschlof" – bim Bluest, se fangen uf eimol
ihrer zwee ne Gspröchli a. I mein, i ha gloset.
«Gell, i chumm hüt spoot? Drum isch e Meiddeli gstorbe
z'Mambach, 's het e Fieberli gha und leidigi Gichter.
's isch em wohl. Der Todesbecher hani em gheldet,
ass es ringer gang, und d'Augen hani em zuedruckt
und ha gseit: Schlof wohl! Mer wen di wecke, wenn's Zit
isch. – –
Gang, und bis so guet und hol mer e wengeli Wasser
in der silberne Schale, i will jetz mi Sägese dengle.»
„Dengle", han i denkt, „e Geist?" und düsele use.
Woni lueg, so sitzt e Chnab mit goldene Fegge
und mit wiissem Gwand und rosefarbigem Gürtel
schön und liebli do, und nebenem brenne zwei Liechtli.
«Alle gute Geister», sagi «Herr Engel, Gott grüess di!» –
«Loben ihre Meister», seit druf der Engel, «Gott dank der!» –
«Nüt für übel, Her Geist! und wenn e Frögli erlaubt isch,
sag mer, was hesch du denn z'dengle?» – «D'Sägese»,
seit er.
«Jo, sel siehni», sagi, «und ebe das möchti gern wisse,
wozue du ne Sägese bruuchsch.» – «Zum Meihe. Was
hesch gmeint?»

seit er zue mer. Druf sagi: «Und ebe das möchti gern wisse»,
sagi zuenem: «Isch's verlaubt? Was hesch du denn
z'meihe?» –
«Gras, und was hesch du so spoot do hinte z'verrichte?» –
«Nit gar viel», hani gseit, «i trink e wengeli Tubak.
Wäri nit verirt, wohl wär's mer z'Todtnau im Adler.
Aber mi Red nit z'vergesse, se sag mer, wenn d' witt so
guet si,
was du mittem Gras witt mache.» – «Fuetere», seit er.
«Eben und das nimmt mi Wunder, de wirsch doch, Gott
will, ke Chue ha?» –
«Nei, ne Chue just nit, doch Chalbele», seit er, «und Esel.
Siehsch dört selle Stern?» Druf het er mer obe ne Stern
zeigt.
«'s Wiehnechtchindlis Esel und 's heilige Fridelis Chalble[1]
otme d'Sterneluft dört oben und warten ufs Fueter.
Und dört wachst kei Gras, dört wachse numme Rosinli»,
het er gseit, «und Milch und Hunig rieslen in Bäche,
aber 's Vieh isch semper, 's will alli Morge si Gras ha
und e Löckli Heu und Wasser us irdische Quelle.
Dordurwille dengli jetz und willi go meihe.
Wärsch nit der Ehre wert und seisch, de wellsch mer au
helfe?»
So het der Engel gseit. Druf sagi wieder zum Engel:
«Lueg, 's isch so ne Sach. Es sott mer e herzligi Freud si;
d'Stadtlüt wisse nüt vo dem; mer rechnen und schribe,
zähle Geld, sel chönne mer, und messen und wäge;
laden uf und laden ab und essen und trinke.
Was me bruucht ins Muul, in Chuchi, Cheller und
Chammer,
strömt zue alle Toren i, in Zeinen und Chreze;
's lauft in alle Gassen, es rüeft an allen Ecke:
Chromet Chirsi, chromet Anke, chromet Andivi!
Chromet Ziebele, geli Rüebe, Peterliwurze!
Schwebelhölzli, Schwebelhölzli, Bodekolrabe!

---

[1] Nach einer alten Sage hätte der heilige Fridolin (in der katholischen Schweiz und dem obern Schwarzwald ein gefeierter Name), mit zwei jungen Kühen eine Tanne bei Säckingen in den Rhein geführt und dadurch diesen Fluss von der einen Seite der Stadt auf die andere geleitet.

Paraplü, wer koof? Reckholderbeeri und Chümmi!
Alles für bar Geld und alles für Zucker und Kaffee . . .
Hesch du au scho Kaffi trunke, Her Engel, wie schmeckt's
der?» –
«Schwetz mer nit so närsch», seit druf der Engel und lächlet.
«Nei, mir trinke Himmelsluft und esse Rosinli,
vieri alli Tag und an de Sunntige fünfi.
Chumm jetz, wenn de mitmer wit, jetz gangi go meihe,
hinter Todtnau abe, am Weg, an grasige Halde.» –
«Jo, Her Engel, frili willi, wenn de mi mitnimmsch,

's wird efange chüel. I will der d'Sägese trage.
Magsch e Pfifli Tubak rauche, stoht's der zue Dienste.»
Sieder rüeft der Engel: «Puhuh!» Ne füürige Ma stoht
wie im Wetter do. «Chumm, zündis abe go Todtnau!»
Seit's, und voris her marschiert der Puhuh in Flamme
über Stock und Stei und Dorn, e lebigi Fackle.
«Gell, 's isch chummli so», seit jetz der Engel: «was
machsch echt?
Worum schlagsch denn Füür? Und worum zündisch di Pfifli
nit am Puhuh a? De wirsch en doch öbbe nit förchte,
so ne Fraufastechind wie du bisch – het er di gfresse!» –
Nei, Her Engel, gfresse nit. Doch muessi bikenne,
halber hani'm numme traut. Guet brennt mer der Tubak.
Selle Fehler hani, die füürige Manne förchi;
lieber sieben Engel as so ne brennige Satan.» –
«'s isch doch au ne Gruus», seit jetz der Engel, «ass
d'Mensche
so ne Furcht vor Gspenstere hen, und hätte's nit nötig.
's sind zwee einzigi Geister de Mensche gfährli und
furchtbar;
Irrgeist heisst der eint, und Ploggeist heisst der ander;
und der Irrgeist wohnt im Wi. Us Channe und Chruse
stigt er eim in Chopf und macht zerrütteti Sinne.
Selle Geist füehrt irr im Wald uf Wegen und Stege,
's goht mit eim z'unterst und z'öberst; der Bode will unter
eim breche!
d'Brucke schwanke, d'Berge biwege si, alles isch doppelt.
Nimm di vorem in Acht!» Druf sagi wieder zum Engel:

«'s isch e Stich, er bluetet nit! Her Gleitsma, i merk di.
Nüechter bini gwis. I ha en einzig Schöppli
trunke gha im Adler und frog der Adlerwirt selber.
Aber bis so guet und sag mer, wer isch der ander?» –
«Wer der ander isch», seit jetz der Engel, «das frogsch mi!
's isch e böse Geist, Gott well di vorem biwahre.
Wemme früeih verwacht, um Vieri oder um Fünfi,
stoht er vorem Bett mit grosse füürigen Auge,
seit eim guete Tag mit glüehige Rueten und Zange.
's hilft kei „Das walt Gott" und hilft kei „Ave Maria"!
Wemme bette will, enanderno hebt er eim's Muul zue;
wemmen an Himmel luegt, se streut er Äschen in d'Auge;
het me Hunger und isst – er wirft eim Wermuet in d'Suppe;
möcht me z'Obe trinke, er schüttet Gallen in Becher.
Lauft me wie ne Hirz, er au und blibt nit dehinte;
schlicht me wie ne Schatte, so seit er: Jo, mer wen gmach
tue.
Stoht er nit in der Chilchen, und sitzt er nit zue der ins
Wirtshuus?
Wo de gosch und wo de stohsch, sin Gspenster und
Gspenster.
Gosch ins Bett, tuesch d'Auge zue, se seit er: 's pressiert nit
mittem Schlofe. Los, i will der näumis verzehle:
Weisch no, wie de gstohle hesch und d'Waisli bitroge?
So und so und das und deis, und wenn er am End isch,
fangt er vorne a, und viel will's Schlofe nit sage.»
So het der Engel gseit, und wie ne füürige Luppe
het der Puhu gsprützt. Druf sagi wieder: «I bi doch
au ne Sunntigchind, mit mengem Geistli befründet,
aber bhüet mi Gott der Her!» Druf lächlet der Engel:
«Bhalt di Gwisse rein, 's goht über Bsiebnen und Bsegne,
und gang jetz das Wegli ab, dört nieden isch Todtnau.
Nimm der Puhuh mit und lösch en ab in der Wiese,
ass er nit in d'Dörfer rennt und d'Schüüre nit azünt.
Bhüet di Gott, und halt di wohl!» Druf sagi: «Her Engel!
Bhüet di Gott der Her, und zürn nüt! Wenn de in d'Stadt
chunnsch
in der heilige Zit, se bsuech mi, 's soll mer en Ehr si.
's stöhn der Rosinli z'Dienst und Hypokras, wenn er di
animmt.

D'Sterneluft isch rau, absunderlig nebe der Birsig[1].»
Drüber graut der Tag, und richtig chummi go Todtnau
und gang wieder Basel zue im lieblige Schatte.
Woni an Mambach chumm, so trage sie 's Meiddeli use,
mittem heilige Chrütz und mit der verblichene Fahne,
mittem Chranz am Totebaum, und brieggen und schluchze.
Hent der's denn nit ghört! Er will's jo wecke, wenn's Zit isch.
Und am Zistig druf, se chummi wieder zum Vetter.
D'Tubakdose hani richtig näume lo liege.

Der Abendstern

De bisch au wieder zitli do
und laufsch der Sunne weidli no,
du liebe, schönen Obestern!
Was gilt's, de hättsch di Schmützli gern!
Er tripplet ihre Spure no
und cha si doch nit übercho.

Vo alle Sterne gross und chlei
isch er der liebst, und er ellei;
si Brüederli, der Morgestern,
si het en nit ums halb so gern;
und wo sie wandlet us und i,
se meint sie, müess er um sie si.

Früeih, wenn sie hinterm Morgerot
wohl ob em Schwarzwald ufe goht,
sie füehrt ihr Büebli an der Hand,
sie zeigt em Berg und Strom und Land,
sie seit: «Tue gmach, 's pressiert nit so!
Di Gumpe wird der bald vergoh.»

---

[1] Fluss dieses Namens

Er schwetzt und frogt sie das und deis,
sie git em Bricht, so guet sie 's weiss.
Er seit: «O Muetter, lueg doch au,
do unte glänzt's im Morgetau
so schön wie in dim Himmelssaal!»
«He», seit sie, «drum isch's 's Wiesetal.»

Sie frogt en: «Hesch bald alles gseh?
Jetz gangi und wart nümme meh.»
Druf springt er ihrer Hand dervo
und mengem wiisse Wülkli no;
doch, wenn er meint, jetz han i di,
verschwunden isch's, weiss Gott, wohi.

Druf, wie si Muetter höcher stoht
und alsgmach gegenem Rhistrom goht,
se rüeft sie 'm: «Chumm und fall nit do!»
Sie füehrt en fest am Händli no:
«De chönntsch verlösche, handumcher,
nimm, was mer's für e Chummer wär!»

Doch, wo sie überm Elsis stoht
und alsgmach ehnen abe goht,
wird nootno 's Büebli müed und still,
's weiss nümme, was es mache will;
's will nümme goh und will nit stoh,
's frogt hundertmol: «Wie wit isch's no?»

Druf, wie sie ob de Berge stoht
und tiefer sinkt ins Oberot
und er efange matt und müed
im rote Schimmer d'Heimet sieht,
se losst er sie am Fürtuech goh
und zottlet alsgmach hinte no.

In d'Heimet wandle Herd und Hirt,
der Vogel singt, der Chäfer schwirt;
und 's Heimli bettet dört und do

si luten Obesege scho.
Jetz, denkt er, hani hochi Zit;
Gott Lob und Dank, 's isch nümme wit.

Und sichtber, wiener nöcher chunnt,
umstrahlt si au si Gsichtli rund.
Drum stoht si Muetter vorem Hus:
«Chumm, weidli chumm, du chleini Muus!»
Jetz sinkt er freudig niederwärts –
jetz isch's em wohl am Muetterherz.

Schlof wohl, du schönen Obestern!
's isch wohr, mer hen di alli gern.
Er luegt in d'Welt so lieb und guet,
und bschaut en eis mit schwerem Muet
und isch me müed, und het e Schmerz,
mit stillem Friede füllt er's Herz.

Die anderen im Strahlegwand,
he frili jo, sin au scharmant.
O lueg, wie 's flimmert wit und breit
in Lieb und Freud und Einigkeit!
's macht kein em andere 's Lebe schwer.
Wenn's doch do nieden au so wär!

Es chunnt e chüeli Obeluft,
und an de Halme hangt der Duft.
Denkwohl, mer göhn jetz au alsgmach
in stille Frieden unters Dach!
Gang, Liseli, zünd 's Ämpli a!
Mach kei so grosse Dochte dra!

Der Schwarzwälder im Breisgau

Z'Müllen an der Post,
Tausigsappermost!
Trinkt me nit e guete Wi!
Goht er nit wie Baumöl i,
    z'Müllen an der Post!

Z'Bürglen uf der Höh,
nei, was cha me seh!
O, wie wechsle Berg und Tal,
Land und Wasser überal,
    z'Bürglen uf der Höh!

Z'Staufen uffem Märt
hen si, was me gert,
Tanz und Wi und Lustberkeit,
was eim numme 's Herz erfreut,
    z'Staufen uffem Märt!

Z'Friburg in der Stadt
sufer isch's und glatt,
richi Here, Geld und Guet,
Jumpfere wie Milch und Bluet,
    z'Friburg in der Stadt.

Woni gang und stand,
wär's e lustig Land.
Aber zeig mer, was de witt,
numme näumis findi nit
    in dem schöne Land.

Minen Auge gfallt
Herischried im Wald.
Woni gang, se denki dra,
's chunnt mer nit uf d'Gegnig a
    z'Herischried im Wald.

    Imme chleine Huus
wandelt i und us –
gelt, de meinsch, i sag der, wer?
's isch e Sie, es isch kei Er,
    imme chleine Huus.

Riedligers Tochter

«Spinnet, Töchterli, spinnet, und Jergli, leng mer der
                           Haspel!
D'Zit vergoht, der Obed chunnt, und 's streckt si ins
                           Früeihjohr.
Bald goht's wider use mit Hauen und Rechen in Garte.
Werdet mer flissig und brav und hübsch, wie 's Riedligers
                           Tochter!

  In de Berge stoht e Hus, es wachse jetz Wesmen
uffem verfallene Dach, und 's regnet aben in d'Stube.
Frili 's isch scho alt, und 's sin jetz anderi Zite,
weder wo der Simme Fritz und 's Eveli ghuust hen.
Sie hen 's Huus erbaut, die schönsti unter de Firste,
und ihr Name stoht no näumen am ruessige Tremel.
Het me gfrogt: „Wer sin im Wald die glücklichsten Ehlüt?"
het me gseit: „Der Simme Fritz und 's Riedligers Tochter",
und 's isch dem Eveli grote mit gar verborgene Dinge.

  Spinnet, Chinder, spinnet, und Jergli, hol mer au Trieme!
Mengmol, wo der Fritz no bi den Eltere glebt het,
het en d'Muetter gno und gfrogt mit beweglich Worte:
„Hesch di no nit anderst bsunne? Gfalle der 's Meiers
Matte no nit besser zue siner einzige Tochter?"
Und der Fritz het druf mit ernstliche Worten erwidert:
„Nei, sie gfallt mer nit, und anderst bsinni mi nümme.
's Riedligers suferi Tochter zue ihre Tugede gfallt mer." –
„D'Tugede loss den Engle! Mer sin jetz no nit im Himmel." –
„Lönt de Chüeihe 's Heu ab's Meiers grasige Matte!" –

„D'Muetter isch e Hex!" - „Und soll au d'Muetter e Hex si,
Muetter hi und Muetter her, und 's Töchterli willi!" -
„'s Meidli soll's gwis au scho tribe, d'Nochbere sage 's." -
„Sel isch en alte Bricht, und dorum chani 's nit wende.
Winkt's mer, so muess i cho, und heisst es mi näumis, se
tuenis.
Luegt's mer no gar in d'Augen, und chummi em nöcher
an Buese,
wird's mer, i weiss nit wie, und möchti sterbe vor Liebi.
's isch ke liebliger Gschöpf, as so ne Hexli, wo jung isch." -

Näumis het d'Muetter gewüsst. Me seit das Meiddeli sei
gwiss
in sim zwölfte Johr emol elleinig im Wald gsi
und heb Erbeeri gsuecht. Uf eimol hört es e Ruusche,
und wo's um si luegt, se stoht in goldige Hore,
nummen en Ehle lang e zierlig Frauweli vorem
inneme schwarze Gwand und gstickt mit goldene Blueme
und mit Edelgstei. „Gott grüess di, Meiddeli!" seit's em,
„spring nit furt, und förch mi nit! I tue der kei Leidli."
's Eveli seit: „Gott dank der, und wenn du 's Erdmännlis
Frau bisch,
willi di nit förche!" - „Jo frili", seit es, „das bini." -
„Meiddeli los und sag: chansch alli Sprüchli im Spruch-
buech?" -
„Jo, i cha si alli und schöni Gibettli und Psalme." -
„Meiddeli, los und sag: gosch denn au flissig in d'Chilche?" -
„Alli Sunntig se tueni. I stand im vorderste Stüehli." -
„Meiddeli los und sag: folgsch au, was 's Müetterli ha will?"
„He, will's Gott der Her, und froget 's Müetterli selber!
's chennt ich wohl, i weiss es scho, und het mer scho viel
gseit." -
„Meiddeli, was hesch gseit? Bisch öbbe 's Riedligers
Tochter?
Wenn de mi Gotte bisch, se chumm au zue mer in d'Stube!"
Hinter der Brumberihurst goht's uf verschwiegene Pfade
tief dur d'Felsen i. Hätt 's Frauweli nit e Laternli
in der Linke treit und 's Eveli sorglich am Arm gfüehrt,
's hätt der Weg nit gfunde. Jetz goht e silberni Tür uf.

„O Herr Jesis, wo bini? Frau Gotte, bini im Himmel?" –
„Nei doch, du närisch Chind. In mim verborgene Stübli
bisch, bi diner Gotte. Sitz nieder und bis mer Gottwilche!
Gell, das sin chosperi Stei an mine glitzrige Wände?
Gell, i ha glatti Tisch? Sie sin vom suferste Marfel.
Und do die silberne Blatten und do di goldene Teller!
Chumm, iss Hunigschnitten und schöni gwundeni Strübli!
Magsch us dem Chächeli Milch? Magsch Wi im christalene
Becher?" –
„Nei, Frau Gotte, lieber Milch im Chächeli möchti."

Wones gesse het und trunke, seit em si Gotte:
„Chind, wenn d'flissig lehrsch und folgsch, was 's Müetterli
ha will,
und chunnsch us der Schuel und gosch zum heilige Nacht-
mohl,
willi der näumis schicke. Zeig wie, was wär der am liebste?
Wär's das Trögli voll Plunder? Wär's do das Rädli zum
Spinne?" –
„Bald isch's Plunder zerrisse. Frau Gotte, schenket mer's
Rädli!"
„'s Rädli will gspunne ha. Nimm lieber 's Trögli voll Plunder!
Siehsch die sideni Chappe mit goldene Düpflene
gsprenklet?
Siehsch das Halstuech nit mit siebefarbige Streife
und e neue Rock und do die gwässerti Hoorschnuer?" –
„Jo, 's isch mer numme z'schön. Frau Gotte, schenket mer's
Rädli!" –
„Willsch's, se sollsch's au ha, und chunnt's, se halt mer's in
Ehre!
Wenn de 's in Ehre hesch, soll's au an Plunder nit fehle
und an Segen und Glück. I weiss em verborgeni Chräfte.
Sieder nimm das Rösli und trag mer's sorglich im Buese,
ass den au öppis hesch vo diner heimliche Gotte!
Los und verlier mer's nit! Es bringt der Freuden und
Gsundheit.
Wärsch mer nit so lieb, i chönnt der jo Silber und Gold ge."
Und jetz het sie's gchüsst und wieder usen in Wald gfüehrt:
„Bhüet di Gott, und halti wohl und grüess mer die
Muetter!"

So viel isch an der Sach, und dorum het me ne nogseit,
d'Muetter seig e Hex und nit viel besser ihr Meidli.

Nu, das Meiddeli isch mit sim verborgene Blüemli
hübscher vo Tag zue Tag und alliwil liebliger worde,
und wo's us der Schuel mit andere Chindere cho isch
und am Ostertag zum Nachtmohl gangen und heim chunnt,
nei, se bhüetis Gott, was stoht im heitere Stübli?
's Rädli vo birbaume Holz und an der Chunkle ne Riste
mitteme zierlige Band us rosiger Siden umwunde,
unte ne Letschli dra und 's Gschirli zum Netze vo Silber
und im Chrebs e Spüeli, und scho ne wengeli gspunne.
D'Gotte het der Afang gmacht mit eigene Hände.
Wie het mi Eveli gluegt! Was isch das Eveli gsprunge!
Gsangbuech weg und Meie weg und 's Rädli in d'Arm gno
und het's gchüsst und druckt. „O liebi Frau Gotte, vergelt's
Gott!"
's het nit z'Mittag gesse. Sie hen doch e Hammen im Chöhl
gha.
's isch nit usen ins Grüen mit andere Chindere gwandlet.
Gspunne hätt's mit Händ und Füesse; hätt em nit d'Muetter
's Rädli in Chaste gstellt und gseit: „Gedenke des Sabbats!
Isch nit Christus der Her hüt vo de Toten erstande?"
Nu, di Rädli hesch. Doch Eveli, Eveli weisch au,
wie me's in Ehre haltet und was d'Frau Gotte wird gmeint
ha?
Frili weiss's, worum denn nit, und het sie 'm verheisse:
„Wenn des in Ehre hesch, soll's au an Plunder nit fehlen
und andere Sege", se het sie 's ghalte, wie 's recht isch.
Het nit in churzer Zit der Weber e Tragete Garn gholt?
Het's nit alli Johr vom finste glichlige Fade
Tuech und Tuech uf d'Bleichi treit und Strängli zum Färber?
He, me het jo gseit, und wenn's au dussen im Feld seig,
's Rädli spinn elleinig furt, und wie sie der Faden
unten in d'Spuele zieh, wachs unterm rosige Bendel
d'Riste wieder no – sel müesst mer e chummligi Sach si.
Und wer het im ganze Dorf die suferste Chleider
Sunntig und Werchtig treit, die reinlichsten Ermel am
Hemd gha

und die suferste Strümpf und alliwil freudigi Sinne?
's Fraueweli im Felseghalt, si liebligi Gotte.

Drum het's Simmes Fritz, wo 's achtzeh Summer erlebt
het,
zue der Muetter gseit mit ernstliche Mienen und Worte:
„Numme 's Riedligers Tochter zue ihre Tugede gfallt mer."
Ihn hätten alli gno, er nummen eini vo alle.
Muetterherz isch bald verschreckt, zwor sotti's nit sage.
Wo sie wieder emol vo 's Meiers Tochter und Matte
ernstlig mittem redt und will's mit Dräue probiere:
„'s git e chräftig Mittel", seit sie, „wenn de verhext bisch:
Hemmer für's Riedligers ghuust? Di Vater setzt di ufs
Pflichtteil,
und de hesch mi Sege nit, und schuldig bisch du dra."
„Muetter", erwidert der Simme, „soll euer Sege verscherzt
si,
stand i vom Eveli ab, und gehri vom Vater ke Pflichtteil.
Z'Stette sitzt e Werber, und wo me uffeme Berg stoht,
lüte d'Türkeglocken an allen Ende und Orte.
Bluet um Bluet und Chopf um Chopf und Leben um
Lebe.
Färbt mi Bluet e Türkesebel, schuldig sin ihr dra!"
Wo das d'Muetter hört, se sitzt sie nieder vor Schrecke:
„Du vermesse Chind, se nimm si, wenn de sie ha witt;
aber chumm mer nit go chlage, wenn's der nit guet goht."
's isch nit nötig gsi. Sie hen wie d'Engel im Himmel
mit enander glebt, und am verborgene Sege
vo der Gotte het's nit gfehlt im hüsliche Wese.
He, sie hen jo z'letzt vo's Meiers grasige Matte
selber die schönste gmeiht, 's isch alles endlich an Stab cho,
und hen Freud erlebt an frumme Chinden und Enkle.
Tüent jetz d'Räder weg, und Jergli, der Haspel ufs Chästli!
's isch efange dunkel und Zit an anderi Gschäfte.»

Und so hen sie 's gmacht, und wo sie d'Räder uf d'Site
stellen, und wenn go und schüttle d'Agle vom Fürtuech,
seit no's Vreneli: «So ne Gotte möchti wohl au ha,
wo eim so ne Rad chönnt helsen und so ne Rösli.»

111

Aber d'Muetter erwidert: «'S chunnt uf kei Gotten, o Vreni,
's chunnt uf 's Rädli nit a. Der Fliss bringt heimlige Sege,
wenn de schaffe magsch. Und hesch nit 's Blüemli im Buese,
wenn de züchtig lebsch und rein an Sinnen und Werke?
Gang jetz und hol Wasser und glitsch mer nit us am Brunne!»

Die Überraschung im Garten

«Wer sprützt mer alli Früeih mi Rosmeri?
Es cha doch nit der Tau vom Himmel si;
sust hätt der Mangeld au si Sach,
er stoht doch au nit unterm Dach.
Wer sprützt mer alli Früeih mi Rosmeri?

Und wenn i no so früeih ins Gärtli spring
und unterwegs mi Morgeliedli sing,
isch näumis gschafft. Wie stöhn jetz reihewis
die Erbse wieder do am schlanke Ris
in ihrem Bluest! I chumm nit us dem Ding.

Was gilt's, es sin die Jumpferen usem See!
Me meint zwar, 's chöm, wie lang scho, keini meh.
Sust sin sie in der Mitternacht,
wenn niemes meh as d'Sterne wacht,
in d'Felder use gwandelt usem See.

Sie hen im Feld, sie hen mit frummer Hand
de brave Lüte gschafft im Garteland,
und isch me früeih im Morgeschimmer cho,
und het jetz wellen an si Arbet go,
isch alles fertig gsi – und wie scharmant!

Du Schalk dört hinte, meinsch i seh di nit?
Jo, duck die numme nieder, wie de witt!
I ha mer's vorgstellt, du würsch's si.

Was falleder für Jesten i? –
O lueg, vertritt mer mini Setzlig nit!» –

«O Kätterli, de hättsch nit solle seh!
Jo, dine Blueme hani z'trinke ge,
und wenn de wotsch, i gieng für di dur's Füür
und um mi Lebe wär mer dis nit z'tüür,
und 's isch mer, o, gar sölli wohl und weh.»

So het zuem Kätterli der Friedli gseit;
er het e schweri Lieb im Herze treit
und het's nit chönne sage just,
und es het au in siner Brust
e schüüchi, zarti Lieb zuem Friedli treit.

«Lueg, Friedli, mini schöne Blüemli a!
's sin nummen alli schöne Farbe dra.
Lueg, wie eis gegen em andere lacht
in siner holde Früehligstracht,
und do sitzt scho ne flissig Immli dra.» –

«Was helfe mer die Blüemli blau und wiss?
O Kätterli, was hilft mer's Immlis Fliss?
Wärsch du mer hold, i wär im tiefste Schacht,
i wär mit dir, wo au kei Blüemli lacht
und wo kei Immli summst, im Paradies.»

Und drüber hebt si d'Sunne still in d'Höh
und luegt in d'Welt und seit: «Was muess i seh
in aller Früeih?» – Der Friedli schlingt si Arm
um's Kätterli, und 's wird em wohl und warm.
Druf het em 's Kätterli e Schmützli ge.

Das Gewitter

Der Vogel schwankt so tief und still,
er weiss nit, woner ane will.
Es chunnt so schwarz und chunnt so schwer,
und in de Lüfte hangt e Meer
voll Dunst und Wetter. Los, wie's schallt
am Blauen und wie's widerhallt.

In grosse Wirble fliegt der Staub
zuem Himmel uf, mit Halm und Laub,
und lueg mer dört sel Wülkli a!
I ha ke grosse Gfalle dra;
lueg, wie mer's usenander rupft
wie üser eis, wenn's Wulle zupft.

Se helfis Gott und bhüetis Gott!
Wie zuckt's dur's Gwülch so füürig rot,
und 's chracht und stosst, es isch e Gruus,
ass d'Fenster zitteren und 's Hus.
Lueg 's Büebli in der Waglen a!
Es schloft und nimmt si nüt drum a.

Sie lüte z'Schlienge druf und druf,
je, und 's hört ebe doch nit uf.
Sel bruucht me gar, wenn's dundere soll,
und 's lütet eim no d'Ohre voll. –
O helfis Gott! – Es isch e Schlag!
Dört, siehsch im Baum am Gartehag?

Lueg, 's Büebli schloft no alliwil
und us dem Dundere macht's nit viel.
Es denkt: „Das ficht mi wenig a,
er wird jo d'Auge binem ha."
Es schnüfelet, es dreiht si hott
ufs ander Öhrli. Gunn der's Gott!

O siehsch die helle Streife dört?
O los! hesch nit das Rassle ghört?
Es chunnt. Gott wellis gnädig si!

Göhnt weidli, hänket d'Läden i!
's isch wieder akurat wie fern.
Guet Nacht, du schöni Weizenern.

Es schetteret uffem Chilchedach;
und vorem Hus, wie gäutscht's im Bach,
und 's losst nit no – dass Gott erbarm!
Jetz simmer wieder alli arm. –
Zwor hemmer au scho gmeint, 's seig so,
und doch isch 's wieder besser cho.

Lueg 's Büebli schloft no alliwil,
und us dem Hagle macht's nit viel!
Es denkt: „Vom Briegge losst's nit no,
er wird mi Teil schon übrig lo."
He jo, 's het au, so lang i's ha,
zue rechte Zit si Sächli gha.

O gebis Gott e Chindersinn!
's isch grosse Trost und Sege drinn.
Sie schlofe wohl und traue Gott,
wenn's Spiess und Nägel regne wott,
und er macht au si Sprüchli wohr
mit sinen Englen in der Gfohr.

Wo isch das Wetter ane cho?
D'Sunn stoht am heitre Himmel do.
's isch schier gar z'spot, doch grüess di Gott!
«He», seit sie, «nei, 's isch no nit z'spot;
es stoht no menge Halm am Bah
und menge Baum, und Öpfel dra.» –

Potz tausig, 's Chind isch au verwacht.
Lueg, was es für e Schnüüfeli macht!
Es lächlet, es weiss nüt dervo.
Siehsch, Friederli, wie's ussieht do? –
Der Schelm het no si Gfalle dra.
Gang richt em eis si Päppli a!

Agatha an der Bahre des Paten

Chumm, Agethli, und förcht di nit
i merk scho, was de sage witt.
Chumm, bschau di Götti nonemol
und briegg nit so, es isch em wohl.

Er lit so still und fründli do,
me meint, er los und hör mi no,
er lächlet frei, o Jesis Gott,
as wenn er näumis sage wott.

Er het e schweri Chranket gha.
Er seit: «Es griift mi nümmen a,
der Tod het jetz mi Wunsch erfüllt
und het mi hitzig Fieber gstillt.»

Er het au menge Chummer gha.
Er seit: «Es ficht mi nümmen a,
und wienes goht, und was es git,
im Chilchhof nide höris nit.»

Er het e böse Nochber gha.
Er seit: «I denk em nümme dra,
und was em fehlt, das tröst en Gott
und gebem au es sanfte Tod.»

Er het au sini Fehler gha.
's macht nüt! Mer denke nümme dra.
Er seit: «I bi jetz frei dervo,
's isch nie us bösem Herze cho.»

Er schloft und luegt di nümmen a
und het so gern si Gotte gha.
Er seit: «Wills Gott, mer werde scho
im Himmel wieder z'semme cho!»

Gang, Agethli, und denk mer dra!
De hesch e brave Götti gha.
Gang, Agethli, und halt di wohl!
Di Stündli schlacht der au nemol.

Die Häfnet-Jungfrau

Vetter, wo simmer doch echterst? Bald glaubi, mer seige
veriret.
's schlacht kei Uhr, me hört ke Guhl, es lütet ke Glocke;
wo me lost und wo me luegt, se findt me ke Fuesstritt.
Chömmet do das Wegli ab! Es isch mer, mer seige
nümme wit vom Häfnet-Bugg. Sust gruset's mer, wenni
drüber muess; jetz wäri froh. Der Sunne no möcht es
schier gar Zehni si. Sel wär kei Fehler, mer chäme
alliwil no zitli gnueg go Steine bis Mittag. –
Geltet, was hani gseit! Gottlob, do simmer am Häfnet,
und jetz weissi Weg und Steg. Der hent doch au bettet
hütte früeih, will's Gott, und hentich gwäschen und d'Hoor
gstrehlt
mittem Richter? Mengmol müen au d'Finger der Dienst
tue,
und der sehnt mer schier so us. Je, Vetter, i warnich!
Wemmer bim Brunne sin, me würdich wäschen und strehle.

's stoht im Wiesetal und in den einseme Matte
no ne Huus, me seit em numme 's Steinemer Schlössli.
's tuet de Hamberchslüten, und 's tuet de Bure, wo gfront
hen,
bis es gstanden isch mit sine Stapflen am Giebel,
au kei Zahn meh weh. Doch liege sie rüeihig im Bode,
d'Häfnet-Jumpfere nit, wo vor undenkliche Zite
in dem Schlössli ghuset het mit Vatter und Muetter.
's isch e Zwingherr gsi, und 's het des Frones kei End gha,
bald ufs Tribe, bald zum Bauen oder an Acker,
z'nacht zum Hüeten ins Feld, und het der Zwingherr und
d'Zwingfrau
nüt me gwüsst, isch d'Tochter cho, ne zimpferig Dingli
mitteme Zuckergsicht und marzipanene Hälsli.
Bald het ein go Basel müessen oder no witers,
Salbe hole, das und deis zum Wäschen und Strehle,
Schueh mit gstickte Bluemen und chosperi goldeni Chappe
mit Chramanzlete drum und sideni Hentschen und Bendel.

Meinet der denn, sie wär emol go Steine in d'Chilche
uffem Bode gange mit ihre papierene Schuehne?
Örliger, bim Bluest, vom türste, wo me cha finde,
hen sie müesse spreite vom Schlössli bis füren an Steine
und durs Dorf an d'Chilchhoftür und übere Chilchhof,
und am Mentig wäschen. Am nöchste Samstig het alles
müesse sufer si, wie neu vom Weber und Walker.
's isch emol en alte Ma, 's heig niemes si Heimet
wüsse welle, neben an dem Örliger Fuessweg
gstanden an der Chilchhoftüre. «Loset, i warnich,
Jümpferli», heig er gseit, «'s isch mit dem Plätzli nit z'spasse.
Goht me so in d'Chilchen und über die grasige Gräber?
Wie heisst's in der Bibel? Der werdet's iemer nit wüsse:
„Erde sollst du werden, aus Erde bist du genommen."
Jumpferen, i förch, i förch!» – Druf seig er verschwunde.
Selmol uf Örligertuech in d'Chilche gangen und nümme!
Nei 's muess Flanell her am nöchste Sunntig mit rote
Bendle rechts und links und unten und obe verbendlet.
O, wie mengmol hen doch d'Lüt im Stille der Wunsch gha:
«Nähm di numme ne Ma im Elsis oder im Brisgau
oder wo der Pfeffer wachst! Es sott der jo gunnt si.»
Aber 's het sie niemes möge. D'Muetter isch gstorben
und der Vater au, sie liege nebenenander,
und 's chunnt z'letzt e Gang, wo 's Töchterli füren in
                              Chilchhof
au ke Flanell bruucht und eineweg d'Schüehli nit wüest
                              macht.
Hen sie nit im Totebaum vier Richter ins Grab treit?
's seig nit briegget worde. Ne Vatterunser hen frilig
alli bettet, und gseit: «Gott geb der ewige Friede!»
Drum der Tod söhnt alles us, wenn's numme nit z'spot wär.
Aber der alt Ma seig eismols wieder am Chilchhof
gstanden und heig gseit mit schwere bidütseme Worte:
«Hesch nie das Plätzli birüehrt, se soll di das Plätzli nit
                              tole.
Wo du ane ghörsch, weiss numme 's Geistligers Laubi.»
's isch so cho. Der ander Morge, women ins Feld goht,
stoht der Totebaum vorusse nebe der Chilchmuur.
Wer verbei isch, het en gseh, und 's heisst no dernebe,

's seige Grappe gnueg druf gsessen und heigen am Tuech
pickt –
wie mes macht: wenn näumis isch, se lüegt me no mehr dra.
Je, me het's wieder probiert, me het sie no tiefer vergrabe,
an en andere Platz. 's het alles nit ghulfen und battet.
Endli seit der Vogt: «Mer müen go 's Geitligers Laubi
froge, wo sie ane ghört.» Me rüstet e Wage,
wettet d'Stieren i und leit der Totebaum ufe.
«Laufet, wo der went!» Sie hen si nit zweimol lo heisse.
Uf und furt zuem Häfnet-Bugg. Dört blibe si bhange,
z'allernöchst am Brunne (der wüsset's), womer vorbei sin.

In deim Brunne sitzt sie. Doch stigt sie an sunnige Tage
mengmol usen ans Land, strehlt in de goldige Hoore,
und wenn näumer chunnt, wo selle Morge nit bettet
oder d'Hoor nit gstrehlt und wo si nit gwäschen und
putzt het
oder jungi Bäum verderbt und andere 's Holz stiehlt,
seit me, sie nehmen in d'Arm und ziehnen aben in Brunne.
Vetter, i glaub sel nit. Me seit so wege de Chinde,
ass sie süferli werden und nieme näumis verderbe.
Vetter, wär es so gföhrli, bim Bluest, euch hätt sie in
d'Arm gno,
wo mer nebenabe sin, und gwäschen im Brunnen
und au wieder gstrehlt emol. – Nei loset, was höri?
's lütet z'Steine Mittag. Bal simmer dussen im Freie.
D'Zit wird eim doch churz im Laufe, wemmen au näumis
mit enander z'rede weiss und näumis z'erzehle.
Seig's denn au nit wohr, es isch nit besser, wenn's wohr isch.
Sehnt der jetz dört 's Schlössli mit sinen eckige Gieble?
Und das Dorf isch Steine. Do füre zieht si der Chilchweg.

Auf den Tod eines Zechers

Do hen si mer e Ma vergrabe.
's isch schad für sini bsundere Gabe.
Gang, wo de witt, suech no so ein!
Sel isch verbei, de findsch mer kein.

Er isch e Himmelsglehrte gsi.
In alle Dörfere her und hi
se het er gluegt vo Hus zu Hus:
Hangt nienen echt e Sternen us?

Er isch e freche Ritter gsi.
In alle Dörfere her und hi
se heter gfrogt enanderno:
«Sin Leuen oder Bäre do?»

E guete Christ, sel isch er gsi.
In alle Dörfere her und hi
se het er untertags und z'nacht
zuem Chrüetz si stille Buessgang gmacht.

Si Namen isch in Stadt und Land
bi grosse Here wohl bikannt.
Si allerliebsti Kumpanie
sin alliwil d'Drei Künig gsi.

Jetz schloft er und weiss nüt dervo.
Es chunnt e Zit, goht's alle so.

Der Wegweiser

Guter Rat zum Abschied

Weisch, wo der Weg zuem Mehlfass isch,
zuem volle Fass? Im Morgerot
mit Pflueg und Charst dur's Weizefeld,
bis Stern und Stern am Himmel stoht.

Me hackt, so lang der Tag eim hilft,
me luegt nit um und blibt nit stoh;
druf goht der Weg dur's Schüretenn
de Chuchi zue, do hemmer's jo!

Weisch, wo der Weg zuem Gulden isch?
Er goht der rote Chrützere no,
und wer nit uffe Chrützer luegt,
der wird zum Gulde schwerli cho.

Wo isch der Weg zuer Sunntigfreud?
Gang ohni Gfohr im Werchtig no
dur d'Werkstatt und dur 's Ackerfeld!
Der Sunntig wird scho selber cho.

Am Samstig isch er nümme wit.
Was deckt er echt im Chörbli zue?
Denkwol e Pfündli Fleisch ins Gmües,
's cha si, ne Schöppli Wi derzue.

Weisch, wo der Weg in d'Armet goht?
Lueg numme, wo Tafere sin!
Gang nit verbei, 's isch guete Wi,
's sin nagelneui Charte dinn!

Im letzte Wirtshus hangt e Sack,
und wenn de furt gohsch, henk en a!
«Du alte Lump, wie stoht der nit
der Bettelsack so zierlig a!»

Es isch e hölzig Gschirli drinn,
gib Achtig druf, verlier mer's nit,
und wenn de zue me Wasser chunnsch
und trinke magsch, so schöpf dermit!

Wo isch der Weg zue Fried und Ehr,
der Weg zuem gueten Alter echt?
Grad fürsi goht's in Mässigkeit
mit stillem Sinn in Pflicht und Recht.

Und wenn den amme Chrützweg stohsch,
und nümme weisch, wo 's ane goht,
halt still und frog di Gwisse z'erst,
's cha Dütsch, gottlob, und folg sim Rot.

   Wo mag der Weg zuem Chilchhof si?
Was frogsch no lang? Gang, wo de witt!
Zuem stille Grab im chüele Grund
füehrt jede Weg, und 's fehlt si nit.

   Doch wandle du in Gottisfurcht!
I rot der, was i rote cha.
Sel Plätzli het e gheimi Tür,
und 's sin no Sachen ehne dra.

Der Sperling am Fenster

I

Zeig, Chind! Wie het sel Spätzli gseit?
Weisch's nümme recht? Was luegsch mi a?
«'s het gseit: „I bi der Vogt im Dorf,
i muess von allem d'Vorles ha".»

Und wo der Spötlig seit: „'s isch gnueg!"
Was tuet mi Spatz, wo d'Vorles het?
«Er liest am Bode d'Brösli uf,
sust müesst er hungerig ins Bett.»

Und wo der Winter d'Felder deckt,
was tuet mi Spatz in siner Not?
«Er pöpperlet am Fenster a
und bettlet um e Stückli Brot.

Gang gib em, Muetter! 's friert un sust.»
Zeig, sag mer z'erst, 's pressiert nit so,
wie chunnt's der mit dem Spätzli vor?
Meinsch nit, es chönnt eim au so goh?

Chind, wird's der wohl und 's goht der guet,
sag nit: „I bi ne riche Her"
und iss nit Brotis alli Tag!
's chönnt anders werde, handumcher.

Iss nit der chrosplig Ranft vom Brot
und loss die weiche Brosme stoh!
De hesch's im Bruuch! – Es chunnt e Zit,
und wenn de's hättsch, wie wärsch so froh!

Ne blaue Mentig währt nit lang,
und d'Wuche het no mengi Stund,
und mengi Wuche lauft durs Dorf,
bis jedem au si letzti chunnt.

Und was men in sim Früehlig lehrt,
me treit nit schwer, und het's emol;
und was men in sim Summer spart,
das chunnt eim in sim Spötlig wohl.

Chind, denk mer dra und halt di guet!
«O Muetter lueg! Der Spatz will goh!»
Se gang er! Leng die Hirse dört
und streu em! Er wird wieder cho!

II

Wie het im Summer 's Spätzli gseit?
Chind, bsinn di – fallt's der nümmen i?
«'s het gseit: „I bi ne riche Bur,
die Garbe do sin alli mi."

Es isch gar sölli semper gsi,
es het vo allem 's Fürnehmst gno,
's het jedwed Chörnli dreimol bschaut
und hinterher erst liege lo.»

Und wo der Spötlig ufgruumt het,
mi riche Burst, was het er to?
«Am Bode Gsöm und Brösli gsuecht
und ebe nit viel übercho.»

Und jetz, wo's schneit, was schneie mag,
was tuet mi Spatz in siner Not?
«Er pöpperlet am Fenster a:
„He, nummen au e Stückli Brot!"

Gang, gib em Muetter! 's friert en sunst!»
Chumm, sag mer z'erst, 's pressiert nit so:
wie chunnt's der mit dem Spätzli für?
Meinsch nit, es chönnt der au so goh?

Chind, wird's der wohl und 's goht der guet,
sag nit: „I bi ne riche Ma!"
und iss nit Brotis Tag für Tag
und schaff nit gli ne Sackuhr a!

Schel nit der chrosplig Ranft vom Brot!
Loss nit die weiche Brosme stoh!
De hesch's im Bruuch! – Es chunnt e Zit,
o wenn de's hetsch, wie wärsch so froh.

Und wenn der's nümme schmecke will,
se gang ins Feld, schaff druf und dra!
Der Hunger isch e guete Choch,
er sträut eim Gwürz und Zucker dra.

Ne blaue Mentig währt nit lang,
und d'Wuche het no mengi Stund,
und mengi Wuche lauft durs Dorf,
und niemes weiss, wie's witer chunnt.

Und was men in sim Früehlig lehrt,
me treit nit schwer, und het's emol,
und was men in sim Summer spart,
das chunnt eim in sim Spötlig wohl.

Chind, denk mer dra und halt di guet!
«O Muetter lueg, der Spatz will goh!»
Se gang er! leng die Hirse dört
und streu em! Er wird wieder cho!

Hephata, tue dich auf!

Woni am Sunntig früeih in mine Gidanke dohi gang,
's isch so lieb und heimlig gsi, und d'Sunne het gschiene
rechts und links an d'Dörfer und an die gwiisgete
                              Chilchtürn,
und die Chilchtürn stöhn und bschauen enander vo witem
übers Weizefeld und über die duftige Matten,
und 's will ken der Afang mache: «Nochber fang du a!
bisch du nit der ältst und hesch die chräftigste Glocke?»
«'s het jo no nit Nüni gschlage», seit er zum Nochber,
«und dört stoht e Burst im Feld und lueget an d'Birbäum,
denkwol i will warte, se bringi 'n au no in d'Chilche.»
Drum es het e Vögeli pfiffen uffeme Birbaum,
woni gstande bi, druf denki, woni em zuelos:
Predigt echt der Fink uf siner laubige Chanzle.
's chunnt eim schier so vor, und d'Blüemli sitzen und lose.
Nei, wie lost das Glockeblüemli, weger es schnuft nit,
wenni 's nummen au verstüend! Er wirdene sage,
wie sie der himmlisch Vatter do usem saftigen Erdrich
nährt und chleidet und putzt mit allerlei lieblige Farbe,
wenn sie scho nit spinnen und überbindlige neihe;
und es gangem selber so. Si Röckli seig gwachse,
wiener grösser worde seig, er trag's doch efange
menge Monet, Tag und Nacht und Sunntig und Werchtig,
und es seig no nagelneu, wie ehnen am Schilfmeer
's Plunder blibe seig, wo d'Chinder Israel treit hen,
d'Schnider seigen all verlumpt, wo unterne gsi sin,
und er heig kei Schüren und heig kei Zehnden im Etter
und kei Burgergob; doch gang der Vatter im Himmel
nie verbei, er geb em näumis z'Morgen und z'Mittag;
het er nit so gseit, se hani mer's eso vorgstellt.
Woner ufghört het und woner 's Schnäbeli putzt het,
d'Immli hen scho Orgle gspielt, se denki, jetz gangi
do dur d'Rebberg uf, und woni oben am Gupf bi,
lütet's übersmol mit alle Glocken in d'Chilche.
Jo do bini, denki, 's isch ordli, ass der au wartet,
bis me chunnt, und gang in d'Chilche. Was i drin ghört ha,

willi jetz verzehle. – Gang, Vreni, leng mer e Stuehl her! –
Chanis nit sage, wie er, se willi 's sage, wie ich's cha.

Bettet hen sie wie bi üs und gorglet und gsunge;
wo sie gsunge hen, se chunnt der Pfarer uf d'Chanzlen
und dreiht's Stundeglas und rüttlet's e wenig und chlopft
druf –
's het nit welle laufen – und druf, wo d'Orgle verbrummt het,
fangt er z' predigen a, vo sellem Tauben und Stumme,
wo ne fremde Ma am galiläische Meer her
gwandlet seig und heig dem Chranke d'Finger ans Ohr
gleit
und an d'Zungen au, und wiener „Hephata" grüeft heig,
„Hephata, tue dich auf!" druf seig dem Chranke uf eimol
's Wasser in d'Auge gschosse: „Nei, loset, wie brusche die
Welle",
heig er gseit, wie pfift der Wind so lieblig im Schilfrohr,
und wie singt der Fischer dört so lieblig am Ufer!"
Und der Vatter und d'Muetter seig schier vor Freude
vergange,
's seig e himmlisch Wunder gsi. Der Dokter chönt's nit so,
's seig e chräftig Wort, das Hephata, seit er, vom Himmel.

Jo, 's muess chräftig si! I möcht's wol au nemol höre,
hani denkt, und woni's denk, se frogt er: «Und tönt's nit,
wome numme lost, an allen Enden und Orte
und uf alle Matte, in alle menschliche Herze?
Stöhnt emol im Winter ufs Feld und lueget, wie's ussieht!
Alles isch harte Stei und alli Pflanze vertrochnet,
alli Bäch sin gfroren, und müehsem dreiht si no's Mühlrad,
alli Fenster verschlossen und alli Türe mit Strau deckt,
un kei Trostle singt, ke Summervögeli sunnt si;
's isch scho Liechtmess – 's wird nit anderst – d'Fasten
isch au do,
und me meint, es blib jetz so, und weiss em nit z'helfe,
bis im Merz en andere chunnt und „Hephata" usspricht:
„Hephata, tue dich auf!" – „Wie weiht der Tauwind so
lieblig",
seit der Vatter zuem Suhn, wo uffe Stauffemer Mert chunnt,

und chnüpft 's Brusttuech uf. „Wie wird der Bode so lucker,
los, wie's rieslet und tropft, und lueg doch, wie alles so
grüen wird!"
Und deheim seit d'Muetter: „Gang Töchterli weidli ans
Fenster
loss der Früeihlig in d'Stuben und sag em fründli Gott-
wilche,
und lönt d'Schöfli us, der Hirt fahrt ebe durs Dorf ab."
Jetz chunnt alles in Trieb und schiesst in heimlige Chnospen
in de Gärten am Hag und an de laubige Bäume;
und der Vogel, wo vor churzem d'Wegstür nit gha het,
isch e riche Ma und het in alle Reviere
Würmli uf der Weid, uf alle Bündtene 's Zehndrecht,
het si eige Huus und Hof; die flissigi Huusfrau
baut e Bettli dri, und wemme näume derzue chunnt,
nei, se bhüetis Gott, was lit im Bettli verborge:
goldni Eili rund und chli, mit Düpflene gsprenklet.
Was isch in de Chnospe, was isch im Eili verborge?
Niemes weisst's, und niemes luegt, und nieme cha's uftue;
's Vögeli selber nit, doch sitzt es giduldig und wartet,
bis die Stimm vom Himmel chunnt und „Hephata"
usspricht.
Und es tönt jetz Tag und Nacht und Sunntig und Werchtig:
„Hephata, tue dich auf!" und alli höre's und folge;
und me het nit Auge gnueg zum freudige Bschaue;
's hangt an alle Hürsten, an alle luftige Bäume,
's duftet in alle Gärten und stoht in prächtige Gstalte.
Goldeni Chäfer schwire. Sie hen das Hephata au ghört.» -
Druf lengt der Pfarer in Sack und nimmt e Prisen und
schnupften
und luegt no nem Stundeglas und pöpperlet wieder -
«Hephata, tue dich auf!»

Das Liedlein vom Kirschbaum

Der lieb Gott het zuem Früehlig gseit:
«Gang, deck im Würmli au si Tisch!»
Druf het der Chriesbaum Blätter treit,
viel tausig Blätter, grüen und frisch.

Und 's Würmli, us em Ei verwacht's,
's het gschlofen in sim Winterhuus.
Es streckt si und spert's Müüli uf
und ribt die blöden Augen us.

Und druf, se het's mit stillem Zahn
am Blättli gnagt enanderno
und gseit: «Wie isch das Gmües so guet!
Me chunnt schier nümme weg dervo.»

Und wieder het der lieb Gott gseit:
«Deck jetz im Immli au si Tisch!»
Druf het der Chriesbaum Blüete treit,
viel tausig Blüete, wiiss und frisch.

Und 's Immli sieht's und fliegt druf los,
früeih in der Sunne Morgeschin.
Es denkt: Das wird mi Caffi si;
si henn doch chosper Porzelin.

Wie sufer sin die Chächeli gschwenkt!
Es streckt si troche Züngli dri.
Es trinkt und seit: «Wie schmeckt's so süess,
do muess der Zucker wolfel si.»

Der lieb Gott het zuem Summer gseit:
«Gang, deck im Spätzli au si Tisch!»
Druf het der Chriesbaum Früchte treit,
viel tausig Chriesi, rot und frisch.

Und 's Spätzli seit: «Isch das der Bricht?
Do sitzt me zue und frogt nit lang.
Das git mer Chraft in Mark und Bei
und stärkt mer d'Stimm zuem neue Gsang.»

Der lieb Gott het zuem Spötlig gseit:
«Ruum ab! Si hen jetz alli gha.»
Druf het e chüele Bergluft gweiht,
und 's het scho chleini Rife gha.

Und d'Blättli werde gel und rot
und fallen eis im andere no;
und was vom Boden obsi chunnt,
muess au zuem Bode nidsi goh.

Der lieb Gott het zuem Winter gseit:
«Deck weidli zue, was übrig isch!»
Druf het der Winter Flocke gstreut –

Der allezeit vergnügte Tabakraucher

Im Frühling

's Bäumli blüeiht, und 's Brünnli springt.
Potz tausig, los, wie 's Vögeli singt!
Me het si Freud und frohe Muet,
und 's Pfifli, nei, wie schmeckt's so guet!

Im Sommer

Volli Ähri, wo me goht,
Bäum voll Öpfel, wo me stoht!
Und es isch e Hitz und Gluet.
Eineweg schmeckt 's Pfifli guet.

Im Herbst

Chönnt denn d'Welt no besser si?
Mit sim Trübel, mit sim Wi
stärkt der Herbst mi lustig Bluet,
und mi Pfifli schmeckt so guet.

Im Winter

Winterszit, schöni Zit!
Schnee uf alle Berge litt,
uffem Dach und uffem Huet.
Justement schmeckt 's Pfifli guet.

Erinnerung an Basel

(An Frau Meville-Kolb)

Z'Basel an mim Rhi,
jo dört möchti si!
Weiht nit d'Luft so mild und lau,
und der Himmel ist so blau
an mim liebe Rhi!

In der Münsterschuel
uf mim herte Stuehl
magi zwor jetz nüt meh ha,
d'Töpli stöhn mer nümmen a
in der Basler Schuel.

Aber uf der Pfalz
alle Lüte gfallt's.
O, wie wechsle Berg und Tal,
Land und Wasser überal
vor der Basler Pfalz!

Uf der breite Bruck,
fürsi hi und zruck,
nei, was sieht me Here stoh,
nei, was sieht me Jumpfere goh
　　uf der Basler Bruck!

Eis isch nimme do;
wo isch's ane cho?
's Scholers Nase, weie weh,
git der Bruck kei Schatte meh.
　　Wo bisch ane cho?

Wie ne freie Spatz
uffem Petersplatz
fliegi um, und 's wird mer wohl
wie im Buebekamisol
　　uffem Petersplatz.

Uf der grüene Schanz
in der Sunne Glanz,
woni Sinn und Auge ha,
lacht's mi nit so lieblig a
　　bis go Sante Hans.

's Seilers Rädli springt;
los, der Vogel singt.
Summervögeli jung und froh
ziehn de blaue Blueme no.
　　Alles singt und springt.

Und e bravi Frau
wohnt dört ussen au.
«Gunnich Gott e frohe Muet!
Nehmich Gott in treui Huet,
　　liebi Basler Frau!»

　　　　　　　　　　(1806–1807)

Worterklärungen

zu den Alemannischen Gedichten

A

Äcke, der Nacken.
Ätti, Vater. Altdeutsch: *Atta.*
Afange, verb., anfangen. Aber *Afange,* adverb., endlich, nach und nach.
Agle, subst. plur., steife, stechende Spitzen, z.B. an den Ähren. Aculei.
Alder, oder (auf dem Wald). Sch. Alt, Alder, Alt.
Almig, ehemals.
Ane, hin. *Woane?* wohin?
Anke, frische Butter. Altdeutsch: *Anka.*
Arfel, subst., ein Arm voll, *Àrfeli,* deminut.
As, als. *Ass,* dass.

B

Bah, 1) Bahn, 2) Bann, Gemarkung.
Balge, Vorwürfe machen. Altdeutsch: zürnen, von *Balg,* Zorn.
Baschge, verb. neut., im Ringen die Kräfte gegeneinander messen, act., bezwingen.
Basseltang, Kurzweil. Passe le temps.
Batte, nützen, fruchten. Verwandt mit *bass, besser.*
Baum, ausser den gewöhnlichen Bedeutungen, bei einem gewissen Kartenspiel der Valet in Trèfle. *Kreuz dem Baum,* Herausforderung dieser Karte durch ein ausgespieltes Trèfle-Blatt.
Bederthalbe, adv., auf beiden Seiten. Daher *Bederthalbe,* subst., ein Zwerchsack. Von *beide* und *Halb,* altdeutsch: die Seite.
Belche, subst. propr., hoher Berg des Schwarzwaldgebirges im Breisgau. Sch. Belch, Boelchen, cacumina montium.
Biss, Imperativ zu sein. Sei!
Bitzeli, wenig.
Bluest, Blüte. *Bi'm Bluest:* Eine missstellte Beteuerungsformel, dann ein Ausdruck der Verwunderung, besonders bei unangenehmen Überraschungen.
Bohle, werfen. βαλλειν.
Bosge, eine Bosheit verüben.
Bosget, Bosheit; auch im unschuldigeren Sinn: Mutwille.
Brenz, subst. masc., Branntwein, Gebranntes.
Briegge, weinen. Βρυχειν. Βρυγμοσ.
Briggem, Bräutigam. (Basel.)
Bringe, 1) bringen, 2) zutrinken.
Bruttle, verb., 1) mit dem Hilfswort *haben:* halblaut reden, besonders im Unwillen. 2) mit *sein:* halblaut redend fortgehen.
B'scheid, Bescheid. *B'scheid tue,* einen zugebotenen Trunk annehmen.
B'schiesse, zureichen, sättigen, gedeihlichen Fortgang haben.
Büessli, Zehnkreuzerstück. Pièce.
Bugg, Hügel.
Bühni, 1) obere Decke des Zimmers. 2) der oberste Boden des Hauses. 3) Raum zwischen demselben und dem Dache.
Bunte, Pfropfer, Spunte.
Busper, munter, besonders von Vögeln. Etwa soviel als *buschbar,* wenn die Hekken buschig werden und die Vögel nisten?
Büttene, grosses hölzernes Gefäss zum Einsalzen des Fleisches usw. Von *Bute.*

C

Carfunkel, 1) jeder rote Stein von Glanz. 2) roter Ausschlag im Gesicht.

Cheri, Reihe, Ordnung dessen, was regelmässig wiederkommt. Daher: *Die Cheri,* diesmal, *en anderi Cheri,* ein andermal. Von kehren.
Chetteneblueme, Leontodon taraxacum L.
Chib, Neid, Verdruss, auch Feindschaft. Daher *Chibe,* verb., verwandt mit *keifen; Chibig,* adject.
Chilche, Chille, Kirche. Altd.: *Chilcha.*
Chilchelueger, Kirchenaufseher. Von *Luege,* schauen.
Chilspel, Kirchspiel.
Chlimse, Spalte. Verwandt mit *Klemm, Klemmen.*
Chlöpfe, knallen, krachen. Jd. Klapf.
Choli, schwarzes Pferd.
Chölsch, Leinwandzeug von blau gefärbtem Garn. Cöllnisch? Daher *Chölschblau.*
Chresme, klettern.
Chreze, 1) geflochtener Hängkorb. Von *Chratte,* Handkorb. Crates. 2) über die Achseln gehendes Tragband für die Beinkleider.
Chriesi, kleine Waldkirschen, *Chirsi,* grosse, veredelte.
Chrome, 1) einkaufen. 2) zum Geschenk vom Markt usw. bringen.
Chruse, Krug mit Bauch und weiter Öffnung. *Chrüsli,* deminut.
Chülbi, Kirchweihe.
Chummli, Chummlig, bequem. Von kommen, *kommlig.*
Chündig, ärmlich.
Chüngi, Kunigunda.
Chuuche, hauchen.

D

Deis, jenes.
Dengle, Dengele, Sensen und Sicheln durch das Hämmern schärfen. Schwedisch: *Danga.*
Dinge (zu jemand), Dienste nehmen.
Distelzwigli, Distelfink. Sch. «Alle Geschöpfe und alles, das do lebet, begehrt Freiheit, ein Fögelein, ein Distelzwiglin.» Geil. v. Keysersb.
Dolder, Gipfel eines Baumes, Strauches. Noch übrig in *Dolde.*
Dosch, Kröte.
Dose, verb., schlummern.
Dotsch, ein Ungeschickter.
Dunders – verstärkt in der Zusammensetzung mit einigen Adverbien. *Dundersnett,* überaus nett.
Dunte, unten mit Beziehung auf einen gewissen Ort.
Durane, überall. Aus *Dur,* durch, und *Ane,* hin.
Dure, adv., hindurch, hinüber, herüber. Verschieden von *Dur'e, Dur'en,* durch ihn, den , einen.
Düsele, schlummern, halbschlafend gehen, Deminut. von *Dosen.*
Düssele, 1) act., leise reden. 2) neutr., leise gehen. Von *Dussen,* verwandt mit *Tösen.*
Duure, verb. impers., bedauern. *Es duurt mi,* ich bedaure es.

E

Echt, Echter, Echterst, etwa, doch, wohl?
Egerte, ungebauter Feldplatz.
Ehne, jenseits, drüben.
Eieren-Anke, subst., Eier in Butter gebacken.
Eineweg, gleichwohl, dessen ungeachtet.
Eis Gangs, eines Ganges, unmittelbar.

Eitue, einerlei, gleichviel. Ein Tun.
Enanderno, unmittelbar, geschwinde. Einander nach.
Engelsüess, die Wurzel von Polypodium vulg. Lin.
Eninne, gewahr. Entinnen.
Erlustere, erlauschen.
Ermel, subst. plur., weibliches Kleidungsstück zur Bedeckung der Arme.

F

Fazenetli, Sacktuch. Aus dem Italienischen Fazoletto.
Fegge, Flügel.
Fern, vor einem Jahr.
First, das Oberste. Daher 1) Rücken des Daches, besonders an Strohdächern. 2) fortlaufender Bergrücken.
Flösch, schwammicht von Leibeskonstitution. Flaccus.
Frauemänteli, Alchemilla vulgaris Lin.
Fraufaste, ein berüchtigtes Gespenst in Basel und der umliegenden Gegend. Aus Fronfasten.
Fraufastechind, soviel als Sonntagskind, das die Gespenster sieht.
Frech, 1) frei, wahrscheinlich das Intensivum zu diesem. 2) Gesund von Ansehen. Fest, mutig.
Frei, ausser der gewöhnlichen Bedeutung, adv., sogar.
Fürcho, scheinen, erscheinen im Traum usw. Vorkommen.
Füre, hervor. Verschieden von *Füre, Füren,* für ihn, den, einen.
Fürtuech, Schürze.
Füsi, Flinte, Fusil.
Fuetergang, Seitengang neben den Stallungen zur Bereitung und Aufsteckung des Futters.

G

Gahre, knarren.
Gattig, wohlgebildet, gefällig. Von der Stammsilbe *Gatt* in Gattung, wie *Artig* von Art.
Gäutsche, schwanken, von flüssigen Dingen. Daher *Vergäutsche.* 1) act., durch Schwanken ausgiessen. 2) neutr., durch Schwanken ausfliessen.
Geb, abgekürzt, statt: *Gebe Gott; Geb, wo de bisch,* du magst sein, wo du willst.
Gell, Gellaber, verb. imperat., nicht wahr? plur., *Geltet.*
Gehre, begehren. Das Stammwort zu diesem, und zu Gierde, gierig, gerne.
G'halt, Gehalt, Zimmer.
G'heie, verb. impers., verdriessen, anfechten.
G'hürst, Gebüsch. Gehürste von Hurst.
Gigse, knarren.
Gitzi, junge Ziege. *Gitzeli,* deminut.
Glast, Glanz, besonders Schein von Blitz und Feuer.
Gliichlig, durchgehends gleich.
Glitzere, schimmern. Von *Glitzen,* glänzen, verwandt mit *Gleissen* usw. Davon: *Glitzerig,* schimmernd.
Glumse, heimlich (in der Asche) brennen. Daher: *Abglumse,* nach und nach erlöschen.
Go, praep. gen., nach. Verschieden von *Goh,* gehen.
Götti, Taufpate. *Gotte,* fem.
Gottwilche, Begrüssungsformel. Von Gott oder Gottes Willkomm!
Grüebe, Überreste von ausgesottenem Schweinefett.
Grumbire, Kartoffeln (Grundbirnen). *Grumbireli,* deminut.

Grumse, durch unverständliche Töne und abgebrochene Worte seine Unzufriedenheit ausdrücken. Von *Gram.*
Gsegott, segne Gott!
G'stable, gestabeln, steif werden, besonders von Kälte. Stabiliri.
Guge, sich hin und her bewegen. Primitiv zu Gaukeln usw.
Güggele, durch eine kleine Öffnung schauen. Deminut. von *Gucken.*
Guhl, Hahn. Gallus.
Gülle, Pfütze. Par., «und dass die Predikanten sich befleissigen zu predigen, nit aus menschlichen *Güllen,* sondern aus den lautern Brunnen der evangelischen Leer».
Gumpe, hüpfen. Über etwas hinweg- oder hinabspringen.
Gumpistöpfel, eingemachte Äpfel. Von Compositum, Compot.
Günne, pflücken, gewinnen.
Gvätterle, verb., das Spielen der Kinder, wenn sie Verrichtungen der Erwachsenen nachahmen.

H

Habermark, Tragopogon pratense Lin.
Halde, auf- oder absteigende Bergseite. Von *Helden,* neigen (ein Gefäss an der untern Seite aufrichten, um der Mündung eine Neigung zu geben). Daher auch *Abheldig,* schiefliegend.
Häli, Schaf in der Kindersprache und beim Locken.
Hamberch, Handwerk.
Hamme, Schinken, Sch. Pessuis.
Hampfle, subst., 1) eine Handvoll. 2) Der Raum zwischen beiden hohlen Händen. Daher *Hampflevoll,* beide Hände voll. *Hämpfeli,* deminut.
Handumcher, so geschwind, als man eine Hand umkehrt.
Hasebrötli, Juncus pilosus Lin.
Haseliere, toben. Aus dem Französischen.
Hätteli, Ziege in der Kindersprache und beim Locken.
Haupthöchlige, adv., mit aufgerichtetem Haupt. Daher laut, munter.
Hebe, halten.
Heimele, der Heimat ähnlich sein. Daher *Aheimele,* an die Heimat erinnern.
Helge, Helgli, Helgeli, 1) Ein auf Papier gemalter Heiliger. Daher 2) jedes kleine Papiergemälde.
Helse, glückwünschen. Daher etwas zum Gruss, Neujahr usw. schenken. Von *Heil.* Altdeutsch: *Heilizen,* grüssen, *Heilizunga,* Dänisch *Helse,* Schwed. *Helsa.*
Hentsche, Handschuh.
Her, Herr. Der *Her,* der Pfarrer. *Herget,* Herr Gott.
Hinecht, adv., in dieser Nacht. *Nechtie,* die ganze Nacht hindurch.
Hirz, Hirsch. Hircus, Hirci, die Hirzen.
Hofertig stoh, zu Gevatter stehen.
Hold, geneigt. Ausschliesslich von der gegenseitigen Liebe zwischen Jüngling und Mädchen gebräuchlich. Von Helden, s. Halde. Daher:
Holderstock, der oder die Geliebte.
Hüble, 1) an den Haaren schütteln. Daher 2) züchtigen.
Hurd, Lager zur Aufbewahrung des Winterobstes.
Hurlibaus, Kanone.
Hurnigel, kleiner Winterhagel. Daher: *'s hurniglet,* verb., *es rieslet.* Vielleicht verwandt mit *Hornung, Hornig. 's horniggelet,* es friert empfindlich an die Finger.
Hurst, Strauch. *D'Hürst,* pl., das Gebüsch, Dickicht, Angels. Hurst und Hyrst.
Hüst und *Hott,* Links und Rechts! Zuruf an Zugpferde. Daher *Hotten,* vonstatten gehen.

Hütie, adv., heute den ganzen Tag. *Hütie und ie,* heute je und je.
Huure, Niederhuure, den Körper stehend gegen die Erde niederlassen. Hauren.

I (J)

Jemerst, Affektswort der Klage und Sehnsucht.
Jeste, subst. plur., Launen, Mutwillen. Von:
Jesen, gähren. Daher:
Jeste, Hitze, Launen.
Jilge, Lilie.
Imme, 1) fem., die Biene. 2) masc., collect., der Bienenstock. Jd. Verschieden von *imme,* einem, in einem. *Immli,* deminut.
Immis, auch *Zimmis,* das Mittagessen (Basel).
Jobbi, Jakob.
Joch, ausser der gewöhnlichen Bedeutung, ein Brückenpfeiler.
Junte, Weiberrock.
Jüppe, Kinderrock. Aus dem Italienischen giubba.
Just, eben, gerade recht. Daher: wohl zu Mute. In der ersten Bedeutung auch *Justement.* Aus dem Franz. oder Ital.

K

Keie, 1) neutr., fallen; 2) act., werfen. χεισδαι.

L

Lädemli, kleiner Fensterladen.
Landsem, langsam.
Laubi, einer von den Namen, die der Landmann den Zugochsen gibt. *Horni, Merz, Laubi, Lusti,* von den vier zum Teil nicht mehr gebräuchlichsten Namen der Frühjahrsmonate, Hornung, Merz, Laubmonat (April), Lustmonat (Mai).
Leerlauf, Kanal zur Ableitung des Wassers neben den Mühlrädern.
Legi, Damm durch das Bett eines Flusses zur Ableitung des Wassers. Auch *Wehr, Wuhr.*
Lehre, beides: lehren und lernen.
Lenge, 1) bis wohin reichen. Daher 2) nach etwas greifen, holen. 3) Zureichen, genug sein. Von *lange* und noch übrig in *be-, verlangen* usw.
Letsch, Schlinge, Schlaufe aus dem Überschuss von Band an Kleidern usw. Ital. laccio. *Letschli,* deminut.
Lewat, Brassica Napus. L.
Liecht, Z'Liecht. Auf Nachtbesuch.
Logel, Fässchen. Langenula.
Lopperig, adj., was nicht mehr fest ist, hin und her wankt.
Lose, horchen, Stammwort zu *Losung, Lauschen* usw. Sch. Jd.
Luege, schauen. *Verluege,* recipr., sich über dem Zuschauen vergessen.
Luft, masc., sanfter Wind, fem., Luft.
Lüpfe, in die Höhe heben.
Luppe, grosser Klumpen glühenden Eisens, das aus dem Frischfeuer zum erstenmal unter den Hammer kommt.
Lustere, lauschen. Von *Losen.*

M

Manne, verb., einen Mann nehmen.
Marcher, der die Felder ausmisst und Grenzsteine setzt. Von *March,* Grenze.
Martsche, eine Art Kartenspiel.

Massle, Masse Roheisen in langer prismatischer Form. Massa, Massula. Sonst *Gans, Eisengans.*
Matte, Wiese. Von *mähen.*
Meidli, Mädchen. Von *Meid.* Par. Marc. 5: «*Meidle,* ich sag dir, stand auf! Und alsbald stuond das *Meidlin* auf.»
Meiddeli, ein kleines Mädchen.
Meie, Blumenstrauss.
Meister, ausser den gewöhnlichen Bedeutungen euphemisch, der Scharfrichter. *Der Meister vo Hage.*
Meng, manch. Noch übrig in mannigfaltig.
Möhnli, Unke, Maifröschchen, von *Mön.* Sch. *Moen,* Majus.
Morn, adv., morgen.
Morndrigs, am folgenden Tage.
Mose, Flecke. Verwandt mit *Maser. Möseli,* deminut.
Mummeli, Name des Rindes in der Kindersprache und beim Locken.
Mumpfel, subst., Stück Essware, ein Mundvoll.

N

Näumer, jemand; *Näumis,* etwas; *Näume,* irgendwo. Aus einer unbekannten Vorsilbe und den Wörtern *wer, was, wo.* Sch. Niesswar, was wo.
Necht, adv., in der ersten Hälfte der vorigen Nacht.
Nemtig, subst., *die Nemtig,* vor einigen Tagen.
Nidsi, unter sich, abwärts. Vom *Nid,* Stammsilbe in nieder, und dem abgekürzten *sich.*
Niede, unten.
Niemes, niemand.
Niene, nirgends.
Nootno, nach und nach.
Numme, nur.
Nümme, nicht mehr.
Nüt, nichts.

O

O, zusammengezogen aus *Au,* auch. Nur in einigen Gegenden.
Obsi, über sich, aufwärts.
Öbber, jemand; *Öbbis,* etwas; *Öbbe,* etwa. In alten Schriften *Etwer, Etber, Etbes.* Sch.
Öbsch, Öbsche, etwa.
Öd, schwach vor Nüchternheit.
Öli, Ölpresse.
Örliger, grobes weisses Wollenzeug.
Oser, Büchersack.

P

Pappe, Brei.
Pfnüsel, Schnupfen. Πνεσισ.
Phatest, Laune, Mutwille, Phantast.
Plunder, Kleidungsstück. Alles, was zum Anzuge gehört. Daher Plündern, spoliare.
Plunni, Apollonia.
Popperment, Operment, Arsenik.
Poppere, schnell und schwach klopfen. *Pöpperle,* deminut.
Preste, subst., Gebrechen. Vom verb., *Presten,* fehlen. Par. Uns *prist* nit an Geschicklichkeit.

R

Räf, Leiterwerk, hinter welchem dem Vieh das Futter aufgesteckt wird. *Das Letzte im Räf haben.* Sprichwort: dem Tode nahe sein.
Ranft, Rand, Rinde; *Ränftli,* deminut.
Rause, kleine Gräben zur Wasserleitung machen.
Reble, sich kraftlos hin und her bewegen; mit unüberwindlichen Schwierigkeiten kämpfen. Daher *Verreble,* langsam zugrunde gehen.
Reckholder, Wachholder.
Ribi, Reibmühle.
Richter, 1) Gemeinderat; 2) weiter Haarkamm.
Rickli, angesetzte Schnüre, durch welche ein Band geht, um Kleidungsstücke fest anzuziehen.
Ring, adv., leicht; *Ringer,* mit weniger Mühe, lieber. Daher: *geringe.*
Rinke, Schnalle. *Rinkli,* deminut.
Ruchgras, Anthoxantum odoratum L.
Rufe, Ausschlag, Kruste auf heilenden Wunden usw.
Rübeli, eine Art Baumwollenzeug, Halbsammet.
Ruuke, girren.
Rümmechrüsliger, eine Art Winteräpfel.
Rung, subst., 1) unbestimmt kurze Zeit. 2) *-mal. Ei Rung,* einmal. *Rüngli,* deminut. von 1.

S

Sägese, Sense. Altd.: *Sagis, Sagisen.* Aus einer alten Stammsilbe, die noch in *Sech, Säge, Sichel,* seco übrig ist, und aus *Eisen* zusammengesetzt.
Schaffig, arbeitsam.
Scheie, Pallisade um die Gärten.
Schellewerche, öffentliche Arbeit strafweise verrichten.
Schicht, Arbeitszeit der Schmelzer usw. am Hohofen. Sch. Series, Ordo, Partitio.
Schiehuet, Strohhut. Von *Schiene,* oder *Schein.*
Schliefe, schlüpfen. Das veraltete Stammwort zu diesem und zu schleifen, schleppen usw.
Schmäle, verb., Vorwürfe machen. Das Demin. von *schmähen* und verwandt mit *schmollen.*
Schmecke, beides: schmecken und riechen. Daher ahnen, merken.
Schmehle, subst., Grashalm.
Schmuris, eine Mehlspeise mit Eiern.
Schnatte, Wunde. Von schneiden.
Schnaue, im Unwillen sprechen. *Aschnaue,* hart anreden. Das Stammwort zu dem Intens. *schnauzen,* und zu *schnauben,* und ohne Zweifel auch zu dem noch nicht heimgewiesenen hochd. *schnöde.* Sch. Schnöwen, Aufschnauen, a Schnau pro Schnauze.
Schnöre, Rüssel.
Schoch, Schocheli, Ausdruck des Gefühls der Kälte beim Schauern. Sch. Schoch interjectio ex frigore.
Schöchli, kleine Heuhaufen auf den Wiesen. Dem. von *Schoch,* Haufe. Daher *Schöchle,* verb., das *Heu* in solche zusammenbringen.
Schrunde, aufgesprungene und aufgeritzte Haut.
Semper, der nicht alle Speisen mag.
Setzer, der auf dem Hohofen das Erz usw. einsetzt.
Sieder, praep., seit; adv., unterdessen. *Siederie,* seither.
Simse, Vorschuss unter den Fenstern. Davon Gesimse.

Sinne, verb., Weinfässer ausmessen und bezeichnen. Scherzweise von Menschen. Signare Sch. Sinnen, signare in doliis quantitatem mensurae. Hinc Sinner, Homo qui id facit.
Sölli, sehr.
Spöchte, spähen. Das Intensivum zu diesem. Spectare.
Spötlig, Spätling, Spätjahr. Das Gegenwort zu Frühling.
Stabhalter, der zweite Vorgesetzte in Landgemeinden. Verschieden von Statthalter.
Stapfle, Stufe. *Stäpfeli,* deminut.
Stotze, starke Beine und Schenkel. Sch. Stotzen, refercire.
Strehle, kämmen. Von *Strehl,* Kamm, verwandt mit Striegel, strigilis. Jd. von Strahl.
Strolch, Vagabund.
Strübli, gewundenes Backwerk. Von *Strube, Struve,* Schraube.
Stud, Pfosten. Verwandt mit Stütze, Stotze. Statua.
Sunneblueme, Chrysanthemum Leucanth. Lin.
Stubete, Z'stubete, auf Besuch.

T

Tafere, Wirtshausschild. Taberna Sch. Tafern.
Tage, verb., Tag werden. Sch.
Taue, Feldmass bei Wiesen. *Ein Morgen.*
Tensch, Schleuse bei der Wasserleitung. Sch. Tensch, Landveste a Latino Tenere.
Togge, Strohfackel.
Tole, vertragen, dulden. Das Stammwort zu diesem. *Mer tolten is,* wir duldeten uns. Got. *Thulan,* Ang. *Tholian,* Dän. *Taale,* Isl. *Dol,* Schw. *Tola,* Gr. Ταλαω, Lat. tolero-tuli.
Toll, 1) überhaupt schön; 2) insbesondere was mit grossem Aufwand verschönert ist. Könnte wohl das Wort von dieser Urbedeutung zur Bezeichnung des *törichten* Aufwandes, und zuletzt des *Törichten, Übertriebenen* überhaupt übergegangen sein? Vgl. Ad. unter diesem Art. Jd. *Toll, Gross, Hübsch.* Engl. tall.
Totebaum, Sarg.
Tragete, Last, so viel man auf einmal tragen kann.
Treber, Trestern.
Tremel, Balke. Von *Tram.* Sch.
Trinke, Tubak trinke, Tabak rauchen. Noch aus einer alten Bedeutung des Wortes *Trinken, Ziehen,* Trahere Par. «Die den freien und reichlichen Geist (der Lehre) in sich *getrunken* haben.»
Trog, hölzerne Kiste. Sch. Truhe, receptaculum clausum, Trog.
Trostle, Drossel.
Trüeihe (Trühen). Ursprünglich: sammeln, zulegen. Von *Truhe.* Daher: fett, stark werden. Sch. Truhen, in arculam coniicere. «Unrecht Gut truhet nicht.»
Trümmle, 1) sich auf einem Punkt herum bewegen; 2) unstät gehen. Tremulare. Davon:
Trümmlig, schwindlig.
Tschäubli, Tschäubbeli, kleiner Strohbüschel, Warnungszeichen an verbotenen Wegen. Demin. von *Schaub,* Strohbund.
Tschope, Kamisol mit Ärmeln. *Tschöpli,* Deminut. Aus dem Italienischen: giubba.
Tunke, tauchen. Tingere.

U

Uding, Unding, adv., sehr, über das Gewöhnliche.
Umme, hin, herum. Verschieden von *umme, ummen,* um ihn, den, einen.
Ung'heit, unangefochten, von *Geheien.*
Unrueih, Perpendikel an der Uhr. Unruhe.
Ürte, 1) Wirtsrechnung; 2) Abrechnung überhaupt. Sch. Urt, Uirthe, Symbola, collecta etc.
Urig, 1) lauter Dinge einer Art beisammen; 2) so viele Dinge einer Art, dass man die andern nicht bemerkt. Wahrscheinlich von der noch in Zusammensetzungen übrigen Stammsilbe Ur.

V

Ver-, in der Zusammensetzung mit dem Verbum, oft statt er-, – *Vert-,* statt ent-
Vergelstere, erschrecken. Sch. Galstern, fascinare. Vergallen, facere ut sonet.
Verglichlige, adv., vergleichungsweise.
Verstunne, irre werden.
Visperle, v. act., kleines Geräusch machen; neutr., mit solchem sich fortbewegen.
Vogt, Schulze.
Volchspiel, Menge Volks in Bewegung.

W

Wägese, Pflugschar. Altd. *Wagisen, Wägenese, Wagis,* von *wägen,* aufwinden, in die Höhe heben, und *Eisen.* Sch.
Wagle, Wiege.
Wahle, verb., wogen. Verwandt mit *wallen,* sieden, und *Welle.*
Warbe, das gemähte Gras zum Trocknen auseinanderschütteln. Eigentlich umwenden, verarbeiten. Verwandt mit werben, erwerben, Gewerbe, Wirbel usw.
Wasserstelzli, Bachstelze.
Weger, wegerli, wahrlich. Eigentlich Komparativ von *wahe,* schön, gut. Par. «Hätten sie gesprochen, es wäre *wäger,* man liesse einen Menschen Schaden leiden mit Haltung des Sabbathstages.» Sch. Jd. Wäger, wahrlich, besser.
Weidli, hurtig. Sch. Jd.
Weihe, Speckkuchen.
Welle, subst., *Bündel* von Reis, Stroh usw. Sch.
Werchtig, Werktag.
Weserei, 1) Verrechnungsstelle bei den Eisenhütten; 2) dabei errichtete Weinschenke.
Wette, verb., binden, zusammenfügen. Daher: an das Joch spannen.
Wetterleich, Wetterleuchten. Im *Wetterleich,* blitzschnell.
Wibe, verb., ein Weib nehmen.
Wied, gedrehte Weide zum Binden. Altd.: *Bei der Wide,* beim Strang.
Windeweh, Wind und Weh, Ausdruck für das Gefühl der Unruhe bei langem Warten. Wunden weh? Wunder weh? SCh. «Wer kann allwegen geduldig seyn, wann eim so wunn und wee ist.»
Wintergfrist, Gfristig, Frostbeulen.
Wolfel, wohlfeil.
Wuhr, Damm durch einen Fluss zur Ableitung des Wassers.
Wuli, Namen der Gänse beim Locken und in der Kindersprache.
Wunderfitz, 1) Neugierde; 2) ein Mensch, der alles zu wissen verlangt.
Wütsche, sich schnell bewegen. Intensivum von *wischen* in entwischen usw.

Z

Zeiche, Alle Zeichen fluchen, alle Verwünschungsformeln aussprechen.
Zeine, Rundkorb. Von Zein. Sch. Zein, virga, et Zain.
Zeiner, Schmid, der das Stabeisen in Stangen streckt.
Zibbärtli, (getrocknete) weisse Pflaumen. Jd. Zibarten, Prunellen.
Zimpfer, jungfräulich, fein im Betragen, auch affektiert. Sch.
Zinkli, Hyazinthen.
Zistig, Dienstag. Sch.
Zit, 1) fem., Zeit; 2) neutr., Uhr. Daher *Zitli,* deminut., die Taschenuhr. Altd.:
Zit, Stunde.
Zsendane, überall, zur Hand hin.
Züber, hölzernes Wassergefäss.

Kalendergeschichten

aus dem

«Schatzkästlein des rheinischen Hausfreundes»

Vorrede

Die Veranlassung zur Herausgabe dieses Büchleins muss seinen Titel rechtfertigen, und der Titel die Herausgabe. Der Verfasser hat nämlich seit vier Jahren die Lesestücke des Badischen Landkalenders, genannt *"Der Rheinländische Hausfreund"*, geliefert, und die Cottaische Buchhandlung in Tübingen hegte die gute Meinung, es wäre schade, wenn die besten Aufsätze darin innerhalb des Marktkreises des Kalenders und mit dem nämlichen Jahr, wofür sie geschrieben sind, wieder untergehen sollten, und druckt sie daher für ein eigenes Büchlein, samt den mittelmässigen ab, damit sich jene besser herausheben.

Der geneigte Leser wird sich gefällig erinnern, mehrere der eingebrachten Erzählungen und Anekdoten anderswo auch schon gehört oder gelesen zu haben, wäre es auch nur im Vademekum, von welcher Allmende oder Gemeinwiese sie der Verfasser zum Teil selber gepflückt hat. Doch liess er's nicht beim blossen Abschreiben bewenden, sondern bemühte sich, diesen Kindern des Scherzes und der Laune auch ein nettes und lustiges Röcklein umzuhängen, und wenn sie darin dem Publikum wohlgefallen, so ist ihm ein schöner Wunsch gelungen, und er macht auf die Kinder selbst keine weiteren Ansprüche.

Übrigens, sagt die Verlagshandlung, findet sich das Beste nicht sogleich am Anfang, sondern in der Mitte, und wie an einem Ballen Tuch am Ende des Büchleins, von welchem auch das letzte Muster im *"Morgenblatt"* abgeschnitten ist. Sie rechnete auf viele Leser, die, wie die Bekenner des mosaischen Gesetzes, dort zu lesen anfangen, wo andere aufhören.

Allgemeine Betrachtungen über das Weltgebäude

Dem geneigten Leser, wenn er zwischen seinen bekannten Bergen und Bäumen daheim sitzt bei den Seinigen oder bei einem Schöpplein im Adler, so ist's ihm wohl, und er denkt just nicht weiter. Wenn aber früh die Sonne in ihrer stillen Herrlichkeit aufgeht, so weiss er nicht, wo sie herkommt, und wenn sie abends untergeht, weiss er nicht, wo sie hinzieht und wo sie die Nacht hindurch ihr Licht verbirgt und auf welchem geheimen Fusspfad sie die Berge ihres Aufgangs wiederfindet. Oder wenn der Mond einmal bleich und mager, ein andermal rund und voll durch die Nacht spaziert, er weiss wieder nicht, wo das herrührt, und wenn er in den Himmel voll Sterne hinaufschaut, einer blinkt schöner und freudiger als der andere, so meint er, sie seien alle wegen seiner da, und weiss doch nicht recht, was sie wollen. Guter Freund, das ist nicht löblich, dass man so etwas alle Tage sieht, und fragt nie, was es bedeutet. Der Himmel ist ein grosses Buch über die göttliche Allmacht und Güte, und stehen viel bewährte Mittel darin gegen den Aberglauben und gegen die Sünde, und die Sterne sind die goldenen Buchstaben in dem Buch. Aber es ist arabisch, man kann es nicht verstehen, wenn man keinen Dolmetscher hat. Wer aber einmal in diesem Buch lesen kann, in diesem Psalter, und liest darin, dem wird hernach die Zeit nimmer lang, wenn er schon bei Nacht allein auf der Strasse ist und wenn ihn die Finsternis verführen will, etwas Böses zu tun, er kann nimmer.

Also will jetzt der Hausfreund eine Predigt halten, zuerst über die Erde und über die Sonne, darnach über den Mond, darnach über die Sterne.

Die Erde und die Sonne

Nach dem Augenschein und nach dem allgemeinen Glauben wäre die Erde mit allen ihren Bergen und Tälern eine grosse runde Fläche gleich einer ungeheuer grossen Scheibe. Am Rande derselben weiter hinaus kommt nichts mehr, dort ist gleichsam der Himmel an sie angefügt, der wie eine grosse hohle Halbkugel über ihr steht und sie bedeckt. Dort geht am Tag die Sonne auf und unter, bald früher, bald später, bald links an einem bekannten Berg oder Haus, bald rechts, und bringt Tag und Nacht, Sommer und Winter und bei Nacht den Mond und die Sterne, und sie scheinen nicht gar entsetzlich hoch über unsern Häuptern zu stehen.

Das wäre nun alles gut, wenn's niemand besser wüsste, aber wir Sternseher und Kalendermacher wissen's besser. Denn erstlich, wenn einer daheim weggeht und will reisen bis ans Ende der Erde, an den Rand, wo man einen aufgehenden Stern mit der Hand weghaschen und in die Tasche stecken kann, und er geht am ersten April von Hause aus, so hat er den rechten Tag gewählt. Denn er kann reisen, wenn er will durch Deutschland, durch Polen, durch Russland, nach Asien hinein durch die Muhamedaner und Heiden, vom Land aufs Wasser und vom Wasser wieder aufs Land und immer weiter. Aber endlich, wenn er ein Pfeiflein Tobak einfüllt und will daran denken, wie lang er schon von den Seinigen weg ist und wie weit er noch zu reisen hat ans Ende der Erde und wieder zurück, auf einmal wird's ihm heimlich in seinem Gemüt, es wird nach und nach alles, wie es daheim war, er hört seine Landessprache wieder sprechen, zuletzt erblickt er von weitem einen Kirchturm, den er auch schon gesehen hat, und wenn er auf ihn hingeht, kommt er in ein wohlbekanntes Dorf und hat nur noch zwei Stunden oder drei, so ist er wieder daheim und hat das Ende der Erde nie gesehen. Nämlich er reist um die Erde, wie man einen Strich mit Kreide um eine Kugel herumzieht, und kommt zuletzt wieder auf den alten Fleck, von dem er ausging.

Es sind schon mehr als zwanzig solcher Reisen um die Erde nach verschiedenen Richtungen gemacht worden. In zwei bis vier Jahren, je nach dem, ist alles geschehen. Ist nicht der englische Seekapitän Cook in *einem* Leben zweimal um die ganze Erde herum gereist und von der andern Seite her wieder heim gekommen, aber das drittemal haben ihn die Wilden auf der Insel Owai ein wenig tot geschlagen und gegessen.

Daraus und aus mehreren sicheren Anzeigen erkennen die Gelehrten folgendes: Die Erde ist nicht bloss eine ausgebreitete, rund abgeschnittene Fläche, nein, sie ist eine ungeheure grosse Kugel. Weiters: sie hängt und schwebt frei und ohne Unterstützung wie seinesorts die Sonne und der Mond in dem unermesslichen Raum des Weltalls, unten und oben zwischen lauter himmlischen Sternen. Weiters: sie ist rings um und um, wo sie Land hat und wo die Hitze oder der bittere Frost es erlaubt, mit Pflanzen ohne Zahl besetzt und von Tieren und vernünftigen Menschen belebt. Man muss nicht glauben, dass auf diese Art ein Teil der Geschöpfe mit dem Kopf abwärts hänge und in Gefahr stehe, von der Erde weg und in die Luft herab zu fallen. Dies ist lächerlich. Überall werden die Körper durch ihre Schwere an die Erde angezogen und können ihr nicht entlaufen. Überall nennt man unten, was man unter den Füssen hat, und oben, was über dem Haupt hinaus ist. Niemand merkt oder kann sagen, dass er unten sei. Alle sind oben, solang sie die Erde unter den Füssen und den Himmel voll Licht oder Sterne über dem Haupte haben.

Aber der geneigte Leser wird nicht wenig erstaunen, wenn er's zum erstenmal hören sollte, wie gross diese Kugel sei: Denn:

der Durchmesser der Erde beträgt in grader Linie, von einem Punkt der Oberfläche durch das Zentrum hindurch zum andern Punkt, eintausend siebenhundert und zwanzig deutsche Meilen. Der Umkreis der Kugel aber beträgt fünftausend vierhundert deutsche Meilen.

Ihre Oberfläche aber beträgt über neun Millionen Meilen ins Gevierte, und davon sind zwei Dritteil Wasser und ein Dritteil Land.

Ihre ganze Masse aber beträgt mehr als zweitausend sechshundert und zwei und sechzig Millionen Meilen im Klaftermass. Das haben die Gelehrten mit grosser Genauigkeit ausgemessen und ausgerechnet und sprechen davon wie von einer gemeinen Sache. Aber niemand kann die göttliche Allmacht begreifen, die diese ungeheure grosse Kugel schwebend in der unsichtbaren Hand trägt und jedem Pflänzlein darauf seinen Tau und sein Gedeihen gibt und dem Kindlein, das geboren wird, einen lebendigen Odem in die Nase. Man rechnet, dass tausend Millionen Menschen zu gleicher Zeit auf der Erde leben und bei dem lieben Gott in die Kost gehen, ohne das Getier. Aber es kommt noch besser.

Denn: zweitens die Sonne, so nahe sie zu sein scheint, wenn sie früh hinter den Bergen in die frische Morgenluft hinaufschaut, so ist sie doch über zwanzig Millionen Meilen weit von der Erde entfernt. Weil aber eine solche Zahl sich geschwinder aussprechen als erwägen und ausdenken lässt, so merke: Wenn auf der Sonne eine grosse scharf geladene Kanone stünde und der Konstabler, der hinten steht und sie richtet, zielte auf keinen andern Menschen als auf dich, so dürftest du deswegen in dem nämlichen Augenblick, als sie losgebrannt wird, noch herzhaft anfangen, ein neues Haus zu bauen, und könntest darin essen und trinken und schlafen; oder du könntest ohne Anstand noch geschwinde heiraten und Kinder erzeugen und ein Handwerk lernen lassen und sie wieder verheiraten und vielleicht noch Enkel erleben. Denn wenn auch die Kugel in schnurgerader Richtung und immer in gleicher Geschwindigkeit immer fort und fort flöge, so könnte sie doch erst nach Verfluss von 25 Jahren von der Sonne hinweg auf der Erde anlangen, so doch eine Kanonenkugel einen scharfen Flug hat und zu einer Weite von 600 Fuss nicht mehr als den sechzigsten Teil einer Minute bedarf.

Dass nun weiters die Sonne auch nicht bloss eine glänzende Fensterscheibe des Himmels, sondern wie unser Erdkörper eine schwebende Kugel sei, begreift man schon leichter. Aber wer vermag mit seinen Gedanken ihre Grösse zu umfassen, nachdem sie aus einer so entsetzlichen Ferne solche Kraft des Lichts und der Wärme noch auf die Erde ausübt und alles segnet, was ihr mildes Antlitz bescheint? Der Durchmesser der Sonne ist 114mal grösser als der Durchmesser der Erde. Aber im Körpermass beträgt ihre Masse anderthalb Millionen mal so viel als die Erde. Wenn sie hohl wäre inwendig, so hätte nicht nur unsere Erde in ihr Raum, auch der Mond, der doch 50 000 Meilen von uns absteht, könnte darin ohne Anstoss auf- und untergehen, ja er könnte noch einmal so weit von uns entfernt sein, als er ist, und doch ohne Anstoss um die Erde herumspazieren, wenn er wollte. So gross ist die Sonne und geht aus der nämlichen allmächtigen Hand hervor, die auf der Erde das Magsamen- oder Mohnsamenkörnlein in seiner Schale bildet und zur Reife bringt, eins so unbegreiflich wie das andere. Der Hausfreund wenigstens wüsste keine Wahl, wenn er eine Sonne oder ein Magsamenkörnlein machen müsste mit einem fruchtbaren Keim darin.

Lange nun glaubten selbst die gelehrtesten Sternforscher, diese ganze unermessliche Sonnenmasse sei nichts anderes als eine glühende Feuerkugel durch und durch. Nur konnte keiner von ihnen begreifen, wo dieses Feuer seine ewige Nahrung fasst, dass es in tausend und abertausend Jahren nicht abnimmt und zuletzt wie ein Lämplein verlöscht; denn die gelehrten Leute wissen auch nicht alles und reiten manchmal auf einem fahlen Pferd. Wer alles wissen will, dem ist schlecht zu trauen, sondern er treibt's mit seinen Antworten wie der Mattheis, der das Eis bricht. „Hat er keins, macht er eins" nach dem Sprichwort.

Deswegen will es nun heutzutage den Sternforschern und andern verständigen Leuten scheinen, die Sonne könne an sich wohl wie unsere Erde ein dunkler und temperierter, ja ein bewohnbarer Weltkörper sein. Aber wie die Erde ringsum mit erquickender Luft umgeben ist, so umgibt die Sonne ringsum das erfreuliche Licht, und es ist nicht notwendig, dass dasselbe auf dem Sonnenkörper selbst eine unausstehliche zerstörende Hitze verursachen müsse, sondern ihre Strahlen erzeugen die Wärme und Hitze erst, wenn sie sich mit der irdischen Luft vermischen, und ziehen dieselbe gleichsam aus den Körpern hervor. Denn dass die Erde eine grosse Masse von verborgener Wärme in sich selbst hat und nur auf etwas warten muss, um sie von sich zu geben, das ist daran zu erkennen, dass zwei kalte Körper mitten im Winter durch anhaltendes Reiben zuerst in Wärme, hernach in Hitze und endlich in Glut gebracht werden können. Und wie geht es zu, je weiter man an einem hohen Berg hinaufsteigt, und je näher man der Sonne kommt, dass man immer mehr in die Hände hauchen muss und zuletzt vor Schnee und Eis nimmer weiter kommt, fragen die Naturkundigen, wenn die Sonne ein sprühendes Feuer sein soll?

Also wäre es wohl möglich, dass sie an sich ein fester, mit mildem Licht umflossener Weltkörper sei und dass auf ihr jahraus, jahrein wunderschöne Pfingstblumen blühen und duften und statt der Menschen fromme Engel dort wohnen, und ist dort, wie im neuen Jerusalem, keine Nacht und kein Winter, sondern Tag, und zwar ein ewiger freudenvoller Sabbat und hoher Feiertag. Schon Doktor Luther hat einmal so etwas verlauten lassen, und der gelehrige Leser begreift's ein wenig, aber doch nicht recht. [1812]

Denkwürdigkeiten aus dem Morgenlande

I

In der Türkei, wo es bisweilen etwas ungerade hergehen soll, trieb ein reicher und vornehmer Mann einen Armen, der ihn um eine Wohltat anflehte, mit Scheltworten und Schlägen von sich ab, und als er ihn nicht mehr erreichen konnte, warf er ihn noch mit einem Stein. Die es sahen, verdross es, aber niemand konnte erraten, warum der arme Mann den Stein aufhob und, ohne ein Wort zu sagen, in die Tasche steckte, und niemand dachte daran, dass er ihn von nun an so bei sich tragen würde. Aber das tat er.

Nach Jahr und Tag hatte der reiche Mann ein Unglück, nämlich er verübte einen Spitzbubenstreich und wurde deswegen nicht nur seines Vermögens verlustig, sondern er musste auch nach dortiger Sitte zur Schau und Schande, rückwärts, auf einen Esel gesetzt, durch die Stadt reiten. An Spott und Schimpf fehlte es nicht, und der Mann mit dem rätselhaften Stein in der Tasche stand unter den Zuschauern eben auch da und erkannte seinen Beleidiger. Jetzt fuhr er schnell mit der Hand in die Tasche; jetzt griff er nach dem Stein; jetzt hob er ihn schon in die Höhe, um in wieder nach seinem Beleidiger zu werfen, und wie von einem guten Geist gewarnt, liess er ihn wieder fallen und ging mit einem bewegten Gesicht davon.

Daraus kann man lernen: Erstens, man soll im Glück nicht übermütig, nicht unfreundlich und beleidigend gegen geringe und arme Menschen sein. Denn es kann vor Nacht leicht anders werden, als es am frühen Morgen war, und „wer dir als Freund nichts nutzen kann, der kann vielleicht als Feind dir schaden". Zweitens, man soll seinem Feind keinen Stein in der Tasche und keine Rache im Herzen nachtragen. Denn als der arme Mann den seinen auf die Erde fallen liess und davonging, sprach er zu sich selber so: «Rache an dem Feind auszuüben, solange er reich und glücklich war, das war töricht und gefährlich; jetzt wo er unglücklich ist, wäre es unmenschlich und schändlich.»

II

Ein anderer meinte, es sei schön, Gutes zu tun an seinen Freunden und Böses an seinen Feinden. Aber noch ein anderer erwiderte, *das* sei schön, an den Freunden Gutes zu tun und die Feinde zu Freunden zu machen.

III

Es ist doch nicht alles so uneben, was die Morgenländer sagen und tun.

Einer, namens Lockmann, wurde gefragt, wo er seine feinen und wohlgefälligen Sitten gelernt habe? Er antwortete: «Bei lauter unhöflichen und groben Menschen. Ich habe immer das Gegenteil von demjenigen getan, was mir an ihnen nicht gefallen hat.»

IV

Ein anderer entdeckte seinem Freund das Geheimnis, durch dessen Kraft er mit den zanksüchtigen Leuten immer in gutem Frieden ausgekommen sei. Er sagte so: «Ein verständiger Mann und ein törichter Mann können nicht einen Strohhalm miteinander zerreissen. Denn wenn der Tor zieht, so lässt der Verständige nach, und wenn jener nachlässt, so zieht dieser. Aber wenn zwei Unverständige zusammenkommen, so zerreissen sie eiserne Ketten.» [1804]

Zwei Gehülfen des Hausfreunds

Es wird in Zukunft bisweilen von einem Adjunkt die Rede sein, was der geneigte Leser nicht verstehen könnte, wenn es ihm nicht erklärt würde. Als nämlich der Hausfreund den Rheinländischen Kalender noch schrieb, er schreibt ihn noch, hat er den Bezirk seiner Hausfreundschaft diesseits des Rheins, wie die Franzosen das Land jenseits des Rheins, in zwei Provinzen geteilt, in die untere und in die obere, und hat in die untere einen Statthalter gesetzt, einen Präfekt, der aber nicht will genannt sein, denn er ist kein Landskind. Auch nennt ihn der Hausfreund selber nicht leicht Statthalter, und niemand, sondern Adjunkt, denn selten ist jeder auf seinem Posten, sondern sitzen beieinander und schreiben miteinander neue hochdeutsche Reime oder sinnreiche Rätsel. Zum Exempel: «Adjunkt», sagte der Hausfreund, «ratet hin, ratet her, was ist das?

>   Der arme Tropf
>   Hat keinen Kopf;
>   Das arme Weib
>   Hat keinen Leib;
>   Die arme Kleine
>   Hat keine Beine.
>   Sie ist ein langer Darm,
>   Doch schlingt sie einen Arm
>   Bedächtig in den andern ein.
>   Was mag das für ein Weiblein sein?»

«Hausfreund», sagte der Adjunkt, «wenn Ihr mir einen Groschen leiht, so will ich Euch für dieses Rätsel ein paar Bretzeln kaufen. Den Wein, den wir dazu trinken, bezahlt Ihr. Ratet hin, ratet her, was ist aber das?

>   Holde, die ich meine,
>   Niedliche und Kleine!
>   Ich liebe dich, und ohne dich
>   Wird mir der Abend weinerlich.
>   Auch gönnst du mir,
>   Nachrühm' ich's dir,

Wohl manchen lieblichen Genuss;
Doch bald bekommst du's Überdruss
Und laufst zu meiner tiefen Schmach
Ein feiles Mensch den Juden nach.
Und dennoch, Falsche aus und ein,
Hörst du nicht auf, mir lieb zu sein.

Ihr erratet's nicht», sagt der Statthalter, «wenn ich's Euch nicht expliziere. Es ist eine Adjunktsbesoldung, zum Exempel meine eigene, die ich von Euch bekomme.»

Allein der Adjunkt hat selber wieder eine Adjunktion, nämlich seine Schwiegermutter, die Tochter hat er noch nicht, bekommt sie auch nicht, und der Hausfreund hat an ihm einen ganz andern Glückszug getan als sein guter Freund, der Doktor, auf seiner Heimreise aus Spanien an der Madrider Barbiergilde. Denn als er aus der grossen Stadt Madrid heraus ritt, seinem Tierlein wuchsen in dem warmen Land und bei der üppigen Nahrung die Haare so kräftig, dass er nach Landsart zwei Barbiere mitnehmen musste, die auch ritten, und wenn sie abends in die Herberge kamen, so rasierten sie sein Tierlein. Weil sie aber selber keine gemeinen Leute waren und die ganze Nacht Arbeit genug hatten, bis das Tierlein eingeseift und rasiert und wieder mit Lavendelöl eingerieben war, so nahm jeder wieder für sein eigenes Tierlein zwei Barbiere mit, die ebenfalls ritten, und diese wieder. Als nun der Doktor oben auf dem pyrenäischen Berg zum erstenmal umschaute und mit dem Perspektiv sehen wollte, wo er hergekommen war, als er mit Verwunderung und Schrecken den langen Zug seiner Begleiter gewahr wurde, und wie noch immer neue Barbiere zum Stadttore von Madrid herausritten und inwendig wieder aufsassen, sagte er bei sich selbst: „Was hab' ich denn nötig, länger zu reiten, es geht nun jetzt bergunter", und ging früh am Tag in aller Stille zu Fusse nach Montlouis.

Also hat der Hausfreund mit seinem Adjunkte auch die Adjunktin des Adjunkts gewonnen, ist aber nicht erschrocken und davongelaufen. Wer's noch nie erlebt hat, wie sie allen Leuten Red und Antwort gab und schöne Schweizerlieder vom Rigiberg singt und wie sie sich verstellen kann, bald meint man, man sehe eine Heilige mitten aus dem Gelobten Lande heraus, bald die heidnische Zauberin Medea, und noch viel, wer's nicht gesehen hat, stellt sich's nicht vor.

Der freundlichen Schwiegermutter des Adjunkts soll dieses Büchlein zum Dank und zur Freundschaft gewidmet sein. [anders 1811]

Kindesdank und -undank

Man findet gar oft, wenn man ein wenig aufmerksam ist, dass Menschen im Alter von ihren Kindern wieder ebenso behandelt werden, wie sie einst ihre alten und kraftlosen Eltern behandelt haben. Es geht auch begreiflich zu. Die Kinder lernen's von den Eltern; sie sehen's und hören's nicht anders und folgen dem Beispiel. So wird es auf die natürlichsten und sichersten Wege wahr, was gesagt wird und geschrieben ist, dass der Eltern Segen und Fluch auf den Kindern ruhe und sie nicht verfehle.

Man hat darüber unter andern zwei Erzählungen, von denen die erste Nachahmung und die zweite grosse Beherzigung verdient.

Ein Fürst traf auf einem Spazierritt einen fleissigen und frohen Landsmann an dem Ackergeschäfte an und liess sich mit ihm in ein Gespräch ein. Nach einigen Fragen erfuhr er, dass der Acker nicht sein Eigentum sei, sondern dass er als Taglöhner täglich um 15 Kreuzer arbeite. Der Fürst, der für sein schweres Regierungsgeschäft freilich mehr Geld brauchte und zu verzehren hatte, konnte es in der Geschwindigkeit nicht ausrechnen, wie es möglich sei, täglich mit 15 Kreuzern auszureichen und noch so frohen Mutes dabei zu sein, und verwunderte sich darüber. Aber der brave Mann im Zwilchrock erwiderte ihm: «Es wäre mir übel gefehlt, wenn ich so viel brauchte. Mir muss ein Drittel davon genügen; mit einem Dritteile zahle ich meine Schulden ab, und den übrigen Drittel lege ich auf Kapitalien an.» Das war dem guten Früsten ein neues Rätsel. Aber der fröhliche Landmann fuhr fort und sagte: «Ich teile meinen Verdienst mit meinen alten Eltern, die nicht mehr arbeiten können, und mit meinen Kindern, die es erst lernen müssen; jenen vergelte ich die Liebe, die sie mir in meiner Kindheit erwiesen haben, und von diesen hoffe ich, dass sie mich einst in meinem müden Alter auch nicht verlassen werden.» War das nicht artig gesagt und noch schöner und edler gedacht und gehandelt? Der Fürst belohnte die Rechtschaffenheit des wackern Mannes, sorgte für seine Söhne, und der Segen, den ihm seine sterbenden Eltern gaben, wurde ihm im Alter von seinen dankbaren Kindern durch Liebe und Unterstützung redlich entrichtet.

Aber ein anderer ging mit seinem Vater, welcher durch Alter und Kränklichkeit freilich wunderlich geworden war, so übel um, dass dieser wünschte, in ein Armenspital gebracht zu werden, das im nämlichen Orte war. Dort hoffte er, wenigstens bei dürftiger Pflege von den Vorwürfen frei zu werden, die ihm daheim die letzten Tage seines Lebens verbitterten. Das war dem undankbaren Sohn ein willkommenes Wort. Ehe die Sonne hinter den Bergen hinabging, war dem armen alten Greis sein Wunsch erfüllt. Aber er fand im Spital auch nicht alles, wie er es wünschte. Wenigstens liess er seinen Sohn nach einiger Zeit bitten, ihm die letzte Wohltat zu erweisen und ihm ein paar Leintücher zu schicken, damit er nicht alle Nacht auf blossem Stroh schlafen müsse. Der Sohn suchte die zwei schlechtesten, die er hatte, heraus und befahl seinem zehnjährigen Kinde, sie dem alten Murrkopf ins Spital zu bringen. Aber mit Verwunderung bemerkte er, dass der kleine Knabe vor der Türe eines dieser Tücher in einen Winkel verbarg und folglich dem Grossvater nur eines davon brachte. «Warum hast du das getan?» fragte er den Jungen bei seiner Zurückkunft. – «Zur Aushilfe für die Zukunft», erwiderte dieser kalt und bösartig, «wenn ich Euch, o Vater, auch einmal in das Spital schikken werde.»

Was lernen wir daraus? – Ehre Vater und Mutter, auf dass es dir wohlgehe! [1804]

Das wohlfeile Mittagessen

Es ist ein altes Sprichwort: „Wer andern eine Grube gräbt, fällt selber darein." – Aber der Löwenwirt in einem gewissen Städtlein war schon vorher darin. Zu diesem kam ein wohlgekleideter Gast. Kurz und trotzig verlangte er für sein Geld eine gute Fleischsuppe. Hierauf forderte er auch ein Stück Rindfleisch und ein Gemüs, für sein Geld. Der Wirt fragt ganz höflich, ob ihm nicht auch ein Glas Wein beliebe? «O freilich ja», erwiderte der Gast, «wenn ich etwas Gutes haben kann für mein Geld.» Nachdem er sich alles hatte wohl schmecken lassen, zog er einen abgeschliffenen Sechser aus der Tasche und sagte: «Hier, Herr Wirt, ist mein Geld.» Der Wirt sagte: «Was soll das heissen? Seid Ihr mir nicht einen Taler schuldig?» Der Gast erwiderte: «Ich habe für keinen Taler Speise von Euch verlangt, sondern für mein Geld. Hier ist mein Geld. Mehr hab' ich nicht. Habt Ihr mir zuviel dafür gegeben, so ist's Eure Schuld.» – Dieser Einfall war eigentlich nicht weit her. Es gehörte nur Unverschämtheit dazu und ein unbekümmertes Gemüt, wie es am Ende ablaufen werde. Aber das Beste kommt noch. «Ihr seid ein durchtriebener Schalk,» erwiderte der Wirt, «und hättet wohl etwas anderes verdient. Aber ich schenke Euch das Mittagessen und hier noch ein Vierundzwanzigkreuzerstück dazu. Nur seid stille zur Sache und geht zu meinem Nachbar, dem Bärenwirt, und macht es ihm ebenso.» Das sagte er, weil er mit seinem Nachbarn, dem Bärenwirt, aus Brotneid im Unfrieden lebte und einer dem andern jeglichen Tort und Schimpf gerne antat und erwiderte. Aber der schlaue Gast griff lächelnd mit der einen Hand nach dem angebotenen Gelde, mit der andern vorsichtig nach der Türe, wünschte dem Wirt einen guten Abend und sagte: «Bei Eurem Nachbarn, dem Herrn Bärenwirt, bin ich schon gewesen, und eben der hat mich zu Euch geschickt und kein anderer.»

So waren im Grunde beide hintergangen, und der dritte hatte den Nutzen davon. Aber der listige Kunde hätte sich noch obendrein einen schönen Dank von beiden verdient, wenn sie eine gute Lehre daraus gezogen und sich miteinander ausgesöhnt hätten. Denn Frieden ernährt, aber Unfrieden verzehrt. [1804]

Das Mittagessen im Hof

Man klagt häufig darüber, wie schwer und unmöglich es sei, mit manchen Menschen auszukommen. Das mag denn freilich auch wahr sein. Indessen sind viele von solchen Menschen nicht schlimm, sondern nur wunderlich, und wenn man sie nur immer recht kennte, inwendig und auswendig, und recht mit ihnen umzugehen wüsste, nie zu eigensinnig und nie zu nachgebend, so wäre mancher wohl und leicht zur Besinnung zu bringen. Das ist doch einem Bedienten mit seinem Herrn gelungen. Dem konnte er manchmal gar nichts recht machen und musste vieles entgelten, woran er unschuldig war, wie es oft geht. So kam einmal der Herr sehr verdrüsslich nach Hause und setzte sich zum Mittagessen. Da war die Suppe zu heiss oder zu kalt oder keines von beiden; aber genug, der Herr war verdrüsslich. Er fasste daher die Schüssel mit dem, was darinnen war, und warf sie durch das offene Fenster in den Hof hinab. Was tat der Diener? Kurz besonnen warf er das Fleisch, welches er eben auf den Teller stellen wollte, mir nichts, dir nichts, der Suppe nach auch in den Hof hinab, dann das Brot, dann den Wein und endlich das Tischtuch mit allem, was noch darauf war, auch in den Hof hinab. «Verwegener, was soll das sein?» fragte der Herr und fuhr mit drohendem Zorn von dem Sessel auf. Aber der Bediente erwiderte kalt und ruhig: «Verzeihen Sie mir, wenn ich Ihre Meinung nicht erraten habe. Ich glaubte nicht anders, als Sie wollten heute in dem Hofe speisen. Die Luft ist so heiter, der Himmel so blau, und sehen Sie nur, wie lieblich der Apfelbaum blüht und wie fröhlich die Bienen ihren Mittag halten!» – Diesmal die Suppe hinabgeworfen, und nimmer. Der Herr erkannte seinen Fehler, heiterte sich im Anblick des schönen Frühlingshimmels auf, lächelte heimlich über den schnellen Einfall seines Aufwärters und dankte ihm im Herzen für die gute Lehre.

Der kluge Richter

Dass nicht alles so uneben sei, was im Morgenlande geschieht, das haben wir schon einmal gehört. Auch folgende Begebenheit soll sich daselbst zugetragen haben: Ein reicher Mann hatte eine beträchtliche Geldsumme, welche in ein Tuch eingenäht war, aus Unvorsichtigkeit verloren. Er machte daher seinen Verlust bekannt und bot, wie man zu tun pflegt, dem ehrlichen Finder eine Belohnung, und zwar von hundert Talern an. Da kam bald ein guter und ehrlicher Mann dahergegangen. «Dein Geld habe ich gefunden. Dies wird's wohl sein! So nimm dein Eigentum zurück!» So sprach er mit dem heitern Blick eines ehrlichen Mannes und eines guten Gewissens, und das war schön. Der andere machte auch ein fröhliches Gesicht, aber nur, weil er sein verloren geschätztes Geld wieder hatte. Denn wie es um seine Ehrlichkeit aussah, das wird sich bald zeigen. Er zählte das Geld und dachte unterdessen geschwinde nach, wie er den treuen Finder um seine versprochene Belohnung bringen könnte. «Guter Freund», sprach er hierauf, «es waren eigentlich 800 Taler in dem Tuch eingenähet. Ich finde aber nur noch 700 Taler. Ihr werdet also wohl eine Naht aufgetrennt und Eure 100 Taler Belohnung schon herausgenommen haben. Da habt Ihr wohl daran getan. Ich danke Euch.» Das war nicht schön. Aber wir sind auch noch nicht am Ende. Ehrlich währt am längsten, und Unrecht schlägt seinen eigenen Herrn. Der ehrliche Finder, dem es weniger um die 100 Taler als um seine unbescholtene Rechtschaffenheit zu tun war, versicherte, dass er das Päcklein so gefunden habe, wie er es bringe, und es so bringe, wie er's gefunden habe. Am Ende kamen sie vor den Richter. Beide bestunden auch hier noch auf ihrer Behauptung, der eine, dass 800 Taler seien eingenäht gewesen, der andere, dass er von dem Gefundenen nichts genommen und das Päcklein nicht versehrt habe. Da war guter Rat teuer. Aber der kluge Richter, der die Ehrlichkeit des einen und die schlechte Gesinnung des andern zum voraus zu kennen schien, griff die Sache so an: Er liess sich von beiden über das, was sie aussagten, eine feste und feierliche Versicherung geben und tat hierauf folgenden Spruch: «Demnach, und wenn der eine von euch 800 Taler verloren, der andere aber nur ein Päcklein mit 700 Talern gefunden hat, so kann auch das Geld des letztern nicht das nämliche sein, auf welches der erstere ein Recht hat. Du, ehrlicher Freund, nimmst also das Geld, welches du gefunden hast, wieder zurück und behältst es in guter Verwahrung, bis der kommt, welcher nur 700 Taler verloren hat. Und dir da weiss ich keinen Rat, als du geduldest dich, bis derjenige sich meldet, der deine 800 Taler findet.» So sprach der Richter, und dabei blieb es. [1805]

Der schlaue Husar

Ein Husar im letzten Kriege wusste wohl, dass der Bauer, dem er jetzt auf der Strasse entgegenging, 100 Gulden für geliefertes Heu eingenommen hatte und heimtragen wollte. Deswegen bat er ihn um ein kleines Geschenk zu Tabak und Branntwein. Wer weiss, ob er mit ein paar Batzen nicht zufrieden gewesen wäre. Aber der Landmann versicherte und beteuerte bei Himmel und Hölle, dass er den eigenen letzten Kreuzer im nächsten Dorfe ausgegeben, und nichts mehr übrig habe. «Wenn's nur nicht so weit von meinem Quartier wäre», sagte hierauf der Husar, «so wäre uns beiden zu helfen; aber wenn du hast nichts, ich hab' nichts, so müssen wir den Gang zum heiligen Alfonsus doch machen. Was er uns heute beschert, wollen wir brüderlich teilen.» Dieser Alfonsus stand in Stein ausgehauen in einer alten, wenig besuchten Kapelle am Feldweg. Der Landmann hatte anfangs keine grosse Lust zu dieser Wallfahrt. Aber der Husar nahm keine Vorstellung an und versicherte unterwegs seinen Begleiter so nachdrücklich, der heilige Alfonsus habe ihn noch in keiner Not stecken lassen, dass dieser selbst anfing, Hoffnung zu gewinnen. Vermutlich war in der abgelegenen Kapelle ein Kamerad und Helfershelfer des Husaren verborgen? Nichts weniger! Es war wirklich das steinerne Bild des Alfonsus, vor welchem sie jetzt niederknieten, während der Husar gar andächtig zu beten schien. «Jetzt», sagte er seinem Begleiter ins Ohr, «jetzt hat mir der Heilige gewinkt.» Er stand auf, ging zu ihm, hielt die Ohren an die steinernen Lippen und kam gar freudig wieder zu seinem Begleiter zurück. «Einen Gulden hat er mir geschenkt, in meiner Tasche müsse er schon stecken.» Er zog auch wirklich zum Erstaunen des andern einen Gulden heraus, den er aber schon vorher bei sich hatte, und teilte mit ihm versprochenermassen brüderlich zur Hälfte. Das leuchtete dem Landmann ein, und es war ihm gar recht, dass der Husar die Probe noch einmal machte. Alles ging das zweitemal wie zuerst. Nur kam der Kriegsmann diesmal viel freudiger von dem Heiligen zurück. «Hundert Gulden hat uns jetzt der gute Alfonsus auf einmal geschenkt. In deiner Tasche müssen sie stecken.» Der Bauer wurde todesblass, als er dies hörte, und wiederholte seine Versicherung, dass er gewiss keinen Kreuzer habe. Allein der Husar redete ihm zu, er sollte doch nur Vertrauen zu dem heiligen Alfonsus haben und nachsehen. Alfonsus habe ihn noch nie getäuscht. Wollte er wohl oder übel, so musste er seine Taschen umkehren und leer machen. Die hundert Gulden kamen richtig zum Vorschein, und hatte er vorher dem schlauen Husaren die Hälfte von seinem Gulden abgenommen, so musste er jetzt auch seine hundert Gulden mit ihm teilen, da half kein Bitten und kein Flehen.

Das war fein und listig, aber eben doch nicht recht, zumal in einer Kapelle. [1807]

Der Zahnarzt

Zwei Tagdiebe, die schon lange in der Welt miteinander herumgezogen, weil sie zum Arbeiten zu träg oder zu ungeschickt waren, kamen doch zuletzt in grosse Not, weil sie wenig Geld mehr übrig hatten und nicht geschwind wussten, wo nehmen. Da gerieten sie auf folgenden Einfall: Sie bettelten vor einigen Haustüren Brot zusammen, das sie nicht zur Stillung des Hungers geniessen, sondern zum Betrug missbrauchen wollten. Sie kneteten nämlich und drehten aus demselben lauter kleine Kügelein oder Pillen und bestreuten sie mit Wurmmehl aus altem zerfressenem Holz, damit sie völlig aussahen wie die gelben Arzneipillen. Hierauf kauften sie für ein paar Batzen einige Bogen rotgefärbtes Papier bei dem Buchbinder; denn eine schöne Farbe muss gewöhnlich bei jedem Betrug mithelfen. Das Papier zerschnitten sie alsdann und wickelten die Pillen darein, je sechs bis acht Stück in ein Päcklein. Nun ging der eine voraus in einen Flecken, wo eben Jahrmarkt war, und in den 'Roten Löwen', wo er viele Gäste anzutreffen hoffte. Er forderte ein Glas Wein, trank aber nicht, sondern sass ganz wehmütig in einem Winkel, hielt die Hand an den Backen, winselte halblaut für sich und kehrte sich unruhig bald so her, bald so hin. Die ehrlichen Landleute und Bürger, die im Wirtshaus waren, bildeten sich wohl ein, dass der arme Mensch ganz entsetzlich Zahnweh haben müsse. Aber was war zu tun? Man bedauerte ihn, man tröstete ihn, dass es schon wieder vergehen werde, trank sein Gläschen fort und machte seine Marktaffären aus. Indessen kam der andere Tagedieb auch nach. Da stellten sich die beiden Schelme, als ob noch keiner den andern in seinem Leben gesehen hätte. Keiner sah den andern an, bis der zweite durch das Winseln des ersten, der im Winkel sass, aufmerksam zu werden schien. «Guter Freund», sprach er, «Ihr scheint wohl Zahnschmerzen zu haben?» und ging mit grossen und langsamen Schritten auf ihn zu. «Ich bin der Doktor Schnauzius Rapunzius von Trafalgar», fuhr er fort; denn solche fremde, volltönige Namen müssen auch zum Betrug behilflich sein wie die Farben. «Und wenn Ihr meine Zahnpillen gebrauchen wollt», fuhr er fort, «so soll es mir eine schlechte Kunst sein, Euch mit einer, höchstens zweien von Euren Leiden zu befreien.» – «Das wolle Gott», erwiderte der andre Halunk. Hierauf zog der saubere Doktor Rapunzius eines von seinen roten Päcklein aus der Tasche und verordnete dem Patienten, ein Kügelein daraus auf den bösen Zahn zu legen und herzhaft darauf zu beissen. Jetzt streckten die Gäste an den andern Tischen die Köpfe herüber, und einer um den andern kam herbei, um die Wunderkur mit anzusehen. Nun könnt ihr euch vorstellen, was geschah. Auf diese erste Probe wollte zwar der Patient wenig rühmen, vielmehr tat er einen entsetzlichen Schrei. Das gefiel dem Doktor. Der Schmerz, sagte er, sei jetzt gebrochen, und gab ihm geschwind die zweite Pille zu gleichem Gebrauch. Da war nun plötzlich aller Schmerz verschwunden. Der Patient sprang vor Freuden auf, wischte den Angstschweiss von der Stirne weg, obgleich keiner daran war, und tat, als ob er seinem Retter zum Danke etwas Namhaftes in die Hand drükke. – Der Streich war schlau angelegt und tat seine Wirkung. Denn jeder Anwesende wollte nun auch von diesen vortrefflichen Pillen haben. Der Doktor bot das Päcklein für 24 Kreuzer, und in wenig Minuten waren alle verkauft. Natürlich gingen jetzt die zwei Schelme wieder einer nach dem andern weiters, lachten, als sie wieder zusammenkamen, über die Einfalt dieser Leute und liessen sich's wohl sein von ihrem Geld.

Das war teures Brot. So wenig für 24 Kreuzer bekam man noch in keiner Hungersnot. Aber der Geldverlust war nicht einmal das Schlimmste. Denn die Weichbrotkügelein wurden natürlicherweise mit der Zeit steinhart. Wenn nun so ein armer Betrogener nach Jahr und Tag Zahnweh bekam und in gutem Vertrauen mit dem kranken Zahn einmal und zweimal darauf biss, da denke man an den entsetzlichen Schmerz, den er, statt geheilt zu werden, sich selbst für 24 Kreuzer aus der eigenen Tasche machte. Daraus ist also zu lernen, wie leicht man kann betrogen werden, wenn man den Vorspiegelungen jedes herumlaufenden Landstreichers traut, den man zum erstenmal in seinem Leben sieht und vorher nie und nachher nimmer; und mancher, der dieses liest, wird vielleicht denken: „So einfältig bin ich zu meinem eigenen Schaden auch schon gewesen." – Merke: Wer so etwas kann, weiss an andern Orten Geld zu verdienen, lauft nicht auf den Dörfern und Jahrmärkten herum mit Löchern im Strumpf oder mit einer weissen Schnalle am rechten Schuh und am linken mit einer gelben. [1807]

Zwei Erzählungen

Wie leicht sich manche Menschen oft über unbedeutende Kleinigkeiten ärgern und erzürnen, und wie leicht die nämlichen oft durch einen unerwarteten und spasshaften Einfall wieder zur Besinnung können gebracht werden, das haben wir an dem Herrn gesehen, der die Suppenschüssel aus dem Fenster warf und an seinem witzigen Bedienten. Das nämlich lehren folgende zwei Beispiele:

Ein Gassenjunge sprach einen gut und vornehm gekleideten Mann, der an ihm vorbeiging, um einen Kreuzer an, und als dieser seiner Bitte kein Gehör geben wollte, versprach er ihm, um einen Kreuzer zu zeigen, wie man zu Zorn und Schimpf und Händeln kommen könne. Mancher, der dies liest, wird denken, das zu lernen sei keinen Heller, noch weniger einen Kreuzer wert, weil Schimpf und Händel etwas Schlimmes und nichts Gutes sind. Aber es ist mehr wert, als man meint. Denn wenn man weiss, wie man zu dem Schlimmen kommen kann, so weiss man auch, vor was man sich zu hüten hat, wenn man davor bewahrt bleiben will. So mag dieser Mann auch gedacht haben, denn er gab dem Knaben den Kreuzer. Allein dieser forderte jetzt den zweiten, und als er den auch erlangt hatte, den dritten und den vierten und endlich den sechsten. Als er aber noch immer mit dem Kunststück nicht herausrücken wollte, ging doch die Geduld des Mannes aus. Er nannte den Knaben einen unverschämten Burschen und Betteljungen, drohte, ihn mit Schlägen fortzujagen, und gab ihm am Ende auch wirklich ein paar Streiche. «Ihr grober Mann, der Ihr seid», schrie jetzt der Junge, «schon so alt und noch so unverständig! Hab' ich Euch nicht versprochen zu lehren, wie man zu Schimpf und Händeln kommt? Habt Ihr mir nicht sechs Kreuzer dafür gegeben? Das sind ja jetzt Händel, und so kommt man dazu. Was schlagt Ihr mich denn?» So unangenehm dem Ehrenmann dieser Vorfall war, so sah er doch ein, dass der listige Knabe recht und er selber unrecht hatte. Er besänftigte sich, nahm sich's zur Warnung, nimmer so aufzufahren, und glaubte, die gute Lehre, die er da erhalten habe, sei wohl sechs Kreuzer wert gewesen.

In einer andern Stadt ging ein Bürger schnell und ernsthaft die Strasse hinab. Man sah ihm an, dass er etwas Wichtiges an einem Ort zu tun habe. Da ging der vornehme Stadtrichter an ihm vorbei, der ein neugieriger und dabei ein gewalttätiger Mann muss gewesen sein, und der Gerichtsdiener kam hinter ihm drein. «Wo geht Ihr hin so eilig?» sprach er zu dem Bürger. Dieser erwiderte ganz gelassen: «Gestrenger Herr, das weiss ich selber nicht.» – «Aber Ihr seht doch nicht aus, als ob Ihr nur für Langeweile herumgehen wolltet. Ihr müsst etwas Wichtiges an einem Ort vorhaben.» – «Das mag sein», fuhr der Bürger fort, «aber wo ich hingehe, weiss ich wahrhaftig nicht.» Das verdross den Stadtrichter sehr. Vielleicht kam er auch auf den Verdacht, dass der Mann an einem Ort etwas Böses ausüben wollte, das er nicht sagen dürfe. Kurz, er verlangte jetzt ernsthaft, von ihm zu hören, wo er hingehe, mit der Bedrohung, ihn sogleich von der Strasse weg in das Gefängnis führen zu lassen. Das half alles nichts, und der Stadtrichter gab dem Gerichtsdiener zuletzt wirklich den Befehl, diesen widerspenstigen Menschen wegzuführen. Jetzt aber sprach der verständige Mann: «Da sehen Sie nun, hochgebietender Herr, dass ich die lautere Wahrheit gesagt habe. Wie konnte ich vor einer Minute noch wissen, dass ich in den Turm gehen werde, – und weiss ich denn jetzt gewiss, ob ich drein gehe?» – «Nein», sprach jetzt der Richter, «das sollt Ihr nicht.» Die witzige Rede des Bürgers brachte ihn zur Besinnung. Er machte sich stille Vorwürfe über seine Empfindlichkeit und liess den Mann ruhig seinen Weg gehen.

Es ist doch merkwürdig, dass manchmal ein Mensch, hinter welchem man nicht viel sucht, einem andern noch eine gute Lehre geben kann, der sich für erstaunend weise und verständig hält.

Das wohlbezahlte Gespenst

In einem gewissen Dorfe, das ich wohl nennen könnte, geht ein üblicher Fussweg über den Kirchhof und von da durch den Acker eines Mannes, der an der Kirche wohnt, und es ist ein Recht. Wenn nun die Ackerwege bei nasser Witterung schlüpfrig und ungangbar sind, ging man immer tiefer in den Acker hinein und zertrat dem Eigentümer die Saat, so dass bei anhaltend feuchter Witterung der Weg immer breiter und der Acker immer schmäler wurde, und das war kein Recht. Zum Teil wusste nun der beschädigte Mann sich wohl zu helfen. Er gab bei Tag, wenn er sonst nichts zu tun hatte, fleissig acht, und wenn ein unverständiger Mensch diesen Weg kam, der lieber seine Schuhe als seines Nachbarn Gerstensaat schonte, so lief er schnell hinzu und pfändete ihn oder tat's mit ein paar Ohrfeigen kurz ab. Bei Nacht aber, wo man noch am ersten einen guten Weg braucht und sucht, war's nur desto schlimmer, und die Dornenäste und Rispen, mit welchen er den Wandernden verständlich machen wollte, wo der Weg sei, waren allemal in wenig Nächten niedergerissen oder ausgetreten, und mancher tat's vielleicht mit Fleiss. Aber da kam dem Mann etwas anderes zu statten. Es wurde auf einmal unsicher auf dem Kirchhofe, über welchen der Weg ging. Bei trockenem Wetter und etwas hellen Nächten sah man oft ein langes weisses Gespenst über die Gräber wandeln. Wenn es regnete oder sehr finster war, hörte man im Beinhaus bald ein ängstliches Stöhnen und Winseln, bald ein Klappern, als wenn alle Totenköpfe und Totengebeine darin lebendig werden wollten. Wer das hörte, sprang behend wieder zur nächsten Kirchhoftüre hinaus, und in kurzer Zeit sah man, sobald der Abend dämmerte und die letzte Schwalbe aus der Luft verschwunden war, gewiss keinen Menschen mehr auf dem Kirchhofwege, bis ein verständiger und herzhafter Mann aus einem benachbarten Dorfe sich an diesem Ort verspätete und den nächsten Weg nach Haus doch über diesen verschrienen Platz und über den Gerstenacker nahm. Denn ob ihm gleich seine Freunde die Gefahr vorstellten und lange abwehrten, so sagte er doch am Ende: «Wenn es ein Geist ist, geh' ich mit Gott als ein ehrlicher Mann den nächsten Weg zu meiner Frau und zu meinen Kindern heim, habe nichts Böses getan, und ein Geist, wenn's auch der schlimmste unter allen wäre, tut mir nichts. Ist's aber Fleisch und Bein, so habe ich zwei Fäuste bei mir, die sind auch schon dabei gewesen.» Er ging. Als er aber auf den Kirchhof kam und kaum am zweiten Grab vorbei war, hörte er hinter sich ein klägliches Ächzen und Stöhnen, und als er zurückschaute, siehe, da erhob sich hinter ihm, wie aus einem Grab herauf, eine lange, weisse Gestalt. Der Mond schimmerte blass über die Gräber. Totenstille war ringsumher, nur ein paar Fledermäuse flatterten vorüber. Da war dem guten Manne doch nicht wohl zu Mute, wie er nachher selber gestand, und wäre gerne wieder zurückgegangen, wenn er nicht noch einmal an dem Gespenst hätte vorbeigehen müssen. Was war nun zu tun? Langsam und still ging er seines Weges zwischen den Gräbern und manchem schwarzen Totenkreuz vorbei. Langsam und immer ächzend folgte zu seinem Entsetzen das Gespenst ihm nach bis an das Ende des Kirchhofs, und das war in der Ordnung, und bis vor den Kirchhof hinaus, und das war dumm.

Aber so geht es. Kein Betrüger ist so schlau, er verratet sich. Denn sobald der verfolgte Ehrenmann das Gespenst auf dem Acker erblickte, dachte er bei sich selber: Ein rechtes Gespenst muss wie eine Schildwache auf seinem Posten bleiben, und ein Geist, der auf den Kirchhof gehört, geht nicht aufs Ackerfeld. Daher bekam er auf einmal Mut, drehte sich schnell um, fasste die weisse Gestalt mit fester Hand und merkte bald, dass er unter einem Leintuch einen Burschen am Brusttuche habe, der noch nicht auf dem Kirchhofe daheim sei. Er fing daher an, mit der andern Faust auf ihn loszutrommeln, bis er seinen Mut an ihm gekühlt hatte, und da er vor dem Leintuch selber nicht sah, wo er hinschlug, so musste das arme Gespenst die Schläge annehmen, wie sie fielen.

Damit war nun die Sache abgetan, und man hat weiter nichts mehr davon erfahren, als dass der Eigentümer des Gerstenackers ein paar Wochen lang mit blauen und gelben

Zieraten im Gesicht herumging und von dieser Stunde an kein Gespenst mehr auf dem Kirchhof zu sehen war. Denn solche Leute, wie unser handfester Ehrenmann, das sind allein die rechten Geisterbanner, und es wäre zu wünschen, dass jeder andere Betrüger und Gaukelhans ebenso sein Recht und seinen Meister finden möchte. [1808]

Der vorsichtige Träumer

In dem Städtlein Witlisbach im Kanton Bern war einmal ein Fremder über Nacht, und als er ins Bett gehen wollte und bis auf das Hemd ausgekleidet war, zog er noch ein Paar Pantoffeln aus dem Bündel, legte sie an, band sie mit den Strumpfbändern an den Füssen fest und legte sich also in das Bette. Da sagte zu ihm ein anderer Wandersmann, der in der nämlichen Kammer übernachtet war: «Guter Freund, warum tut Ihr das?» Darauf erwiderte der erste: «Wegen der Vorsicht. Denn ich bin einmal im Traum in eine Glasscherbe getreten. So habe ich im Schlaf solche Schmerzen davon empfunden, dass ich um keinen Preis mehr barfuss schlafen möchte.» [1808]

Missverstand

Im neunziger Krieg, als der Rhein auf jener Seite von französischen Schildwachen, auf dieser Seite von schwäbischen Kreissoldaten besetzt war, rief ein Franzose zum Zeitvertreib zu der deutschen Schildwache herüber: «Filu! Filu!» Das heisst auf gut deutsch: Spitzbube. Allein der ehrliche Schwabe dachte an nichts so Arges, sondern meinte, der Franzose frage: Wieviel Uhr? und gab gutmütig zur Antwort: «Halber vieri.» [1808]

Eine sonderbare Wirtszeche

Manchmal gelingt ein mutwilliger Einfall, manchmal kostet's den Rock, oft sogar die Haut dazu. Diesmal aber nur den Rock. Denn obgleich einmal drei lustige Studenten auf einer Reise keinen roten Heller mehr in der Tasche hatten, alles war verjubelt, so gingen sie doch noch einmal in ein Wirtshaus und dachten, sie wollten sich schon wieder hinaus helfen und doch nicht wie Schelmen davon schleichen, und es war ihnen gar recht, dass die junge und artige Wirtin ganz allein in der Stube war. Sie assen und tranken guten Mutes und führten miteinander ein gar gelehrtes Gespräch, als wenn die Welt schon viele tausend Jahre alt wäre und noch eben so lange stehen würde, und dass in jedem Jahr, an jedem Tag und in jeder Stunde des Jahrs alles wieder so komme und sei, wie es am nämlichen Tag und in der nämlichen Stunde vor sechstausend Jahren auch gewesen sei. «Ja», sagte endlich einer zur Wirtin – die mit einer Stickerei seitwärts am Fenster sass und aufmerksam zuhörte – «ja, Frau Wirtin, das müssen wir aus unsern gelehrten Büchern wissen.» Und einer war so keck und behauptete, er könne sich wieder dunkel erinnern, dass sie vor sechstausend Jahren schon einmal da gewesen seien, und das hübsche freundliche Gesicht der Frau Wirtin sei ihm doch wohl bekannt. Das Gespräch wurde noch lange fortgesetzt, und je mehr die Wirtin alles zu glauben schien, desto besser liessen sich die jungen Schwenkfelder den Wein und Braten und manche Bretzel schmecken, bis eine Rechnung von 5 fl. 16 kr. auf der Kreide stand. Als sie genug gegessen und getrunken hatten, rückten sie mit der List heraus, worauf es abgesehen war.

«Frau Wirtin», sagte einer, «es steht diesmal um unsere Batzen nicht gut, denn es sind der Wirtshäuser zu viele an der Strasse. Da wir aber an Euch eine verständige Frau gefunden haben, so hoffen wir als alte Freunde hier Kredit zu haben, und wenn's Euch recht ist, so wollen wir in sechstausend Jahren, wenn wir wieder kommen, die alte Zeche samt der neuen bezahlen.» Die verständige Wirtin nahm das nicht übel auf, war's vollkommen zufrieden und freute sich, dass die Herren so vorlieb genommen, stellte sich aber unvermerkt vor die Stubentüre und bat, die Herren möchten nur so gut sein und jetzt einstweilen die 5 fl.16 kr. bezahlen, die sie vor sechstausend Jahren schuldig geblieben seien, weil doch alles schon einmal so gewesen sei, wie es wiederkomme. Zum Unglück trat eben der Vorgesetzte des Ortes mit ein paar braven Männern in die Stube, um miteinander ein Glas Wein in Ehren zu trinken. Das war den gefangenen Vögeln gar nicht lieb. Denn jetzt wurde von Amts wegen das Urteil gefällt und vollzogen: «Es sei aller Ehren wert, wenn man sechstausend Jahre lang geborgt habe. Die Herren sollten also augenblicklich ihre alte Schuld bezahlen oder ihre noch ziemlich neuen Oberröcke in Versatz geben.» Dies letzte musste geschehen, und die Wirtin versprach, in sechstausend Jahren, wenn sie wieder kommen und besser als jetzt bei Batzen seien, ihnen alles, Stück für Stück, wieder zuzustellen.

Dies ist geschehen im Jahre 1805 am 17ten April im Wirtshause zu Segringen. [1808]

Seltsamer Spazierritt

Ein Mann reitet auf seinem Esel nach Haus und lässt seinen Buben zu Fuss nebenher laufen. Kommt ein Wanderer und sagt: «Das ist nicht recht, Vater, dass Ihr reitet und lasst Euern Sohn laufen; Ihr habt stärkere Glieder.» Da stieg der Vater vom Esel herab und liess den Sohn reiten. Kommt wieder ein Wandersmann und sagt: «Das ist nicht recht, Bursche, dass du reitest und lässest deinen Vater zu Fuss gehen. Du hast jüngere Beine.» Da sassen beide auf und ritten eine Strecke. Kommt ein dritter Wandersmann und sagt: «Was ist das für ein Unverstand: zwei Kerle auf *einem* schwachen Tier; sollte man nicht einen Stock nehmen und euch beide hinabjagen?» Da stiegen beide ab und gingen selbdritt zu Fuss, rechts und links der Vater und Sohn, in der Mitte der Esel. Kommt ein vierter Wandersmann und sagt:

«Ihr seid drei kuriose Gesellen. Ist's nicht genug, wenn zwei zu Fuss gehen? Geht's nicht leichter, wenn *einer* von euch reitet?» Da band der Vater dem Esel die vordern Beine zusammen, und der Sohn band ihm die hintern zusammen, zogen einen starken Baumpfahl durch, der an der Strasse stand, und trugen den Esel auf der Achsel heim.

So weit kann's kommen, wenn man es allen Leuten will recht machen. [1808]

Drei Wünsche

Ein junges Ehepaar lebte recht vergnügt und glücklich beisammen und hatte den einzigen Fehler, der in jeder menschlichen Brust daheim ist: Wenn man's gut hat, hätt' man's gerne besser. Aus diesem Fehler entstehen so viele törichte Wünsche, woran es unserm Hans und seiner Lise auch nicht fehlte. Bald wünschten sie des Schulzen Acker, bald des Löwenwirts Geld, bald des Meiers Haus und Hof und Vieh, bald einmal hunderttausend Millionen baierische Taler kurzweg. Eines Abends aber, als sie friedlich am Ofen sassen und Nüsse aufklopften, und schon ein tiefes Loch in den Stein hineingeklopft hatten, kam durch die Kammertür ein weisses Weiblein herein, nicht mehr als eine Elle lang, aber wunderschön von Gestalt und Angesicht, und die ganze Stube war voll Rosenduft. Das Licht löschte aus, aber ein Schimmer wie Morgenrot, wenn die Sonne nicht mehr fern ist, strahlte von dem Weiblein aus, und überzog alle Wände. Über so etwas kann man nun doch ein wenig erschrecken, so schön es aussehen mag. Aber unser gutes Ehepaar erholte sich doch bald wieder, als das Fräulein mit wundersüsser silberreiner Stimme sprach: «Ich bin eure Freundin, die Bergfei Anna Fritze, die im kristallenen Schloss mitten in den Bergen wohnt, mit unsichtbarer Hand Gold in den Rheinsand streut und über siebenhundert dienstbare Geister gebietet. Drei Wünsche dürft ihr tun; drei Wünsche sollen erfüllt werden.» Hans drückte den Ellenbogen an den Arm seiner Frau, als ob er sagen wollte:

Das lautet nicht übel. Die Frau aber war schon im Begriff, den Mund zu öffnen und etwas von ein paar Dutzend goldgestickten Hauben, seidenen Halstüchern und dergleichen zur Sprach zu bringen, als die Bergfei sie mit aufgehobenem Zeigefinger warnte: «Acht Tage lang», sagte sie, «habt ihr Zeit. Bedenkt euch wohl, und übereilt euch nicht.» Das ist kein Fehler, dachte der Mann und legte seiner Frau die Hand auf den Mund. Das Bergfräulein aber verschwand. Die Lampe brannte wie vorher, und statt des Rosendufts zog wieder wie eine Wolke am Himmel der Öldampf durch die Stube.

So glücklich nun unsere guten Leute in der Hoffnung schon zum voraus waren und keinen Stern mehr am Himmel sahen, sondern lauter Bassgeigen, so waren sie jetzt doch recht übel dran, weil sie vor lauter Wunsch nicht wussten, was sie wünschen wollten, und nicht einmal das Herz hatten, recht daran zu denken oder davon zu sprechen, aus Furcht, es möchte für gewünscht passieren, ehe sie es genug überlegt hätten. Nun sagte die Frau: «Wir haben ja noch Zeit bis am Freitag.»

Des andern Abends, während die Kartoffeln zum Nachtessen in der Pfanne prasselten, standen beide, Mann und Frau, vergnügt an dem Feuer beisammen, sahen zu, wie die kleinen Feuerfünklein an der russigen Pfanne hin und her züngelten, bald angingen, bald auslöschten, und waren, ohne ein Wort zu reden, vertieft in ihrem künftigen Glück. Als die Frau aber die gerösteten Kartoffeln aus der Pfanne auf das Plättlein anrichtete und ihr der Geruch lieblich in die Nase stieg: – «Wenn wir jetzt nur ein gebratenes Würstlein dazu hätten», sagte sie in aller Unschuld, und ohne an etwas zu denken, und – o weh, da war der erste Wunsch getan. – Schnell, wie ein Blitz kommt und vergeht, kam es wieder wie Morgenrot und Rosenduft untereinander durch das Kamin herab, und auf den Kartoffeln lag die schönste Bratwurst. – Wie gewünscht, so geschehen. – Wer sollte sich über einen solchen Wunsch und seine Erfüllung nicht ärgern? Welcher Mann über solche Unvorsichtigkeit seiner Frau nicht unwillig werden?

«Wenn dir doch nur die Wurst an der Nase angewachsen

wäre», sprach er in der ersten Überraschung, auch in aller Unschuld, und ohne an etwas anders zu denken und – wie gewünscht, so geschehen. Kaum war das letzte Wort gesprochen, so sass die Wurst auf der Nase des guten Weibes fest, wie angewachsen im Mutterleib, und hing zu beiden Seiten herab wie ein Husarenschnauzbart.

Nun war die Not der armen Eheleute erst recht gross. Zwei Wünsche waren getan und vorüber, und noch waren sie um keinen Heller und um kein Weizenkorn, sondern nur um eine böse Bratwurst reicher. Noch war ein Wunsch zwar übrig. Aber was half nun aller Reichtum und alles Glück zu einer solchen Nasenzierat der Hausfrau? Wollten sie wohl oder übel, so mussten sie die Bergfei bitten, mit unsichtbarer Hand Barbierdienste zu leisten und Frau Lise wieder von der vermaledeiten Wurst zu befreien. Wie gebeten, so geschehen, und so war der dritte Wunsch auch vorüber, und die armen Eheleute sahen einander an, waren der nämliche Hans und die nämliche Lise nachher wie vorher, und die schöne Bergfei kam niemals wieder mehr.

Merke: Wenn dir einmal die Bergfei also kommen sollte, so sei nicht geizig, sondern wünsche

Numero eins: Verstand, dass du wissen mögest, was du

Numero zwei wünschen sollest, um glücklich zu werden. Und weil es leicht möglich wäre, dass du alsdann etwas wähltest, was ein törichter Mensch nicht hoch anschlägt, so bitte noch

Numero drei: um beständige Zufriedenheit und keine Reue.

Oder so:

Alle Gelegenheit, glücklich zu werden, hilft nichts, wer den Verstand nicht hat, sie zu benutzen. [1808]

Eine merkwürdige Abbitte

Das ist merkwürdig, dass an einem schlechten Menschen der Name eines ehrlichen Mannes gar nicht haftet und dass er durch solchen nur ärger geschimpft ist.

Zwei Männer sassen in einem benachbarten Dorf zu gleicher Zeit im Wirtshaus. Aber der eine von ihnen hatte bösen Leumund wegen allerlei, und sah ihn und den Iltis niemand gern auf seinem Hof. Aber beweisen vor dem Richter konnte man ihm nichts. Mit dem bekam der andere Zwist im Wirtshaus, und im Unwillen, und weil er ein Glas Wein zuviel im Kopfe hatte, so sagte er zu ihm: «Du schlechter Kerl!» – Damit kann einer zufrieden sein, wenn er's ist, und braucht nicht mehr. Aber der war nicht zufrieden, wollte noch mehr haben, schimpfte auch und verlangte Beweis. Da gab ein Wort das andere, und es hiess: «Du Spitzbub! du Felddieb!» – Damit war er noch nicht zufrieden, sondern ging vor den Richter. Da war nun freilich derjenige, welcher geschimpft hatte, übel dran. Leugnen wollt' er nicht, beweisen konnt' er nicht, weil er für das, was er wohl wusste, keine Zeugen hatte, sondern er musste einen Gulden Strafe erlegen, weil er einen ehrlichen Mann Spitzbube geheissen habe, und ihm Abbitte tun, und dachte bei sich selber: „Teurer Wein!" Als er aber die Strafe erlegt hatte, sagte er: «Also einen Gulden kostet es, gestrenger Herr, wenn man einen ehrlichen Mann einen Spitzbuben nennt? Was kostet's denn, wenn man einmal in der Vergesslichkeit oder sonst zu einem Spitzbuben sagt: Ehrlicher Mann!» Der Richter lächelte und sagte: «Das kostet nichts, und damit ist niemand geschimpft.» Hierauf wendete sich der Beklagte zu dem Kläger und sagte: «Es ist mir leid, ehrlicher Mann! Nichts für ungut, ehrlicher Mann! Adies, ehrlicher Mann!» Als der erboste Gegner das hörte und wohl merkte, wie es gemeint war, wollte er noch einmal anfangen und hielt sich jetzt für ärger beleidigt als vorher. Aber der Richter, der ihn doch auch als einen verdächtigen Menschen kennen mochte, sagte zu ihm, er könne jetzt zufrieden sein. [1808]

Der schlaue Pilgrim

Vor einigen Jahren zog ein Müssiggänger durch das Land, der sich für einen frommen Pilgrim ausgab, gab vor, er komme von Paderborn und laufe geraden Wegs zum heiligen Grab nach Jerusalem, fragte schon in Müllheim an der Post: «Wie weit ist es noch nach Jerusalem?» Und wenn man ihm sagte: «Siebenhundert Stunden; aber auf dem Fussweg über Mauchen ist es eine Viertelstunde näher», so ging er, um auf dem langen Weg eine Viertelstunde zu ersparen, über Mauchen. Das wäre nun so übel nicht. Man muss einen kleinen Vorteil nicht verachten, sonst kommt man zu keinem grossen. Man hat öfter Gelegenheit, einen Batzen zu ersparen oder zu gewinnen, als einen Gulden. Aber 15 Batzen sind auch ein Gulden, und wer auf einem Wege von 700 Stunden nur allemal an 5 Stunden weiss eine Viertelstunde abzukürzen, der hat an der ganzen Reise gewonnen – wer rechnet aus, wieviel? Allein unser verkleideter Pilgrim dachte nicht ebenso; sondern weil er nur dem Müssiggang und gutem Essen nachzog, so war es ihm einerlei, wo er war. Ein Bettler kann nach dem alten Sprichwort nie verirren, muss in ein schlechtes Dorf kommen, wenn er nicht mehr darin bekommt, als er unterwegs an den Sohlen zerreisst, zumal wenn er barfuss geht. Unser Pilgrim aber dachte doch immer darauf, so bald als möglich wieder an die Landstrasse zu kommen, wo reiche Häuser stehen und gut gekocht wird. Denn der Halunke war nicht zufrieden, wie ein rechter Pilgrim sein soll, mit gemeiner Nahrung, die ihm von einer mitleidigen und frommen Hand gereicht wurde, sondern wollte nichts fressen als nahrhafte Kieselsteinsuppen. Wenn er nämlich irgendwo so ein braves Wirtshaus an der Strasse stehen sah, wie zum Exempel das Posthaus in Krotzingen, oder den 'Baselstab' in Schliengen, so ging er hinein und bat ganz demütig und hungrig um ein gutes Wassersüpplein von Kieselsteinen, um Gottes willen, Geld habe er keines. – Wenn nun die mitleidige Wirtin zu ihm sagte: «Frommer Pilgram, die Kieselsteine könnten Euch hart im Magen liegen!» so sagte er: «Eben deswegen! Die Kieselsteine halten länger an als Brot, und der Weg nach Jerusalem ist weit. Wenn Ihr mir aber ein Gläslein Wein dazu bescheren wollt, um Gottes willen, so könnt' ich's freilich besser verdauen.» Wenn aber die Wirtin sagte: «Aber, frommer Pilgram, eine solche Suppe kann Euch doch unmöglich Kraft geben!» so antwortete er: «Ei, wenn Ihr anstatt des Wassers wolltet Fleischbrühe dazu nehmen, so wär's freilich nahrhafter!» Brachte nun die Wirtin eine solche Suppe, und sagte: «Die Tünklein sind doch nicht so gar weich worden», so sagte er: «Ja, und die Brühe sieht gar dünn aus. Hättet Ihr nicht ein paar Gabeln voll Gemüs darein oder ein Stücklein Fleisch oder beides?» Wenn ihm nun die mitleidige Wirtin auch noch Gemüs und Fleisch in die Schüssel legte, so sagte er: «Vergelt's Euch Gott! Gebt mir jetzt Brot, so will ich die Suppe essen.» Hierauf streifte er die Ärmel seines Pilgergewandes zurück, setzte sich und griff an das Werk mit Freuden, und wenn er Brot und Wein und Fleisch und Gemüs und die Fleischbrühe aufgezehrt hatte bis auf den letzten Brosamen, Faser und Tropfen, so wischte er den Mund am Tischtuch oder an den Ärmeln ab oder auch gar nicht und sagte: «Frau Wirtin, Eure Suppe hat mich rechtschaffen gesättigt, so dass ich die schönen Kieselsteine nicht einmal mehr zwingen kann. Es ist schade dafür! Aber hebt sie auf. Wenn ich wiederkomme, so will ich Euch eine heilige Muschel mitbringen ab dem Meeresstrand von Askalon oder eine Rose von Jericho.» [1808]

Untreue schlägt den eigenen Herrn

Als in dem Krieg zwischen Frankreich und Preussen ein Teil der französischen Armee nach Schlesien einrückte, waren auch Truppen vom rheinischen Bundesheer dabei, und ein baierischer oder württembergischer Offizier wurde zu einem Edelmann einquartiert und bekam eine Stube zur Wohnung, wo viele sehr schöne und kostbare Gemälde hingen. Der Offizier schien recht grosse Freude daran zu haben, und als er etliche Tage bei diesem Manne gewesen und freundlich behandelt worden war, verlangte er einmal von seinem Hauswirt, dass er ihm eins von diesen Gemälden zum Andenken schenken möchte. Der Hauswirt sagte, dass er das mit Vergnügen tun wolle und stellte seinem Gaste frei, dasjenige selber zu wählen, welches ihm die grösste Freude machen könnte.

Nun, wenn man die Wahl hat, sich selber ein Geschenk von jemand auszusuchen, so erfordern Verstand und Artigkeit, dass man nicht gerade das Vornehmste und Kostbarste wegnehme, und so ist es auch nicht gemeint. Daran schien dieser Mann auch zu denken, denn er wählte unter allen Gemälden fast das schlechteste. Aber das war unserm schlesischen Edelmann nichts desto lieber, und er hätte ihm gern das kostbarste dafür gelassen. «Mein Herr Obrist», so sprach er mit sichtbarer Unruhe, «warum wollen Sie gerade das geringste wählen, das mir noch dazu wegen einer andern Ursache wert ist? Nehmen Sie doch lieber dieses hier oder jenes dort.» Der Offizier gab aber darauf kein Gehör, schien auch nicht zu merken, dass sein Hauswirt immer mehr und mehr in Angst geriet, sondern nahm geradezu das gewählte Gemälde herunter. Jetzt erschien an der Mauer, wo dasselbe gewesen war, ein grosser feuchter Fleck. «Was soll das sein?» sprach der Offizier wie erzürnt zu seinem todblassen Wirt, tat einen Stoss, und auf einmal fielen ein paar frisch gemauerte und übertünchte Backsteine zusammen, hinter welchen alles Geld und Gold und Silber des Edelmanns eingemauert war. Der gute Mann hielt nun sein Eigentum für verloren, wenigstens erwartete er, dass der feindliche Kriegsmann eine namhafte Teilung ohne Inventarium und ohne Kommissarius vornehmen werde, ergab sich geduldig darein und verlangte nur von ihm zu erfahren, woher er habe wissen können, dass hinter diesem Gemälde sein Geld in der Mauer verborgen war. Der Offizier erwiderte: «Ich werde den Entdecker sogleich holen lassen, dem ich ohnehin eine Belohnung schuldig bin»; und in kurzer Zeit brachte sein Bedienter – sollte man's glauben – den Maurermeister selber, den nämlichen, der die Vertiefung in der Mauer zugemauert und die Bezahlung dafür erhalten hatte.

Das ist nun einer von den grössten Spitzbubenstreichen,

die der Satan auf ein Sündenregister setzen kann. Denn ein Handwerksmann ist seinen Kunden die grösste Treue und in Geheimnissen, wenn es nichts Unrechtes ist, so viel Verschwiegenheit schuldig, als wenn er einen Eid darauf hätte.

Aber was tut man nicht um des Geldes willen! Oft gerade das nämliche, was man um der Schläge oder um des Zuchthauses willen tut, oder für den Galgen, obgleich ein grosser Unterschied dazwischen ist. So etwas erfuhr unser Meister Spitzbub. Denn der brave Offizier liess ihn jetzt hinaus vor die Stube führen und ihm von frischer Hand 100, sagt hundert, Prügel bar ausbezahlen, lauter gute Valuta, und war kein einziger falsch darunter. Dem Edelmann aber gab er unbetastet sein Eigentum zurück. – Das wollen wir beides gut heissen und wünschen, dass jedem, der Einquartierung haben muss, ein so rechtschaffener Gast, und jedem Verräter eine solche Belohnung zuteilen werden möge. [1808]

Jakob Humbel

Jakob Humbel, eines armen Bauern Sohn von Boneschwyl im Schweizerkanton Aargau, kann jedem seines gleichen zu einem lehrreichen und aufmunternden Beispiel dienen, wie ein junger Mensch, dem es ernst ist, etwas Nützliches zu lernen und etwas Rechtes zu werden, trotz allen Hindernissen am Ende seinen Zweck durch eigenen Fleiss und Gottes Hilfe erreichen kann.

Jakob Humbel wünschte von früher Jugend an ein Tierarzt zu werden, um in diesem Beruf seinen Mitbürgern viel Nutzen leisten zu können. Das war sein Dichten und Trachten, Tag und Nacht.

Sein Vater gab ihn daher in seinem sechzehnten Jahr einem sogenannten Viehdoktor von Mummental in die Lehre, der aber kein geschickter Mann war.

Bei diesem lernte er zwei Jahre, bekam alsdann einen braven Lehrbrief und wusste alles, was sein Meister wusste, nämlich Tränklein und Salben kochen, auch Pflaster kneten für den bösen Wind, sonst nichts – und das war nicht viel.

Ich weiss einen, der wäre damit zufrieden gewesen, hätte nun auf seinen Lehrbrief und seines Meisters Wort Salben gekocht, zu Pflaster gestrichen drauf und dran für den bösen Wind, das Geld dafür genommen und selber gemeint, er sei's.

Jakob Humbel nicht also. Er ging zu einem andern Viehdoktor in Oberoltern im Emmental noch einmal in die Lehre, hielt abermal ein Jahr bei ihm aus, bekam abermal einen braven Lehrbrief und wusste abermal – nichts, weil auch dieser Meister die richtige Kunst selber nicht verstand, keine Kenntnis hatte von der innern Beschaffenheit eines Tieres im gesunden und kranken Zustande und von der Natur der Arzneimittel.

Ich weiss einen, der hätt's jetzt bleiben lassen, wär' eben wieder heimgekommen, wie er fortgegangen, und hätt' sich mit andern getröstet, aus denen auch nichts hat werden wollen.

Fast sah es mit unserm Jakob Humbel ebenso aus. Mit Windsalben war wenig Geld, noch weniger Kredit und Ehre zu verdienen. Was er verdiente, zog der Vater. Humbel wurde gemeiner Taglöhner, ging in armseliger Kleidung umher, ohne Geld, ohne Rat, und dennoch hatte er noch immer den Tierarzt – nicht im Kopf, denn das wäre schon recht gewesen, sondern im sehnsuchtsvollen Verlangen. Jetzt verdingte er sich als Hausbedienter bei Herrn Ringier im Klösterli zu Zofingen. Bei diesem Herrn war er drei Jahre, bekam einen guten Lohn und wurde gütig behandelt wie ein Kind.

Ich weiss einen, der hätte die Güte eines solchen Herrn missbraucht, wäre meisterlos worden, den Lohn hätten bekommen der Wirt und der Spielmann.

Aber Jakob Humbel wusste mit seinem Verdienst etwas Besseres anzufangen. Oft, wann er bei dem Essen aufwartete, hörte er die Herren am Tisch französisch reden. Da kam er auf den Gedanken, diese Sprache auch zu lernen. Vermutlich hoffte er dadurch auf irgend eine Art leichter zu seinem Zweck zu kommen, noch ein geschickter und braver Tierarzt zu werden. Er ging mit seinem zusammengesparten Verdienst nach Nyon in die Schulanstalt des Herrn

Snell und lernte so viel, als in neun Monaten zu lernen war. Jetzt war sein Vorrat verzehrt, und ehe er seine Studien fortsetzen konnte, musste er darauf denken, wie er wieder Geld verdiente.

Gott wird mich nicht verlassen, dachte er. Er ging zu Herrn Landvogt Bucher in Wildenstein als Kammerdiener in Dienst, erwarb sich bei diesem und nachher bei einem andern Herrn wieder etwas Geld und befand sich im Jahr 1798, als die Franzosen in die Schweiz kamen, in seinem Geburtsort zu Boneschwyl und trieb mit seinem erworbenen Geld einen kleinen Kornhandel nach Zürich, der recht gut von statten ging und seine Barschaft nach Wunsch vermehrte. Jetzt war er im Begriff, ins Ausland zu gehen, und von dem ehrlich erworbenen Geld endlich seine Kunst rechtschaffen zu studieren. Da wurde ein Korps von 18 000 Mann helvetischer Hilfstruppen errichtet. Die Gemeinde Boneschwyl musste acht Mann stellen. Die jungen Burschen müssen spielen, den guten Jakob Humbel trifft das Los, Soldat zu werden.

Ich weiss einen, der hätte gedacht: die Welt ist gross, und der Weg ist offen; wär' mit seiner kleinen Barschaft ins Weite gegangen, und hätte seine Mitbürger dafür sorgen lassen, wo sie statt seiner den achten Mann nehmen wollten.

Aber Jakob Humbel liebt sein Vaterland und ist ein ehrliches Blut. Er stellte seinen Mann, den er zwei Jahre lang auf seine Kosten unterhalten musste. Das Beste von seinem erworbenen Vermögen, wovon er noch etwas lernen wollte, ging zu seinem unsäglichen Schmerzen drauf, und er dachte: „Jetzt habe ich hohe Zeit; sonst ist's Matthä am letzten." Mit diesem Gedanken nahm er den Rest seiner Habschaft in die Tasche, einen Stock in die Hand und lief eines Gangs, ohne sich umzusehen, nach Karlsruhe, und als er auf der Mühlburger Strasse zwischen den langen Reihen der Pappelbäume die Stadt erblickte, da dachte er: Gottlob! und Gott wird mir helfen.

Guter Jakob Humbel, Gott hilft jedem, der sich wie du von Gott will helfen lassen, und du hast es erfahren.

In Karlsruhe ist eine öffentliche Anstalt zum Unterricht in der Tierarzneikunst. Die Lehrstunden werden unentgeltlich erteilt. Die sehr geschickten Lehrer geben sich Mühe, ihre Lehrjünger gründlich zu unterrichten. Schon mancher brave Tierarzt hat in dieser nützlichen Schule sich zu seinem Berufe vorbereitet und gebildet.

Hier war nun Humbel in seinem rechten Element, an der reichen Quelle, wo er seinen lang gehaltenen Durst nach Wissenschaft befriedigen konnte, lernte ein krankes Tier mit andern Augen anschauen als in Mummental und Emmental, konnte andere Sachen lernen als Wind machen und bösen Wind vertreiben, und war nicht viel im Bierhaus 'Zur Stadt Berlin' oder im Wirtshaus 'Zur Stadt Strassburg' oder in Klein-Karlsruhe im 'Wilhelm Tell' zu sehen, ob er gleich sein Landsmann war, auch nicht einmal recht am Sonntag auf dem Paradeplatz oder zu Mühlburg im 'Rappen', sondern vom frühen Morgen bis in die späte Nacht beschäftigte er sich zwanzig Monate lang unermüdet und unverdrossen mit seiner Kunst, und wenn er wieder etwas Neues, Schönes und Nützliches gelernt hatte, so machte ihn das am Abend vergnügter als der Zapfenstreich mit der schönsten türkischen Musik; zumal wenn ihm bei derselben sein Kostgänger einfiel bei den helvetischen Hilfstruppen.

Endlich kehrte er als ein ausgelernter Tierarzt mit den schönsten Zeugnissen seiner Lehrer aus Karlsruhe freudig in sein Vaterland zurück, wurde von dem Sanitätsrat in dem Kanton Aargau geprüft, legte zu jedermanns Erstaunen und Freude die weitläufigsten und gründlichsten Kenntnisse an den Tag, erhielt mit wohlverdienten Lobsprüchen und Ehren das Patent auf seine Kunst – und sah sich nach allen ausgestandenen Schwierigkeiten und Mühseligkeiten am schönen Ziele seiner lebenslänglichen Wünsche, einer der geschicktesten und angesehensten Tierärzte in dem ganzen Schweizerlande.

Jetzt weiss ich vier, die denken: „Wenn solcher Mut und Ernst dazu gehört, etwas Braves zu lernen, so ist's kein Wunder, dass aus mir nichts hat werden wollen."

Guter Freund, nimm Gott zu Hilfe und versuche es noch! [1808]

Franz Ignaz Narocki

Man erfährt doch durch den Krieg allerlei, unter vielem Schlimmen auch manchmal etwas Gutes, und es heisst da wohl: Die Berge kommen nicht zusammen, aber die Leute. So wird wohl zum Beispiel ein Polack namens Franz Ignaz Narocki im Jahr 1707 auch nicht daran gedacht haben, dass nach 100 Jahren der französische Kaiser Napoleon noch zu ihm nach Polen kommen und ihm ein sorgenfreies Alter verschaffen werde; und doch ist's geschehen in den ersten Wochen des Jahres 1807. Er ist geboren im Jahr 1690, und lebt noch, und ich will glauben, dass er in seiner Jugend sich nicht oft betrunken und nicht ausschweifend gelebt habe, denn er hatte in seinem hundertundsiebenzehnten Lebensjahr noch kein Gebrechen, ob er gleich in seiner Jugend Kriegsdienste tat, als Gefangener von den Russen nach Asien geführt wurde und nachher auch nicht lauter gute Tage hatte. Diesem Mann hat es seit 1690 manchmal auf den Hut geschneit, und er kann wohl von manchem Grabe sagen, wer darin liegt. In seinem 70sten Jahr, wenn andere bald ans Sterben denken, hat er zum erstenmal geheiratet und vier Kinder erzeugt. Im 86sten Jahr nahm er die zweite Frau und zeugte mit ihr sechs Kinder. Aber von allen ist nur noch ein Sohn aus der ersten Ehe am Leben. Der König von Preussen liess diesem polnischen Methusalem bisher alle Monate ein Gehalt von 24 polnischen Gulden bezahlen. Das ist doch auch schön. Ein polnischer Gulden aber beträgt nach deutschem Geld ungefähr 15 Kreuzer. Als nun Kaiser Napoleon in seinem siegreichen Feldzug in die Gegend seiner Heimat kam, wünschte ihn der alte Mann auch noch zu sehen. Es geschah, und er überreichte ihm ein sehr artiges Schreiben, welches er noch selber mit eigener Hand recht leserlich geschrieben hatte. Der Kaiser nahm es mit Wohlgefallen auf und machte ihm ein schönes Geschenk von hundert Napoleonsd'or. Ein Napoleonsd'or ist eine Goldmünze von 9 Gulden 18 Kreuzer unseres Geldes.

[1808]

Der Wegweiser

Bekanntlich klagte einst ein alter Schulz von Wasselnheim seiner Frau, dass ihn sein Französisch fast unter den Boden bringe. Er sollte nämlich einem französischen Soldaten, der ausgerissen war, den Weg zeigen, verstand ihn nicht recht, antwortete ihm verkehrt und bekam für die beste Meinung Schläge genug zum Dank oder vielmehr zum Undank.

Anderst sah ein Wegweiser an der württembergischen Grenze die Sache an. Er sollte nämlich im letzten Kriege einem Zug Franzosen den Weg über das Gebirg zeigen, wusste aber kein Wort von ihrer Sprache als *Oui,* welches soviel heisst als Ja, und *Bougre,* welches ein Schimpfname ist. Diese zwei Worte hatte er oft gehört und lernte sie nachsagen, ohne ihren Sinn zu verstehen. Anfänglich ging alles gut, solange die Franzosen nur unter sich sprachen und ihn mit seiner Laterne und drei oder vier Tornistern, die sie ihm angehängt hatten, voraus oder neben her gehen liessen. Da er aber der Spur nach allemal mitlachte, wenn sie etwas zu lachen hatten, so fragte ihn einer französisch, ob er auch verstünde, was sie miteinander redeten. Er hätte herzhaft sagen dürfen: «Nein!» Aber eben, weil er es nicht verstand, so kam es ihm nicht darauf an, was er antwortete. Er nahm daher all sein Französisch zusammen und antwortete: *«Oui, bougre!»* (Ja, Ketzer!) Mit einem ellenlangen französischen Fluch riss der Soldat den Säbel aus der Scheide und liess ihm denselben um den Kopf herum und nahe an den Ohren vorbeisausen. «Wie?» sagte er, «du willst einen französischen Soldaten schimpfen?» – *«Oui, bougre!»* war die Antwort. Die andern hatten höchste Zeit, dem erbosten Kameraden in den Arm zu fallen, dass er dem Wegweiser, ohne welchen sie in der finstern Nacht nicht konnten weiter kommen, nicht auf der Stelle den Kopf spaltete; doch gaben sie ihm mit manchem Fluch und Flintenstoss rechts und links zu verstehen, wie es gemeint sei, und fragten ihn alsdann, ob er jetzt wolle manierlicher sein. *«Oui, bougre»,* war die Antwort. Nun wurde er jämmerlich zerschlagen, und alle seine Bitten um Verzeihung und alle seine Bitten um Schonung legte er ihnen mit lauter *Oui, bougre* ans Herz. Endlich kamen sie auf die Vermutung, er sei verrückt; (denn dass er Französisch verstehe, hatte er bejaht). Sie nahmen daher auf einem Hof, wo noch ein Licht brannte, einen andern Führer, jagten diesen fort, und er erwiderte den Abschied des einen, dass er sich zum Henker packen sollte, richtig mit *Oui, bougre*. Als er aber so bald wieder nach Hause kam und sich seine Frau verwunderte, die ihn erst auf den andern Mittag wieder erwarten konnte, so erzählte er, wie die Soldaten unterwegs viel Spass mit ihm gehabt hätten, so dass es ihm fast sei zu arg geworden, und wie sie hernach auf dem Zirnhauser Hof einen andern genommen und ihn wieder heimgeschickt hätten. Die Franzosen (setzte er treuherzig hinzu) sind nicht so schlimm, als man meint, wenn man nur mit ihnen reden kann. [1808]

Brotlose Kunst

In der Stadt Aachen ist eine Fabrike, in welcher nichts als Nähnadeln gemacht werden. Das ist keine brotlose Kunst. Denn es werden in jeder Stunde zweihundert Pfund Nadeln verfertigt, von denen 5000 Stück auf ein Pfund gehen, Facit: eine Million, und der Meister Schneider und die Näherin und jede Hausmutter weiss wohl, wie viel man für einen Kreuzer bekommt, und es ist nicht schwer auszurechnen, wie viel Geld an den Aachener Nadeln in der Fabrike selbst und durch den Handel jährlich verdient und gewonnen wird. Das Werk geht durch Maschinen, und die meisten Arbeiter sind Kinder von 8-10 Jahren.

Ein Fremder besichtigte einst diese Arbeiten und wunderte sich, dass es möglich sei, in die allerfeinsten Nadeln mit einem noch feinern Instrument ein Loch zu stechen, durch welches nur der allerfeinste, fast unsichtbare Faden kann gezogen werden.

Aber ein Mägdlein, welchem der Fremde eben zuschaute, zog sich hierauf ein langes Haar aus dem Kopfe, stach mit einer der feinsten Nadeln eine Öffnung dadurch, nahm das eine Ende des Haares, bog es um und zog es durch die Öffnung zu einer artigen Schleife.

Das war so brotlos eben auch nicht. Denn das Mägdlein bot dieses künstlich geschlungene Haar dem Fremden zum Andenken und bekam dafür ein artiges Geschenk, und das wird mehr als einmal im Jahr geschehen sein. Solch ein kleiner Nebenverdienst ist einem fleissigen Kinde wohl zu gönnen.

Aber während ehrliche Eltern und Kinder allerorten etwas Nützliches arbeiten und ihr Brot mit Ehren verdienen und mit gutem Gewissen essen, zog zu seiner Zeit ein Tagdieb durch die Welt, der sich in der Kunst geübt hatte, in einer ziemlich grossen Entfernung durch ein Nadelöhr kleine Linsen zu werfen. Das war eine brotlose Kunst. Doch lief es auch nicht ganz leer ab. Denn als der Linsenschütz unter anderm nach Rom kam, liess er sich auch vor dem Papst sehen, der sonst ein grosser Freund von seltsamen Künsten war, hoffte ein hübsches Stück Geld von ihm zu bekommen, und machte schon ein paar wunderliche Augen, als der Schatzmeister des Heiligen Vaters mit einem Säcklein auf ihn zuging, und bückte sich entsetzlich tief, als ihm der Schatzmeister das ganze Säcklein anbot.

Allein, was war darin? Ein halber Becher Linsen, die ihm der weise Papst zur Belohnung und Aufmunterung seines Fleisses übermachen liess, damit er sich seiner Kunst noch ferner üben und immer grössere Fortschritte darin machen könnte. [1808]

Glück und Unglück

Auf eine so sonderbare Weise ist Glück im Unglück und Unglück im Glück noch selten beisammen gewesen wie in dem Schicksal zweier Matrosen in dem letzten Seekrieg zwischen den Russen und Türken. Denn in einer Seeschlacht, als es sehr hitzig zuging, die Kugeln sausten, die Bretter und Mastbäume krachten, die Feuerbrände flogen, da und dort brach auf einem Schiff die Flamme aus und konnte nicht gelöscht werden. Es muss schrecklich sein, wenn man keine andere Wahl hat, als dem Tod ins Wasser entgegenzuspringen oder im Feuer zu verbrennen. Aber unsern zwei russischen Matrosen wurde die Wahl erspart. Ihr Schiff fing Feuer in der Pulverkammer und flog mit entsetzlichem Krachen in die Luft. Beide Matrosen wurden mit in die Höhe geschleudert, wirbelten unter sich und über sich in der Luft herum, fielen nahe hinter der feindlichen Flotte wieder ins Meer hinab und waren noch lebendig und unbeschädigt, und das war ein Glück. Allein die Türken fuhren jetzt wie die Drachen auf sie heraus, zogen sie wie nasse Mäuse aus dem Wasser und brachten sie in ein Schiff; und weil es Feinde waren, so war der Willkomm kurz. Man fragte sie nicht lange, ob sie vor ihrer Abreise von der russischen Flotte schon zu Mittag gegessen hätten oder nicht, sondern man legte sie in den untersten feuchten und dunkeln Teil des Schiffes an Ketten, und das war kein Glück. Unterdessen sausten die Kugeln fort, die Bretter und Mastbäume krachten, die Feuerbrände flogen, und paff! sprang auch das türkische Schiff, auf welchem die Gefangenen waren, in tausend Trümmern in die Luft. Die Matrosen flogen mit, kamen wieder neben der russischen Flotte ins Wasser herab, wurden eilig von ihren Freunden hineingezogen und waren noch lebendig, und das war ein grosses Glück. Allein für diese wiedererhaltene Freiheit und für das zum zweitenmal gerettete Leben mussten diese guten Leute doch ein teures Opfer geben, nämlich die Beine. Diese Glieder wurden ihnen beim Losschnellen von den Ketten, als das türkische Schiff auffuhr, teils gebrochen, teils jämmerlich zerrissen, und mussten ihnen, sobald die Schlacht vorbei war, unter dem Knie weg abgenommen werden, und das war wieder ein grosses Unglück. Doch hielten beide die Operation aus und lebten in diesem Zustande noch einige Jahre. Endlich starb doch einer nach dem andern, und das war nach allem, was vorhergegangen war, nicht das Schlimmste.

Diese Geschichte hat ein glaubwürdiger Mann bekannt gemacht, welcher beide Matrosen ohne Beine selber gesehen und die Erzählung davon aus ihrem eigenen Munde gehört hat. [1808]

Kannitverstan

Der Mensch hat wohl täglich Gelegenheit, in Emmendingen und Gundelfingen so gut als in Amsterdam, Betrachtungen über den Unbestand aller irdischen Dinge anzustellen, wenn er will, und zufrieden zu werden mit seinem Schicksal, wenn auch nicht viel gebratene Tauben für ihn in der Luft herumfliegen. Aber auf dem seltsamsten Umweg kam ein deutscher Handwerksbursche in Amsterdam durch den Irrtum zur Wahrheit und zu ihrer Erkenntnis. Denn als er in diese grosse und reiche Handelsstadt voll prächtiger Häuser, wogender Schiffe und geschäftiger Menschen gekommen war, fiel ihm sogleich ein grosses und schönes Haus in die Augen, wie er auf seiner ganzen Wanderschaft von Duttlingen bis nach Amsterdam noch keines erlebt hatte. Lange betrachtete er mit Verwunderung dies kostbare Gebäude, die sechs Kamine auf dem Dach, die schönen Gesimse und die hohen Fenster, grösser als an des Vaters Haus daheim die Tür. Endlich konnte er sich nicht entbrechen, einen Vorübergehenden anzureden. «Guter Freund», redete er ihn an, «könnt Ihr mir nicht sagen, wie der Herr heisst, dem dieses wunderschöne Haus gehört mit den Fenstern voll Tulipanen, Sternenblumen und Levkoien?» – Der Mann aber, der vermutlich etwas Wichtigers zu tun hatte, und zum Unglück gerade so viel von der deutschen Sprache verstand, als der Fragende von der holländischen, nämlich nichts, sagte kurz und schnauzig: «Kannitverstan»; und schnurrte vorüber. Dies war ein holländisches Wort, oder drei, wenn man's recht betrachtet, und heisst auf deutsch soviel als: „Ich kann Euch nicht verstehen." Aber der gute Fremdling glaubte, es sei der Name des Mannes, nach dem er gefragt hatte. „Das muss ein grundreicher Mann sein, der Herr Kannitverstan", dachte er und ging weiter. Gass aus Gass ein kam er endlich an den Meerbusen, der da heisst: Het Ey, oder auf deutsch: das Ypsilon. Da stand nun Schiff an Schiff und Mastbaum an Mastbaum; und er wusste anfänglich nicht, wie er es mit seinen zwei einzigen Augen durchfechten werde, alle diese Merkwürdigkeiten genug zu sehen und zu betrachten, bis endlich ein grosses Schiff seine Aufmerksamkeit an sich zog, das vor kurzem aus Ostindien angelangt war und jetzt eben ausgeladen wurde. Schon standen ganze Reihen von Kisten und Ballen auf- und nebeneinander am Lande. Noch immer wurden mehrere herausgewälzt, und Fässer voll Zucker und Kaffee, voll Reis und Pfeffer, und salveni Mausdreck darunter. Als er aber lange zugesehen hatte, fragte er endlich einen, der eben eine Kiste auf der Achsel heraustrug, wie der glückliche Mann heisse, dem das Meer alle diese Waren an das Land bringe. «Kannitverstan», war die Antwort. Da dachte er: „Haha, schaut's da heraus? Kein Wunder, wem das Meer solche Reichtümer an das Land schwemmt, der hat gut solche Häuser in die Welt stellen und solcherlei Tulipanen vor die Fenster in vergoldeten Scherben." Jetzt ging er wieder zurück und stellte eine recht traurige Betrachtung bei sich selbst an, was er für ein armer Mensch sei unter so viel reichen Leuten in der Welt. Aber als er eben dachte: Wenn ich's doch nur auch einmal so gut bekäme, wie dieser Herr Kannitverstan es hat, kam er um eine Ecke und erblickte einen grossen Leichenzug. Vier schwarz vermummte Pferde zogen einen ebenfalls schwarz überzogenen Leichenwagen langsam und traurig, als ob sie wüssten, dass sie einen Toten in seine Ruhe führten. Ein langer Zug von Freunden und Bekannten des Verstorbenen folgte nach, Paar um Paar, verhüllt in schwarze Mäntel und stumm. In der Ferne läutete ein einsames Glöcklein. Jetzt ergriff unsern Fremdling ein wehmütiges Gefühl, das an keinem guten Menschen vorübergeht, wenn er eine Leiche sieht, und blieb mit dem Hut in den Händen andächtig stehen, bis alles vorüber war. Doch machte er sich an den letzten vom Zug, der eben in der Stille ausrechnete, was er an seiner Baumwolle gewinnen könnte, wenn der Zentner um 10 Gulden aufschlüge, ergriff ihn sachte am Mantel, und bat ihn treuherzig um Exküse. «Das muss wohl auch ein guter Freund von Euch gewesen sein», sagte er, «dem das Glöcklein läutet, dass Ihr so betrübt und nachdenklich mitgeht.» – «Kannitverstan!» war die Antwort. Da fielen unserm guten Duttlinger ein paar grosse Tränen aus den Augen, und es wird ihm auf einmal schwer und wieder leicht ums Herz. «Armer Kannitverstan», rief er aus, «was hast du nun von allem deinem Reichtum? Was ich einst von meiner Armut auch bekomme: ein Totenkleid und ein Leintuch und von allen deinen schönen Blumen vielleicht einen Rosmarin auf die kalte Brust oder eine Raute.» Mit diesen Gedanken begleitete er die Leiche, als wenn er dazu gehörte, bis ans Grab, sah den vermeinten Herrn Kannitverstan hinabsenken in seine Ruhestätte und ward von der holländischen Leichenpredigt, von der er kein Wort verstand, mehr gerührt als von mancher deutschen, auf die er nicht acht gab. Endlich ging er leichten Herzens mit den andern wieder fort, verzehrte in einer Herberge, wo man Deutsch verstand, mit gutem Appetit ein Stück Limburger Käse, und wenn es ihm wieder einmal schwer fallen wollte, dass so viele Leute in der Welt so reich seien und er so arm, so dachte er nur an den Herrn Kannitverstan in Amsterdam, an sein grosses Haus, an sein reiches Schiff und an sein enges Grab. [1809]

Schlechter Lohn

Als im letzten preussischen Krieg der Franzos nach Berlin kam, in die Residenzstadt des Königs von Preussen, da wurde unter anderm viel königliches Eigentum weggenommen und fortgeführt oder verkauft. Denn der Krieg bringt nichts; er holt. Was noch so gut verborgen war, wurde entdeckt, und manches davon zur Beute gemacht, doch nicht alles. Ein grosser Vorrat von königlichem Bauholz blieb lange unverraten und unversehrt. Doch kam zuletzt noch ein Spitzbube von des Königs eigenen Untertanen, dachte, da ist ein gutes Trinkgeld zu verdienen, und zeigte dem französischen Kommandanten mit schmunzlicher Miene und spitzbübischen Augen an, was für ein schönes Quantum von eichenen und tannenen Baustämmen noch da und da beisammen liege, woraus manch tausend Gulden zu lösen wäre. Aber der brave Kommandant gab schlechten Dank für die Verräterei und sagte: «Lasst Ihr die schönen Baustämme nur liegen, wo sie sind. Man muss dem Feind nicht sein Notwendigstes nehmen. Denn wenn Euer König wieder ins Land kommt, so braucht er Holz zu neuen Galgen für so ehrliche Untertanen, wie Ihr einer seid.»

Das muss der rheinländische Hausfreund loben, und wollte gern aus seinem eigenen Wald ein paar Stämmlein auch hergeben, wenn's fehlen sollte. [1809]

Der Fremdling in Memel

Oft sieht die Wahrheit wie eine Lüge aus. Das erfuhr ein Fremder, der vor einigen Jahren mit einem Schiff aus Westindien an den Küsten der Ostsee ankam. Damals war der russische Kaiser bei dem König von Preussen auf Besuch. Beide Potentaten standen in gewöhnlicher Kleidung, ohne Begleitung, Hand in Hand als zwei rechte gute Freunde bei einander am Ufer. So etwas sieht man nicht alle Tage. Der Fremde dachte auch nicht dran, sondern ging ganz treuherzig auf sie zu, meinte, es seien zwei Kaufleute oder andere Herren aus der Gegend und fing ein Gespräch mit ihnen an, war begierig, allerlei Neues zu hören, das seit seiner Abwesenheit sich zugetragen habe. Endlich, da die beiden Monarchen sich leutselig mit ihm unterhielten, fand er Veranlassung, den einen auf eine höfliche Art zu fragen, wer er sei. «Ich bin der König von Preussen», sagte der eine. Das kam nun dem fremden Ankömmling schon ein wenig sonderbar vor. Doch dachte er: „Es ist möglich", und machte vor dem Könige ein ehrerbietiges Kompliment. Und das war vernünftig. Denn in zweifelhaften Dingen muss man immer das Sicherste und Beste wählen und lieber eine Höflichkeit aus Irrtum begehen als eine Grobheit. Als aber der König weiter sagte und auf seinen Begleiter deutete: «Dies ist Se. Majestät der russische Kaiser», da war's doch dem ehrlichen Mann, als wenn zwei lose Vögel ihn zum besten haben wollten, und sagte: «Wenn ihr Herren mit einem ehrlichen Mann euren Spass haben wollt, so sucht einen andern, als ich bin. Bin ich deswegen aus Westindien hieher gekommen, dass ich euer Narr sei?» – Der Kaiser wollte ihm zwar versichern, dass er allerdings derjenige sei. Allein der Fremde gab kein Gehör mehr. «Ein russischer Spassvogel möget Ihr sein», sagte er. Als er aber nachher im 'Grünen Baum' die Sache erzählte und andern Bericht bekam, da kam er ganz demütig wieder, bat fussfällig um Vergebung, und die grossmütigen Potentaten verziehen ihm, wie natürlich, und hatten hernach viel Spass an dem Vorfall. [1809]

Das seltsame Rezept

Es ist sonst kein grosser Spass dabei, wenn man ein Rezept in die Apotheke tragen muss; aber vor langen Jahren war es doch einmal ein Spass. Da hielt ein Mann von einem entlegenen Hof eines Tages mit einem Wagen und zwei Stieren vor der Stadtapotheke still, lud sorgsam eine grosse tannene Stubentüre ab, und trug sie hinein. Der Apotheker machte grosse Augen und sagte: «Was wollt Ihr da, guter Freund, mit Eurer Stubentüre? Der Schreiner wohnt um zwei Häuser links.» Dem sagte der Mann, der Doktor sei bei seiner kranken Frau gewesen und habe ihr wollen ein Tränklein verordnen, so sei in dem ganzen Haus keine Feder, keine Dinte und kein Papier gewesen, nur eine Kreide. Da habe der Herr Doktor das Rezept an die Stubentüre geschrieben; und nun soll der Herr Apotheker so gut sein und das Tränklein kochen.

Item, wenn es nur gut getan hat. Wohl dem, der sich in der Not zu helfen weiss. [1809]

Einfältiger Mensch in Mailand

Ein einfältiger Mensch in Mailand wollte sein Haus verkaufen. Damit er nun um so eher davon los werden möchte, brach er einen grossen Stein aus demselben heraus, trug ihn auf den grossen Marktplatz, wo viel Verkehr und Handel getrieben wird, und setzte sich damit unter die Verkäufer. Wenn nun ein Mann kam, und fragte ihn: «Was habt Ihr denn feil?» so sagte er: «Mein zweistöckigtes Haus in der Kapuzinergasse. Wenn Ihr Lust dazu habt – hier ist ein Muster.»

Der nämliche sagte einmal bei einer Gelegenheit, als von der Kinderzucht die Rede war: «Es ist ein Glück für meine Kinder, dass ich keine habe. Ich könnte so zornig werden, dass ich sie allte tot schlüge.» [1809]

Der Barbierjunge von Segringen

Man muss Gott nicht versuchen, aber auch die Menschen nicht. Denn im vorigen Spätjahr kam in dem Wirtshaus zu Segringen ein Fremder von der Armee an, der einen starken Bart hatte und fast wunderlich aussah, also, dass ihm nicht recht zu trauen war. Der sagte zum Wirt, eh' er etwas zu essen oder zu trinken fordert: «Habt Ihr keinen Barbier im Ort, der mich rasieren kann?» Der Wirt sagt Ja und holt den Barbier. Zu dem sagt der Fremde: «Ihr sollt mir den Bart abnehmen; aber ich habe eine kitzliche Haut. Wenn Ihr mich nicht ins Gesicht schneidet, so bezahl ich Euch vier Kronentaler. Wenn Ihr mich aber schneidet, so stech ich Euch tot. Ihr wäret nicht der erste.» Wie der erschrockene Mann das hörte (denn der fremde Herr machte ein Gesicht, als wenn es nicht vexiert wäre, und das spitzige, kalte Eisen lag auf dem Tisch), so springt er fort und schickt den Gesellen. Zu dem sagt der Herr das nämliche. Wie der Gesell das nämliche hört, springt er ebenfalls fort und schickt den Lehrjungen. Der Lehrjunge lässt sich blenden von dem Geld und denkt: „Ich wag's. Geratet es, und ich schneide ihn nicht, so kann ich mir für vier Kronentaler einen neuen Rock auf die Kirchweihe kaufen und einen Schnepper. Geratet's nicht, so weiss ich, was ich tue", und rasiert den Herrn. Der Herr hält ruhig still, weiss nicht, in welcher entsetzlichen Todesgefahr er ist, und der verwegene Lehrjunge spaziert ihm auch ganz kaltblütig mit dem Messer im Gesicht und um die

Nase herum, als wenn's nur um einen Sechser oder im Fall eines Schnittes um ein Stücklein Zunder oder Fliesspapier darauf zu tun wäre und nicht um vier Kronentaler und um ein Leben, und bringt ihm glücklich den Bart aus dem Gesicht ohne Schnitt und ohne Blut, und dachte doch, als er fertig war: „Gottlob!"

Als aber der Herr aufgestanden war und sich im Spiegel beschaut und abgetrocknet hatte, und gibt dem Jungen die vier Kronentaler, sagt er zu ihm: «Aber junger Mensch, wer hat dir den Mut gegeben, mich zu rasieren, so doch dein Herr und der Gesell sind fortgesprungen? Denn wenn du mich geschnitten hättest, so hätt' ich dich erstochen.» Der Lehrjunge aber bedankte sich lächelnd für das schöne Stück Geld und sagte: «Gnädiger Herr, Ihr hättet mich nicht verstochen, sondern, wenn Ihr gezuckt hättet, und ich hätt' Euch ins Gesicht geschnitten, so wär' ich Euch zuvorgekommen, hätt' Euch augenblicklich die Gurgel abgehauen und wäre auf und davon gesprungen.» Als der fremde Herr das hörte und an die Gefahr dachte, in der er gesessen war, ward er erst blass vor Schrecken und Todesangst, schenkte dem Burschen einen Kronentaler extra und hat seitdem zu keinem Barbier mehr gesagt: «Ich steche dich tot, wenn du mich schneidest.» [1809]

Merkwürdige Gespenstergeschichte

Verwichenen Herbst fuhr ein fremder Herr durch Schliengen, so ein schöner, braver Ort ist. Den Berg hinauf aber ging er zu Fuss wegen den Rossen, und erzählte einem Krenzacher folgende Geschichte, die ihm selber begegnet ist.

Als der Herr ein halbes Jahr vorher nach Dänemark reiste, kommt er auf den späten Abend in einen Flecken, wo nicht weit davon auf einer Anhöhe ein sauberes Schlösslein stand, und will übernacht bleiben. Der Wirt sagt, er habe keinen Platz mehr für ihn; es werde morgen einer gerichtet, und seien schon drei Scharfrichter bei ihm übernacht. So erwidert der Herr: «Ich will denn dort in das Schlösslein gehen. Der Zwingherr, oder wem es angehört, wird mich schon hineinlassen und ein leeres Bett für mich haben.» Der Wirt sagt: «Manch schönes Bett mit seidenen Umhängen steht aufgeschlagen in den hohen Gemächern; und die Schlüssel hab' ich in Verwahrung. Aber ich will es Euch nicht raten. Der gnädige Herr ist schon vor einem Vierteljahr mit seiner Frau und mit dem Junker auf eine weite Reise gezogen, und seit der Zeit wüten im Schlösslein die Gespenster. Der Schlossvogt und das Gesinde konnten nimmer bleiben; und wer seitdem in das Schlösslein gekommen ist, der geht zum zweitenmal nimmer hinein.» Darüber lächelt der fremde Herr; denn er war ein herzhafter Mann, der nichts auf die Gespenster hielt, und sagt: «Ich will's versuchen.» Trotz aller Widerrede musste ihm der Wirt den Schlüssel geben; und nachdem er sich mit dem Nötigen zu einem Gespensterbesuch versehen hatte, ging er mit dem Bedienten, so er bei sich hatte, in das Schloss. Im Schloss kleidete er sich nicht aus, wollte auch nicht schlafen, sondern abwarten, was geschieht. Zu dem Ende stellte er zwei brennende Lichter auf den Tisch, legte ein Paar geladene Pistolen daneben, nahm zum Zeitvertreib den Rheinländischen Hausfreund, so in Goldpapier eingebunden, an einem roten seidenen Bändelein unter der Spiegelrahme hing, und beschaute die schönen Bilder. Lange wollte sich nichts spüren lassen. Aber als die Mitternacht im Kirchturm sich rührte und die Glocke zwölf schlug, eine Gewitterwolke zog über das Schloss weg, und die grossen Regentropfen schlugen an die Fenster, da klopfte es dreimal stark an die Türe und eine fürchterliche Gestalt mit schwarzen, schielenden Augen, mit einer halbellenlangen Nase, fletschenden Zähnen und einem Bocksbart, zottig am ganzen Leib, trat in das Gemach und brummte mit fürchterlicher Stimme: «Ich bin der Grossherr Mephistopheles. Willkomm in meinem Palast! und habt Ihr auch Abschied genommen von Frau und Kind?» Dem fremden Herrn fuhr ein kalter Schauer vom grossen Zehen an über den Rücken hinauf bis unter die Schlafkappe, und an den armen Bedienten darf man gar nicht denken. Als aber der Mephistopheles mit fürchterlichen Grimassen und hochgehobenen Knien gegen ihn herkam, als wenn er über lauter Flammen schreiten müsste, dachte der arme Herr: „In Gottes Namen, jetzt ist's einmal so", und stand herzhaft auf, hielt dem Ungetüm die Pistole entgegen und sprach: «Halt, oder ich schiess!» Mit so etwas lässt sonst nicht jedes Gespenst sich schrecken; denn wenn man auch schiessen will, so geht's nicht los, oder die Kugel fährt zurück und trifft nicht den Geist, sondern den Schütz. Aber Mephistopheles hob drohend den Zeigfinger in die Höhe, kehrte langsam um und ging mit eben solchen Schritten, als er gekommen war, wieder fort. Als aber der Fremde sah, dass dieser Satan Respekt vor dem Pulver hatte, dachte er: „Jetzt ist keine Gefahr mehr", nahm in die andere Hand ein Licht und ging dem Gespenst, das langsam einen Gang hinabschritt, ebenso langsam nach, und der Bediente sprang, so schnell er konnte, hinter ihm zum Tempel hinaus und ins Ort, dachte, er wolle lieber bei den Scharfrichtern über Nacht sein als bei den Geistern. – Aber auf dem Gang, auf einmal, verschwindet der Geist vor den Augen seines kühnen Verfolgers, und war nicht anderst, als wär' er in den Boden gesunken. Als aber der Herr noch ein paar Schritte weitergehen wollte, um zu sehen, wo er hingekommen, hörte auf einmal unter seinen Füssen der Boden auf, und er fiel durch ein Loch hinab, aus welchem ihm Feuerglast entgegenkam, und er glaubte selber, jetzt geh' es an einen andern Ort. Als er aber ungefähr zehen Fuss tief gefallen war, lag er zwar unbeschädigt auf einem Haufen Heu in einem unterirdischen Gewölb. Aber sechs kuriose Gesellen standen um ein Feuer herum, und der Mephistopheles war auch da. Allerlei wunderbares Geräte lag umher, und zwei Tische lagen gehauft voll funkelnder Rössleinstaler, einer schöner als der andere. Da merkte der Fremde, wie er daran war. Denn das war eine heimliche Gesellschaft von Falschmünzern, so alle Fleisch und Bein hatten. Diese benutzten die Abwesenheit des Zwingherrn, legten in seinem Schloss ihre verborgenen Münzstöcke an, und waren vermutlich von seinen eigenen Leuten dabei, die im Haus Bericht und Gelegenheit wussten; und damit sie ihr heimlich Wesen ungestört und unbeschrien treiben konnten, fingen sie den Gespensterlärmen an, und wer in das Haus kam, wurde so in Schrecken gesetzt, dass er zum zweitenmal nimmer kam. Aber jetzt fand der verwegene Reisende erst Ursache, seine Unvorsichtigkeit zu bereuen, und dass er den Vorstellungen des Wirts im Dorf kein Gehör gegeben hatte. Denn er wurde durch ein enges Loch hinein in ein anderes finsteres Gehalt geschoben und hörte wohl, wie sie Kriegsgericht über ihn hielten und sagten: «Es wird das beste sein, wenn wir ihn umbringen.» Aber einer sagte noch: «Wir müssen ihn zuerst verhören, wer er ist, und wie er heisst, und wo er sich herschreibt.» Als sie aber hörten, dass er ein vornehmer Herr sei und nach Kopenhagen zum König reise, sahen sie einander mit grossen Augen an; und nachdem er wieder in dem finstern Gewölb war, sagten sie: «Jetzt steht die Sache schlimm. Denn wenn er vermisst wird, und es kommt durch den Wirt heraus, dass er ins Schloss gegangen ist, und ist nimmer herausgekommen, so kommen über Nacht die Husaren, heben uns aus, und der Hanf ist dies Jahr wohl geraten, dass ein Strick zum Henken nicht viel kostet.» Also kündigten sie dem Gefangenen Pardon an, wenn er ihnen einen Eid ablegte, dass er nichts verraten wolle, und drohten, dass sie in Kopenhagen wollten auf ihn Achtung geben lassen; und er musste ihnen auf den Eid hin sagen, wo er wohne. Er sagte: «Neben dem 'Wilden Mann' linker Hand in dem grossen Haus mit grünen Läden.» Darnach schenkten sie ihm Burgunderwein ein zum Morgentrunk, und er schaute ihnen zu, wie sie Rössleintaler prägten bis an den Morgen. Als aber der Tag durch die Kellerlöcher hinabschien, und auf der Strasse die Geisseln knallten, und der Kühhirt hürnte, nahm der Fremde Abschied von den nächtlichen Gesellen, bedankte sich für die gute Bewirtung und ging mit frohem Mute wieder in das Wirtshaus, ohne daran zu denken, dass er seine Uhr und seine Tabakspfeife und die Pistolen habe liegen lassen. Der Wirt sagte: «Gottlob, dass ich Euch wieder sehe; ich habe die ganze Nacht nicht schlafen können. Wie ist es Euch gegangen?» Aber der Reisende dachte: „Ein Eid ist ein Eid, und um sein Leben zu retten, muss man den Namen Gottes nicht missbrauchen, wenn man's nicht halten will." Deswegen sagte er nichts, und weil jetzt das Glöcklein läutete und der arme Sünder hinausgeführt wurde, so lief alles fort. Auch in Kopenhagen hielt er nachher reinen Mund und dachte selber fast nicht mehr daran. Aber nach einigen Wochen kam ab der Post ein Kistlein an ihn, und waren darin ein Paar neue mit Silber eingelegte Pistolen von grossem Wert, eine neue goldene Uhr mit kostbaren Demantsteinen besetzt, eine türkische Tabakspfeife mit einer goldenen Kette daran und eine seidene mit Gold gestickte Tabaksblase und ein Brieflein drin. In dem Brieflein stand: «Dies schicken wir Euch für den Schrecken, so Ihr bei uns ausgestanden, und zum Dank für Eure Verschwiegenheit. Jetzt ist alles vorbei, und Ihr dürft es erzählen, wem Ihr wollt.» Deswegen hat's der Herr dem Krenzacher erzählt, und das war die nämliche Uhr, die er oben auf dem Berg herauszog, als es in Hertingen Mittag läutete, und schaute, ob die Hertinger Uhr recht geht, und sind ihm hernach im Storken zu Basel von einem französischen General 75 neue Dublonen darauf geboten worden. Aber er hat sie nicht drum geben. [1809]

Gute Antwort

Wer ausgibt, muss auch wieder einnehmen. Reitet einmal ein Mann an einem Wirtshaus vorbei, der einen stattlichen Schmerbauch hatte, also dass er auf beiden Seiten fast über den Sattel herunterhänge. Der Wirt steht auf der Staffel und ruft ihm nach: «Nachbar, warum habt Ihr denn den Zwerchsack vor Euch auf das Ross gebunden und nicht hinten?» Dem rief der Reitende zurück: «Damit ich ihn unter den Augen habe. Denn hinten gibt es Spitzbuben.» Der Wirt sagte nichts mehr. [1809]

Drei andere Wünsche

Diesmal ist aber die Frau Fritze nicht dabei; auch riecht es nicht nach Rosenduft und Morgenrot, sondern nach Klingenberger und nach Kalbfleisch in einer sauren Brühe. Drei lustige Kameraden sassen beisammen zu Kehl im 'Lamm', und als sie das Saueressen verzehrt hatten und noch eine Flasche voll Klingenberger miteinander tranken, sprachen sie von allerlei, und fingen zuletzt an zu wünschen. Endlich wurden sie der Rede eins, es sollte jeder noch einen kernhaften Wunsch tun, und wer den besten Wunsch hervorbringe, der soll frei ausgehen an der Zeche.

Da sprach der erste: «So wünsch' ich dann, dass ich alle Festungsgräben von ganz Strassburg und Kehl voll feiner Nähnadeln hätte und zu jeder Nadel einen Schneider, und jeder Schneider müsste mir ein Jahr lang lauter Maltersäcke nähen, und wenn ich dann jeden Maltersack voll doppelter Dublonen hätte, so wollte ich zufrieden sein.»

Der zweite sagte: «So wollt' ich denn, dass das ganze Strassburger Münster bis unter die Krone des Turms hinauf voll Wechselbriefe vom feinsten Postpapier läge, so viel darin Platz haben, und wäre mir auf jedem Wechselbrief so viel Geld verschrieben, als in allen deinen Maltersäcken Platz hat, und ich hätt's.»

Der dritte sagte: «So wollt' ich denn, dass ihr beide hättet, was ihr wünscht, und dass euch alsdann beide in *einer* Nacht der Henker holte, und ich wär' euer Erbe.»

Der dritte ging frei aus an der Zeche. [1809]

Der Husar in Neisse

Als im Anfang der französischen Revolution die Preussen mit den Franzosen Krieg führten, und durch die Provinz Champagne zogen, dachten sie nicht daran, dass sich das Blättlein wenden könnte und dass der Franzos noch im Jahr 1806 nach Preussen kommen und den ungebetenen Besuch wett machen werde. Denn nicht jeder führte sich auf, wie es einem braven Soldaten in Feindesland wohl ansteht. Unter andern drang damals ein brauner preussischer Husar, der ein böser Mensch war, in das Haus eines friedlichen Mannes ein, nahm ihm all sein bares Geld, so viel war, und viel Geldswert, zuletzt auch noch das schöne Bett mit nagelneuem Überzug, und misshandelte Mann und Frau. Ein Knabe von acht Jahren bat ihn kniend, er möchte doch seinen Eltern nur das Bett wieder geben. Der Husar stosst ihn unbarmherzig von sich. Die Tochter lauft ihm nach, hält ihn am Dolman fest und fleht um Barmherzigkeit. Er nimmt sie und wirft sie in den Sodbrunnen, so im Hofe steht, und rettet seinen Raub. Nach Jahr und Tagen bekommt er seinen Abschied, setzt sich in der Stadt Neisse in Schlesien, denkt nimmer daran, was er einmal verübt hat, und meint, es sei schon lange Gras drüber gewachsen. Allein, was geschieht im Jahr 1806? Die Franzosen rücken in Neisse ein; ein junger Sergeant wird abends einquartiert bei einer braven Frau, die ihm wohl aufwartet. Der Sergeant ist auch brav, führt sich ordentlich auf und scheint guter Dinge zu sein. Den andern Morgen kommt der Sergeant nicht zum Frühstück. Die Frau denkt: „Er wird noch schlafen", und stellt ihm den Kaffee ins Ofenrohr. Als er noch immer nicht kommen wollte, ging sie endlich in das Stüblein hinauf, macht leise die Türe auf und will sehen, ob ihm etwas fehlt.

Da sass der junge Mann wach und aufgerichtet im Bette, hatte die Hände ineinander gelegt und seufzte, als wenn ihm ein gross Unglück begegnet wäre oder als wenn er das Heimweh hätte oder so etwas, und sah nicht, dass jemand in der Stube ist. Die Frau aber ging leise auf ihn zu und fragte ihn: «Was ist Euch begegnet, Herr Sergeant, und warum seid Ihr so traurig?» Da sah sie der Mann mit einem Blick voll Tränen an und sagte, die Überzüge dieses Bettes, in dem er heute nacht geschlafen habe, haben vor achtzehn Jahren seinen Eltern in Champagne angehört, die in der Plünderung alles verloren haben und zu armen Leuten geworden seien, und jetzt denke er an alles, und sein Herz sei voll Tränen. Denn es war der Sohn des geplünderten Mannes in Champagne, und kannte die Überzüge noch und die roten Namensbuchstaben, womit sie die Mutter gezeichnet hatte, waren ja auch noch daran. Da erschrak die gute Frau und sagte, dass sie dieses Bettzeug von einem braunen Husaren gekauft habe, der noch hier in Neisse lebe, und sie könne nichts dafür. Da stand der Franzose auf und liess sich in das Haus des Husaren führen und kannte ihn wieder.

«Denkt Ihr noch daran», sagte er zu dem Husaren, «wie Ihr vor achtzehn Jahren einen unschuldigen Mann in Champagne Hab und Gut und zuletzt auch noch das Bett aus dem Hause getragen habt, und habt keine Barmherzigkeit gehabt, als Euch ein achtjähriger Knabe um Schonung anflehte, und an meine Schwester?» Anfänglich wollte der alte Sünder sich entschuldigen, es gehe bekanntlich im Krieg nicht alles, wie es soll, und was der eine liegen lasse, hole doch ein anderer; und lieber nimmt man's selber. Als aber merkte, dass der Sergeant der nämliche sei, dessen Eltern er geplündert und misshandelt hatte, und als er ihn an seine Schwester erinnerte, versagte ihm vor Gewissensangst und Schrecken die Stimme, und er fiel vor dem Franzosen auf die zitternden Knie nieder und konnte nichts mehr herausbringen als «Pardon!», dachte aber: „Es wird nicht viel helfen."

Der geneigte Leser denkt vielleicht auch: „Jetzt wird der Franzos den Husaren zusammenhauen", und freut sich schon darauf. Allein das könnte mit der Wahrheit nicht bestehen. Denn wenn das Herz bewegt ist und vor Schmerz fast brechen will, mag der Mensch keine Rache nehmen. Da ist ihm die Rache zu klein und verächtlich, sondern er denkt: „Wir sind in Gottes Hand", und will nicht Böses mit Bösem vergelten. So dachte der Franzose auch und sagte: «Dass du mich misshandelt hast, das verzeihe ich dir. Dass du meine Eltern misshandelt und zu armen Leuten gemacht hast, das werden dir meine Eltern verzeihen. Dass du meine Schwester in den Brunnen geworfen hast, und ist nimmer davongekommen, das verzeihe dir Gott!» – Mit diesen Worten ging er fort, ohne dem Husaren das Geringste zu leide zu tun, und es ward ihm in seinem Herzen wieder wohl. Dem Husaren aber war es nachher zu Mut, als wenn er vor dem Jüngsten Gericht gestanden wäre, und hätte keinen guten Bescheid bekommen. Denn er hatte von dieser Zeit an keine ruhige Stunde mehr, und soll nach einem Vierteljahr gestorben sein.

Merke: Man muss in der Fremde nichts tun, worüber man

sich daheim nicht darf finden lassen.

Merke: Es gibt Untaten, über welche kein Gras wächst.

[1809]

Ein Wort gibt das andere

Ein reicher Herr im Schwabenland schickte seinen Sohn nach Paris, dass er sollte Französisch lernen und ein wenig gute Sitten. Nach einem Jahr oder drüber kommt der Knecht aus des Vaters Haus auch nach Paris. Als der junge Herr den Knecht erblickte, rief er voll Staunen und Freude aus: «Ei Hans, wo führt dich der Himmel her? Wie steht es zu Hause, und was gibt's Neues?» – «Nicht viel Neues, Herr Wilhelm, als dass vor zehn Tagen Euer schöner Rabe krepiert ist, den Euch vor einem Jahr der Weidgesell geschenkt hat.»

«O das arme Tier», erwiderte Herr Wilhelm. «Was hat ihm denn gefehlt?»

«Drum hat er zu viel Luder gefressen als unsere schönen Pferde fielen, eins nach dem andern. Ich hab's gleich gesagt.»

«Wie! Meines Vaters vier schöne Mohrenschimmel sind gefallen?» fragte der Herr Wilhelm. «Wie ging das zu?»

«Drum sind sie zu sehr angestrengt worden mit Wasserführen, als uns Haus und Hof verbrannte, und hat doch nichts geholfen.»

«Um Gottes willen!» rief der Herr Wilhelm voll Schrecken aus. «Ist unser schönes Haus verbrannt. Wann das?»

«Drum hat man nicht aufs Feuer acht gegeben an Ihres Herrn Vaters seliger Leiche, und ist bei Nacht begraben worden mit Fackeln. So ein Fünklein ist bald verzettelt.»

«Unglückselige Botschaft!» rief voll Schmerz der Herr Wilhelm aus. «Mein Vater tot? Und wie geht's meiner Schwester?»

«Drum eben hat sich Ihr Herr Vater seliger zu Tod gegrämt, als Ihre Jungfer Schwester ein Kindlein gebar und

hatte keinen Vater dazu. Es ist ein Büblein.
Sonst gibt's just nicht viel Neues», setzte er hinzu.
[1809]

Moses Mendelssohn

Moses Mendelssohn war jüdischer Religion und Handlungsbedienter bei einem Kaufmann, der das Pulver nicht soll erfunden haben. Dabei war er aber ein sehr frommer und weiser Mann und wurde daher von den angesehensten und gelehrtesten Männern hochgeachtet und geliebt. Und das ist recht. Denn man muss um des Bartes willen den Kopf nicht verachten, an dem er wächst. Dieser Moses Mendelssohn gab unter anderm von der Zufriedenheit mit seinem Schicksal folgenden Beweis. Denn als eines Tages ein Freund zu ihm kam, und er eben an einer schweren Rechnung schwitzte, sagte dieser: «Es ist doch schade, guter Moses, und ist unverantwortlich, dass ein so verständiger Kopf, wie Ihr seid, einem Manne ums Brot dienen muss, der Euch das Wasser nicht bieten kann. Seid Ihr nicht am kleinen Finger gescheiter als der am ganzen Körper, so gross ist er?» Einem andern hätt' das im Kopf gewurmt, er hätte Feder und Dintenfass mit ein paar Flüchen hinter den Ofen geworfen, und seinem Herrn aufgekündigt auf der Stelle. Aber der verständige Mendelssohn liess das Dintenfass stehen, steckte die Feder hinter das Ohr, sah seinen Freund ruhig an, und sprach zu ihm also: «Das ist recht gut, wie es ist, und von der Vorsehung weise ausgedacht. Denn so kann mein Herr von meinen Diensten viel Nutzen ziehen, und ich habe zu leben. Wäre ich der Herr und er mein Schreiber, ihn könnte ich nicht brauchen.»
[1809]

Ein teurer Kopf und ein wohlfeiler

Als der letzte König von Polen noch regierte, entstand gegen ihn eine Empörung, was nichts Seltenes war. Einer von den Rebellen, und zwar ein polnischer Fürst, vergass sich so sehr, dass er einen Preis von 20 000 Gulden auf den Kopf des Königs setzte. Ja, er war frech genug, es dem König selber zu schreiben, entweder, um ihn zu betrüben oder zu erschrekken. Der König aber schrieb ihm ganz kaltblütig zur Antwort: «Euren Brief habe ich empfangen und gelesen. Es hat mir einiges Vergnügen gemacht, dass mein Kopf bei Euch noch etwas gilt. Denn ich kann Euch versichern, für den Eurigen gäb' ich keinen roten Heller.» [1809]

Teure Eier

Als zu seiner Zeit ein fremder Fürst nach Frankreich reiste, wurde es ihm unterwegs öd im Magen, und liess sich in einem gemeinen Wirtshaus, wo sonst dergleichen Gäste nicht einkehren, drei gesottene Eier geben. Als er damit fertig war, forderte der Wirt dafür 300 Livres. Der Fürst fragte, ob denn hier die Eier so rar seien. Der Wirt lächelte und sagte: «Nein, die Eier nicht, aber die grossen Herren, die so etwas dafür bezahlen können.» Der Fürst lächelte auch, und gab das Geld, und das war gut. Als aber der damalige König von Frankreich von der Sache hörte (es wurde ihm als ein Spass erzählt), nahm er's sehr übel, dass ein Wirt in seinem Reich sich unterstand, solche unverschämte Überforderungen zu machen, und sagte dem Fürsten: «Wenn Sie auf Ihrer Rückreise wieder an dem Wirtshaus vorbeifahren, werden Sie sehen, dass Gerechtigkeit in meinem Lande herrscht.» Als der Fürst auf seiner Rückreise wieder an dem Wirtshaus vorbeifuhr, sah er keinen Schild mehr dran, aber die Türen und Fenster waren zugemauert, und das war auch gut.
[1809]

Die drei Diebe

Der geneigte Leser wird ermahnt, nicht alles für wahr zu halten, was in dieser Erzählung vorkommt. Doch ist sie in einem schönen Buch beschrieben und zu Vers gebracht.

Der Zundelheiner und der Zundelfrieder trieben von Jugend auf das Handwerk ihres Vaters, der bereits am Auerbacher Galgen mit des Seilers Tochter kopuliert war, nämlich mit dem Strick; und ein Schulkamerad, der rote Dieter, hielt's auch mit, und war der jüngste. Doch mordeten sie nicht und griffen keine Menschen an, sondern visitierten nur so bei Nacht in den Hühnerställen, und wenn's Gelegenheit gab, in den Küchen, Kellern und Speichern, allenfalls auch in den Geldtrögen, und auf den Märkten kauften sie immer am wohlfeilsten ein. Wenn's aber nichts zu stehlen gab, so übten sie sich untereinander mit allerlei Aufgaben und Wagstücken, um im Handwerk weiter zu kommen. Einmal, im Wald, sieht der Heiner auf einem hohen Baum einen Vogel auf dem Nest sitzen, denkt, er hat Eier, und fragt die andern: «Wer ist im Stand und holt dem Vogel dort oben die Eier aus dem Nest, ohne dass es der Vogel merkt?» Der Frieder, wie eine Katze, klettert hinauf, naht sich leise dem Nest, bohrt langsam ein Löchlein unten drein, lässt ein Eilein nach dem andern in die Hand fallen, flickt das Nest wieder zu mit Moos und bringt die Eier. – «Aber wer dem Vogel die Eier wieder unterlegen kann», sagte jetzt der Frieder, «ohne dass es der Vogel merkt!» Da kletterte der Heiner den Baum hinan, aber der Frieder kletterte ihm nach, und während der Heiner dem Vogel langsam die Eier unterschob, ohne dass es der Vogel merkte, zog der Frieder dem Heiner langsam die Hosen ab, ohne dass es der Heiner merkte. Da gab es ein gross Gelächter, und die beiden andern sagten: «Der Frieder ist der Meister.» Der rote Dieter aber sagte: «Ich sehe schon, mit euch kann ich's nicht zugleich tun, und wenn's einmal zu bösen Häusern geht, und der Unrechte kommt über uns, so ist's mir nimmer Angst für euch, aber für mich.» Also ging er fort, wurde wieder ehrlich, und lebte mit seiner Frau arbeitsam und häuslich.

Im Spätjahr, als die zwei andern noch nicht lang auf dem Rossmarkt ein Rösslein gestohlen hatten, besuchten sie einmal den Dieter und fragten ihn, wie es ihm gehe; denn sie hatten gehört, dass er ein Schwein geschlachtet, und wollten ein wenig Acht geben, wo es liegt. Es hing in der Kammer an der Wand. Als sie fort waren, sagte der Dieter: «Frau, ich will das Säulein in die Küche tragen und die Mulde drauf decken; sonst ist es morgen nimmer unser.» In der Nacht kommen die Diebe, brechen, so leise sie können, die Mauer durch, aber die Beute war nicht mehr da. Der Dieter merkt etwas, steht auf, geht um das Haus und sieht nach. Unterdessen schleicht der Heiner um das andere Eck herum ins Haus bis zum Bett, wo die Frau lag, nimmt ihres Manns Stimme an und sagt: «Frau, die Sau ist nimmer in der Kammer.» Die Frau sagt: «Schwätz' nicht so einfältig! Hast du sie nicht selber in die Küche unter die Mulde getragen?» «Ja so», sagte der Heiner; «drum bin ich halb im Schlaf», und ging, holte das Schwein und trug es unbeschrien fort, wusste in der finstern Nacht nicht, wo der Bruder ist, dachte, er wird schon kommen an den bestellten Platz im Wald. Und als der Dieter wieder ins Haus kam und nach dem Säulein greifen will, «Frau», rief er, «jetzt haben's die Galgenstricke doch geholt.» Allein, so geschwind gab er nicht gewonnen, sondern setzte den Dieben nach, und als er den Heiner einholte (er war schon weit vom Hause weg) und als er merkte, dass er allein sei, nahm er schnell die Stimme des Frieders an und sagte: «Bruder, lass jetzt mich das Säulein tragen, du wirst müde sein.» Der Heiner meint, es sei der Bruder, und gibt ihm das Schwein, sagt, er wolle vorausgehen in den Wald und ein Feuer machen. Der Dieter aber kehrte hinter ihm um, sagte für sich selber: «Hab' ich dich wieder, du liebes Säulein?» und trug es heim. Unterdessen irrte der Frieder in der Nacht herum, bis er im Wald das Feuer sah, und kam und fragte den Bruder: «Hast du die Sau, Heiner?» Der Heiner sagte: «Hast du sie denn nicht, Frieder?» Da schauten sie einander mit grossen Augen an und hätten kein so prasselndes Feuer von buchenen Spänen gebraucht zum Nachtkochen. Aber desto schöner prasselte jetzt das Feuer daheim in Dieters Küche. Denn das Schwein wurde sogleich nach der Heimkunft verhauen und Kesselfleisch über das Feuer getan. Denn der Dieter sagte: «Frau, ich bin hungrig, und was wir nicht beizeiten essen, holen die Schelme doch.» Als er sich aber in einen Winkel legte und ein wenig schlummerte, und die Frau kehrte mit der eisernen Gabel das Fleisch herum und schaute einmal nach der Seite, weil der Mann im Schlaf so seufzte, kam eine zugespitzte Stange langsam durch das Kamin herab, spiesst das beste Stück im Kessel an und zog's herauf; und als der Mann im Schlaf immer ängstlicher winselte, und die Frau immer emsiger nach ihm sah, kam die Stange zum zweitenmal; und als die Frau den Dieter weckte: «Mann, jetzt wollen wir anrichten», da war der Kessel leer, und wär' ebenfalls kein grosses Feuer nötig gewesen zum Nachtkochen. Als sie aber beide schon im Begriff waren, hungerig ins Bett zu gehen, und dachten: „Will der Henker das Säulein holen, so können wir's ja doch nicht heben", da kamen die Diebe vom Dach herab durch das Loch der Mauer in die Kammer und aus der Kammer in die Stube und brachten wieder, was sie gemaust hatten. Jetzt ging ein fröhliches Leben an. Man ass und trank, man scherzte und lachte, als ob man gemerkt hätte, es sei das letztemal, und war guter Dinge, bis der Mond im letzten Viertel über das Häuslein wegging und zum zweitenmal im Dorf die Hahnen krähten und von weitem der Hund des Metzgers bellte. Denn die Strickreiter waren auf der Spur, und als die Frau des roten Dieters sagte: «Jetzt ist's einmal Zeit ins Bett», kamen die Strickreiter von wegen des gestohlenen Rössleins und holten den Zundelheiner und den Zundelfrieder in den Turm und in das Zuchthaus.   [1809]

Hohes Alter

In Schottland gibt es Leute, welche sehr alt werden. Ein Reisender begegnete einmal einem betagten Sechziger, welcher schluchzte. Auf die Frage, was ihm fehle, sagte dieser: der Vater habe ihm eine Ohrfeige gegeben. Das kam dem Fremden fast unglaublich vor, dass ein Mann von solchen Jahren noch einen Vater am Leben habe und noch unter seiner Zucht stehen soll. Als er ihn aber nach der Ursache dieser Ohrfeige fragte, so sagte der Sechziger: drum habe er den Grossvater schier fallen lassen, als er ihm habe sollen ins Bett helfen. Als das der Fremde hörte, liess er sich von dem Mann ins Haus führen, ob es auch so sei, wie er sagte. Ja, es war so. Der Bube war 62 Jahre alt, der Vater 96, und der Grossvater 130. Und der Fremde sagte nachher, als er es wieder erzählte, es werde einem ganz kurios zu Mute, wenn man so 288 Jahre unter drei Hüten beeinander sehe.

[1809]

Merkwürdige Schicksale eines jungen Engländers

Eines Tages reiste ein junger Engländer auf dem Postwagen zum erstenmal in die grosse Stadt London, wo er von den Menschen, die daselbst wohnen, keinen einzigen kannte als seinen Schwager, den er besuchen wollte, und seine Schwester, so des Schwagers Frau war. Auch auf dem Postwagen war neben ihm niemand als der Kondukteur, das ist der Aufseher über den Postwagen, der auf alles Acht haben und an Ort und Stelle über die Briefe und Pakete Red und Antwort geben muss; und die zwei Reisekameraden dachten damals nicht daran, wo sie einander das nächstemal wiedersehen würden. Der Postwagen kam erst in der tiefen Nacht in London an. In dem Posthause konnte der Fremde nicht über Nacht bleiben, weil der Postmeister daselbst ein vornehmer Herr ist und nicht wirtet, und des Schwagers Haus wusste der arme Jüngling in der ungeheuer grossen

Stadt bei stockfinsterer Nacht so wenig zu finden als in einem Wagen voll Heu eine Stecknadel. Da sagte zu ihm der Kondukteur: «Junger Herr, kommt Ihr mit mir! Ich bin zwar auch nicht hier daheim, aber ich habe, wenn ich nach London komme, bei einer Verwandten ein Stüblein, wo zwei Betten stehen. Meine Base wird Euch schon beherbergen, und morgen könnt Ihr Euch alsdann nach Eures Schwagers Haus erkundigen, wo Ihr's besser finden werdet.» Das liess sich der junge Mensch nicht zweimal sagen. Sie tranken bei der Frau Base noch einen Krug englisches Bier, assen eine Knackwurst dazu und legten sich dann schlafen. In der Nacht kam dem Fremden eine Notdurft an, und musste hinaus gehen. Da war er schlimmer dran als noch nie. Denn er wusste in seiner damaligen Nachtherberge, so klein sie war, so wenig Bericht als ein paar Stunden vorher in der grossen Stadt. Zum Glück aber wurde der Kondukteur auch wach und sagte ihm, wie er gehen müsse, links und rechts und wieder links. «Die Türe», fuhr er fort, «ist zwar verschlossen, wenn Ihr an Ort und Stelle kommt, und wir haben den Schlüssel verloren. Aber nehmt in meinem Rockelorsack mein grosses Messer mit und schiebt es zwischen dem Türlein und dem Pfosten hinein, so springt inwendig die Falle auf! Geht nur dem Gehör nach! Ihr hört ja die Themse rauschen, und zieht etwas an, die Nacht ist kalt.» Der Fremde erwischte in der Geschwindigkeit und in der Finsternis das Kamisol des Kondukteurs statt des seinen, zog es an und kam glücklich an den Platz. Denn er schlug es nicht hoch an, dass er unterwegs einmal den Rank zu kurz genommen hatte, so, dass er mit der Nase an ein Eck anstiess und wegen dem hitzigen Bier, so er getrunken hatte, entsetzlich blutete. Allein ob dem starken Blutverlust und der Verkältung bekam er eine Schwäche und schlief ein. Der nachtfertige Kondukteur wartete und wartete, wusste nicht, wo sein Schlafkamerad so lange bleibt, bis er auf der Gasse einen Lärm vernahm, da fiel ihm im halben Schlafe der Gedanke ein: „Was gilt's, der arme Mensch ist an die Haustüre kommen, ist auf die Gasse hinausgegangen und gepresst worden." Denn wenn die Engländer viel Volk auf ihre Schiffe brauchen, so gehen unversehens bestellte starke Männer nachts in den gemeinen Wirtsstuben, in verdächtigen Häusern und auf der Gasse herum, und wer ihnen alsdann in die Hände kommt und tauglich ist, den fragen sie nicht lange: «Landsmann, wer bist du?» oder «Landsmann, wer seid Ihr?» sondern machen kurzen Prozess, schleppen ihn – gern oder ungern – fort auf die Schiffe, und Gott befohlen! Solch eine nächtliche Menschenjagd nennt man Pressen, und deswegen sagte der Konduktuer: «Was gilt's, er ist gepresst worden!» – In dieser Angst sprang er eilig auf, warf seinen Rokkelor um sich und eilte auf die Gasse, um womöglich den armen Schelm zu retten. Als er aber eine Gasse und zwei Gassen weit dem Lärm nachgegangen war, fiel er selber den Pressern in die Hände, wurde auf ein Schiff geschleppt – ungern – und den andern Morgen weiters. Weg war er. Nachher kam der junge Mensch im Hause wieder zu sich, eilte, wie er war, in sein Bette zurück, ohne den Schlafkameraden zu vermissen, und schlief bis in den Tag.

Unterdessen wurde der Konduktuer um acht Uhr auf der Post erwartet, und als er immer und immer nicht kommen wollte, wurde ein Postbediensteter abgeschickt, ihn zu suchen. Der fand keinen Konduktuer, aber einen Mann mit blutigem Gewand im Bett liegen, auf dem Gang ein grosses offenes Messer, Blut bis auf den Abtritt, und unten rauschte die Themse. Da fiel ein böser Verdacht auf den blutigen Fremdling, er habe den Konduktuer ermordet und in das Wasser geworfen. Er wurde in ein Verhör geführt, und als man ihn visitierte und in den Taschen des Kamisols, das er noch immer anhatte, einen ledernen Geldbeutel fand mit dem wohlbekannten silbernen Petschaftring des Konduktuers am Riemen befestigt, da war es um den armen Jüngling geschehen. Er berief sich auf seinen Schwager – man kannte ihn nicht – auf seine Schwester – man wusste von ihr nichts. Er erzählte den ganzen Hergang der Sache, wie er selber sie wusste. Aber die Blutrichter sagten: «Das sind blaue Nebel, und Ihr werdet gehenkt.» Und wie gesagt, so geschehn, noch am nämlichen Nachmittag nach engländischem Recht und Brauch. Mit dem engländischen Brauch aber ist es so: Weil in London der Spitzbuben viele sind, so macht man mit denen, die gehenkt werden, kurzen Prozess, und bekümmern sich nicht viele Leute darum, weil man's oft sehen kann. Die Missetäter, so viel man auf einmal hat, werden auf einen breiten Wagen gesetzt und bis unter den Galgen geführt. Dort hängt man den Strick in den bösen Nagel ein, fährt alsdann mit dem Wagen unter ihnen weg, lässt die schönen Gesellen zappeln und schaut nicht um. Allein in England ist das Hängen nicht so schimpflich wie bei uns, sondern nur tödlich. Deswegen kommen nachher die nächsten Verwandten des Missetäters und ziehn so lange unten an den Beinen, bis der Herr Vetter oben erstickt. Aber unserm Fremden tat niemand diesen traurigen Dienst der Liebe und Freundschaft an, bis abends ein junges Ehepaar, Arm in Arm, auf einem Spaziergang von ungefähr über den Richtplatz wandelte und im Vorbeigehen nach dem Galgen schaute. Da fiel die Frau mit einem Schrei des Entsetzens in die Arme ihres Mannes: «Barmherziger Himmel, da hängt unser Bruder!» Aber noch grösser wurde der Schrecken, als der Gehenkte bei der bekannten Stimme seiner Schwester die Augenlider aufschlug und die Augen fürchterlich drehte. Denn er lebte noch, und das Ehepaar, das vorüberging, war die Schwester und der Schwager. Der Schwager aber, der ein entschlossener Mann war, verlor die Besinnung nicht, sondern dachte in der Stille auf Rettung. Der Platz war entlegen, die Leute hatten sich verlaufen, und um Geld und gute Worte gewann er ein paar beherzte und vertraute Burschen, die nahmen den Gehenkten mir nichts dir nichts ab, als wenn sie das Recht dazu hätten, und brachten ihn glücklich und unbeschrien in des Schwagers Haus. Dort ward er in wenig Stunden wieder zu sich gebracht, bekam ein kleines Fieber und wurde unter der lieben Pflege seiner getrösteten Schwester bald wieder völlig gesund.

Eines Abends aber sagte der Schwager zu ihm: «Schwager, Ihr könnt nun in dem Land nicht bleiben. Wenn Ihr entdeckt werdet, so könnt Ihr noch einmal gehenkt werden und ich dazu. Und wenn auch nicht, so habt Ihr ein Halsband an Eurem Hals getragen, das für Euch und Eure Verwandten ein schlechter Staat war. Ihr müsst nach Amerika. Dort will ich für Euch sorgen.» Das sah der gute Jüngling ein, ging bei der ersten Gelegenheit in ein vertrautes Schiff und kam nach 80 Tagen glücklich in dem Seehafen von Philadelphia an. Als er aber hier an einem landfremden Orte mit schwerem Herzen wieder an das Ufer stieg und als er eben bei sich selber dachte: „Wenn mir doch Gott auch nur einen einzigen Menschen entgegen führte, der mich kennt"; siehe da kam in armseliger Schiffskleidung der Kondukteur. Aber so gross sonst die Freude des unverhofften Wiedersehens an einem solchen fremden Orte ist, so war doch hier der erste Willkomm schlecht genug. Denn der Kondukteur, als er seinen Mann erkannte, ging er mit geballter Faust auf ihn los: «Wo führt Euch der Böse her, verdammter Nachtläufer? Wisst Ihr, dass ich wegen Euch bin gepresst worden?» Der Engländer aber sagte: «Goddam, Ihr vermaledeiter Überall und Nirgends, wisst Ihr, dass man wegen Euch mich gehenkt hat?» Hernach aber gingen sie miteinander ins Wirtshaus 'Zu den drei Kronen' in Philadelphia und erzählten sich ihr Schicksal. Und der jungen Engländer, der in einem Handlungshaus gute Geschäfte machte, ruhte nachher nicht, bis er seinen guten Freund loskaufte und wieder nach London zurück schicken konnte.

[1809]

Der Rekrut

Zum schwäbischen Kreiskontingent kam im Jahr 1795 ein Rekrut, so ein schöner wohlgewachsener Mann war. Der Offizier fragte ihn, wie alt er sei. Der Rekrut antwortete: «Einundzwanzig Jahr. Ich bin ein ganzes Jahr lang krank gewesen, sonst wär' ich zweiundzwanzig.» [1809]

Böser Markt

In der grossen Stadt London und rings um sie her gibt es ausserordentlich viel gute Narren, die an anderer Leute Geld oder Sackuhren oder kostbaren Fingerringen eine kindische Freude haben und nicht ruhen, bis sie dieselben haben. Dies bringen sie zuweg manchmal durch List und Betrug, noch öfter durch kühnen Angriff, manchmal am hellen lichten Tag und an der offenen Landstrasse. Einem geratet es, dem andern nicht. Der Kerkermeister zu London und der Scharfrichter wissen davon zu erzählen. Eine seltsame Geschichte begegnete aber eines Tages einem vornehmen und reichen Mann. Der König und viele andere grosse Herren und Frauen waren an einem schönen Sommertage in einem grossen königlichen Garten versammelt, dessen lange gewundene Gänge sich in der Ferne in einem Wald verloren. Viele andere Personen waren auch zugegen, denen es nicht auf einen Gang und auf ein paar Stunden ankam, ihren geliebten König und seine Familie froh und glücklich zu sehen. Man ass und trank, man spielte und tanzte; man ging spazieren in den schönen Gängen und zwischen dem duftenden Rosengebüsch paarweise und allein, wie es sich traf. Da stellte sich ein Mensch, wohl gekleidet, als wenn er auch dazu gehörte, mit einer Pistole unter dem Rock in einer abgelegenen Gegend an einen Baum, wo der Garten an den Wald grenzte, dachte, es wird schon jemand kommen. Wie gesagt, so geschehen, kommt ein Herr mit funkelndem Fingerring, mit klingenden Uhrenketten, mit diamantnen Schnallen, mit breitem Ordensband und goldnem Stern, will spazieren gehn im kühlen Schatten und denkt an nichts. Indem er an nichts denkt, kommt der Geselle hinter dem Baum hervor, macht dem guten Herrn ein bescheidenes Kompliment, zieht die Pistole zwischen dem Rock und Kamisol heraus, richtet ihre Mündung auf des Herrn Brust und bittet ihn höflich, keinen Lärm zu machen, es brauche niemand zu wissen, was sie miteinander zu reden haben. Man muss übel dran sein, wenn man vor einer Pistole steht, weil man nicht weiss, was drin steckt. Der Herr dachte vernünftig: „Der Leib ist kostbarer als das Geld; lieber den Ring verloren, als den Finger"; und versprach zu schweigen. «Gnädiger Herr», fuhr jetzt der Geselle fort, «wären Euch Eure zwei goldenen Uhren nicht feil für gute Bezahlung? Unser Schulmeister richtet die Uhr alle Tage anders, man weiss nie, wie man dran ist, und an der Sonnenuhr sind die Zahlen

len verwischt.» Will der reiche Herr wohl oder übel, so muss er dem Halunken die Uhren verkaufen für ein paar Stüber oder etwas, so man kaum ein Schöpplein dafür trinken kann. Und so handelt ihm der Spitzbube Ring und Schnallen und Ordensstern und das goldene Herz, so er vorne auf der Brust im Hemd hatte, Stück für Stück ab um schlechtes Geld und immer mit der Pistole in der linken Hand. Als endlich der Herr dachte: „Jetzt bin ich absolviert, gottlob!" fing der Spitzbube von neuem an: «Gnädiger Herr, weil wir so gut miteinander zurecht kommen, wolltet Ihr mir nicht auch von meinen Waren etwas abhandeln?» Der Herr denkt an das Sprichwort, dass man müsse zu einem bösen Markt ein gutes Gesicht machen, und sagt: «Lasst sehen!» Da zog der Bursche allerlei Kleinigkeiten aus der Tasche hervor, die er vom Zweibatzenkrämer gekauft oder auch schon auf einer ungewischten Bank gefunden hatte, und der gute Herr musste ihm alles abkaufen, Stück für Stück um teures Geld. Als endlich der Spitzbube nicht mehr als die Pistole übrig hatte und sah, dass der Herr noch ein paar schöne Dublonen in dem grünen seidenen Geldbeutel hatte, sprach er noch: «Gnädiger Herr, wolltet Ihr mir für den Rest, den Ihr da in den Händen habt, nicht die Pistole abkaufen? Sie ist vom besten Büchsnschmied in London und zwei Dublonen unter Brüdern wert.» Der Herr dachte in der Überraschung: „Du dummer Dieb!" und kaufte die Pistole. Als er aber die Pistole gekauft hatte, kehrte er den Stiel um, und sprach: «Nun halt, sauberer Geselle, und geh augenblicklich voraus, wohin ich dich heissen werde, oder ich schiesse dich auf der Stelle tot.» Der Spitzbube aber nahm einen Sprung in den Wald und sagte: «Schiesst herzhaft los, gnädiger Herr! Sie ist nicht geladen.» Der Herr drückte ab, und es ging wirklich nicht los. Er liess den Ladstock in den Lauf fallen, und es war kein Körnlein Pulver darin. Der Dieb aber war unterdessen schon tief im Wald und der vornehmen Engländer ging schamrot zurück, dass er sich also habe in Schrecken setzen lassen, und dachte an vieles.   [1809]

Der silberne Löffel

In Wien dachte ein Offizier: „Ich will doch auch einmal im 'Roten Ochsen' zu Mittag essen", und geht in den 'Roten Ochsen'. Da waren bekannte und unbekannte Menschen, Vornehme und Mittelmässige, ehrliche Leute und Spitzbuben, wie überall. Man ass und trank, der eine viel, der andere wenig. Man sprach und disputierte von dem und jenem, zum Exempel von dem Steinregen bei Stannern in Mähren, von dem Machin in Frankreich, der mit dem grossen Wolf gekämpft hat. Das sind dem geneigten Leser bekannte Sachen, denn er erfährt durch den Hausfreund alles ein Jahr früher als andere Leute. – Als nun das Essen fast vorbei war, einer und der andere trank noch eine halbe Mass Ungarwein zum Zuspitzen, ein anderer drehte Kügelein aus weichem Brot, als wenn er ein Apotheker wär' und wollte Pillen machen, ein dritter spielte mit dem Messer oder mit der Gabel oder mit dem silbernen Löffel, da sah der Offizier von ungefähr zu, wie einer in einem grünen Rocke mit dem silbernen Löffel spielte, und wie ihm der Löffel auf einmal in den Rockärmel hineinschlüpfte und nicht wieder herauskam.

Ein anderer hätte gedacht: „Was geht's mich an?" und wäre still dazu gewesen oder hätte grossen Lärmen angefangen. Der Offizier dachte: „Ich weiss nicht, wer der grüne Löffelschütz ist und was es für einen Verdruss geben kann", und war mausstill, bis der Wirt kam und das Geld einzog. Als der Wirt kam und das Geld einzog, nahm der Offizier auch einen silbernen Löffel und steckte ihn zwischen zwei Knopflöcher im Rocke, zu einem hinein, zum andern hinaus, wie es manchmal die Soldaten im Kriege machen, wenn sie den Löffel mitbringen, aber keine Suppe. – Währenddem der Offizier seine Zeche bezahlte, und der Wirt schaute ihm auf den Rock, dachte er: „Das ist ein kurioser Verdienstorden, den der Herr da anhängen hat. Der muss sich im Kampf mit einer Krebssuppe hervorgetan haben, dass er zum Ehrenzeichen einen silbernen Löffel bekommen hat, oder ist's gar einer von meinen eigenen?" Als aber der Offizier dem Wirt die Zeche bezahlt hatte, sagte er mit ernsthafter Miene: «Und der Löffel geht ja drein. Nicht wahr? Die Zeche ist teuer genug dazu.» Der Wirt sagte: «So etwas ist mir noch nicht vorgekommen. Wenn Ihr keinen Löffel daheim habt, so will ich Euch einen Patentlöffel schenken, aber meinen silbernen lasst mir da.» Da stand der Offizier auf, klopfte dem Wirt auf die Achsel und lächelte: «Wir haben nur Spass gemacht», sagte er, «ich und der Herr dort in dem grünen Rocke. Gebt Ihr Euern Löffel wieder aus dem Ärmel heraus, grüner Herr, so will ich meinen auch wieder hergeben.» Als der Löffelschütz merkte, dass er verraten sei und dass ein ehrliches Auge auf seine unehrliche Hand gesehen hatte, dachte er: „Lieber Spass als Ernst", und gab seinen Löffel ebenfalls her. Also kam der Wirt wieder zu seinem Eigentum, und der Löffeldieb lachte auch – aber nicht lange. Denn als die andern Gäste das sahen, jagten sie den verratenen Dieb mit Schimpf und Schande zum Tempel hinaus, und der Wirt schickte ihm den Hausknecht mit einer Handvoll ungebrannter Asche nach. Den wackern Offizier aber bewirtete er noch mit einer Bouteille voll Ungarwein auf das Wohlsein aller ehrlichen Leute.

Merke: Man muss keine silbernen Löffel stehlen.
Merke: Das Recht findet seinen Knecht. [1810]

Einträglicher Rätselhandel

Von Basel fuhren elf Personen in einem Schiffe den Rhein hinab. Ein Jude, der nach Schalampi wollte, bekam die Erlaubnis, sich in einen Winkel zu setzen und auch mitzufahren, wenn er sich gut aufführen und dem Schiffer achtzehn Kreuzer Trinkgeld geben wolle. Nun klingelte es zwar, wenn der Jude an die Tasche schlug, allein es war doch nur ein Zwölfkreuzerstück darin; denn das andere war ein messingener Knopf. Dessen ungeachtet, nahm er die Erlaubnis dankend an. Denn er dachte: „Auf dem Wasser wird sich auch noch etwas erwerben lassen. Es ist ja schon mancher auf dem Rhein reich worden." Im Anfang und von dem Wirtshaus 'Zum Kopf' weg war man sehr gesprächig und lustig, und der Jude in seinem Winkel und mit seinem Zwerchsack an der Achsel, den er ja nicht ablegte, musste viel leiden, wie man's manchmal diesen Leuten macht und versündiget sich daran. Als sie aber schon weit an Hüningen und an der Schusterinsel vorbei waren und an Märkt und an dem Isteiner Klotz und St. Veit vorbei, wurde einer nach dem andern stille, und gähnten und schauten den langen Rhein hinunter, bis wieder einer anfing: «Mausche», fing er an, «weisst du nichts, dass uns die Zeit vergeht? Deine Väter müssen doch auch auf allerlei gedacht haben in der langen Wüste». – Jetzt, dachte der Jude, ist es Zeit, das Schäflein zu scheren, und schlug vor, man sollte sich in der Reihe herum allerlei kuriose Fragen vorlegen, und er wolle mit Erlaubnis auch mithalten. Wer sie nicht beantworten kann, soll dem Aufgeber ein Zwölfkreuzerstück bezahlen, wer sie gut beantwortet, soll einen Zwölfer bekommen. Das war der ganzen Gesellschaft recht, und weil sie sich an der Dummheit oder an dem Witz des Juden zu belustigen hofften, fragte jeder in den Tag hinein, was ihm einfiel. So fragte z.B. der erste: «Wie viel weichgesottene Eier kann der Riese Goliath nüchtern essen?» – Alle sagten, das sei nicht zu erraten, und bezahlten ihre Zwölfer. Aber der Jude sagte: «Eins, denn wer ein Ei gegessen hat, isst das zweite nimmer nüchtern.» Der Zwölfer war gewonnen.

Der andere dachte: „Wart', Jude, ich will dich aus dem Neuen Testament fragen, so soll mir dein Zwölfer nicht entgehen." «Warum hat der Apostel Paulus den zweiten Brief an die Korinther geschrieben?» Der Jude sagte: «Er wird nicht bei ihnen gewesen sein, sonst hätt' er's ihnen mündlich sagen können.» Wieder ein Zwölfer.

Als der dritte sah, dass der Jude in der Bibel sehr gut beschlagen sei, fing er's auf eine andere Art an: «Wer zieht sein Geschäft in die Länge und wird doch zu rechter Zeit fertig?» Der Jud sagte: «Der Seiler, wenn er fleissig ist.»

Der vierte: «Wer bekommt noch Geld dazu und lässt sich dafür bezahlen, wenn er den Leuten etwas weiss macht?» Der Jud sagte: «Der Bleicher.»

Unterdessen näherte man sich einem Dorfe, und einer sagte: «Das ist Bamlach.» Da fragte der fünfte: «In welchem

Monat essen die Bamlacher am wenigsten?» Der Jud sagte: «Im Hornung, denn der hat nur 28 Tage.»

Der sechste sagt: «Es sind zwei leibliche Brüder, und doch ist nur einer davon mein Vetter.» Der Jud sagte: «Der Vetter ist Eures Vaters Bruder. Euer Vater ist nicht Euer Vetter.»

Ein Fisch schnellte in die Höhe; so fragt der siebente: «Welche Fische haben die Augen am nächsten beisammen?» Der Jud sagte: «Die kleinsten.»

Der achte fragt: «Wie kann einer zur Sommerszeit im Schatten von Bern nach Basel reiten, wenn auch die Sonne noch so heiss scheint?» Der Jud sagte: «Wo kein Schatten ist, muss er absteigen und zu Fusse gehen.»

Fragt der neunte: «Wenn einer im Winter von Basel nach Bern reitet, und hat die Handschuhe vergessen, wie muss er's angreifen, dass es ihn nicht an die Hand friert?» Der Jud sagt: «Er muss aus der Hand eine Faust machen.»

Fragt der zehnte: «Warum schlüpfet der Küfer in die Fässer?» Der Jud sagt: «Wenn die Fässer Türen hätten, könnte er aufrecht hineingehen.»

Nun war noch der elfte übrig. Dieser fragte: «Wie können fünf Personen fünf Eier teilen, also dass jeder eins bekomme und doch eins in der Schüssel bleibe?» Der Jude sagte: «Der letzte muss die Schüssel samt dem Ei nehmen; dann kann er es darin liegen lassen, so lange er will.»

Jetzt war die Reihe an ihm selber, und nun dachte er erst einen guten Fang zu machen. Mit viel Komplimenten und spitzbübischer Freundlichkeit fragte er: «Wie kann man zwei Forellen in drei Pfannen backen, also dass in jeder Pfanne eine Forelle liege?» Das brachte abermals keiner heraus, und einer nach dem andern gab dem Hebräer seinen Zwölfer.

Der Hausfreund hätte das Herz, allen seinen Lesern, von Mailand bis nach Kopenhagen, die nämliche Frage aufzugeben, und wollte ein hübsches Stück Geld daran verdienen, mehr als am Kalender, der ihm nicht viel einträgt. Denn als die eilfe verlangten, er sollte ihnen für ihr Geld das Rätsel auch auflösen, wandte er sich lange bedenklich hin und her, zuckte die Achsel, drehte die Augen. «Ich bin ein armer Jud», sagte er endlich. Die andern sagten: «Was sollen diese

Präambeln? Heraus mit dem Rätsel!» - «Nichts für ungut!» - war die Antwort - «dass ich gar ein armer Jud bin.» - Endlich nach vielem Zureden, dass er die Auflösung nur heraus sagen sollte, sie wollten ihm nichts daran übel nehmen, griff er in die Tasche, nahm einen von seinen gewonnenen Zwölfern heraus, legte ihn auf das Tischlein, so im Schiffe war, und sagte: «Dass ich's auch nicht weiss. Hier ist mein Zwölfer!»

Als das die andern hörten, machten sie zwar grosse Augen und meinten, so sei's nicht gewettet. Weil sie aber doch das Lachen selber nicht verbeissen konnten, und waren reiche und gute Leute, und der hebräische Reisegefährte hatte ihnen von Kleinen Kems bis nach Schalampi die Zeit verkürzt, so liessen sie es gelten, und der Jud hat aus dem Schiff getragen - das soll mir ein fleissiger Schüler im Kopf ausrechnen: Wie viel Gulden und Kreuzer hat der Jud aus dem Schiff getragen? Einen Zwölfer und einen messingenen Knopf hatte er schon. Elf Zwölfer hat er mit Erraten gewonnen, elf mit seinem eigenen Rätsel, einen hat er zurückbezahlt, und dem Schiffer achtzehn Kreuzer Trinkgeld entrichtet. [1810]

Des Seilers Antwort

In Donauwerth wurde zu seiner Zeit ein Rossdieb gehenkt, und der Hausfreund hat schon manchmal gedacht: „Wer an den Galgen oder heut zu Tag ins Zuchthaus will, wozu braucht er ein Ross zu stehlen? Kommt man nicht zu Fuss früh genug?" Der Donauwerther hat auch geglaubt, der Galgen laufe ihm davon, wenn er nicht reite, und ist das Ross einem ungeschickten Dieb in die Hände gefallen, so fiel der Dieb einem ungeschickten Henkersknecht in die Hände. Denn als ihm dieser das hänfene Halsband hatte angelegt, und stiess ihn von der Leiter vom Seigel herunter, so zuckte er noch lange mit den Augen hin und her, als wenn er sich noch ein Rösslein aussuchen wollte in der Menge. Denn unter den Zuschauern waren viele zu Pferd und auf

Leiterwägen und dachten: „Man sieht's besser." Als aber das Volk anfing, laut zu murren, und der ungeschickte Henker wusste sich nicht zu helfen, so warf er sich endlich in der Angst an den Gehenkten hin, umfasste ihn mit beiden Armen, als wenn er wollte von ihm Abschied nehmen, und zog mit aller Kraft, damit die Schlinge fest zusammengehen und ihm den Atem töten sollte. Da brach der Strick entzwei, und fielen beide miteinander auf die Erde hinab, als wenn sie nie wären droben gewesen. Der Missetäter lebte noch, und sein Advokat hat ihn nachher gerettet. Denn er sagte: «Der Malefikant hat nur *ein* Ross gestohlen, nicht *zwei*; so hat er auch nur *einen* Strick verdient», und hat hinten dran viel lateinische Buchstaben und Zahlen gesetzt, wie sie's machen. Der Henker aber, als er nachmittags den Seiler sah, fuhr ihn ungebärdig an: «Ist das auch ein Strick gewesen?» sagte er; «man hätte Euch selber dran henken sollen.» Der Seiler aber wusste zu antworten: «Es hat mir niemand gesagt», sagte der Seiler, «dass er zwei Schelmen tragen soll. Für einen war er stark genug, du oder der Rossdieb.»   [1810]

Der geheilte Patient

Reiche Leute haben trotz ihrer gelben Vögel doch manchmal auch allerlei Lasten und Krankheiten auszustehen, von denen gottlob der arme Mann nichts weiss; denn es gibt Krankheiten, die nicht in der Luft stecken, sondern in den vollen Schüsseln und Gläsern und in den weichen Sesseln und seidenen Bettern, wie jener reiche Amsterdamer ein Wort davon reden kann. Den ganzen Vormittag sass er im Lehnsessel und rauchte Tabak, wenn er nicht zu träge war, oder hatte Maulaffen feil zum Fenster hinaus, ass aber zu Mittag doch wie ein Drescher, und die Nachbarn sagten manchmal: «Windet's draussen, oder schnauft der Nachbar so?» – Den ganzen Nachmittag ass und trank er ebenfalls, bald etwas Kaltes, bald etwas Warmes, ohne Hunger und ohne Appetit, aus lauter Langerweile, bis an den Abend, also, dass man bei ihm nie recht sagen konnte, wo das Mittagessen aufhörte und wo das Nachtessen anfing. Nach dem Nachtessen legte er sich ins Bett, und war so müd, als wenn er den ganzen Tag Steine abgeladen, oder Holz gespalten hätte. Davon bekam er zuletzt einen dicken Leib, der so unbeholfen war, wie ein Maltersack. Essen und Schlaf wollte ihm nimmer schmecken, und er war lange Zeit, wie es manchmal geht, nicht recht gesund und nicht recht krank; wenn man aber ihn selber hörte, so hatte er 365 Krankheiten, nämlich alle Tage eine andere. Alle Ärzte, die in Amsterdam sind, mussten ihm raten. Er verschluckte ganze Feuereimer voll Mixturen und ganze Schaufeln voll Pulver und Pillen wie Enteneier so gross, und man nannte ihn zuletzt scherzweise nur die zweibeinige Apotheke. Aber alle Arzneien halfen ihm nichts, denn er folgte nicht, was ihm die Ärzte befahlen, sondern sagte: «Foutre, wofür bin ich ein reicher Mann, wenn ich soll leben wie ein Hund, und der Doktor will mich nicht gesund machen für mein Geld?»

Endlich hörte er von einem Arzt, der hundert Stunden weit wegwohnte, der sei so geschickt, dass die Kranken gesund werden, wenn er sie nur recht anschaue, und der Tod geh' ihm aus dem Weg, wo er sich sehen lasse. Zu dem Arzt fasste der Mann ein Zutrauen und schrieb ihm seinen Umstand. Der Arzt merkte bald, was ihm fehle, nämlich nicht Arznei, sondern Mässigkeit und Bewegung, und sagte: «Wart, dich will ich bald kuriert haben.» Deswegen schrieb er ihm ein Brieflein folgenden Inhalts: «Guter Freund, Ihr habt einen schlimmen Umstand, doch wird Euch zu helfen sein, wenn Ihr folgen wollt. Ihr habt ein bös Tier im Bauch, einen Lindwurm mit sieben Mäulern. Mit dem Lindwurm muss ich selber reden, und Ihr müsst zu mir kommen. Aber fürs erste, so dürft Ihr nicht fahren oder auf dem Rösslein reiten, sondern auf des Schuhmachers Rappen, sonst schüttelt Ihr den Lindwurm, und er beisst Euch die Eingeweide ab, sieben Därme auf einmal ganz entzwei. Fürs andere dürft Ihr nicht mehr essen, als zweimal des Tages einen Teller voll Gemüse, mittags ein Bratwürstlein dazu und nachts ein Ei und am Morgen ein Fleischsüpplein mit Schnittlauch drauf. Was Ihr mehr esset, davon wird nur der Lindwurm grösser, also dass er Euch die Leber erdrückt, und der

Schneider hat Euch nimmer viel anzumessen, aber der Schreiner. Dies ist mein Rat, und wenn Ihr mir nicht folgt, so hört Ihr im andern Frühjahr den Gukuk nimmer schreien. Tut, was Ihr wollt!» Als der Patient so mit ihm reden hörte, liess er sich sogleich den andern Morgen die Stiefel salben und machte sich auf den Weg, wie ihm der Doktor befohlen hatte.

Den ersten Tag ging es so langsam, dass wohl eine Schnecke hätte können sein Vorreiter sein, und wer ihn grüsste, dem dankte er nicht, und wo ein Würmlein auf der Erde kroch, das zertrat er. Aber schon am zweiten und am dritten Morgen kam es ihm vor, als wenn die Vögel schon lange nimmer so lieblich gesungen hätten wie heut, und der Tau schien ihm so frisch und die Kornrosen im Feld so rot, und alle Leute, die ihm begegneten, sahen so freundlich aus und er auch, und alle Morgen, wenn er aus der Herberge aus ging, war's schöner, und er ging leichter und munterer dahin, und als er am achtzehnten Tage in der Stadt des Arztes ankam und den andern Morgen aufstand, war es ihm so wohl, dass er sagte: «Ich hätte zu keiner ungeschickteren Zeit können gesund werden als jetzt, wo ich zum Doktor soll. Wenn's mir doch nur ein wenig in den Ohren brauste oder das Herzwasser lief mir.» Als er zum Doktor kam, nahm ihn der Doktor bei der Hand und sagte ihm: «Jetzt erzählt mir denn noch einmal von Grund aus, was Euch fehlt!» Da sagte er: «Herr Doktor, mir fehlt gottlob nichts, und wenn Ihr so gesund seid wie ich, so soll's mich freuen.» Der Doktor sagte: «Das hat Euch ein guter Geist geraten, dass Ihr meinem Rat gefolgt habt. Der Lindwurm ist jetzt abgestanden. Aber Ihr habt noch Eier im Leib, deswegen müsst Ihr wieder zu Fuss heimgehen und daheim fleissig Holz sägen, dass 's niemand sieht, und nicht mehr essen, als Euch der Hunger ermahnt, damit die Eier nicht ausschlüpfen, so könnt Ihr ein alter Mann werden», und lächelte dazu. Aber der reiche Fremdling sagte: «Herr Doktor, Ihr seid ein feiner Kauz, und ich versteh' Euch wohl», und hat nachher dem Rat gefolgt, und 87 Jahre, 4 Monate, 10 Tage gelebt, wie ein Fisch im Wasser so gesund, und hat alle Neujahr dem Arzt 20 Dublonen zum Gruss geschickt. [1810]

Wie der Zundelfrieder und sein Bruder dem roten Dieter abermal einen Streich spielen

Als der Zundelheiner und der Zundelfrieder wieder aus dem Turm kamen, sprach der Heiner zum Frieder: «Bruder, wir wollen doch den roten Dieter besuchen, sonst meint er, wir sitzen ewig in dem kalten Hundsstall beim Herr Vater auf der Herberge.» – «Wir wollen ihm einen Streich spielen», sagte der Frieder zum Heiner, «ob er's merkt, dass wir es sind.» Also empfing der Dieter ein Brieflein ohne Unterschrift: «Roter Dieter, seid heute nacht auf Eurer Hut; denn es haben zwei Diebsgesellen eine Wette getan: Einer will Eurer Frau das Leintuch unter dem Leibe weg holen, und Ihr sollt es nicht hindern können.» Der Dieter sagte: «Das sind zwei rechte Spitzbuben aneinander. Der eine wettet, er wolle das Leintuch holen, und der andere macht einen Bericht, damit sein Kamerad die Wette nicht gewinnt. Wenn ich nicht gewiss wüsste, dass der Heiner und der Frieder im Zuchthaus sitzen, so wollt' ich glauben, sie seien's.»

In der Nacht schlichen die Schelme durch das Hanffeld heran. Der Heiner stellte eine Leiter ans Fenster, also dass der rote Dieter es wohl hören konnte, und steigt hinauf, schiebt aber einen ausgestopften Strohmann vor sich her, der aussah, wie ein Mensch. Als inwendig der rote Dieter die Leiter anstellen hörte, stand er leise auf, und stellte sich mit einem dicken Bengel neben das Fenster, «denn das sind die besten Pistolen», sagte er zu seiner Frau, «die sind immer geladen»; und als er den Kopf des Strohmannes heraufwackeln sah und meinte, der sei es, riss er schnell das Fenster auf und versetzte ihm einen Schlag auf den Kopf aus aller Kraft, also dass der Heiner den Strohmann fallen liess und einen lauten Schrei tat. Der Frieder aber stand unterdessen mausstill hinter einem Pfosten vor der Haustüre. Als aber der rote Dieter den Schrei hörte, und es war alles auf einmal still, sagte er: «Frau, es ist mir, die Sache sei nicht gut, ich will doch hinunter gehen und schauen, wie es aussieht.» Indem er zur Haustüre hinausgeht, schleicht der Frieder, der hinter dem Pfosten war, hinein, kommt bis vor das Bett, nimmt wieder, wie in der vorigen Erzählung, als sie das Säulein stahlen, des roten Dieters Stimme an, und es ist wieder ebenso wahr. «Frau», sagte er mit ängstlicher Stimme, «der Kerl ist maustot, und denk nur, es ist des Schultheissen Sohn. Jetzt gib mir geschwind das Leintuch, so will ich ihn darin forttragen in den Wald, und will ihn dort einscharren, sonst geht's zu bösen Häusern.» Die Frau erschrickt, richtet sich auf und gibt ihm das Leintuch. Kaum war er fort, so kommt der rechte Dieter wieder und sagt ganz getröstet: «Frau, es ist nur ein dummer Bubenstreich gewesen, und der Dieb ist von Stroh.» Als aber die Frau ihn fragte: «Wo hast du denn das Leintuch?» und lag auf dem blossen Spreuersack, da gingen dem Dieter erst die Augen auf, und sagte: «O ihr vermaledeiten Spitzbuben! Jetzt ist's doch der Frieder gewesen und der Heiner, und kein anderer.»

Aber auf dem Heimweg sagte der Frieder zum Heiner: «Aber jetzt Bruder, wollen wir's bleiben lassen. Denn im Zuchthaus ist doch auch alles schlecht, was man bekommt, ausgenommen die Prügel, und zum Fensterlein hinaus auf der Landstrasse hat man etwas vor den Augen, das auch nicht aussieht, als wenn man gern dran hängen möchte.» Also wurde auch der Frieder wieder ehrlich. Aber der Heiner sagte: «Ich geb's noch nicht auf.» [1810]

Der kluge Sultan

Zu dem Gross-Sultan der Türken, als er eben an einem Freitag in die Kirche gehen wollte, trat ein armer Mann von seinen Untertanen mit schmutzigem Bart, zerfetztem Rock und durchlöcherten Pantoffeln, schlug ehrerbietig und kreuzweise die Arme übereinander und sagte: «Glaubst du auch, grossmächtiger Sultan, was der heilige Prophet sagt?» Der Sultan, der ein gütiger Herr war, sagte: «Ja, ich glaube, was der Prophet sagt.» Der arme Mann fuhr fort: «Der Prophet sagt im Alkoran: Alle Muselmänner (das heisst, alle Mohamedaner) sind Brüder. Herr Bruder, so sei so gut, und teile mit mir das Erbe.» Dazu lächelte der Kaiser und dachte: „Das ist eine neue Art, ein Almosen zu betteln", und gibt ihm einen Löwentaler. Der Türke beschaut das Geldstück lang auf der einen Seite und auf der andern Seite. Am Ende schüttelt er den Kopf und sagt: «Herr Bruder, wie komme ich zu einem schäbigen Löwentaler, so du doch mehr Silber und Gold hast, als hundert Maulesel tragen können, und meinen Kindern daheim werden vor Hunger die Nägel blau, und mir wird nächstens der Mund ganz zusammenwachsen. Heisst das geteilt mit einem Bruder?» Der gütige Sultan aber hob warnend den Finger in die Höh und sagte: «Herr Bruder, sei zufrieden und sage ja niemand, wie viel ich dir gegeben habe; denn unsere Familie ist gross, und wenn unsere andern Brüder alle auch kommen und verlangen ihr Erbteil von mir, so wird's nicht reichen, und du musst noch herausgeben.» Das begriff der Herr Bruder, ging zum Bäckermeister Abu Tlengi und kaufte ein Laiblein Brot für seine Kinder, der Kaiser aber begab sich in die Kirche und verrichtete sein Gebet. [1810]

Wie man aus Barmherzigkeit rasiert wird

In eine Barbierstube kommt ein armer Mann mit einem starken schwarzen Bart, und statt eines Stücklein Brotes bittet er, der Meister soll so gut sein, und ihm den Bart abnehmen um Gottes willen, dass er doch auch wieder aussehe wie ein Christ. Der Meister nimmt das schlechteste Messer, wo er hat, denn er dachte: „Was soll ich ein gutes daran stumpf hacken für nichts und wieder nichts?" Während er an dem armen Tropfen hackt und schabt, und er darf nichts sagen, weil's ihm der Schinder umsonst tut, heult der Hund auf dem Hof. Der Meister sagt: «Was fehlt dem Mopper, dass er so winselt und heult?» Der Christoph sagt: «Ich weiss nicht.» Der Hans Frieder sagt: «Ich weiss auch nicht.» Der arme Mann unter dem Messer aber sagt: «Er wird vermutlich auch um Gotteswillen barbiert wie ich.» [1810]

Der Zirkelschmidt

In einer schwäbischen Reichsstadt galt zu seiner Zeit ein Gesetz, dass, wer sich an einem verheirateten Mann vergreift und gibt ihm eine Ohrfeige, der muss 5 Gulden Busse bezahlen und kommt 24 Stunden lang in den Turm. Deswegen dachte am Andreastag ein verarmter Zirkelschmidt im Vorstädtlein: „Ich kann doch auf meinen Namenstag ein gutes Mittagessen im 'Goldenen Lamm' bekommen, wenn ich schon keinen roten Heller hier und daheim habe und seit zwei Jahren nimmer weiss, ob die bayrischen Taler rund oder eckig sind." Darauf hin lässt er sich vom Lammwirt ein gutes Essen auftragen und trinkt viel Wein dazu, also, dass die Zeche zwei Gulden fünfzehn Kreuzer ausmachte, was damals auch für einen wohlhabenden Zirkelschmidt schon viel war. „Jetzt", sagte er, „will ich den Lammwirt zornig machen und in Jast bringen." «Das war ein schlechtes Essen, Herr Lammwirt,» sagte er, «für ein so schönes Geld. Es wundert mich, dass Ihr nicht schon lang ein reicher Mann seid, wovon ich doch noch nichts habe rühmen hören.» Der Wirt, so ein Ehrenmann war, antwortete auch nicht glimpflich, wie es ihm der Zorn eingab, und es hatte ihn schon ein paarmal im Arme gejuckt. Als aber der Zirkelschmidt zuletzt sagte: «Es soll mir eine Warnung sein, denn ich habe mein Leben lang gehört, dass man in den schlechtesten Kneipen, wie Euer Haus eine ist, am teuersten gehalten wird.» Da gab ihm der Wirt eine entsetzliche Ohrfeige, die zwei Dukaten unter Brüdern wert war, und sagte, er soll jetzt sogleich seine Zeche bezahlen, «oder ich lasse Euch durch Knechte bis in die Vorstadt hinaus prügeln.» Der Zirkelschmidt aber lächelte, und sagte: «Es ist nur mein Spass gewesen, Herr Lammwirt, und Euer Mittagessen war recht gut. Gebt mir nun für die Ohrfeige, die ich von Euch bar erhalten habe, zwei Gulden fünfundvierzig Kreuzer auf mein Mittagessen heraus, so will ich Euch nicht verklagen. Es ist besser, wir leben im Frieden miteinander als in Feindschaft. Hat nicht Eure selige Frau meiner Schwester Tochter ein Kind aus der Taufe gehoben?» – Zu diesen Worten machte der Lammwirt ein paar kuriose Augen, denn er war sonst ein gar unbescholtener und dabei wohlhabender Mann und wollte lieber viel Geld verlieren, als wegen eines Frevels von der Obrigkeit sich strafen lassen und nur eine Stunde des Turmhüters Hausmann sein. Deswegen dachte er: „Zwei Gulden und fünfzehn Kreuzer hat mir der Halunke schon mit Essen und Trinken abverdient; besser, ich gebe ihm noch zwei Gulden fünfundvierzig Kreuzer drauf, als dass ich das Ganze noch einmal bezahlen muss, und werde beschimpft dazu." Also gab er ihm die 2 fl. 45 kr., sagte aber: «Jetzt komm mir nimmer ins Haus!»

Drauf, sagte man, habe es der Zirkelschmidt in andern Wirtshäusern versucht, und die Ohrfeigen seien noch ein- oder zweimal al pari gestanden, wie die Kaufleute sagen, wenn ein Wechselbrief so viel gilt als das bare Geld, wofür er verschrieben ist. Drauf seien sie schnell auf 50 Prozent heruntergesunken, und am Ende, wie die Assignaten in der Revolution, so unwert worden, dass man jetzt wieder durch das ganze Schwabenland hinaus bis an die bayrische Grenze so viele unentgeltlich ausgeben und wieder einnehmen kann, als man ertragen mag. [1810]

Der Star von Segringen

Selbst einem Staren kann es nützlich sein, wenn er etwas gelernt hat, wieviel mehr einem Menschen. – In einem respektablen Dorfe, ich will sagen, in Segringen – es ist aber nicht dort geschehen, sondern hier im Land, und derjenige, dem es begegnet ist, liest es vielleicht in diesem Augenblick, nicht der Star, aber der Mensch – in Segringen, der Barbier hatte einen Star, und der wohlbekannte Lehrjunge gab ihm Unterricht im Sprechen. Der Star lernte nicht nur alle Wörter, die ihm sein Sprachmeister aufgab, sondern er ahmte zuletzt auch selber nach, was er von seinem Herrn hörte, zum Exempel: „Ich bin der Barbier von Segringen." Sein Herr hatte sonst noch allerlei Redensarten an sich, die er bei jeder Gelegenheit wiederholte, zum Exempel: „So, so, lala";

oder: *par compagnie* (das heisst soviel als: „in Gesellschaft mit andern"); oder: „wie Gott will"; oder: „du Dolpatsch". So titulierte er nämlich insgemein den Lehrjungen, wenn er das halbe Pflaster auf den Tisch strich anstatt aufs Tuch, oder wenn er das Schermesser am Rücken abzog anstatt an der Schneide, oder wenn er ein Arzneiglas zerbrach. Alle diese Redensarten lernte nach und nach der Star auch.

Da nun täglich viele Leute im Haus waren, weil der Barbier auch Branntwein ausschenkte, so gab's manchmal viel zu lachen, wenn die Gäste miteinander ein Gespräch führten, und der Star warf auch eins von seinen Wörtern drein, das sich dazu schickte, als wenn er den Verstand davon hätte. Und manchmal, wenn ihm der Lehrjunge rief: «Hansel, was machst du?» antwortete er: «Du Dolpatsch!» und alle Leute in der Nachbarschaft wussten von dem Hansel zu erzählen. Eines Tages aber, als ihm die beschnittenen Flügel wieder gewachsen waren und das Fenster war offen und das Wetter schön, da dachte der Star: „Ich hab' jetzt schon so viel gelernt, dass ich in der Welt kann fortkommen", und husch zum Fenster hinaus. Weg war er. Sein erster Flug ging ins Feld, wo er sich unter eine Gesellschaft anderer Vögel mischte, und als sie aufflogen, flog er mit ihnen, denn er dachte: Sie wissen die Gelegenheit hier zu Land besser als ich. Aber sie flogen unglücklicherweise alle miteinander in ein Garn. Der Star sagte: «Wie Gott will.» Als der Vogelsteller kommt und sieht, was er für einen grossen Fang getan hat, nimmt er einen Vogel nach dem andern behutsam heraus, dreht ihm den Hals um und wirft ihn auf den Boden. Als er aber die mörderischen Finger wieder nach einem Gefangenen ausstreckte und denkt an nichts, schrie der Gefangene: «Ich bin der Barbier von Segringen», als wenn er wüsste, was ihn retten muss. Der Vogelsteller erschrak anfänglich, als wenn es hier nicht mit rechten Dingen zuginge, nachher aber, als er sich erholt hatte, konnte er kaum vor Lachen zu Atem kommen; und als er sagte: «Ei, Hansel, hier hätte ich dich nicht gesucht; wie kommst du in meine Schlinge?» da antwortete der Hansel: *«Par compagnie.»* Also brachte der Vogelsteller den Star seinem Herrn wieder und bekam ein gutes Fanggeld. Der Barbier aber erwarb sich damit einen guten Zuspruch, denn jeder wollte den merkwürdigen Hansel sehen, und wer jetzt noch weit und breit in der Gegend will zur Ader lassen, geht zum Balbierer von Segringen.

Merke: So etwas passiert einem Staren selten. Aber schon mancher junge Mensch, der auch lieber herumflankieren als daheim bleiben wollte, ist ebenfalls *par compagnie* in die Schlinge geraten und nimmer herausgekommen. [1810]

Wie man in den Wald schreit, also schreit es daraus

Ein Mann, der etwas gleich sah, aber nicht viel Komplimente machte, kommt in ein Wirtshaus. Alle Gäste, die da waren, zogen höflich den Hut oder die Kappe vor ihm ab, bis auf einen, der ihn nicht kommen sah, weil er gerade die Stiche zählte, die er im Mariaschen von seinem Nachbar gewonnen hatte. Und als er eben das Herz-As durch die Finger schob und sagte: «Zweiundfünfzig und elf sind dreiundsechzig», und bemerkte immer den Fremden noch nicht, der etwas gleich sah, fragte ihn der Fremde: «Herr, für was seht Ihr mich an?» Der Gast sagte: «Für einen honetten Mann; was weiss ich von Euch?» Der Fremde sagte: «Das dank' Euch ein anderer.» Da stand der Gast vom Spieltisch auf und fragte: «Für was sieht denn der Herr mich an?» Der Fremde sagte: «Für einen Flegel.» Darauf sagte der Gast: «Das danke dem Herrn auch ein anderer. Ich merke, dass wir einander beide für den Unrechten angesehen haben.» Als aber die andern Gäste merkten, dass doch auch in einem feinen Rock ein grober Mensch stecken könne, setzten sie alle die Hüte wieder auf, und der Fremde konnte nichts machen, als ein andermal manierlicher sein. [1810]

Das letzte Wort

Zwei Eheleute in einem Dorf an der Donau, herwärts Ulm, lebten miteinander, die waren nicht für einander gemacht, und ihre Ehe ward nicht im Himmel geschlossen. Sie war verschwenderisch und hatte eine Zunge wie ein Schwert; er war karg, was nicht etwa in den eignen Mund und Magen ging. Nannte er sie eine Vergeuderin, so schimpfte sie ihn einen Knicker, und es kam nur auf ihn an, wie oft er seinen Ehrentitel des Tags hören wollte. Denn wenn er hundertmal in einer Stunde «Vergeuderin» sagte, sagte sie hunderteinmal: «Du Knicker», und das letzte Wort gehörte allemal ihr. Einmal fingen sie es wieder miteinander an, als sie ins Bett gingen, und sollen's getrieben haben bis früh um fünf Uhr, und als ihnen zuletzt vor Müdigkeit die Augen zufielen und ihr das Wort auf der Zunge einschlafen wollte, kneipte sie sich mit den Nägeln in den Arm und sagte noch einmal: «Du Knicker!» Darüber verlor er alle Liebe zur Arbeit und zur Häuslichkeit und lief fort, sobald er konnte, und wohin? Ins Wirtshaus. Und was im Wirtshaus? Zuerst trinken, darnach spielen, endlich saufen, anfänglich um bares Geld, zuletzt auf die Kreide. Denn wenn die Frau nichts zu Rat hält, und der Mann nichts erwirbt, in einer solchen Tasche darf schon ein Loch sein, es fällt nichts heraus. Als er aber im 'Roten Rösslein' den letzten Rausch gekauft hatte und konnt' ihn nicht bezahlen, und der Wirt schrieb seinen Namen und seine Schuld, sieben Gulden einundfünfzig Kreuzer, an die Stubentür, und als er nach Haus kam und die Frau erblickte: «Nichts als Schimpf und Schande hat man von dir, du Vergeuderin», sagte er zu ihr. «Und nichts als Unehre und Verdruss hat man mit dir, du Säufer, du der und jener, du Knicker», sagte sie. Da stieg es schwarz und grimmig in seinem Herzen auf, und die zwei bösen Geister, die in ihm wohnten, nämlich der Zorn und der Rausch, sagten zu ihm: «Wirf die Bestie in die Donau.» Das liess er sich nicht zweimal sagen. «Wart, ich will dir zeigen, du Vergeuderin («du Knicker» sagte sie ihm drauf), ich will dir schon zeigen, wo du hingehörst», und trug sie in die Donau.

Und als sie schon mit dem Mund im Wasser war, aber die Ohren waren noch oben, rief der Unmensch noch einmal: «Du Vergeuderin!» Da hob die Frau noch einmal die Arme aus dem Wasser hervor und drückte den Nagel des rechten Daumens auf den Nagel des linken, wie man zu tun pflegt, wenn man einem gewissen Tierlein den Tod antut, und das war ihr Letztes. – Dem geneigten Leser, der auf Recht und Gerechtigkeit hält, wird man nicht sagen dürfen, dass der unbarmherzige Mörder auch nimmer lebt; sondern er ging heim und henkte sich noch in der nämlichen Nacht an den Pfosten. [1810]

Gutes Wort, böse Tat

In einem edelmännischen Dorf trifft ein Bauer den Herrn Schulmeister im Felde an. «Ist's noch Euer Ernst, Schulmeister, was Ihr gestern den Kindern zergliedert habt: So dich jemand schlägt auf deinen rechten Backen, dem biete den andern auch dar?» Der Herr Schulmeister sagt: «Ich kann nichts davon und nichts dazu tun. Es steht im Evangelium.» Also gab ihm der Bauer eine Ohrfeige und die andere auch; denn er hatte schon lange einen Verdruss auf ihn. Indem reitet in einiger Entfernung der Edelmann vorbei und sein Jäger: «Schau' doch nach, Joseph, was die zwei dort miteinander haben.» Als der Joseph kommt, gibt der Schulmeister, der ein starker Mann war, dem Bauer auch zwei Ohrfeigen und sagte: «Es steht auch geschrieben: Mit welcherlei Mass ihr messet, wird euch wieder gemessen werden. Ein voll gerüttelt und überflüssig Mass wird man in euern Schoss geben», und zu dem letzten Sprüchlein gab er ihm noch ein halbes Dutzend drein. Da kam der Joseph zu seinem Herrn zurück und sagte: «Es hat nichts zu bedeuten, gnädiger Herr; sie legen einander nur die Heilige Schrift aus.»

Merke: Man muss die Heilige Schrift nicht auslegen, wenn man's nicht versteht, am allerwenigsten so. Denn der

Edelmann liess den Bauern noch selbige Nacht in den Turm werfen auf sechs Tage, und dem Herrn Schulmeister, der mehr Verstand und Respekt vor der Bibel hätte haben sollen, gab er, als die Winterschule ein Ende hatte, den Abschied. [1810]

Der geduldige Mann

Ein Mann, der eines Nachmittags müde nach Hause kam, hätte gern ein Stück Butterbrot mit Schnittlauch darauf gegessen oder etwas von einem geräucherten Bug. Aber die Frau, die im Haus ziemlich der Meister war und in der Küche ganz, hatte den Schlüssel zum Küchenkästlein in der Tasche und war bei einer Freundin auf Besuch. Er schickte daher die Magd und den Knecht, eins um das andere, die Frau soll heimkommen oder den Schlüssel schicken. Sie sagte allemal: «Ich komm' gleich, er soll nur ein wenig warten.» Als ihm aber die Geduld immer näher zusammen ging und der Hunger immer weiter auseinander, trägt er und der Knecht das verschlossene Küchenkästlein in das Haus der Freundin, wo seine Frau zum Besuch war, und sagt zu seiner Frau: «Frau, sei so gut und schliess mir das Kästlein auf, dass ich etwas zum Abendessen nehmen kann, sonst halt' ich's nimmer aus.» Also lachte die Frau und schnitt ihm ein Stücklein Brot herab und etwas vom Bug.

Der schlaue Mann

Einem andern, als er das Wirtshaussitzen bis nach Mitternacht anfing, schloss einmal die Frau nachts um zehn Uhr die Türe zu und ging ins Bett, und wollt' er wohl oder übel, so musste er unter dem Bienenstand im Garten über Nacht sein. Den andern Tag, was tut er? Als er ins Wirtshaus ging, hob er die Haustüre aus den Kloben und nahm sie mit, und früh um ein Uhr, als er heimkam, hängt er sie wieder ein und schloss sie zu, und seine Frau hat ihn nimmer ausgeschlossen und ist ins Bett gegangen, sondern hat ihn nachher mit Liebe und Sanftmut gebessert. [1810]

Der Heiner und der Brassenheimer Müller

Eines Tages sass der Heiner ganz betrübt in einem Wirtshaus und dachte daran, wie ihn zuerst der rote Dieter und darnach sein eigener Bruder verlassen haben und wie er jetzt allein ist. „Nein", dachte er, „es ist bald keinem Menschen mehr zu trauen, und wenn man meint, es sei einer noch ehrlich, so ist er ein Spitzbub." Unterdessen kommen mehrere Gäste in das Wirtshaus und trinken Neuen, und «wisst Ihr auch», sagte einer, «dass der Zundelheiner im Land ist, und wird morgen im ganzen Amt ein Treibjagen auf ihn angestellt, und der Amtmann und die Schreiber stehen auf dem Anstand?» Als das der Heiner hörte, wurde es ihm grün und gelb vor den Augen, denn er dachte, es kenne ihn einer, und jetzt sei er verraten. Ein anderer aber sagte: «Es ist wieder einmal ein blinder Lärm. Sitzt nicht der Heiner und sein Bruder zu Wollenstein im Zuchthaus?» Drüber kommt auf einem wohlgenährten Schimmel der Brassenheimer Müller mit roten Pausbacken und kleinen freundlichen Augen dahergeritten. Und als er in die Stube kam und tut den Kameraden, die bei dem Neuen sitzen, Bescheid und hört, dass sie von dem Zundelheiner sprechen, sagt er: «Ich hab' schon so viel von dem Zundelheiner erzählen gehört. Ich möcht' ihn doch auch einmal sehen.» Da sagte ein anderer: «Nehmt Euch in Acht, dass Ihr ihn nicht zu früh zu sehen bekommt. Es geht die Rede, er sei wieder im Land.» Aber der Müller mit seinen Pausbacken sagte: «Pah! ich komm' noch bei guter Tagszeit durch den Friedstädter Wald, dann bin ich auf der Landstrasse, und wenn's fehlen will, geb' ich dem Schimmel die Sporen.» Als das der Heiner hörte, fragte er die Wirtin: «Was bin ich schuldig?» und geht fort in den Friedstädter Wald. Unterwegs begegnet ihm auf der Bettelfuhr ein lahmer Mensch. «Gebt mir für ein Käsperlein Eure Krücke», sagte er zu dem lahmen Soldaten. «Ich habe das linke Bein übertreten, dass ich laut schreien möchte, wenn ich drauf treten muss. Im nächsten Dorf, wo Ihr abgeladen werdet, macht Euch der Wagner eine neue.» Also gab ihm der Bettler die Krücke. Bald darauf gehen zwei betrunkene Soldaten an ihm vorbei und singen das Reuterlied. Wie er in den Friedstädter Wald kommt, hängt er die Krücke an einen hohen Ast, setzt sich ungefähr sechs Schritte davon weg an die Strasse und zieht das linke Bein zusammen, als wenn er lahm wäre. Drüber kommt auf stattlichem Schimmel der Müller daher trottiert und macht ein Gesicht, als wenn er sagen wollte: «Bin ich nicht der reiche Müller, und bin ich nicht der schöne Müller, und bin ich nicht der witzige Müller?» Als aber der witzige Müller zu dem Heiner kam, sagt der Heiner mit kläglicher Stimme: «Wollet Ihr nicht ein Werk der Barmherzigkeit tun an einem armen, lahmen Mann. Zwei betrunkene Soldaten, sie werden Euch wohl begegnet sein, haben mir all mein Almosengeld abgenommen und haben mir aus Bosheit, dass es so wenig war, die Krücke auf jenen Baum geschleudert, und ist an den Ästen hängen geblieben, dass ich nun nimmer weiter kann. Wolltet Ihr nicht so gut sein, und sie mit Eurer Peitsche herabzwicken?» Der Müller sagte: «Ja, sie sind mir begegnet an der Waldspitze. Sie haben gesungen: „So herzig, wie mein Liesel ist halt nichts auf der Welt!» Weil aber der Müller auf einem schmalen Steg über einen Graben zu dem Baume musste, so stieg er von dem Ross ab, um die Krücke herabzuzwicken. Als er aber an dem Baum war und schaute hinauf, schwingt sich der Heiner schnell wie ein Adler auf den stattlichen Schimmel, gibt ihm mit dem Absatz die Sporen und reitet davon. «Lasst Euch das Gehen nicht verdriessen», rief er dem Müller zurück, «und wenn Ihr heim kommt, so richtet Eurer Frau einen Gruss aus von dem Zundelheiner!» Als er aber eine Viertelstunde nach Betzeit nach Brassenheim und an die Mühle kam, und alle Räder klapperten, dass ihn niemand hörte, stieg er vor der Mühle ab, band dem Müller den Schimmel wieder an die Haustüre an und setzte seinen Weg zu Fuss fort. [1810]

Der falsche Edelstein

In einem schönen Garten vor Strassburg vor dem Metzgertor, wo jedermann für sein Geld hinein gehen und lustig und honett sein darf, da sass ein wohlgekleideter Mann, der auch sein Schöpplein trank, und hatte einen Ring am Finger mit einem kostbaren Edelstein und spiegelte den Ring. So kommt ein Jude und sagt: «Herr, Ihr habt einen schönen Edelstein in Eurem Fingerring, dem wär' ich auch nicht feind. Glitzert er nicht wie das Urim und Thummim in dem Brustschildlein des Priesters Aron?» Der wohlgekleidete Femde sagte ganz kurz und trocken: «Der Stein ist falsch; wenn er gut wäre, steckte er wohl an einem andern Finger als an dem meinigen.» Der Jud bat den Fremden, ihm den Ring in die Hand zu geben. Er wendet ihn hin, er wendet ihn her, dreht den Kopf rechts, dreht den Kopf links. „Soll dieser Stein nicht echt sein?" dachte er und bot dem Fremden für den Ring zwei neue Dublonen. Der Fremde sagte ganz unwillig: «Was soll ich Euch betrügen? Ihr habt es schon gehört, der Stein ist falsch.» Der Jude bittet um Erlaubnis, ihn einem Kenner zu zeigen, und einer, der dabei sass, sagte: «Ich stehe gut für den Israeliten, der Stein mag wert sein, was er will.» Der Fremde sagte: «Ich brauche keinen Bürgen, der Stein ist nicht echt.»

In dem nämlichen Garten sass damals an einem andern Tisch auch der Hausfreund mit seinen Gevatterleuten und waren auch lustig und honett für ihr Geld, und einer davon ist ein Goldschmidt, der's versteht. Einem Soldaten, der in der Schlacht bei Austerlitz die Nase verloren hatte, hat er eine silberne angesetzt und mit Fleischfarbe angestrichen, und die Nase war gut. Nur einblasen einen lebendigen Odem in die Nase, das konnte er nicht. Zu dem Gevattermann kommt der Jude. «Herr», sagte er, «soll dieses kein echter Edelstein sein? Kann der König Salomon einen schönern in der Krone getragen haben?» Der Gevattermann, der auch ein halber Sternseher ist, sagte: «Er glänzt wie am Himmel der Aldebaran. Ich verschaffe Euch neunzig Dublonen für den Ring. Was Ihr ihn wohlfeiler bekommt, ist

Euer Schmus.» Der Jud kehrt zu dem Fremden zurück. «Echt oder unecht, ich gebe Euch sechs Dublonen», und zählte sie auf den Tisch, funkelnagelneu. Der Fremde steckte den Ring wieder an den Finger und sagte jetzt: «Er ist mir gar nicht feil. Ist der falsche Edelstein so gut nachgemacht, dass Ihr ihn für einen echten haltet, so ist er mir auch so gut», und steckte die Hand in die Tasche, dass der lüsterne Israelit den Stein gar nicht mehr sehen sollte. – «Acht Dublonen.» «Nein!» – «Zehn Dublonen.» «Nein!» – «Zwölf – vierzehn – fünfzehn Dublonen.» «Nun denn», sagte endlich der Fremde, «wenn Ihr mir keine Ruhe lassen und mit Gewalt wollt betrogen sein. Aber ich sage es Euch vor allen diesen Herren da, der Stein ist fasch, und ich gebe Euch kein gut Wort mehr dafür. Denn ich will keinen Verdruss haben. Der Ring ist Euer.» Jetzt brachte der Jude voll Freude dem Gevattermann den Ring. «Morgen komm' ich zu Euch und hole das Geld.» Aber der Gevattermann, den noch niemand angeführt hat, machte ein paar grosse Augen. «Guter Freund, das ist nicht mehr der nämliche Ring, den Ihr mir vor zwei Minuten gezeigt habt. Dieser Stein ist zwanzig Kreuzer wert zwischen Brüdern. So macht man sie bei Sankt Blasien in der Glashütte.» Denn der Fremde hatte wirklich einen falschen Ring in der Tasche, der völlig wie der gute aussah, den er zuerst am Finger spiegelte, und während der Jude mit ihm handelte, und er die Hand in der Tasche hatte, streifte er mit dem Daumen den echten Ring vom Finger ab und steckte den Finger in den falschen, und den bekam der Jude. Da fuhr der Betrogene, als wenn er auf einer brennenden Rakete geritten wäre, zu dem Fremden zurück: «Au weih, au weih! ich bin ein betrogener Mann, ein unglücklicher Mann, der Stein ist falsch.» Aber der Fremde sagte ganz kaltblürig und gelassen: «Ich hab' ihn Euch für falsch verkauft. Diese Herren hier sind Zeugen. Der Ring ist Euer. Hab' ich Euch ihn angeschwätzt, oder habt Ihr ihn mir abgeschwätzt?» Alle Anwesenden mussten gestehen: «Ja, er hat ihm den Stein für falsch verkauft und gesagt, der Ring ist Euer.» Also musste der Jud den Ring behalten, und die Sache wurde nachher unterdrückt. [1810]

Das schlaue Mädchen

In einer grossen Stadt hatten viele reiche und vornehme Herren einen lustigen Tag. Einer von ihnen dachte: „Könnt ihr heute dem Wirt und den Musikanten wenigstens 1500 Gulden zu verdienen geben, so könnt ihr auch etwas für die liebe Armut steuern." Also kam, als die Herren am fröhlichsten waren, ein hübsches und nett gekleidetes Mädchen mit einem Teller und bat mit süssen Blicken und liebem Wort um eine Steuer für die Armen. Jeder gab, der eine weniger, der andere mehr, je nachdem der Geldbeutel beschaffen war und das Herz. Denn kleiner Beutel und enges Herz gibt wenig. Weiter Beutel und grosses Herz gibt viel. So ein Herz hatte derjenige, zu welchem das Mägdlein jetzt kommt. Denn als er ihm in die hellen schmeichelnden Augen schaute, ging ihm das Herz fast in Liebe auf. Deswegen legte er zwei Louisd'or auf den Teller und sagte dem Mägdlein ins Ohr: «Für deine zwei schönen blauen Augen.» Das war nämlich so gemeint: «Weil du, schöne Fürbitterin für die Armen, zwei so schöne Augen hast, so geb' ich den Armen zwei so schöne Louisd'or; sonst tät's einer auch.» Das schlaue Mädchen aber stellte sich, als wenn es die Sache ganz anders verstände. Denn weil er sagte: «Für deine zwei schönen Augen» – nahm es ganz züchtig die zwei Louisd'or vom Teller weg, steckte sie in die eigene Tasche und sagte mit schmeichelnden Gebärden: «Schönen herzlichen Dank! Aber seid so gut und gebt mir jetzt auch noch etwas für die Armen.» Da legte der Herr noch einmal zwei Louisd'or auf den Teller, kneipte das Mägdlein freundlich in die Backen und sagte: «Du kleiner Schalk!» Von den andern aber wurde er ganz entsetzlich ausgelacht, und sie tranken auf des Mägdleins Gesundheit, und die Musikanten machten Tusch. [1810]

Ein gutes Rezept

In Wien, der Kaiser Joseph war ein weiser und wohltätiger Monarch, wie jedermann weiss; aber nicht alle Leute wissen, wie er einmal der Doktor gewesen ist und eine arme Frau kuriert hat. Eine arme kranke Frau sagte zu ihrem Büblein: «Kind, hol mir einen Doktor; sonst kann ich's nimmer aushalten vor Schmerzen.» Das Büblein lief zum ersten Doktor und zum zweiten; aber keiner wollte kommen, denn in Wien kostet ein Gang zu einem Patienten einen Gulden, und der arme Knabe hatte nichts als Tränen, die wohl im Himmel für gute Münze gelten, aber nicht bei allen Leuten auf der Erde. Als er aber zum dritten Doktor auf dem Weg war oder heim, fuhr langsam der Kaiser in einer offenen Kutsche an ihm vorbei. Der Knabe hielt ihn wohl für einen reichen Herrn, ob er gleich nicht wusste, dass es der Kaiser ist, und dachte: „Ich will's versuchen." «Gnädiger Herr», sagte er, «wolltet Ihr mir nicht einen Gulden schenken? Seid so barmherzig!» Der Kaiser dachte: „Der fasst's kurz und denkt, wenn ich den Gulden auf einmal bekomme, so brauch' ich nicht sechzigmal um den Kreuzer zu betteln." «Tut's ein Käsperlein oder zwei Zwanziger nicht auch?» fragt ihn der Kaiser. Das Büblein sagt: «Nein», und offenbarte ihm, wozu er das Geld benötigt sei. Also gab ihm der Kaiser den Gulden und liess sich genau von ihm beschreiben, wie seine Mutter heisst und wo sie wohnt, und während das Büblein zum dritten Doktor springt und die kranke Frau betet daheim, der liebe Gott wolle sie doch nicht verlassen, fährt der Kaiser zu ihrer Wohnung und verhüllt sich ein wenig in seinem Mantel, also dass man ihn nicht recht erkennen konnte, wer ihn nicht darum ansah. Als er aber zu der kranken Frau in ihr Stüblein kam, und es sah recht leer und betrübt darin aus, meint sie, es ist der Doktor, und erzählt ihm ihren Umstand, und wie sie noch so arm dabei sei und sich nicht pflegen könne. Der Kaiser sagte: «Ich will Euch dann jetzt ein Rezept verschreiben», und sie sagte ihm, wo des Bübleins Schreibzeug ist. Also schrieb er das Rezept und belehrte die Frau, in welche Apotheke sie es schicken müsse, wenn das Kind heim kommt, und legte es auf den Tisch. Als er aber kaum eine Minute fort war, kam der rechte Doktor auch. Die Frau verwunderte sich nicht wenig, als sie hörte, er sei auch der Doktor, und entschuldigte sich, es sei schon einer da gewesen und hab' ihr etwas verordnet, und sie habe nur auf ihr Büblein gewartet. Als aber der Doktor das Rezept in die Hand nahm und sehen wollte, wer bei ihr gewesen sei und was für einen Trank oder Pillelein er ihr verordnet hat, erstaunte er auch nicht wenig und sagte zu ihr: «Frau», sagte er, «Ihr seid einem guten Arzt in die Hände gefallen, denn er hat Euch fünfundzwanzig Dublonen verordnet, beim Zahlamt zu erheben, und unten dran steht: Joseph, wenn Ihr ihn kennt. Ein solches Magenpflaster und Herzsalbe und Augentrost hätt' ich Euch nicht verschreiben können.» Da tat die Frau einen Blick gegen den Himmel und konnte nichts sagen vor Dankbarkeit und Rührung, und das Geld wurde hernach richtig und ohne Anstand von dem Zahlamt ausbezahlt, und der Doktor verordnete ihr eine Mixtur, und durch die gute Arznei und durch die gute Pflege, die sie sich jetzt verschaffen konnte, stand sie in wenig Tagen wieder auf gesunden Beinen. Also hat der Doktor die kranke Frau kuriert und der Kaiser die arme, und sie lebt noch und hat sich nachgehends wieder verheiratet. [1810]

Vereitelte Rachsucht

Der Amtmann in Nordheim liess im Krieg in den neunziger Jahren fünf Gauner henken, und waren's in der ersten Viertelstunde so gut gewohnt, dass keiner mehr herab verlangte, und je nachdem der Wind ging, exerzierten sie miteinander zum Zeitvertreib, rechts um, links um, ohne Flügelmann. Aber einem seine Beiläuferin, die einen Buben von ihm hatte, sagte: «Wart Amtmann, ich will dir's eintränken.» Ein paar Tage darauf reitet die österreichische Patrouille gegen das Städtlein am Galgen vorbei, da sagt einer zu dem andern: «Es lauft dir eine Spinne am Hut, so gross wie ein Taubenei.» So zieht der andere vor den Gehenkten den Hut ab, und die Gehenkten, weil eben der Wind aus Westen ging, drehten sich und machten Front. Indem schleicht von weitem ein Büblein von der Strasse ab hinter eine Hecke wie einer, der keine guten Briefe hat. Aber das Büblein hatte gar keine, weder gute noch schlechte. Denn als einer von den Dragonern auch um die Hecke ritt, fiel der Junge vor ihm auf die Knie und sagte mit Zittern und mit Beben: «Pardon! ich hab' sie alle ins Wasser geworfen.» Der Dragoner sagte: «Was hast du ins Wasser geworfen?» – «Die Briefe.» – «Was für Briefe?» – «Die Briefe vom Amtmann an die Franzosen. Wenn Östreicher ins Land kommen», sagte der Bursche, «muss ich dem Amtmann Boten laufen ins französische Lager. Diesmal hatte ich drei Briefe, einen an den Dürrmeier.» Also holten die Dragoner mir nichts, dir nichts den Amtmann ab, wie er ging und stand, und musste in den Pantoffeln zwischen den Pferden im Kot mitlaufen und spritzte die Rosse nicht sehr, aber die Rosse ihn, und der Bube musste auch mit. Der Amtmann war so unschuldig als der römische Kaiser selbst, hätte sich für die östreichischen Waffen lebendig die Haut abziehen lassen, hatte sechs Kinder, eines schöner als das andere, und eine schwangere Frau. Aber das war die Rache, die ihm die Jaunerin zugedacht hatte, als sie sagte: «Wart Amtmann, ich will dir's gedenken.»

Im Lager, als er zu dem General geführt wurde, und die Hohenzollerer Kürassiere und Kaiser-Dragoner und Erdödi-Husaren sahen ihn vorbei führen, sagte einer von der Patrouille seinem Kameraden vom Pferd herab: «Er ist ein Spion.» Der Kamerad sagte: «Der Strick ist sein Lohn.» Und der Offizier, an den sie ihn ablieferten, war auch der Meinung und bestellte spottweise schon bei ihm einen Gruss an den Schwarzen und seine Grossmutter. Dem Hausfreund ist's aber bei dieser Geschichte nicht halb so angst als dem geneigten Leser, denn ohne seinen Willen kann der Amtmann nicht sterben, sondern als er vor das Verhör geführt wurde, schaute ihn der Hauptmann Auditor mit Verwunderung und Bedauern an und sagte: «Seid Ihr nicht der nämliche, der mich vor einem Jahr drei Tage lang im Keller hinter der Sauerkrautstande vor den Franzosen verborgen hat, und habt Schläge genug von ihnen bekommen, und als sie Euch oben den Speck verzehrten, ass ich unten das Sauerkraut dazu samt den Gumbist-Äpfeln.» Der Amtmann sagte: «Gott erkennt's, und ich bin so unschuldig als die Mutter Gottes in der Kirche, so doch von Lindenholz ist, und ihr Leben lang noch keinen Buchstaben geschrieben hat.

Indem kamen auch mehrere gute Freunde und angesehene Bürger von Nordheim ins Hauptquartier und bezeugten seine Rechtschaffenheit und Treue, und was er schon für Drangsalierung von den Franzosen habe ausstehen müssen und wie auf seine Anordnung der letzte Sieg der Österreicher mit Katzenköpfen gefeiert wurde, dass der Kirchturm wackelte, und er selber habe keinen Rausch gehabt, aber einen Stich. Der Hauptmann Auditor, der noch immer daran dachte, wie er drei Tage lang in des Amtmanns Keller in der verborgenen Garnison lag hinter dem Schanzkorb, hinter der Sauerkrautstande, war geneigter, Ja zu glauben als Nein. Also liess er den Amtmann hinaus führen und den Buben herein und tat ein paar verfängliche Fragen an ihn, sagte ihm aber nicht, dass sie verfänglich sind. Deswegen war der Bursche, so sehr er die Spitzbubenmilch an der Mutter Brüsten eingesogen hatte, mit seinem Ja und Nein so unvorsichtig, dass er in wenig Minuten nimmer links, nimmer rechts auszuweichen wusste und alles gestand. Also bekam er links und rechts fünfzehn Hiebe vom Profos und begleitete freiwillig die Mutter ins Zuchthaus nach Heiligenberg. Der Amtmann aber ass mit dem Hauptmann Auditor bei dem General-Feldmarschall zu Nacht und den andern Tag bei seiner Frau und Kindern zu Mittag, und der Hausfreund tut auch einen Freudentrunk, dass er wieder ein Exempel der Gerechtigkeit statuiert hat. [1810]

Wie eine greuliche Geschichte durch einen gemeinen Metzgerhund ist an das Tageslicht gebracht worden

Zwei Metzger gehen miteinander aufs Gäu, kommen in ein Dorf, teilen sich, einer links an der Schwanen vorbei, einer rechts, sagen: «In der Schwanen kommen wir wieder zusammen.» Sind nimmer zusammengekommen. Denn einer von ihnen geht mit einem Bauer in den Stall, die Frau, so zwar eine Wäsche in der Küche hatte, geht auch mit, so lauft das Kind für sich selber auch nach. Stosst der Teufel die Frau an den Ellenbogen: «Sieh, was dem Metzger eine Gurt voll Geld unter dem Brusttuch hervorschaut!» Die Frau winkt dem Mann; der Mann winkt der Frau, schlagen im Stall den armen Metzger tot und bedecken den Leichnam in der Geschwindigkeit mit Stroh. Stosst der Teufel die Frau noch einmal an den Ellenbogen: «Sieh, wer zuschaut!» Wie sie umblickt, sieht sie das Kind. So gehn sie miteinander im Schrecken und Wahnsinn ins Haus zurück und schliessen die Türe zu, als wenn sie im Feld wären. Da sagt die Frau, die kein Rabenherz, nein, ein höllisches Drachenherz im Busen hatte: «Kind», sagte sie, «wie siehst du wieder aus? Komm in die Küche, ich will dich waschen!» In der Küche steckt sie dem Kind den Kopf in die heisse Lauge und brüht es zu Tod. Jetzt meint sie, sei alles geschweigt, und denkt nicht an den Hund des ermordeten Metzgers. Der Hund des ermordeten Metzgers, der noch eine Zeitlang mit dem Kameraden gelaufen war, witterte, während das Kind gebrüht und geschwind in den Backofen gesteckt wurde, die Spur seines Herrn wieder auf, schnauft an der Stalltüre, scharrt an der Haustüre und merkt, hier sei etwas Ungerades vorgefallen. Plötzlich springt er ins Dorf zurück und sucht den Kameraden. Kurz, der Hund winselt und heult, zerrt den andern Metzger am Rock, und der Metzger merkt auch etwas. Also begleitet er den Hund an das Haus, und zweifelt nicht, dass hier etwas Erschreckliches vorgefallen sei. Also winkt er zwei Männern, die von fern vorbei gingen. Als aber die Mordleute inwendig das Winseln des Hundes und das

Rufen des Metzgers hörten, kam's vor ihre Augen wie lauter Hochgericht und in ihre Herzen wie lauter Hölle. Der Mann wollte zum hintern Fenster hinaus entspringen, die Frau hielt ihn am Rock und sagte: «Bleib da!» Der Mann sagte: «Komm mit!» Die Frau antwortete: «Ich kann nicht, ich habe Blei an den Füssen. Siehst du nicht die erschreckliche Gestalt vor dem Fenster mit blitzenden Augen und glühendem Otem?» Unterdessen wurde die Türe eingebrochen. Man fand bald die Leichname der Ermordeten. Die Missetäter wurden handfest gemacht und dem Richter übergeben. Sechs Wochen darauf wurden sie gerädert und ihre verruchten Leichname auf das Rad geflochten, und die Raben sagen jetzt: «Das Fleisch schmeckt gut.» [1810]

Seltsame Ehescheidung

Ein junger Schweizer aus Ballstall kam in spanische Dienste, hielt sich gut und erwarb sich einiges Vermögen. Als es ihm aber zu wohl war, dachte er: „Will ich, oder will ich nicht?» – Endlich wollte er, nahm eine hübsche, wohlhabende Spanierin zur Frau und machte damit seinen guten Tagen ein Ende. – Denn in den spanischen Haushaltungen ist die Frau der Herr, ein guter Freund der Mann, und der Mann ist die Magd.

Als nun das arme Blut der Sklaverei und Drangsalierung bald müde war, fing er an, als wenn er nichts damit meinte, und rühmte ihr das fröhliche Leben in der Schweiz und die goldenen Berge darin, er meinte die Schneeberge im Sonnenglast jenseits der Klus, und wie man lustig nach Einsiedeln wallfahrten könne und schön beten in Sasseln am Grab des heiligen Bruders Niklaus von der Flüe und was für ein grosses Vermögen er daheim besitze, aber es werde ihm nicht verabfolgt aus dem Land. Da wässerte endlich der Spanierin der Mund nach dem schönen Land und Gut, und es war ihr recht, ihr Vermögen zu Geld zu machen und mit ihm zu ziehen in seine goldene Heimat. Also zogen sie miteinander über das grosse pyrenäische Gebirg bis an den Grenzstein, der das Reich Hispania von Frankreich scheidet; sie mit dem Geld auf einem Esel, er nebenher zu Fuss. Als sie aber vorüber an dem Grenzstein waren, sagte er: «Frau, wenn's dir recht ist, bis hieher haben wir's spanisch miteinander getrieben, von jetzt an treiben wir's deutsch. Bist du von Madrid bis an den Markstein geritten, und ich bin dir zu Fuss nachgetrabt den langen Berg hinauf, so reit' ich jetzt von hier weg bis gen Ballstall, Kanton Solothurn, und das Fussgehen ist an dir.» Als sie darüber sich ungebärdig stellte und schimpfte und drohte und nicht von dem Tierlein herunter wollte: «Frau, das verstehst du noch nicht», sagte er, «und ich nehme dir's nicht übel», sondern hieb an dem Weg einen tüchtigen Stecken ab und las ihr damit ein langes Kapitel aus dem Ballstaller Ehe- und Männerrecht vor, und als sie alles wohl verstanden hatte, fragte er sie: «Willst du jetzt mit, welsche Hexe, und gut tun, oder willst du wieder hin, wo du hergekommen bist?» Da sagte sie schluchzend: «Wo ich hergekommen bin?» und das war ihm auch das liebste. Also teilte mit ihr der ehrliche Schweizer das Vermögen, und trennten sich voneinander an diesem 'Grenzstein weiblicher Rechte', wie einmal ein bekanntes Büchlein in der Welt geheissen hat, und jedes zog wieder in seine Heimat. «Deinen Landsmann», sagte er, «auf dem du hergeritten bist, kannst du auch wieder mitnehmen.»

Merke: Im Reich Hispania machen's die Weiber zu arg, aber in Ballstall doch auch manchmal die Männer. Ein Mann soll seine Frau nie schlagen, sonst verunehrt er sich selber. Denn ihr seid *ein* Leib. [1811]

Der listige Steiermarker

In Steiermark, ein wenig abhanden von der Strasse, dachte ein reicher Bauer im letzten Krieg: „Wie fang' ich's an, dass ich meine Kronentaler und meine Dukätlein rette in dieser bösen Zeit? Die Kaiserin Maria Theresia ist mir noch so lieb, tröst' sie Gott, und der Kaiser Joseph, tröst ihn Gott, und der Kaiser Franz, Gott schenk' ihm Leben und Gesundheit. Und wenn man meint, man habe die lieben Herrschaften noch so gut verborgen und geflüchtet, so riecht sie der Feind, sobald er die Nase ins Dorf streckt, und führt sie in die Gefangenschaft ins Lothringen oder in die Champagne; dass einem armen Untertanen das Herz dabei bluten möchte vor Patriotismus." «Jetzt weiss ich», sagte er, «wie ich's anfange», und trug das Geld bei dunkler, blinder Nacht in den Krautgarten. «Das Siebengestirn verratet mich nicht», sagte er. Im Krautgarten legte er das Geld geradezu zwischen die Gelveieleinstöcke und die spanischen Wikken. Nebendran grub er ein Loch in das Weglein zwischen den Beeten und warf allen Grund daraus auf das Geld und zertrat rings herum die schönen Blumenstöcke und das Mangoldkraut wie einer, der Sauerkraut einstampft. Am Montag darauf streiften schon die Chasseurs im ganzen Revier, und am Donnerstag kam eine Partie ins Dorf frisch auf die Mühle zu und aus der Mühle mit weissen Ellenbogen zu unserm Bauer und: «Geld her, Buur», rief ihm ein Sundgauer mit blankem Säbel entgegen, «oder bet dein letztes Vaterunser!» Der Bauer sagte, sie möchten nehmen, was sie in Gottes Namen noch finden. Er habe nichts mehr; es sei gestern und vorgestern schon alles in die Rapuse gegangen. «Vor euch kann man etwas verbergen», sagt er, «ihr seid die Rechten.» Als sie nichts fanden ausser ein paar Kupferkreuzer und einen vergoldeten Sechser mit dem Bildnis der Kaiserin Maria Theresia und ein Ringlein dran zum Anhängen: «Buur», sagte der Sundgauer, «du hast dein Geld verlocht, auf der Stelle zeig, wo du dein Geld verlocht hast, oder du gehst ohne dein letztes Vaterunser aus der Welt!» «Auf der Stelle kann ich's euch nicht zeigen», sagte der Bauer, «so sauer mich der Gang ankommt, sondern ihr müsst mit mir in den Krautgarten gehn. Dort will ich euch zeigen, wo ich es verborgen hatte und wie es mir ergangen ist. Der Herr Feind ist schon gestern und vorgestern da gewesen und haben's gefunden und alles geholt.» Die Chasseure nahmen den Augenschein im Garten ein, fanden alles, wie es der Mann angegeben hatte, und keiner dachte daran, dass das Geld unter dem Grundhaufen liegt, sondern jeder schaute in das leere Loch und dachte: Wär' ich nur früher gekommen. «Und hätten sie nur die schönen Gelveieleinstöcke und den Goldlack nicht so verderbt», sagte der Bauer, und so hinterging er diese und alle, die noch nachkamen, und hat auf diese Art das ganze erzherzogliche Haus, den Kaiser Franz, den Kaiser Joseph, die Kaiserin Maria Theresia und den allerhöchstseligen Herrn Leopold den Ersten gerettet und glücklich im Land behalten. [1811]

Etwas aus der Türkei

In der Türkei ist Justiz. Ein Kaufmannsdiener, auf der Reise von der Nacht und Müdigkeit überfallen, bindet sein Pferd, so mit kostbaren Waren beladen war, nimmer weit von einem Wachthaus an einen Baum, legt sich selber unter das Obdach des Baums und schläft ein. Früh, als ihn die Morgenluft und der Wachtelschlag weckte, hatte er gut geschlafen, aber das Rösslein war fort.

Da eilte der Beraubte zu dem Statthalter der Provinz, nämlich zu dem Prinzen Karosman Oglu, der in der Nähe sich aufhielt, und klagte vor seinem Richterstuhl seine Not. Der Prinz gab ihm wenig Gehör. «So nahe bei dem Wachthaus! Warum bist du nicht die fünfzig Schritte weiter geritten, so wärest du sicher gewesen. Es ist deines Leichtsinns Schuld.» Da sagte der Kaufmannsdiener: «Gerechter Prinz, hab' ich mich fürchten sollen, unter freiem Himmel zu schlafen in einem Lande, wo du regierst?» Das tat dem Prinzen Karosman wohl und wurmte ihn zugleich. «Trink heute nacht ein Gläslein türkischen Schnaps», sagte er zu dem Kaufmannsdiener, «und schlaf noch einmal unter dem Baum.» So gesagt, so getan. Des andern Morgens, als ihn die Morgenluft und der Wachtelschlag weckte, hatte er auch gut geschlafen, denn das Rösslein stand mit allen Kostbarkeiten wieder angebunden neben ihm, und an dem Baum hing ein toter Mensch, der Dieb, und sah das Morgenrot nimmermehr.

Bäume gäb' es noch an manchen Orten, grosse und kleine. [1811]

Wie der Zundelfrieder eines Tages aus dem Zuchthaus entwich und glücklich über die Grenzen kam

Eines Tages, als der Frieder den Weg aus dem Zuchthaus allein gefunden hatte und dachte: „Ich will so früh den Zuchtmeister nicht wecken", und als schon auf allen Strassen Steckbriefe voran flogen, gelangte er abends noch unbeschrien an ein Städtlein an der Grenze. Als ihn hier die Schildwache anhalten wollte, wer er sei und wie er heisse und was er im Schilde führe: «Könnt Ihr Polnisch?» fragte herzhaft der Frieder die Schildwache. Die Schildwache sagt: «Ausländisch kann ich ein wenig, ja! aber Polnisch bin ich noch nicht darunter gewahr worden.» «Wenn das ist», sagte der Frieder, «so werden wir uns schlecht gegeneinander explizieren können.» Ob kein Offizier oder Wachtmeister am Tor sei? Die Schildwache holt den Torwächter, es sei ein Polack an dem Schlagbaum, gegen den sie sich schlecht explizieren könne. Der Torwächter kam zwar, entschuldigte sich aber zum voraus, viel Polnisch verstehe er auch nicht. «Es geht hie zu Land nicht stark ab», sagte er, «und es wird im ganzen Städtel schwerlich jemand sein, der kapabel wäre, es zu dolmetschen.» «Wenn ich das wüsste», sagte der Frieder und schaute auf die Uhr, die er unterwegs noch an einem Nagel gefunden hatte, «so wollte ich ja lieber noch ein paar Stunden zustrecken bis in die nächste Stadt. Um neun Uhr kömmt der Mond.» Der Torhüter sagte: «Es wäre unter diesen Umständen fast am besten, wenn Ihr gerade durchpassiertet, ohne Euch aufzuhalten; das Städtel ist ja nicht gross», und war froh, dass er seiner los ward. Also kam der Frieder glücklich durch das Tor hinein. Im Städtlein hielt er sich nicht länger auf, als nötig war, einer Gans, die sich auf der Gasse verspätet hatte, ein paar gute Lehren zu geben. «In euch Gänse», sagte er, «ist keine Zucht zu bringen. Ihr gehört, wenn's Abend ist, ins Haus oder unter gute Aufsicht.» Und so packte er sie mit sicherem Griff am Hals, und mir nichts dir nichts unter den Mantel, den er ebenfalls unterwegs von einem Unbekannten geliehen hatte. Als er aber an das andere Tor gelangte, und auch hier dem Landfrieden nicht traute, drei Schritte von dem Schilderhaus, als sich inwendig der Söldner rührte, schrie der Frieder mit herzhafter Stimmer: «Wer da!» der Söldner antwortete in aller Gutmütigkeit: «Gut Freund!» Also kam der Frieder wieder glücklich zum Städtlein hinaus und über die Grenzen. [1811]

Die leichteste Todesstrafe

Man hat gemeint, die Güllotine sei's. Aber nein! Ein Mann, der sonst seinem Vaterlande viele Dienste geleistet hatte und bei dem Fürsten wohl angeschrieben war, wurde wegen eines Verbrechens, das er in der Leidenschaft begangen hatte, zum Tode verurteilt. Da half nicht Bitten, nicht Beten. Weil er aber sonst bei dem Fürsten wohl angeschrieben war, liess ihm derselbe die Wahl, wie er am liebsten sterben wolle; denn welche Todesart er wählen würde, die sollte ihm werden. Also kam zu ihm in den Turm der Oberamtsschreiber: «Der Herzog will Euch eine Gnade erweisen. Wenn Ihr wollt gerädert sein, will er Euch rädern lassen; wenn Ihr wollt gehenkt sein, will er Euch henken lassen; es hängen zwar schon zwei am Galgen, aber bekanntlich ist er dreischläferig. Wenn Ihr aber wollt lieber Rattenpulver essen, der Apotheker hat's. Dennn welche Todesart Ihr wählen werdet, sagt der Herzog, die soll Euch werden. Aber sterben müsst Ihr, das werdet Ihr wissen.» Da sagte der Malefikant: «Wenn ich denn doch sterben muss, das Rädern ist ein biegsamer Tod und das Henken, wenn besonders der Wind geht, ein beweglicher. Aber Ihr versteht's doch nicht recht. Meines Orts, ich habe immer geglaubt, der Tod aus Altersschwäche sei der sanfteste, und den will ich denn auch wählen, weil mir der Herzog die Wahl lässt, und keinen andern.» Und dabei blieb er, und liess sich's nicht ausreden. Da musste man ihn wieder laufen und fortleben lassen, bis er an Altersschwäche selber starb. Denn der Herzog sagte: «Ich habe mein Wort gegeben, so will ich's auch nicht brechen.»

Die Bekehrung

Zwei Brüder im Westfälinger Land lebten miteinander in Frieden und Liebe, bis einmal der jüngere lutherisch blieb und der ältere katholisch wurde. Als der jüngere lutherisch blieb und der ältere katholisch wurde, taten sie sich alles Herzeleid an. Zuletzt schickte der Vater den katholischen als Ladendiener in die Fremde. Erst nach einigen Jahren schrieb er zum erstenmal an seinen Bruder. «Bruder», schrieb er, «es geht mir doch im Kopf herum, dass wir nicht *einen* Glauben haben und nicht in den nämlichen Himmel kommen sollen, vielleicht in gar keinen. Kannst du mich wieder lutherisch machen, wohl und gut, kann ich dich katholisch machen, desto besser.» Also beschied er ihn in den 'Roten Adler' nach Neuwied, wo er wegen einem Geschäft durchreiste. «Dort wollen wir's ausmachen.» In den ersten Tagen kamen sie nicht weit miteinander. Schalt der Lutherische: «Der Papst ist der Antichrist», schalt der Katholische: «Luther ist der Widerchrist.» Berief sich der Katholische auf den heiligen Augustin, sagte der Lutherische: «Ich hab' nichts gegen ihn, er mag ein gelehrter Herr gewesen sein, aber beim ersten Pfingstfest zu Jerusalem war er nicht dabei.» Aber am Samstag ass schon der Lutherische mit seinem Bruder Fastenspeise. «Bruder», sagte er, «der Stockfisch schmeckt nicht giftig zu den durchgeschlagenen Erbsen»; und abends ging schon der Katholische mit seinem Bruder in die lutherische Vesper. «Bruder», sagte er, «euer Schulmeister singt keinen schlechten Tremulant.» Den andern Tag wollten sie miteinander zuerst in die Frühmesse, darnach in die lutherische Predigt, und was sie alsdann bis von heut über acht Tage der liebe Gott vermahnt, das wollten sie tun. Als sie aber aus der Vesper und aus dem 'Grünen Baum' nach Hause kamen, ermahnte sie Gott, aber sie verstanden es nicht. Denn der Ladendiener fand einen zornigen Brief von seinem Herrn. «Augenblicklich setzt Eure Reise fort. Hab' ich Euch auf eine Tridenter Kirchenversammlung nach Neuwied geschickt oder sollt Ihr nicht vielmehr die Musterkarte reiten?» Und der andere fand einen

Brief von seinem Vater: «Lieber Sohn, komm heim, sobald du kannst, du musst spielen.» Also gingen sie noch den nämlichen Abend unverrichteter Sachen auseinander und dachten jeder für sich nach, was er von dem andern gehört hatte. Nach sechs Wochen schreibt der jüngere dem Ladendiener einen Brief: «Bruder, deine Gründe haben mich unterdessen vollkommen überzeugt. Ich bin jetzt auch katholisch. Den Eltern ist es insofern recht. Aber dem Vater darf ich nimmer unter die Augen kommen.» Da ergriff der Bruder voll Schmerz und Unwillen die Feder: «Du Kind des Zorns und der Ungnade, willst du denn mit Gewalt in die Verdammnis rennen, dass du die seligmachende Religion verleugnest? Gestrigs Tags bin ich wieder lutherisch worden.» Also hat der katholische Bruder den lutherischen bekehrt, und war nachher wieder wie vorher, höchstens ein wenig schlimmer.

Merke: Du sollst nicht über die Religion grübeln und düfteln, damit du nicht deines Glaubens Kraft verlierst. Auch sollst du nicht mit Andersdenkenden darüber disputieren, am wenigsten mit solchen, die es ebensowenig verstehen als du, noch weniger mit Gelehrten, denn die besiegen dich durch ihre Gelehrsamkeit und Kunst, nicht durch deine Überzeugung. Sondern du sollst deines Glaubens leben, und was gerade ist, nicht krumm machen. Es sei dann, dass dich dein Gewissen selber treibt zu schanschieren. [1811]

Der fremde Herr

Einem Schneider in der Stadt waren seit ein paar Jahren die Nadeln ein wenig verrostet und die Schere zusammengewachsen, also nährt er sich, so gut er kann. «Gevatter», sagt zu ihm der Perückenmacher, «Ihr tragt nicht gerne schwer; wollt Ihr nicht dem Herrn Dechant von Brassenheim eine neue Perücke bringen in einer Schachtel? Sie ist leicht, und er zahlt Euch den Gang.» – «Gevatter», sagt der Schneider, «es ist ohnedem Jahrmarkt in Brassenheim.

Leiht mir die Kleider, die Euch der irrende Ritter im Versatz gelassen hat, der Euch angeschmiert hat, so stell' ich auf dem Jahrmarkt etwas vor.»

Der Adjunkt hat die Tugend, wenn er auf drei Stunden im Revier einen Markt weiss, so ist ihm der Gang auch nicht zu weit, und ist er von dem Hausfreund wohl bezahlt, so gibt er dem Jahrmarkt viel zu lösen für neue weltliche Lieder und feine Damaszener Maultrommeln. Also sass jetzt der Adjunkt auch zu Brassenheim im 'Wilden Mann' und musterte die Lieder. Erstes Lied: „Ein Lämmlein trank vom frischen etc.". Zweites Lied: „Schönstes Hirschlein über die Massen etc.". Drittes Lied: „Kein schöner Leben auf Erden etc." und probierte die Trommeln. Kommt auf einmal der Schneider herein mit rotem Rock, hirschledernen Beinkleidern, Halbstiefeln und Zotteln daran und zwei Sporen. Der Wirt zog höflich die Kappe ab, die Gäste auch, und: «Hat Euch, Herr Ritter, der Hausknecht das Pferd schon in den Stall geführt?» fragte ihn der Wirt. «Mein Normänder, der Scheck?» sagte der Schneider. «Ich hab' ihn *au Cerf* eingestellt im 'Hirschen'. Ich will hier nur ein Schöpplein trinken. Ich bin der berühmte Adelstan und reise auf Menschenkenntnis und Weinkunde. Platz da!» sagte er zum Adjunkt. „Holla", denkt der Adjunkt; „der meint auch, grob sei vornehm. Was gilt's, er ist nicht weit her?" Als aber der Schneider die Gerte breit über den Tisch legte und räusperte sich wie ein Kamel und betrachtete die Leute mit einem Brennglas und den Adjunkt auch, steht der Adjunkt langsam auf und sagt dem Wirt etwas halblaut in das Ohr. Ein Ehninger, der es hörte, sagt: «Herr Landsmann, Ihr seid auf der rechten Spur. Ich hab ihn gesehen, die Stiefel am Bach abwaschen und eine Gerte schneiden. Er ist zu Fuss gekommen.» Ein Scherenschleifer sagte: «Ich kenn' ihn wohl, er ist einmal ein Schneider gewesen. Jetzt hat er sich zur Ruh' gesetzt und tut Botengänge um den Lohn.» Also geht der Wirt ein wenig hinaus und kommt wieder herein. «So kann denn doch kein hiesiger Markt ohne ein Unglück vorübergehen», sagt er im Hereinkommen. «Da suchen die Hatschierer in allen Wirtshäusern einen Herrn in einem roten Rocke, der heute durch die Dörfer galoppiert ist und ein Kind zu Tod geritten hat.» Da schauten alle Gäste den Ritter Adelstan an, der sagte in der Angst: «Mein Rock ist eher gelb als rot.» Aber der Ehninger sagte: «Nein, aber Euer Gesicht ist eher blass als gelb und hat auf einmal viel Schweisstropfen darauf geregnet. Gesteht's, Ihr seid nicht geritten.» – «Doch, er ist geritten», sagte der Wirt; «ich hab' ihm eben das Ross draussen angebunden. Es ist losgerissen im 'Hirschen' und sucht ihn. Hat nicht Euer Normänder die Mähnen unten am Hals und gespaltene Hufe, und wenn er wiehert, sollte man schier nicht meinen, dass es ein Ross ist! Zahlt Euer Schöpplein und reitet ordentlich heim!» Als er aber vor das Haus kam und den Normänder sah, den ihm der Wirt an die Tür gebunden hat, wollte er nicht aufsitzen, sondern ging zu Fuss zum Flecken heraus, und wurde von den Gästen entsetzlich verhöhnt.

Merke: Man muss nie mehr scheinen wollen, als man ist und als man sich zu bleiben getrauen kann wegen der Zukunft.   [1811]

Teures Spässlein

Man muss mit Wirten keinen Spass und Mutwillen treiben, sonst kommt man unversehens an den Unrechten. Einer in Basel will ein Glas Bier trinken, das Bier war sauer, zog ihm den Mund zusammen, dass ihm die Ohren bis auf die Backen hervor kamen. Um es auf eine witzige Art an den Tag zu legen und den Wirt vor den Gästen lächerlich zu machen, sagte er nicht: «Das Bier ist sauer», sondern «Frau Wirtin», sagte er, «könnt' ich nicht ein wenig Salat und Öl zu meinem Bier haben!» Die Wirtin sagte: «In Basel kann man für Geld alles haben», strickte aber noch ein wenig fort, als wenn sie's wenig achtete, denn sie war eben am Zwickel. Nach einigen Minuten, als unterdessen die Gäste miteinander diskurierten und einer sagte: «Habt Ihr gestern das Kamel auch gesehen und den Affen?», ein anderer sagte: «Es ist kein Kamel, es ist ein Trampeltier», sagte die Wirtin: «Mit Erlaubnis», und deckte eine schneeweisse Serviette vom feinsten Gebilde auf den Tisch. Jeder glaubte, der andere habe ein Bratwürstlein bestellt oder etwas, und «es ist doch ein Kamel», sagte ein dritter, «denn es ist weiss, die Trampeltiere sind braun.» Unterdessen kam die Wirtin wieder mit einem Teller voll zarter Kukümmerlein aus dem markgräfischen Garten, aus dem Treibhaus, fein geschnitten wie Postpapier und mit dem kostbarsten genuesischen Baumöl angemacht, und sagte zu dem Gast mit spöttischem Lächeln: «Ist's gefällig?» Also lachten die andern nicht mehr den Wirt aus, sondern den Gast, und wer wohl oder übel seinen Spass mit zehn Batzen, fünf Rappen Basler Währung bezahlen musste, war er. [1811]

Unverhofftes Wiedersehen

In Falun in Schweden küsste vor guten fünfzig Jahren und mehr ein junger Bergmann seine junge, hübsche Braut und sagte zu ihr: «Auf Sankt Luciä wird unsere Liebe von des Priesters Hand gesegnet. Dann sind wir Mann und Weib und bauen uns ein eigenes Nestlein.» - «Und Friede und Liebe soll darin wohnen», sagte die schöne Braut mit holdem Lächeln, «denn du bist mein einziges und alles, und ohne dich möchte ich lieber im Grab sein als an einem andern Ort.» Als sie aber vor St. Luciä der Pfarrer zum zweitenmal in der Kirche ausgerufen hatte: «So nun jemand Hindernisse wüsste anzuzeigen, warum diese Personen nicht möchten ehelich zusammenkommen», da meldete sich der Tod. Denn als der Jüngling den andern Morgen in seiner schwarzen Bergmannskleidung an ihrem Haus vorbei ging, der Bergmann hat sein Totenkleid immer an, da klopfte er zwar noch einmal an ihrem Fenster und sagte ihr guten Morgen, aber keinen guten Abend mehr. Er kam nimmer aus dem Bergwerk zurück, und sie saumte vergeblich selbigen Morgen ein schwarzes Halstuch mit rotem Rand für ihn zum Hochzeittag, sondern als er nimmer kam, legte sie es weg und weinte um ihn und vergass ihn nie.

Unterdessen wurde die Stadt Lissabon in Portugal durch

ein Erdbeben zerstört, und der Siebenjährige Krieg ging vorüber, und Kaiser Franz der Erste starb, und der Jesuitenorden wurde aufgehoben und Polen geteilt, und die Kaiserin Maria Theresia starb, und der Struensee wurde hingerichtet, Amerika wurde frei, und die vereinigte französische und spanische Macht konnte Gibraltar nicht erobern. Die Türken schlossen den General Stein in der Veteraner Höhle in Ungarn ein, und der Kaiser Joseph starb auch. Der König Gustav von Schweden eroberte russisch Finnland, und die französische Revolution und der lange Krieg fing an, und der Kaiser Leopold der Zweite ging auch ins Grab. Napoleon eroberte Preussen, und die Engländer bombardierten Kopenhagen, und die Ackerleute säeten und schnitten. Der Müller mahlte, und die Schmiede hämmerten, und die Bergleute gruben nach den Metalladern in ihrer unterirdischen Werkstatt. Als aber die Bergleute in Falun im Jahr 1809 etwas vor oder nach Johannis zwischen zwei Schachten eine Öffnung durchgraben wollten, gute dreihundert Ellen tief unter dem Boden, gruben sie aus dem Schutt und Vitriolwasser den Leichnam eines Jünglings heraus, der ganz mit Eisenvitriol durchdrungen, sonst aber unverwest und unverändert war; also dass man seine Gesichtszüge und sein Alter noch völlig erkennen konnte, als wenn er erst vor einer Stunde gestorben oder ein wenig eingeschlafen wäre an der Arbeit. Als man ihn aber zu Tag ausgefördert hatte, Vater und Mutter, Gefreundte und Bekannte waren schon lange tot, kein Mensch wollte den schlafenden Jüngling kennen oder etwas von seinem Unglück wissen, bis die ehemalige Verlobte des Bergmanns kam, der eines Tages auf die Schicht gegangen war und nimmer zurückkehrte. Grau und zusammengeschrumpft kam sie an einer Krücke an den Platz und erkannte ihren Bräutigam; und mehr mit freudigem Entzücken als mit Schmerz sank sie auf die geliebte Leiche nieder, und erst als sie sich von einer langen, heftigen Bewegung des Gemüts erholt hatte: «Es ist mein Verlobter», sagte sie endlich, «um den ich fünfzig Jahre lang getrauert hatte und den mich Gott noch einmal sehen lässt vor meinem Ende. Acht Tage vor der Hochzeit ist er unter die Erde gegangen und nimmer herauf gekommen.» Da wurden die Gemüter aller Umstehenden von Wehmut und Tränen ergriffen, als sie sahen die ehemalige Braut jetzt in der Gestalt des hingewelkten, kraftlosen Alters und den Bräutigam noch in seiner jugendlichen Schöne, und wie in ihrer Brust nach fünfzig Jahren die Flamme der jugendlichen Liebe noch einmal erwachte; aber er öffnete den Mund nimmer zum Lächeln oder die Augen zum Wiedererkennen; und wie sie ihn endlich von den Bergleuten in ihr Stüblein tragen liess, als die einzige, die ihm angehöre und ein Recht an ihn habe, bis sein Grab gerüstet sei auf dem Kirchhof. Den andern Tag, als das Grab gerüstet war auf dem Kirchhof und ihn die Bergleute holten, schloss sie ein Kästlein auf, legte sie ihm das schwarzseidene Halstuch mit roten Streifen um und begleitete ihn alsdann in ihrem Sonntagsgewand, als wenn es ihr Hochzeittag und nicht der Tag seiner Beerdigung wäre. Denn als man ihn auf dem Kirchhof ins Grab legte, sagte sie: «Schlaf nun wohl. Noch einen Tag oder zehen im kühlen Hochzeitbett, und lass dir die Zeit nicht lang werden. Ich habe nur noch wenig zu tun und komme bald, und bald wird's wieder Tag. Was die Erde einmal wiedergegeben hat, wird sie zum zweitenmal auch nicht behalten», sagte sie, als sie fortging und noch einmal umschaute. [1811]

Kalendergeschichten

die nicht ins «Schatzkästlein des rheinischen
Hausfreundes» aufgenommen wurden (1808–1811)

aus dem «Rheinländischen Hausfreund» (1812–1819)

aus «Rheinblüten» (1819)

aus dem Nachlass

Feuerfünklein

Zu Bonndorf im Donaukreis warf eine Frau am 12ten April 1810 die heisse Asche in ein hölzernes Gefäss, stellte es auf den Hausgang und dachte an nichts. Aber in der nächsten Nacht früh um 1 Uhr stand das Häuslein in Flammen. Nein, das ganze obere Dorf stand in Flammen, und die Nacht war so hell wie der Tag. In kurzer Zeit war's um zwanzig Firsten und Unserer lieben Frauen Kapelle Nro. 16 so viel als geschehen. Siebenundzwanzig Haushaltungen verloren Wohnung und Habe. Man kommt aus einer nächtlichen Feuersbrunst heraus fast wie aus Mutterleib, nackt und arm und hilflos, und man weiss fast nicht, wer unglücklicher ist, der Reiche oder der Arme. Denn der Reiche kann viel verlieren, aber der Arme alles.

Merke: Man muss die heisse Asche nie in hölzernes Geschirr sammeln, wenn man nicht gern die Hände über den Kopf zusammenschlagen und sein Leben lang ein unruhiges Herz haben will. Man muss auch die Tabakspfeifen nicht in Sägmehl oder so etwas ausleeren; denn das Holz tötet das Feuer nicht, aber das Feuer frisst das Holz. Dem Hausfreund ist selber schon so etwas passiert, zur Zeit des Rastatter Kongresses, und er tät's auch nimmer, wenn er's noch einmal zu tun hätte. Man meint, das Wasser sei gefährlicher als das Feuer. Nein, das Feuer ist gefährlicher, weil es an allem, was es frisst, neue Nahrung und Stärke gewinnt. Mit einem Glas voll Wasser kann man kein Haus ersäufen, keinen Gänsstall, kein Hühnernest. Aber mit einem Feuerfünklein kann man ein ganzes Dorf verbrennen, nicht allein aus Bosheit, sondern auch aus Leichtsinn und Unverstand.

[1811]

Der listige Kaufherr

Der Adjunkt, der dieses schreibt, hat allemal eine grosse Freude, wenn er auch ein Geschichtlein einmauern kann in den Kalender. Denn was er in gelehrte Bücher hineinstiftet, lesen nicht viele Leute, am wenigsten die Gelehrten selber. Der Hausfreund aber hat nach den neuesten Zählungen 700 000 Leser, ohne die, welche umsonst zuhören. Diesmal aber freut er sich insbesondere zu erzählen, wie einmal ein grosser Spitzbube auch hinter das Licht geführt worden ist; denn die Wölfe beissen bisweilen auch ein gescheites Hündlein, sagt Doktor Luther.

Ein französischer Kaufherr segelte mit einem Schiff voll grossen Reichtums aus der Levante heim, aus dem Morgenland, wo unser Glaube, unsere Fruchtbäume und unser Blut daheim ist, und dachte schon mit Freuden daran, wie er jetzt bald ein eigenes Schlösslein am Meer bauen und ruhig leben und alle Abend dreierlei Fische zu Nacht speisen wolle. Paff! geschah ein Schuss. Ein algierisches Raubschiff war in der Nähe, wollte uns gefangen nehmen und geraden Wegs nach Algier führen in die Sklaverei. Denn hat man zwischen Wasser und Himmel gute Gelegenheit, Luftschlösser zu bauen, so hat man auch gute Gelegenheit zu stehlen. So denken die algierischen Seeräuber auch. Hat das Wasser keine Balken, so hat's auch keine Galgen. Zum Glück hatte der Kaufherr einen Ragusaner auf dem Schiff, der schon einmal in der algierischen Gefangenschaft gewesen war und ihre Sprache und ihre Prügel aus dem Fundament verstand. Zu dem sagte der Kaufherr: «Nicolo, hast du Lust, noch einmal algierisch zu werden? Folge mir, was ich dir sage, so kannst du dich erretten und uns.» Also verbargen wir uns alle im Schiff, dass kein Mensch zu sehen war, nur der Ragusaner stellte sich oben auf das Verdeck. Als nun die Seeräuber mit ihren blinkenden Säbeln schon nahe waren und riefen, die Christenhunde sollten sich ergeben, fing der Ragusaner mit kläglicher Stimme auf Algierisch an: «*Tschamiana*», fing er an, «*tschamiana halakna bilabai monaschid ana billah onzorum min almaut.* Wir sind alle an der Pest gestorben bis auf die Kranken, die noch auf ihr Ende warten, und ein deutscher Adjunkt und ich. Um Gotteswillen, rettet mich!» Dem Algierer Seekapitän, als er hörte, dass er so nah an einem Schiff voll Pest sei, kam's grün und gelb vor die Augen. In der grössten Geschwindigkeit hielt er das Schnupftuch vor die Nase, hatte aber keins, sondern den

Ärmel und lenkte sein Schiff hinter den Wind. *«Lajonzork»*, sagte er, *«Allah-orroman arrahim atabarra laka it schanat chall.* Gott helfe dir, der Gnädige und Barmherzige! Aber geh zum Henker mit deiner Pest! Ich will dir eine Flasche voll Kräuteressig reichen!» Drauf liess er ihm eine Flasche voll Kräuteressig reichen an einer langen Stange und segelte so schnell als möglich linksum. Also kamen wir glücklich aus der Gefahr, und der Kaufherr baute hernach in der Gegend von Marseille das Schlösslein und stellte den Ragusaner als Haushofmeister an auf lebenslang. [1811]

Drei Worte

Ein Jude in Endingen im Wirtshaus erblickte einen Kaufherrn, der ihm bekannt vorkam. «Seid Ihr nicht einer von den grossmütigen Herrn, dass ich hab die Gnad gehabt mit ihnen von Basel nach Schalampi zu fahren auf dem Wasser?» Der Gersauer Kaufherr, er war von Gersau, sagte: «Hast du unterdessen nichts Neues ausspintisiert, Reiskamerad?» Der Jud antwortet: «Habt Ihr gute Geschäfte gemacht auf der Messe? Wenn Ihr gute Geschäfte gemacht habt, – um einen Sechsbätzner, Ihr könntet mir drei Worte nicht nachsagen.» Der Gersauer dachte: Ein paar Franken hin oder her. «Lass hören!» Der Jud sagte «Messerschmied». Der Gersauer: «Messerschmied.» «Dudelsack» – «Dudelsack.» Da schmunzelte der Jude und sagte: «Falsch!» – Da dachte der Gersauer hin und her, wo er könnte gefehlt haben. Aber der Jude zog eine Kreide aus der Tasche und machte damit einen Strich. «Einmal gewonnen.» – «Noch einmal!» sagte der Kaufherr. Der Jud sagte: «Baumöl.» Der Kaufherr: «Baumöl» «Rotgerber» – «Rotgerber.» Da schmunzelte der Hebräer abermal und sagte: «Falsch», und so trieben sie's zum sechstenmal. Als sie's zum sechstenmal so getrieben hatten, sagte der Kaufherr: «Nun will ich dich bezahlen, wenn du mich überzeugen kannst, wo ich gefehlt habe.» Der Jude sagte: «Ihr habt mir das dritte Wort nie nachgesprochen. ‚Falsch' war das dritte Wort, das habt Ihr mir nie nachgesprochen, und also war die Wette gewonnen.» [1811]

Geschwinde Reise

Ein italienischer Kaufmann, der auf die Frankfurter Messe reisen wollte, hatte sich in Stuttgart um einen Tag verspätet. Also musste er die Extrapost anspannen lassen. Wie fang ich's an, dachte er, dass ich geschwind aus dem Feld komme und doch mit geringen Kosten? «Postillion», sagte er, als er in das Kaleschlein sass, «fahr langsam, denn ich sitze nicht nur auf Kutschenkistlein, sondern auch auf einem Blutgeschwür, und meine entsetzliche Kopfwunde da auf der linken Seite wirst du hoffentlich sehn.» Eigentlich aber war sie nicht wohl zu sehen. Denn fürs erste war der Kopf mit einem Tüchlein verbunden, das zwar blutig aussah, fürs zweite hatte er unter dem Verband keine Wunde. «Wenn du recht langsam fährst», sagte er, «auf der Station soll's dich nicht reuen.» Der Postillion dachte: „Solchen Gefallen kann ich den Rossen tun und, was das Trinkgeld anbelangt, mir auch", und fuhr so langsam, dass die Pferde selber anfingen, eins nach dem andern vor langer Weile zu gähnen, was doch selten geschieht. Nichts desto weniger schrie der Italiener unaufhörlich: «Zetter und Mordio. O mein Kopf! O mein Bein! Fahr langsam!» Der Postillion sagte: «Wollt Ihr auf der Strasse übernacht bleiben, so will ich Euch abladen. Ich kann nicht gar fahren, als wenn ich etwas anders ausführte auf den Acker. Tu ich nicht langsam genug?» Aber der Passagier sagte: «Ich schiess dich tot, wenn du nicht gemach fährst.» Auf der Station in Ludwigsburg, als er dem Postillion das Trinkgeld gab, gab er ihm zwei schäbige Zwölfer, einen Albus und ein paar verrufene Kreuzerlein, bis es einen halben Gulden ausmachte. Andere gaben sonst wenigstens achtundvierzig Kreuzer, auch einen Gulden und drüber. Wenn's recht pressiert und wenn's recht in der Tasche klingelt, auch einen Kronentaler. Aber alle Vorstellung des Postillions und alles Protestieren half nichts. «Hab ich Euch nicht schlecht genug geführt», fragte er. «Nein, du hast mich nicht langsam genug geführt. Geh zum Henker.» Der Postillion nahm das Geld und dachte: „Lieber wenig als gar nichts." Aber wart nur, dachte er, du bist noch lange nicht zu Frankfurt. Als der Ludwigsburger die Pferde einspannte, fragte er den Stuttgarter: «Ist der Weg gut?» – «Schlecht», antwortete der Stuttgarter und winkte ihm ein wenig abseits. Ein wenig abseits sagte er ihm, was er für einen wunderlichen und geizigen Passagier fahre, wie ihm noch keiner vorgekommen sei. «Fahr den Ketzer drauf los», sagte er, «dass die Räder davon fliegen. Er hat drei Bluteissen, drei Löcher im Kopf und eine gespaltene Kniescheibe.»

Der Passagier, als der Postknecht aufsass, sagte: «Fahr langsam, Schwager. Es kommt mir auf ein gutes Trinkgeld nicht an.» Aber der Postillion dachte: „Dein Trinkgeld kenne ich." «Meine Pferde sind auf gesunde Herrn dressiert», sagte er, «ich kann sie nicht halten, wenn sie im Lauf sind», und fuhr drauflos, als wenn die ganze türkische Armee hinter ihm drein käme. Der Passagier im Kaleschlein bittet vor Gott und nach Gott, lamentiert, flucht, dass sich der Himmel mit Wolken überzieht. Alles vergeblich. Auf der Station in Besigheim gibt er dem Postillion dreissig Kreuzer wie dem ersten. «Was bringst du für einen bresthaften Herrn?» sagte der Besigheimer. «Fahr ihn gar tot», sagte der Ludwigsburger, «es ist ohnedem nicht mehr viel an ihm», und so rekommandierte ihn einer dem andern, und einer fuhr mit ihm geschwinder davon als der andere, so dass er noch eine Stunde früher nach Frankfurt kam, als nötig war. In Frankfurt sprang er zur Verwunderung und zum Staunen des Postillions kerngesund aus dem Kaleschlein heraus und gab ihm auch dreissig Kreuzer. [1812]

Der schwarze Mann in der weissen Wolke

Sonst hat der Hausfreund nie viel auf Gespenster gehalten, wenn einem die Gespenster erscheinen; diesmal zwar auch nicht. Denn als er eines Tages, es war aber Nacht, mit dem Adjunkt und mit dem Vicepräsident durch den Brassenheimer Wald nach Hause ging; vornehme Herren schämen sich nicht, mit ihm zu gehen und gut Freund zu sein, absonderlich bei Nacht, wenn es niemand sieht und wenn sie selber froh sind, dass sie jemand begleitet; denn als wir aus dem Wald kamen, schlug es 12 Uhr in Brassenheim, und die Mitternacht seufzte in den Bäumen. Ein schwacher Wind wehte durch die finstere Nacht, und der Himmel war verhängt, nur bisweilen schimmerte der abnehmende Mond ein wenig durch die Wolken, wo sie am brüchigsten waren. «Adjunkt», sagte der Vicepräsident, «wisst Ihr nichts zu erzählen?» – «Ja», sagte der Adjunkt, «die Hirschauer wollten Anno 3 eine Brücke bauen, so stellten sie die Brücke der Länge nach in den Strom, denn sie sagten: Es sieht besser aus, und wenn ein grosses Wasser kommt, kann es besser an der Brücke vorbei und nimmt sie nicht mit.» «Adjunkt», sagte der Hausfreund, «sind wohl die Flinten zuerst erfunden worden oder die Ladstecken?» Der Adjunkt sagte: «Die Ladstecken. Denn sonst wäre es nicht der Mühe wert gewesen, die Flinten zu erfinden, weil man sie doch nicht hätte laden können.» Als aber der Adjunkt niesen musste, dreht er den Kopf seitwärts gegen das Feld und niest. Indem er den Kopf seitwärts dreht, druckt er sich auf einmal an den Hausfreund. «Habt Ihr nichts gesehen, Hausfreund?» sagte er ängstlich und leise. «Eine schneeweisse Wolke stieg aus der Erde auf, und in der Wolke stand ein schwarzer Mann und hat mir gewinkt, ich soll kommen.» «Warum seid Ihr nicht gegangen?» sagte der Hausfreund. «Es sind Euch Funken aus den Augen gefahren, weil Ihr habt niesen müssen.» «Er hat das Feuer im Elsass gesehen», sagte der Vicepräsident. Aber bald verging uns der Spass, und die Mitternacht schauerte allen durch Mark und Bein. Denn im nämlichen Augenblick erscheint wieder die weisse Wolke und in der weissen Wolke die schwarze Gestalt und winkt. Weg war's wieder auf einmal. «Habt Ihr's jetzt gesehen», fragte der Adjunkt, «es ist gut, dass der Herr Präsident bei uns ist, mit uns zweien machte er kurzen Prozess.» Aber der Präsident dachte, es ist gut, dass der Hausfreund bei mir ist, dass ich mich an ihm heben kann. Denn allen zitterten die Knie, und der Mut stieg keinem sonderlich in die Höhe, aber das Haar. Der Hausfreund will's einsweil dem geneigten Leser zu raten geben, was es war. Denn als wir wieder ein wenig zur Besinnung gekommen waren, obgleich die Erscheinung wenigstens siebenmal wieder kam, sagte endlich der Präsident: «Hausfreund, Ihr habt doch am meisten getrunken in Neuhausen, so werdet Ihr auch den meisten Mut haben; redet den Geist an.» Da rief der Hausfreund: «Alle guten Geister, schwarze Gestalt der Mitternacht, wer bist du?» Da rief der Geist mit Zetergeschrei: «Ich bin der Xaveri Taubenkorn von Brassenheim. Um unsrer lieben Frauen willen verschont mich!» Merke: Der Taubenkorn ist ein unbescholtener Gerichtsmann in Brassenheim und wirtet; also kennt ihn der Hausfreund wohl, und ist ein lobenswerter Feldmann, dem keine Stunde in der Nacht zu spät oder zu früh ist für seinen Acker. Als ihn nun der Hausfreund fragte: «Xaveri, was treibt Ihr für Blendwerk? Seid Ihr mit dem Bösen im Bund?» – sagte er: «Seid ihr's, Hausfreund? Nein, ich streue Gips auf meinen Kleeacker. Der Wind ist gut, und es kommt bald ein linder Regen.» Also, wenn er eine Hand voll Gips auswarf, entstand die Wolke, ein wenig vom Mond erhellt, und man sah darin den Xaveri wie einen Schatten, und wenn er die Hand zurückzog, meinte man, er winke, aber wenn das Gipsmehl verflogen und gefallen war, sah man nichts mehr. – «Ihr habt mich rechtschaffen erschreckt», sagte der Xaveri zum Hausfreund, «denn ich habe nicht anders geglaubt, als es beschreit mich ein Gespenst. Ein andermal lasst Euere Possen bleiben.» [1812]

Die betrogenen Zecher

Zwei Zechbrüder besuchten oft eine Stunde weit einen Freund aufs Mittagessen, weil er guten Jochem hatte und ihm der Wein nicht überzwerch im Fass lag. An seinem Namenstag, als sie wieder kamen, und hatte jeder vorher einen Hering gegessen wegen dem Durst, und schwitzten Tropfen wie Haselnuss, denn es war am 8ten August, Cyriak hiess er, da dachte der Herr Cyriak: „Ich will doch sehen einmal, ob ich der gute Freund bin oder mein Wein." Also nahm er den einen vor dem Essen auf die Seite und sagte: «Gevatter, tut mir den Gefallen und helft mir den Apotheker (das war der andere) unter den Tisch trinken. Wir wollen gelbgefärbtes Wasser trinken, und Ihr müsst ihm fleissig anstossen auf den Cyriak, allemal *ex pleno*.» Das war dem Gevatter recht. Drauf nahm er den Apotheker auch auf die Seite und sagte: «Helft mir heute meinen Gevattermann zudecken», und tat ihm den nämlichen Vorschlag. Dem Apotheker war's auch recht, und jeder dachte: „Das gibt einen Spass." Also tranken sie miteinander sieben Mass Wasser Durlacher Eich über der Mahlzeit und noch drei Mass stehenden Fusses auf viel nachfolgende. Als er ihnen die vierte einschenken wollte, sagte der Gevattermann: «Ich kann nimmer, er ist mir zu stark.» Der Apotheker sagte: «Ich kann auch nimmer. Ich muss noch Bärendreck kochen, wenn ich heimkomme.» Doch nahmen sie noch eins zur schuldigen Danksagung. Unterwegs sagte der Gevatter des Cyriaks: «Apotheker, heut habt Ihr ein Meisterstück gemacht. Ich kann nicht begreifen, wie Ihr noch aufrecht gehen könnt.» Der Apotheker sagte: «Mich wundert's, dass Ihr nicht blindhagel voll seid.» — «So», sagte der Gevattermann, «drum hab ich Wasser getrunken.» Da gingen dem Apotheker die Augen auf und sagte: «Ich auch.» Da gingen dem Gevattermann auch die Augen auf. [1812]

Der Lehrjunge

Eines Tages wurde in Rheinfelden ein junger Mensch wegen eines verübten Diebstahls an den Pranger gestellt, an das Halseisen, und ein fremder, wohlgekleideter Mensch blieb die ganze Zeit unter den Zuschauern stehen und verwandte kein Auge von ihm. Als aber der Dieb nach einer Stunde herabgelassen wurde von seinem Ehrenposten und zum Andenken noch 20 Prügel bekommen sollte, trat der Fremde zu dem Hatschier, drückte ihm einen Kleinen Taler in die Hand und sagte: «Setzt ihm die Prügel ein wenig kräftig auf, Herr Haltunsfest! Gebt ihm die besten, die Ihr aufbringen könnt»; und der Hatschier mochte schlagen, so stark er wollte, so rief der Fremde immer: «Besser! Noch besser!» und den jungen Menschen auf der Schranne fragte er bisweilen mit höhnischem Lachen: «Wie tut's, Bürschlein? Wie schmeckt's?»

Als aber der Dieb zur Stadt war hinausgejagt worden, ging ihm der Fremde von weitem nach, und als er ihn erreicht hatte auf dem Weg nach Degerfelden, sagte er zu ihm: «Kennst du mich noch, Gutschick?» Der junge Mensch sagte: «Euch werde ich so bald nicht vergessen. Aber sagt mir doch, warum habt Ihr an meiner Schmach eine solche Schadenfreude gehabt und an dem Pass, den mir der Hatschier mit dem Weidenstumpen geschrieben hat, so ich doch Euch nicht bestohlen, auch mein Lebenlang sonst nicht beleidigt habe?» Der Fremde sagte: «Zur Warnung, weil du deine Sache zu einfältig angelegt hattest, dass es notwendig herauskommen musste. Wer unser Metier treiben will, ich bin der Zundelfrieder», sagte er, und er war's auch – «wer unser Metier treiben will, der muss sein Geschäft mit List anfangen und mit Vorsicht zu Ende bringen. Wenn du aber zu mir in die Lehre gehen willst, denn an Verstand scheint es dir nicht zu fehlen, und eine Warnung hast du jetzt, und so will ich mich deiner annehmen und etwas Rechtes aus dir machen.» Also nahm er den jungen Menschen als Lehrjungen an, und als es bald darauf unsicher am Rhein wurde, nahm er ihn mit sich in die spanischen Niederlande. [1812]

Der Wasserträger

In Paris holt man das Wasser nicht am Brunnen. Wie dort alles ins Grosse getrieben wird, so schöpft man auch das Wasser ohmweise in dem Strom, der hindurch fliesst, in der Seine, und hat eigene Wasserträger, arme Leute, die jahraus, jahrein das Wasser in die Häuser bringen und davon leben. Denn man müsste viel Brunnen graben für fünfmalhunderttausend Menschen in *einer* Stadt ohne das unvernünftige Vieh. Auch hat das Erdreich dort kein ander trinkbares Wasser, solches ist auch eine Ursache, dass man keine Brunnen gräbt.

Zwei solche Wasserträger verdienten ihr Stücklein Brot und tranken am Sonntag ihr Schöpplein miteinander manches Jahr, auch legten sie immer etwas weniges von dem Verdienst zurück und setzten's in die Lotterie.

Wer sein Geld in die Lotterie trägt, trägt's in den Rhein. Fort ist's. Aber bisweilen lässt das Glück unter viel Tausenden einen etwas Namhaftes gewinnen und trompetet dazu, damit die andern Toren wieder gelockt werden. Also liess es auch unsere zwei Wasserträger auf einmal gewinnen mehr als 100 000 Livres. Einer von ihnen, als er seinen Anteil heimgetragen hatte, dachte nach: „Wie kann ich mein Geld sicher anlegen? Wieviel darf ich des Jahrs verzehren, dass ich's aushalte und von Jahr zu Jahr noch reicher werde, bis ich's nimmer zählen kann?" Und wie ihn seine Überlegung ermahnte, so tat er, und ist jetzt ein steinreicher Mann, und ein guter Freund des Hausfreunds kennt ihn.

Der andere sagte: «Wohl will ich mir's auch werden lassen für mein Geld, aber meine Kunden geb ich nicht auf, dies ist unklug», sondern er nahm auf ein Vierteljahr einen an, einen Adjunkt wie der Hausfreund, der so lang sein Geschäft verrichten musste, als er reich war. Denn er sagte: «In einem Vierteljahr bin ich fertig.» Also kleidet er sich jetzt in die vornehmste Seide, alle Tage ein anderer Rock, eine andere Farbe, einer schöner als der andere, liess sich alle Tage frisieren, sieben Locken übereinander, zwei Finger hoch mit Puder bedeckt, mietete auf ein Vierteljahr ein prächtiges

Haus, liess alle Tage einen Ochsen schlachten, sechs Kälber, zwei Schweine für sich und seine guten Freunde, die er zum Essen einladete, und für die Musikanten. Vom Keller bis in das Speiszimmer standen zwei Reihen Bediente und reichten sich die Flaschen, wie man die Feuereimer reicht bei einem Brand, in der einen Reihe die leeren Flaschen, in der andern die vollen.

Den Boden von Paris betrat er nimmer, sondern wenn er in die Komödie fahren wollte oder ins Palais royal, so mussten ihn sechs Bediente in die Kutsche hineintragen und wieder hinaus. Überall war er der gnädige Herr, der Herr Baron, der Herr Graf und der verständigste Mann in ganz Paris. Als er aber noch drei Wochen vor dem Ende des Vierteljahrs in den Geldkasten griff, um eine Hand voll Dublonen ungezählt und unbeschaut herauszunehmen, als er schon auf den Boden der Kiste griff, sagte er: «Gottlob, ich werde geschwinder fertig, als ich gemeint habe.» Also bereitete er sich und seinen Freunden noch einen lustigen Tag, wischte alsdann den Rest seines Reichtums in der Kiste zusammen, schenkte es seinem Adjunkt und gab ihm den Abschied. Denn am andern Tag ging er selber wieder an sein altes Geschäft, trägt jetzt Wasser in die Häuser wie vorher, wieder so lustig und zufrieden wie vorher. Ja er bringt das Wasser selbst seinem ehemaligen Kameraden, nimmt ihm aus alter Freundschaft nichts dafür ab und lacht ihn aus.

Der Hausfreund denkt etwas dabei; aber er sagt's nicht. [1812]

Die Tabaksdose

In einer niederländischen Stadt in einem Wirtshaus waren viele Leute beisammen, die einander einesteils kannten, zum Teil auch nicht. Denn es war ein Markttag. Den Zundelfrieder kannte niemand. «Gebt mir auch noch ein Schöpplein», sagte ein dicker, bürgerlich gekleideter Mann zu dem Wirt und nahm eine Prise Tabak aus einer schweren silbernen Dose. Da sah der Zundelfrieder zu, wie ein windiger gewürfelter Gesell sich zu dem dicken Mann stellte, ein Gespräch mit ihm anfing und ein paarmal wie von ungefähr nach der Rocktasche schaute, in welche der Mann die Dose gesteckt hatte. „Was gilt's", dachte der Frieder, „der führt auch etwas im Schild." Anfänglich stand der Gesell. Hernach liess er ein Schöpplein kommen, setzte sich auch auf den Bank und sprach mit dem Dicken allerlei kuriose Sachen, woran dieser Mann viel Spass fand. Endlich kam ein Dritter: «Excüse», sagt der Dritte, «kann man auch noch ein wenig Platz hier haben?» Also rückte der windige Gesell ganz nahe an den dicken Mann hin und diskurierte immer fort: «Ja», sagte er, «ich habe mich ein Rechtes verwundert, als ich in dieses Land kam und sah, wie die Windmühlen so flätig vom Winde umgetrieben werden. Bei mir zu Lande geht das ganze Jahr kein Lüftlein. Also muss man die Windmühlen anlegen, wo die Wachteln ihren Strich haben. Wenn nun im Frühjahr die milliontausend Wachteln kommen vom Meer her aus Afrika und fliegen über die Mühlenräder, so fangen die Mühlen an zu gehen, und wer in dieser Zeit nicht kann mahlen lassen, hat das ganze Jahr kein Mehl im Haus.» Darüber geriet der dicke Mann so ins Lachen, dass ihm fast der Atem verging, und unterdessen hatte der schlaue Gesell die Dose. «Aber jetzt hört auf», sagte der Dicke. «Es tut mir weh im Kreuz», und schenkte ihm von seinem Wein auch ein Glas ein. Als der Spitzbube ausgetrunken hatte, sagte er: «Der Wein ist gut. Er treibt. Excüse», sagte er zu dem Dritten, der vorne an ihm sass, «lasst mich einen Augenblick heraus!» Den Hut hatte er schon auf. Als er aber zur Tür hinausging und fort wollte, ging ihm der Zundelfrieder nach, nahm ihn draussen auf die Seite und sagte zu ihm: «Wollt Ihr mir auf der Stelle meines Herrn Schwagers seine silberne Dose herausgeben? Meint Ihr, ich hab's nicht gemerkt? Oder soll ich Lärmen machen? Ich hab Euch schonen wollen vor den vielen Leuten, die drin in der Stube sitzen.» Als nun der Dieb sah, dass er verraten sei, gab er zitternd dem Frieder die Dose her und bat ihn vor Gott und nach Gott, stille zu sein. «Seht», sagte der Frieder, «in solche Not kann man kommen, wenn man auf bösen Wegen geht. Euer Lebenlang lasst es Euch zur Warnung dienen. Unrecht Gut faselt nicht. Ehrlich währt am längsten.» Den Hut hatte der Frieder auch schon auf. Also gab er dem Gesellen noch eine Prise Tabak aus der Dose und trug sie hernach zu einem Goldschmied. [1812]

Zwei honette Kaufleute

Zwei Besenbinder hatten neben einander feil in Hamburg. Als der eine schon fast alles verkauft hatte, der andere noch nichts, sagte der andere zu dem einen: «Ich begreife nicht, Kamerad, wie du deine Besen so wohlfeil geben kannst. Ich stehle doch das Reis zu den meinigen auch und verdiene gleichwohl den Taglohn kaum mit dem Binden.» – «Das will ich dir wohl glauben, Kamerad», sagte der erste, «ich stehle die meinigen, wenn sie schon gebunden sind.»
[1812]

Der listige Quäker

Die Quäker sind eine Sekte, zum Exempel in England, fromme, friedliche und verständige Leute wie hier zu Land die Wiedertäufer ungefähr, und dürfen vieles nicht tun nach ihren Gesetzen, nicht schwören, nicht das Gewehr tragen, vor niemand den Hut abziehn, aber reiten dürfen sie, wenn sie Pferde haben. Als einer von ihnen einmal abends auf einem gar schönen, stattlichen Pferd nach Haus in die Stadt wollte reiten, wartet auf ihn ein Räuber mit kohlschwarzem Gesicht ebenfalls auf einem Ross, dem man alle Rippen unter der Haut, alle Knochen, alle Gelenke zählen konnte, nur nicht die Zähne, denn sie waren alle ausgebissen, nicht am Haber, aber am Stroh. «Kind Gottes», sagte der Räuber, «ich möchte meinem armen Tier da, das sich noch dunkel an den Auszug der Kinder Israel aus Ägypten erinnern kann, wohl auch ein so gutes Futter gönnen, wie das Eurige haben muss dem Aussehen nach. Wenn's Euch recht ist, so wollen wir tauschen. Ihr habt doch keine geladene Pistole bei Euch, aber ich.» Der Quäker dachte bei sich selbst: „Was ist zu tun? Wenn alles fehlt, so hab' ich zu Haus noch ein zweites Pferd, aber kein zweites Leben." Also tauschten sie miteinander, und der Räuber ritt auf dem Ross des Quäkers nach Haus, aber der Quäker führte das arme Tier des Räubers am Zaum. Als er aber gegen die Stadt und an die ersten Häuser kam, legte er ihm den Zaum auf den Rücken und sagte: «Geh voraus, Lazarus, du wirst deines Herrn Stall besser finden als ich.» Und so liess er das Pferd vorausgehen und folgte ihm nach Gasse ein, Gasse aus, bis es vor einer Stalltüre stehen blieb. Als es stehen blieb und nimmer weiter wollte, ging er in das Haus und in die Stube, und der Räuber fegte gerade den Russ aus dem Gesicht mit einem wollenen Strumpf. «Seid Ihr wohl nach Hause gekommen?» sagte der Quäker. «Wenn's Euch recht ist, so wollen wir jetzt unsern Tausch wieder aufheben, er ist ohnedem nicht gerichtlich bestätigt. Gebt mir mein Rösslein wieder, das Eurige steht vor der Tür.» Als sich nun der Spitzbube entdeckt sah, wollte er wohl oder übel, gab er dem Quäker sein gutes Pferd zurück. «Seid so gut», sagte der Quäker, «und gebt mir jetzt auch noch zwei Taler Rittlohn; ich und Euer Rösslein sind miteinander zu Fuss spaziert.» Wollte der Spitzbube wohl oder übel, musst er ihm auch noch zwei Taler Rittlohn bezahlen. «Nicht wahr, das Tierlein läuft einen sanften Trab?» sagte der Quäker. [1812]

Die Schmachschrift

Als bekanntlich eine Pasquille oder Schmachschrift auf den König Friedrich in Berlin an einem öffentlichen Platz aufgeheftet wurde und sein Kammerdiener ihm davon die Anzeige machte: «Ihro Majestät», sagte der Kammerdiener, «es ist Ihnen heute nacht eine Ehre widerfahren, das und das. Alles hab ich nicht lesen können; denn die Schrift hängt zu hoch. Aber was ich gelesen habe, ist nichts Gutes»; da sagte der König: «Ich befehle, dass man die Schrift tiefer hinabhänge und eine Schildwache dazu stelle, auf dass jedermann lesen kann, was es für ungezogene Leute gibt.» Nach der Hand geschah nichts mehr.

Nicht eben so dachte der Amtsschreiber von Brassenheim. Denn Brassenheim ist ein Amtsstädtlein. Als ihm eines Morgens eine Pasquille ins Haus gebracht wurde, die jemand mit Teig in der Hand an die Haustüre geklebt hatte, wurde er ganz erbost und ungebärdig, fluchte wie ein Türk im Haus herum und schlug der unschuldigen Katze ein Bein entzwei, dass die Frau Amtsschreiberin ganz entrüstet wurde und fragte: «Bist du verrückt oder was fehlt dir?» Der Amtsschreiber sagte: «Da lies! Du hast deinen Teil auch darin.» Als das die losen Vögel erfuhren, welche die Schandschrift angeklebt hatten, dass der Herr Amtsschreiber also in Harnisch sei, hatten sie ihre grosse Freude daran und sagten: «Heut nacht tun wir's wieder.» Den zweiten Morgen, als ihm die neue Schandschrift gebracht wurde und ein Rezept für lahmgeschlagene Katzen darin, ward er noch viel wütender und warf Tische und Stühle zusammen, ja er schrieb mit eigener Hand einen zornigen Bericht darüber an den regierenden Grafen, ob er gleich niemand nennen konnte, und als er ihm geschrieben hatte und den Sand darauf streuen wollte, ergriff er in der Rasche statt der Sandbüchse das Dintenfass und goss die Dinte über den Bericht und über die weisstüchenen Amtshosen.

Am Abend aber sagte er zu seinem Bedienten: «Hansstoffel», sagte er, «vigiliere heut nacht um das Haus herum, bis der Hahn kräht, und wenn du den Kujonen attrappierst, so bekommst du einen grossen Taler Fanggeld. Ich will sehen», sagte er, «ob ich mir soll auf der Nase herumtanzen lassen.»

Etwas nach elf Uhr kam der Stoffel von seinem Posten herauf, und der Herr Amtsschreiber war auch noch auf, auf dass, wenn der Stoffel den Pasquillenmacher brächte, dass er ihn gleich auf frischer Tat erstechen könnte. «Herr Amtsschreiber», sagte der Stoffel, «ich will nur melden, dass heute nacht nichts passiert ist, wenn Sie mir erlauben, jetzt ins Bett zu gehen. Alle Lichter im Städtlein sind ausgelöscht, die Wirtshäuser sind leer, die zwei letzten sind nach Haus gegangen, und des Wagner-Mattheisen Hahn hat zweimal hintereinander gekräht, es wird wohl morgen auch wieder einmal regnen.» Da fuhr ihn der Amtsschreiber wie ein betrunkener Heide an: «Dummes Vieh, auf der Stelle begib dich auf deinen Posten, bis der Tag aufgeht oder ich schlage dir das Gehirn im Leib entzwei», sagte er im unvernünftigen Zorn. Der geneigte Leser denkt: «Was gilt's, während der Stoffel bei dem Amtsschreiber war, ist die dritte Pasquille auch angepappt worden, und wenn er herabkommt, findet er sie jetzt.» Nichts weniger. Sondern als der Stoffel im Fortgehen bereits an der Stubentür war und der Amtsschreiber ihm noch einmal nachsah, «Hansstoffel», rief er ihm, «komm noch ein wenig daher!» − Der Stoffel kam. «Dreh dich um! Was hast du auf dem Rücken?» − «Will's Gott keinen Galgen», sagte der Stoffel. «Nein, vermaledeiter Dummkopf, aber wahrscheinlich ein Pasquill.» − Wie gesagt, so erraten, der Stoffel trug das dritte Pasquill bereits auf dem Rücken geklebt, und standen darin noch viel mutwilligere Dinge als in dem ersten und zweiten, und unter andern ein Rezept, für Dintenflecke aus den Amtshosen zu bringen. Dies war so zugegangen. Als der Stoffel noch vor dem Haus gesessen war, kamen zwei lose Gesellen heran, und einer von ihnen hatte schon die dritte Pasquille auf der flachen Hand liegen, also dass die beschriebene Seite des Papiers gegen die Hand hinein lag, die äussere Seite aber war mit Teig bestrichen, dass er im Vorbeigehen die Schrift nur an die Tür hätte drücken dürfen. Als sie aber den Bedienten des Amtsschreibers vor der Türe sitzen sahen, und alle Leute kannten den Stoffel, aber nicht alle Leute kannte der Stoffel: «Ei, guten Abend», sagte der eine, «was schafft Er Guts hier, Herr Hansstoffel? Was gilt's, Er kann nicht hinein.» Da erzählte er ihnen, warum er da sitzen müsse und bis wann und wie ihm bereits die Zeit so lange sei, und es komme doch niemand. «Ei», sagte der eine, «die Lichter im Städtlein sind ausgelöscht, und die Wirtshäuser sind leer, und wir zwei sind die letzten, die heimgehen. Also gehe Er in Gottes Namen ins Bett.» Der andere aber, der das Papier in der flachen Hand hatte, schlug ihm im Fortgehen sanft und freundlich die Hand auf den Rücken, dass das Papier am Rocke hängen blieb, und sagte: «Gute Nacht, Herr Hansstoffel, schlaf Er wohl!» – «Ebenfalls!» sagte der Stoffel, und als sie um das Eck herum waren, krähte einer von ihnen zweimal wie ein Hahn oder wie der russische Generalfeldmarschall Suwarow Fürst Italinsky im Lager. Also brachte der Stoffel dem Amtsschreiber die Pasquille selber auf dem Rücken in die Stube, und der Herr Amtsschreiber prügelte zwar den Stoffel im Zimmer herum und schlug bei dem Ausholen ein paar Spiegel entzwei, aber den Schimpf und Schaden und Zorn musste er an sich selber haben, und brachte nichts heraus. Denn die zwei Spassvögel sagten: «Der Klügste gibt nach. Jetzt wollen wir's aufgeben, eh es zu bösen Häusern geht», und jedermann, der davon erfuhr, lachte den Amtsschreiber aus.

Merke: Der König von Preussen hat sich in diesem Stücke klüger betragen als der Herr Amtsschreiber von Brassenheim. [1813]

Der Prozess ohne Gesetz

Nur weil es unter allen Ständen einfältige Leute gibt, gibt es solche auch unter dem achtungswerten Bauernstand, sonst wär' es nicht nötig. Ein solcher schob eines Morgens einen schwarzen Rettig und ein Stück Brot in die Tasche und «Frau», sagte er, «gib Acht zum Haus, ich gehe jetzt in die Stadt.» Unterwegs sagte er von Zeit zu Zeit: «Dich will ich bekommen. Mit dir will ich fertig werden», und nahm alleweil eine Prise darauf, als wenn er den Tabak meinte, mit ihm woll' er fertig werden; er meinte aber seinen Schwager, den Ölmüller. In der Stadt ging er gerades Wegs zu einem Advokaten und erzählte ihm, was er für einen Streit habe mit seinem Schwager wegen einem Stück Reben im untern Berg, und wie einmal der Schwed am Rhein gewesen sei und seine Voreltern drauf ins Land gekommen seien, der Schwager aber sei von Enzberg im Wirtembergschen, und der Herr Advokat soll jetzt so gut sein und einen Prozess daraus machen. Der Advokat mit einer Tabakspfeife im Mund, sie rauchen fast alle, tat gewaltige Züge voll Rauch, und es gab lauter schwebende Ringlein in der Luft, der Adjunkt kann auch machen. Dabei war er aber ein aufrichtiger Mann, als Rechtsfreund und Rechtsbeistand natürlich. «Guter Mann», sagte er, «wenn's so ist, wie Ihr mir da vortragt, *den* Prozess könnt Ihr nicht gewinnen», und holte ihm vom Schaft das Landrecht hinter einem porzellinen Tabakstopf hervor. «Seht da», schlug er ihm auf, «Kapitel so und so viel Numero vier, das Gesetz spricht gegen Euch unverrichteter Sachen.» Indem klopft jemand an der Tür und tritt herein, und ob er einen Zwerchsack über die Schulter hängen hatte und etwas drin, genug der Advokat geht mit ihm in die Kammer abseits. «Ich komm gleich wieder zu Euch.» Unterdessen riss der Bauersmann das Blatt aus dem Landrecht, worauf das Gesetz stand, drückte es geschwind in die Tasche und legte das Buch wieder zusammen. Als er wieder bei dem Advokaten allein war, stellt er den rechten Fuss ein wenig vor und schlotterte mit dem Knie ein paarmal ein- und auswärts, teils weil es dort zu Land zum guten Vortrag gehört, teils damit der Advokat etwas sollte klingeln hören oben in der Tasche. «Ihr Gnaden», sagte er zu dem Advokaten, «ich hab mich unterdessen besonnen. Ich meine, ich will's doch probieren, wenn Sie sich der Sache annehmen wollten», und machte ein verschlagenes Gesicht dazu, als wenn er noch etwas wüsste und sagen wollte: Es kann nicht fehlen. Der Advokat sagte: «Ich habe aufrichtig mit Euch gesprochen und Euch klaren Wein eingeschenkt.» Der Bauersmann schaute unwillkürlich auf den Tisch, aber er sah keinen. «Wenn Ihr's wollt drauf ankommen lassen», fuhr der Advokat fort, «so kommt's mir auch nicht drauf an.» Der Bauersmann sagte: «Es wird nicht alles gefehlt sein.»

Kurz, der Prozess wird anhängig, und der Advokat brauchte das Landrecht nicht mehr weiters dazu, weil er das Gesetz auswendig wusste wie alle. Item was geschieht? Der Gegenpart hatte einen saumseligen Advokaten, der Advokat verabsäumt einen Termin, und unser Bauersmann gewinnt den Prozess. Als ihm nun der Advokat den Spruch publizierte, «aber nicht wahr», sagte der Advokat, «diesen schlechten Rechtshandel hab ich gut für Euch geführt?» –

«Den Gukuk hat Er», erwiderte der Bauersmann und zog das ausgerissene Blatt wieder aus der Tasche hervor: «Sieht Er da. Kann Er gedruckt lesen? Wenn ich nicht das Gesetz aus dem Landrecht gerissen hätte, Er hätt' den Prozess lang verloren.» Denn er meinte wirklich, der Prozess sei dadurch zu seinem Vorteil ausgefallen, dass er das gefährliche Gesetz aus dem Landrecht gerissen hatte, und auf dem Heimweg, so oft er eine Prise nahm, machte er allemal ein pfiffiges Gesicht und sagte: «Mit dir bin ich fertig worden, Ölmüller.» Item: So können Prozesse gewonnen werden. Wohl dem, der keinen zu verlieren hat. [1813]

Wie sich der Zundelfrieder hat beritten gemacht

Als der Zundelfrieder bald alle listigen Diebsstreiche durchgemacht und fast ein Überlei daran bekommen hatte, denn der Zundelfrieder stiehlt nie aus Not oder aus Gewinnsucht oder aus Liederlichkeit, sondern aus Liebe zur Kunst und zur Schärfung des Verstandes; hat er nicht dem Brassenheimer Müller den Schimmel selber wieder an die Türe gebunden? Was will der geneigte Leser oder des Hausfreunds Reisegefährte nach Lenzkirch mehr verlangen? Eines Abends, als er, wie gesagt, fast alles durchgemacht hatte, dachte er: „Jetzt will ich doch auch einmal probieren, wie weit man mit der Ehrlichkeit kommt". Also stahl er in selbiger Nacht eine Geiss, drei Schritte von der Scharwache, und liess sich attrappieren. Den andern Tag im Verhör gestand er alles. Wie er aber bald merkte, dass ihm der Richter fünfundzwanzig oder etwas zum Andenken wollte mitgeben lassen, dachte er: „Ich bin noch nicht ehrlich genug". Deswegen verschnappte er sich noch ein wenig in den Redensarten und gestand bei der weitern Untersuchung nach kurzem Widerstand, wie er von jeher ein halber Kackerlack gewesen sei, das heisst ein Mensch, der bei Nacht fast besser sieht als am Tag, und als ihn der Richter aufs Eis führen wollte, ob er nicht noch von ein paar andern Diebstählen wisse, die kürzlich begangen worden, sagte er, allerdings wisse er davon, und er sei derjenige. Als ihm den andern Morgen der Spruch publiziert wurde, er müsse ins Zuchthaus, und der Stadtsoldat, der ihn begleiten sollte, stand schon vor der Tür, denn es war zwanzig Stunden weit, sagte er ganz reumütig: «Recht findet seinen Knecht. Was ich verdient habe, wird mir werden.» Unterwegs erzählte er dem Stadtsoldaten, er sei auch schon Militär gewesen. «Bin ich nicht sechs Jahre bei Klebeck-Infanterie in Dienst gewesen? Könnt' ich Euch nicht sieben Wunden zeigen aus dem Scheldekrieg, den der Kaiser Joseph mit den Holländern führen wollte?» Der treuherzige Begleiter sagte: «Ich hab's nie weiter bringen können als zum Stadtsoldaten. Eigentlich wär' ich ein Nagelschmied. Aber die Zeiten sind schlimm.» — «Im Gegenteil», sagte der Frieder, «ein Stadtsoldat ist mir respektabler als ein Feldsoldat. Denn Stadt ist mehr als Feld, deswegen avanziert der Feldsoldat in seinem Alter noch zum Stadtsoldaten Zudem der Stadtsoldat wacht für seiner Mitbürger Leben und Eigentum, für eigen Weib und Kind. Der Kriegssoldat zieht hinaus ins Feld und kämpft, er weiss nicht, für wen, und nicht, für was. Zudem», sagte er, «kann ein Stadtsoldat, wenn er nichts Ungeschicktes begangen hat, mit Ehren sterben, wann er will. Unser einer muss sich schon drum totstechen lassen. Ich versichere Euch», fuhr er fort, «ich und meine Feinde», er meinte die Strickreuter, «wir haben wenig Ehre davon, dass ich noch lebe.» — Der Nagelschmied wurde über diese ehrenvolle Vergleichung so gerührt, dass er bei sich selbst dachte, einen so gütigen und herablassenden Arrestanten habe er noch nicht leicht transportiert, und der Frieder ging immer mit grossen Schritten voraus, um den Nagelschmied recht müde und trocken zu machen in der Sonnenhitze. «Darin unterscheiden sich die Feldsoldaten von den Stadtsoldaten», sagte er, «dass sie an einen weiten Schritt gewöhnt sind von dem Marsch.» Abends um 4 Uhr, als sie in ein Dörflein kamen und an ein Wirtshaus, «Kamerad», sagte der Frieder, «wollen wir nicht einen Schoppen trinken?» «Herr Kamerad», erwiderte der Nagelschmied, «was Ihm recht ist, ist mir auch recht.» Also tranken sie miteinander einen Schoppen, auch eine halbe Mass, auch eine Mass, auch zwei, und Brüderschaft ohnehin, und der Frieder erzählte immerfort von seinen Kriegsaffären, bis der Nagelschmied vor Schwere des Weins und Müdigkeit einschlief. Als er nach einigen Stunden wieder aufwachte und den Frieder nimmer sah, war sein erster Gedanke: «Was gilt's, der Herr Bruder ist alsgemach vorausgegangen.» Nein, er stand nur ein wenig draussen vor der Türe, denn der Frieder geht nicht leicht leer fort. Als er wieder hereinkam, sagte er: «Herr Bruder, der Mond will bald aufgehen. Wenn es dir recht ist, so bleiben wir lieber hier über Nacht.» Der Nagelschmied, schläfrig und träge, sagte: «Wie der Herr Bruder meint.» In der Nacht, als der Nagelschmied fest schlief und alle Töne aus dem Bass in den Diskant und wieder in den Bass durchschnarchte, der Frieder aber nicht schlafen konnte, stand der Frieder auf, visitierte für Zeitvertreib des Herrn Bruders Taschen und fand unter andern das Schreiben, das wegen seiner dem Stadtsoldaten an den Zuchthausverwalter war mitgegeben worden. Hierauf probierte er für Zeitvertreib des Herrn Bruders neue Monturstiefel an. Sie waren ihm recht. Hierauf liess er sich für Zeitvertreib durch das Fenster auf die Gasse herab und ging des geraden Wegs fort, so weit ihm der Mond leuchtete. Als der Nagelschmied früh erwachte und den Herrn Bruder nimmer gewahr wurde, dachte er: «Er wird wieder ein wenig draussen sein.» Freilich war er wieder ein wenig draussen, und als er den Tag erlaufen hatte, im ersten Dorf, das ihm am Weg war, weckte er den Schulzen. «Herr Schulz, es ist mir ein Unglück passiert. Ich bin ein Arrestant, und der Stadtsoldat von da und da, der mich transportieren sollte, ist mir abhanden gekommen. Geld hab ich keins. Weg und Steg kenn ich nicht, also lasst mir auf gemeine Kosten eine Suppe kochen und verschafft mir einen Wegweiser in die Stadt ins Zuchthaus.» Der Schulz gab ihm eine Bollete an den Gemeindewirt auf eine Mehlsuppe und einen Schoppen Wein und schickte nach einem armen Mädchen. «Geh ins Wirtshaus und zeige dem Mann, der dort frühstückt, wenn er fertig ist, den Weg und die Stadt; er will ins Zuchthaus.» Als der Frieder mit dem Mädchen aus dem Wald und über die letzten Hügel gekommen war und in der Ebene von weitem die Türme der Stadt erblickt hatte, sagte er zu dem

Mädchen: «Geh jetzt nur nach Haus, mein Kind, jetzt kann ich nimmer verirren.» In der Stadt, bei den ersten Häusern, fragte er ein Büblein auf der Gasse: «Büblein, wo ist das Zuchthaus?» und als er es gefunden und vor den Zuchthausverwalter gekommen war, übergab er ihm das Schreiben, das er dem Nagelschmied aus der Tasche genommen hatte. Der Verwalter las und las und schaute zuletzt den Frieder mit grossen Augen an. «Guter Freund», sagte er, «das ist schon recht. Aber wo habt Ihr dann den Arrestanten? Ihr sollt ja einen Arrestanten abliefern.» Der Frieder antwortete ganz verwundert: «Ei, der Arrestant, der bin ich selber.» Der Verwalter sagte: «Guter Freund, es scheint, Ihr wollt Spass machen. Hier spasst man nicht. Gesteht's, Ihr habt den Arrestanten entwischen lassen! Ich seh es aus allem.» Der Frieder sagte: «Wenn Sie es aus allem sehen, so will ich's nicht leugnen. Wenn mir aber Ihro Exellenz», sagte er zu dem Verwalter, «einen Berittenen mitgeben wollen, so getrau ich mir, den Vagabunden noch einzufangen. Denn es ist kaum eine Viertelstunde, dass er mir aus den Augen gekommen ist.» – «Einfältiger Tropf», sagte der Verwalter, «was nützt dem Berittenen die Geschwindigkeit des Rosses, wenn er mit einem Unberittenen reiten soll. Könnt Ihr reiten?» Der Frieder sagte: «Bin ich nicht sechs Jahre Würtenberger Dragoner gewesen?» – «Gut», erwiderte der Verwalter, «man wird für Euch ebenfalls ein Ross satteln lassen, und zwar für Euer eigen gutes Geld; ein andermal gebt Achtung», und verschaffte ihm in der Eile ein offenes Ausschreiben an alle Ortsvorgesetzte, auf das, wenn er Mannschaft nötig habe zum Streif. Also ritten der Strickreuter und der Zundelfrieder miteinander dahin, um den Zundelfrieder aufzusuchen, bis an einen Scheideweg. An dem Scheideweg sagte der Frieder dem Strickreuter, auf welchem Weg der Strickreuter reiten soll und auf welchem er selber reiten wolle. «Am Rhein an der Fahrt kommen wir wieder zusammen.» Als sie aber einander aus den Augen verloren hatten, wendete sich der Frieder wieder rechts und machte mit seinem Ausschreiben in allen Dörfern Lärm und liess die Sturmglocken anziehen, der Zundelfrieder sei im Revier, bis er an der Grenze war. An der Grenze aber gab er dem Rösslein einen Fitzer und ritt hinüber.

So etwas könnte hier zu Lande nicht passieren. [1813]

Der Wolkenbruch in Türkheim

Ein ehemalig guter Bekannter des Hausfreundes tat im Oktober einen Streifzug auf Wein in das Elsass. Wie er in Türkheim abends in das Wirtshaus kommt, sitzt der Präsident da bei einem Schöpplein und isst zwei Bratwürste, eine nach der andern. «Herr Präsident», sagte der gute Bekannte, «treff ich Euch hier an? Eher hätte ich des Himmels Einfall vermutet.» Der Präsident lächelt und sagte: «Es ist alles möglich.» Sie blieben beisammen, diskurieren allerlei miteinander, trinken auch allerlei miteinander, gehn miteinander in das Schlafgemach, jeder in ein Bett apart. Das Bett des guten Freundes hatte einen Umhang. Früh gegen Tag, wenn man anfängt, sich zu strecken, stemmte er sich mit den Füssen gegen das untere Brett der Bettlade. Das Brett gab nach, der Betthimmel gab auch nach. Ein paar Bretter, ein Haspel, zwei Paar Schuh etc., Brastbergers Predigtbuch und eine grosse Flasche voll Kirschwasser stürzten herunter. Aber die Flasche zerbrach unterwegs an dem Haspel und übergoss den guten Bekannten mit Kirschenwasser und Glasscherben. «Herr Präsident, kommt mir zu Hilfe!» − «Was ist Euch begegnet?» fragte der Präsident. − «Ich glaube, der Himmel, der über dem Bett ist, sei eingefallen.» Da lachte der Präsident und sagte: «Es kommt mir auch so vor. Die Wolken hängen auch bis aufs Deckbett herunter. Sie sind von Tannenholz. Hab' ich nicht gesagt, es sei alles möglich?»

Was aber sonst noch von den Kometen gesagt werden könnte, das steht geschrieben in dem Jahrgang des Kalenders 1810 und kann wieder kommen auf 1817; denn die Kometen halten in dem Kalender einen Zeitlauf nur von sieben Jahren. [1813]

Der grosse Schwimmer

Vor dem leidigen Krieg, als man noch unangefochten aus Frankreich nach England reisen und in Dover ein Schöpplein trinken oder Zeug kaufen konnte zu einem Westlein, ging wöchentlich zweimal ein grosses Postschiff von Calais nach Dover durch die Meerenge und wieder zurück. Denn dort ist das Meer zwischen beiden Ländern nur wenige Meilen breit. Aber man musste kommen, eh' das Schiff abfuhr, wenn man mitfahren wollte. Dies schien ein Franzos aus Gaskonien nicht zu wissen, denn er kam eine Viertelstunde zu spät, als man schon die Hühner eintat in Calais, und der Himmel überzog sich mit Wolken. „Soll ich jetzt ein paar Tage hier sitzen bleiben und Maulaffen feil haben, bis wieder eine Gelegenheit kommt? Nein", dachte er, „ringer, ich gebe einem Schiffsmann ein 12 Sousstücklein und fahre dem Postschiff nach." Denn ein kleines Boot fährt geschwinder als das schwere Postschiff und holt es wohl ein. Als er aber in dem offenen Fahrzeuge sass, «wenn ich daran gedacht hätte», sagte der Schiffsmann, «so hätt' ich ein Spanntuch mitgenommen»; denn es fing an zu tröpfeln, aber wie? In kurzer Zeit strömte ein Regenguss aus der hohen Nacht herab, als wenn noch ein Meer von oben mit dem Meer von unten sich vermählen wollte. Aber der Gaskonier dachte: „Das gibt einen Spass." – «Gottlob!» sagte endlich der Schiffsmann, «ich sehe das Postschiff.» Als er nun an demselben angelegt hatte, und der Gaskonier war hinaufgeklettert und kam mitten in der Nacht und mitten im Meer auf einmal durch das Türlein hinein zu der Reisegesellschaft, die im Schiff sass, wunderte sich jeder, wo er herkomme, so spät, so allein und so nass. Denn in einem solchen Meerschiff sitzt man wie in einem Keller und hört vor dem Gespräch der Gesellschaft, vor dem Geschrei der Schiffsleute, vor dem Getöse, vor dem Rauschen der Segel und Brausen der Wellen nicht, was draussen vorgeht, und keinem dachte das Herz daran, dass es regnete. «Ihr seht ja aus», sagte einer, «als wenn Ihr wäret gekielholt, das heisst, unter dem Schiff durchgezogen worden.» – «So? Meint Ihr?», sagte der Gaskonier, «man könne trocken schwimmen? Wenn das noch einer erfindet, so will ich's auch lernen, denn ich bin der Bote von Oleron und schwimme alle Montage mit Briefen und Bestellungen nach dem festen Lande, weil's geschwinder geht. Aber jetzt hab' ich etwas in England zu verrichten. Wenn's erlaubt ist», fuhr er fort, «so will ich nun vollends mitfahren, weil ich Euch glücklicherweise angetroffen habe. Es kann den Sternen nach nimmer weit sein nach Dover.» — «Landsmann», sagte einer und stiess eine Wolke von Tabaksrauch aus dem Mund (es war aber kein Landsmann, sondern ein Engländer), «wenn Ihr von Calais bis hierher geschwommen seid durch das Meer, so seid Ihr noch über den schwarzen Schwimmer in London.» — «Ich gehe keinem aus dem Weg», sagte der Gaskonier. — «Wollt Ihr's mit ihm versuchen», erwiderte der Engländer, «wenn ich hundert Louisdor auf Euch setzte?» Der Gaskonier sagte: «Mir an!» Reiche Engländer haben im Brauch, auf Leute, die sich in einer körperlichen Kunst hervortun, grosse Summen unter einander zu verwetten; deswegen nahm der Engländer im Schiff den Gaskonier auf seine Kosten mit sich nach London und hielt ihm gut zu mit Essen und Trinken, dass er bei guten Kräften bliebe. «Mylord», sagte er in London zu einem guten Freund, «ich habe einen Schwimmer mitgebracht vom Meer. Gilt's hundert Guineen: er schwimmt besser als Euer Mohr?» Der gute Freund sagte: «Es gilt!» Den andern Tag erschienen beide mit ihren Schwimmern auf einem bestimmten Platz an dem Themse-Fluss, und viel hundert neugierige Menschen hatten sich versammelt und wetteten noch extra, der eine auf den Mohr, der andere auf den Gaskonier, einen Schilling, sechs Schilling, eine, zwei, fünf, zehn, zwanzig Guineen, und der Mohr schlug den Gaskonier nicht hoch an. Als sich aber beide schon ausgekleidet hatten, band sich der Gaskonier mit einem ledernen Riemen noch ein Kistlein an den Leib und sagte nicht warum, als wenn's so sein müsste. Der Mohr sagte: «Wie kommt Ihr mir vor? Habt Ihr so etwas dem grossen Springer abgelernt, der Bleikugeln an die Füsse binden musste, wenn er einen Hasen fangen wollte, damit er den Hasen nicht übersprang?» Der Gaskonier öffnete das Kistlein und sagte: «Ich habe nur eine Flasche Wein darin, ein paar Knackwürste und ein Laiblein Brot. Ich wollt Euch eben fragen, wo Ihr Euere Lebensmittel habt. Denn ich schwimme jetzt gerades Wegs den Themsefluss hinab in die Nordsee und durch den Kanal ins Atlantische Meer nach Cadix, und wenn's nach mir geht, so kehren wir unterwegs nirgends ein, denn bis Montag, als den 16ten, muss ich wieder in Oleron sein. Aber in Cadix im Rösslein will ich morgen früh ein gutes Mittagessen bestellen, dass es fertig ist, bis Ihr nachkommt.» Der geneigte Leser hätte kaum gedacht, dass er sich auf diese Art aus der Affäre herausziehen würde. Aber der Mohr verlor Hören und Sehen. «Mit diesem Enterich», sagte er zu seinem Herrn, «kann ich nicht in die Wette schwimmen. Tut, was Ihr wollt», und kleidete sich wieder an. Also war die Wette zu Ende, und der Gaskonier bekam von seinem Engländer, der ihn mitgebracht hatte, eine ansehnliche Belohnung, der Mohr aber wurde von jedermann ausgelacht. Denn ob man wohl merken mochte, dass es dem Franzosen nur Spiegelfechterei war, so fand doch jedermann Vergnügen an dem kecken Einfall und an dem unerwarteten Ausgang, und er wurde nachher von allen, die auf ihn gewettet hatten, noch vier Wochen lang in allen Wirtshäusern und Bierkneipen frei gehalten und bekannte, dass er noch sein Lebenlang in keinem Wasser gewesen sei. [1813]

Mittel gegen Zank und Schläge

Zwei Eheleute nicht weit von Segringen lebten miteinander in Friede und Liebe, abgerechnet, dass sie bisweilen einen kleinen Wortwechsel bekamen, wenn der Mann einen Stich hatte. Alsdann gab ein Wort das andere. Das letzte aber gab gewöhnlich blaue Flecke. Zum Beispiel: «Frau», sagte der Mann, «die Suppe ist wieder nicht genug gesalzen, und ich hab' dir's doch schon so oft gesagt.» Die Frau sagt: «Mir ist sie so eben recht.» Der Mann bekommt etwas Röte im Gesicht. «Du unverständiges Maul, ist das eine Antwort

einer Frau gegen ihren Mann. Soll ich mich nach dir richten?» Die Frau erwidert: «Draussen in der Küche ist das Salzfass. Ein andermal koch dir selber oder sieh, wer dir kocht.» Der Mann wird flammenrot und wirft der Frau die Suppe samt dem Teller vor die Füsse. «Da, friss die Tränke selber.» Jetzt geht's der Frau auf, wie wenn man ein Stellbrett aufzieht und das Wasser fliesst in die Läufe und alle Mühlenräder gehn an, und sie überschüttet ihn mit Schmähungen und Schimpfnamen, die kein Mann gern hört, am wenigsten von einer Frau, am allerwenigsten von seiner eigenen. Der Mann aber sagt: «Ich sehe schon, ich muss dir den Rücken wieder ein wenig blau anstreichen mit dem hegebuchenen Pinsel.» — Solcher Liebkosungen endlich müde, ging die Frau zu dem Pfarrherrn und klagte ihm ihre Not. Der Herr Pfarrer, der ein feiner und kluger junger Mann war, merkte bald, dass die Frau durch Widersprechen und Schimpfen gegen ihren Mann selber Schuld an seinen Misshandlungen sei. «Hat Euch mein seliger Vorfahr nie von dem geweihten Wasser gegeben?» sagte er. «Kommt in einer Stunde wieder zu mir!» Unterdessen goss er reines frisches Brunnenwasser in ein Fläschlein, das ungefähr einen Schoppen hielt, versüsste es mit Zucker und liess ein Tröpflein Rosenöl darein träufeln, dass es einen lieblichen Geruch gewann. «Dieses Fläschlein», sagte er zu ihr, «müsst Ihr in Zukunft immer bei Euch tragen, und so Euer Mann wieder aus dem Wirtshaus kommt und will Euch Vorwürfe machen, so nehmt ein Schlücklein davon und behaltet's im Munde, bis er wieder zufrieden ist. Alsdann wird seine Wunderlichkeit nie mehr in Zorn ausbrechen, und er wird Euch keine Schläge mehr geben können.» Die Frau befolgte den Rat, das geweihte Wasser bewährte seine Kraft, und die Nachbarsleute sagten oft zusammen: «Unsere Nachbarn sind ganz anders worden. Man hört nichts mehr.» — Merke!
[1814]

Wie einmal ein schönes Ross um fünf Prügel feil gewesen ist

Wenn nicht in Salzwedel, doch anderswo, hat sich folgende wahrhafte Geschichte zugetragen, und der Hausfreund hat's schriftlich.

Ein Kavallerieoffizier, ein Rittmeister, kam in ein Wirtshaus. Einer, der schon drin war und ihn hatte vom Pferd absteigen gesehn, ein Hebräer, sagte: «Dass das gar ein schöner Fuchs ist, wo Ihro Gnaden drauf hergeritten sind.»

«Gefällt er Euch, Sohn Jakobs?» fragte der Offizier.

«Dass ich hundert Stockprügel aushielte, wenn er mein wäre», erwiderte der Hebräer.

Der Offizier wedelte mit der Reitpeitsche an den Stiefeln. «Was braucht's hundert», sagte er, «Ihr könnt ihn um fünfzig haben.»

Der Hebräer sagte: «Tun's fünfundzwanzig nicht auch?» — «Auch fünfundzwanzig», erwiderte der Rittmeister — «auch fünfzehn, auch fünf, wenn Ihr daran genug habt.»

Niemand wusste, ob es Spass oder Ernst ist. Als aber der Offizier sagte: «Meinetwegen auch fünf», dachte der Hebräer, „hab ich nicht schon zehn Normalprügel vor dem Amtshaus in Günzburg ausgehalten und bin doch noch koscher?"—«Herr», sagte er, «Sie sind ein Offizier. Offiziersparole?» Der Rittmeister sprach: «Traut Ihr meinen Worten nicht? Wollt Ihr's schriftlich?»

«Lieber wär's mir», sagte der Hebräer.

Also beschied der Offizier einen Notarius und liess durch ihn dem Hebräer folgende authentische Ausfertigung zustellen: «Wenn der Inhaber dieses von gegenwärtigem Herrn Offizier fünf Prügel mit einem tüchtigen Stocke ruhig ausgehalten und empfangen hat, so wird ihm der Offizier seinen bei sich habenden Reitgaul, den Fuchs, ohne weitere Lasten und Nachforderung, also gleich als Eigentum zustellen. So geschehen da und da, den und den.»

Als der Hebräer die Ausfertigung in der Tasche hatte, legte er sich über einen Sessel, und der Offizier hieb ihm mit einem hispanischen Rohr mitten auf das Hinterteil dergestalt, dass der Hebräer bei sich selbst dachte: „Der kann's noch besser als der Gerichtsdiener in Günzburg", und laut auf Auweih schrie, so sehr er sich vorgenommen hatte, es zu verbeissen.

Der Offizier aber setzte sich und trank ruhig ein Schöpplein. «Wie tut's, Sohn Jakobs?» Der Hebräer sagte: «Na, wie tut's, gebt mir die andern auch, so bin ich absolviert.»

«Das kann geschehen», sprach der Offizier und setzte ihm den zweiten auf, dergestalt, dass der erste nur eine Lockspeise dagegen zu sein schien, darauf setzte er sich wieder und trank noch ein Schöpplein. Also tat er beim dritten Streich, also beim vierten. Nach dem vierten sagte der Hebräer: «Ich weiss nicht, soll ich's Euer Gnaden Dank wissen oder nicht, dass Sie mich einen nach dem andern geniessen lassen. Geben Sie mir zum vierten den fünften gleich, so bin ich des Genusses los, und der Fuchs weiss, an wen er sich zu halten hat.»

Da sagte der Offizier: «Sohn Jakobs, auf den fünften könnt Ihr lange warten», und stellte das hispanische Rohr ganz ruhig an den Ort, wo er es genommen hatte, und alles Bitten und Betteln um den fünften Prügel war vergebens.

Da lachten alle Anwesende, dass man fast das Haus unterstützen musste, der Hebräer aber wendete sich an den Notarius, er solle ihm zum fünften Prügel verhelfen, und hielt ihm die Verschreibung vor. Der Notarius aber sagte: «Jekeffen, was tu ich damit? Wenn's der Herr Baron nicht freiwillig tut, in der Verschreibung steht nichts davon, dass er muss.» Kurz, der Hebräer wartet noch auf den fünften und auf den Fuchs.

Der Hausfreund aber wollt diesen Mutwillen nicht loben, wenn sich der Hebräer nicht angeboten hätte.

Merke: Wer sich zu fünf Schlägen hergibt um Gewinns willen, der verdient, dass er vier bekommt ohne Gewinn. Man muss sich nie um Gewinns willen freiwillig misshandeln lassen. [1814]

Die nasse Schlittenfahrt

Der Hausfreund hat viel gute Freunde am Rhein auf und ab, zwischen Friedlingen und Andernach, unter andern ein paar lose. Einer davon versteht sich gut darauf, Kissen und Säcke auszustopfen, um weich darauf zu sitzen, und man darf ihn rekommandieren. Zwei andere gute Freunde von ihm sagten zu einander an einem schönen kalten Wintertag: «Wollen wir nicht auf dem Schlitten fahren?» – «Wohin?» – «Zum Theodor.» Sie nannten ihn nur mit dem Vornamen. Theodor heisst er mit dem Vornamen. Also spannten sie den Rappen an den Rennschlitten und legten einen Sack voll Spreu darauf, der Länge nach, um weicher zu sitzen. Als sie beim guten Freund angelangt waren, wurde lustig getrunken – der Wein lag ihm nie überzwerch im Fass – Schliengener, Böllinger, Steinenstatter Vierundachtziger, Achtziger, Vierundsiebenziger. Beim Vierundsiebenziger blieben sie sitzen, bis der Abendstern über dem Wasgau funkelte und die Bettglocken laut wurden in den Dörfern. Als die Bettglocken laut wurden, sagte einer von ihnen: «Jetzt will ich anspannen, unser Weg ist der weiteste.» Der Theodor sagte: «Wahrscheinlich auch der krümmste. Hüst um! Dort links ist die Stubentür.» Denn der Gast taumelte nach der Türe eines Milchschranks, in der Meinung, es sei die Stubentür. Als sie auf dem Schlitten noch eins genommen hatten, zu Sankt Johannes' Segen, und ungefähr an die Tannen gekommen waren, wurde es beiden nass zwischen den Beinen. Der vordere dachte: „Soll mir etwas passiert sein, oder ist mein Kamerad dahinten nicht wasserfest?" Der andere dachte: „Schmelzen die Spreu im Spreuersack, oder ist meinem Kameraden etwas passiert?" «Gevatter», stammelte endlich der Vordere, «es scheint mir, Ihr habt's Euch kommod gemacht. Ich hätt' Euch wohl ein paar Minuten lang das Leitseil halten mögen.» – «Gevatter», erwiderte der andere, «mir kommt's vor, Ihr solltet nicht mehr saufen, als Ihr bei Euch behalten könnt.» Während sie aber so Wortwechsel treiben und jeder die Schuld auf den andern warf, wurden sie immer nässer, und der Sack unter ihnen gab immer mehr nach, bis sie auf dem harten Brette sassen. «Mordsapperment, Ihr schwemmt mich noch über den Schlitten hinunter», fuhr der zweite fort. — «Oder Ihr mich», erwiderte der erste. «Wenn ich nicht da sässe wie einer, der zwischen den zwei Buckeln eines Trampeltiers reitet, ich läge schon lange auf dem Boden, und die Stiefel sind mir bereits mitsamt den Füssen angefroren am Schlittenkufen.» — «Drum eben», erwiderte der erste. «Woher kommt's, dass Euch das Wasser an den Beinen herabläuft?» Als sie aber halbsteif nach Hause gekommen waren und die Spreu aus dem Sacke ausleeren wollten, schoss etwas ganz anderes als Spreu heraus. Da sagte der eine: «Ich glaube gar, der Schalk, der Theodor, hat uns den Sack mit Schnee angefüllt. Drum sind wir so nass geworden.» Der andere sagte: «Es kömmt mir auch so vor.» – Es war auch so. [1814]

Der Bauersmann und der Visitator

Der Visitator an der Grenzstätte, wenn man verbotene Waren ins Land bringen will, merkt's gleich und sieht's dem Reisenden oder dem Fuhrmann oder dem Landmann im Gesicht an, ob er ihm trauen darf oder nicht. Er lässt zehen Unschuldige durchpassieren und nimmt's nicht genau. Den eilften, der etwas hat, hält er an und visiert ihm alle Säcke und Nähte aus, bis er's findet. Ehrlich währt immer am längsten. Manchmal aber hält er doch auch einen Unschuldigen ohne Not auf, weil man gleichwohl nicht wissen kann. Bisweilen tut auch ein loser Vogel dem Visitator einen Schabernack an und macht ihm vergebliche Mühe. Einer führte mit drei Pferden einen Wagen voll Haber über die Brücke. Jenseits der Brücke schoss der Visitator aus dem Häuslein heraus: «Halt! Was habt Ihr in Euern Säcken?» Der Bauersmann sagte halb leise und mit verzagter Stimme: «Haber» und schaute mit einem ängstlichen Blick nach den Pferden. Der Visitator meinte, er blicke nach den Säcken und dachte: Holla! – «Ist sonst nichts darin, als was Ihr sagt?» – «Nein, sonst nichts.» Der Eigentümer einer Ware ist nicht schuldig, dass er sie selber abladet und auseinander legt und wieder zusammenpackt, sondern das ist des Visitators Schuldigkeit, und er ist dafür bezahlt. Also rief der Visitator seinen Gehülfen heraus. «Hier sind verdächtige Säcke zu visitieren.» Man tastete daran herum. Man stach mit spitzigen Visitierstäben hinein. Endlich lud man einen Sack nach dem andern ab und leerte ihn aus. Im ersten war nichts, im zweiten war nichts, in allen nichts als lauter Haber und Haber. Zuletzt reiterte man ihn noch durch ein Sieb, ob keine heimlichen Edelsteine oder Pfefferkörner darunter seien. Es war auch nichts Heimliches darunter. Also fassten die Visitatoren den Haber wieder in die Säcke, banden sie zusammen und warfen ihn auf den Wagen und schwitzen dazu wie ein Präceptor. Weil sie aber gegen ihre Hoffnung nichts gefunden hatten, sagte der Visitator zu dem Bauersmann: «Guter Freund, Ihr seid ein ehrlicher Mann. Aber warum seid Ihr dann so verzagt und ängstlich gewesen? Daran erkennen wir sonst das böse Gewissen, und haben ganz gewiss geglaubt, einen guten Fang an Euch zu machen.» Da nahm den Visitator der Bauersmann auf die Seite und sagte wieder halb leise, aber mit schalkhafter Miene: «Ich hab's müssen, damit die Pferde nicht erfahren sollten, dass ich noch mit Haber versehen bin. Ich hab ihnen schon seit vier Monaten keinen mehr gegeben.» Da fuhr der Visitator auf: «Dass Euch, Ihr dieser und jener – – Ich hätte den besten Lust.» – Aber er konnte nicht viel machen. Denn er hatte nichts als seine Schuldigkeit getan, und auch das hatte der Bauersmann ihn nicht geheissen. «Es ist mir leid genug», sagte dieser, «dass Ihr mich eine ganze Stunde aufgehalten habt.» [1814]

Dankbarkeit

In der Seeschlacht von Trafalgar, während die Kugeln sausten und die Mastbäume krachten, fand ein Matrose noch Zeit zu kratzen, wo es ihn biss, nämlich auf dem Kopf. Auf einmal streifte er mit zusammengelegtem Daumen und

Zeigefinger bedächtig an einem Haare herab und liess ein armes Tierlein, das er zum Gefangenen gemacht hatte, auf den Boden fallen. Aber indem er sich niederbückte, um ihm den Garaus zu machen, flog eine feindliche Kanonenkugel ihm über den Rücken weg, paff, in das benachbarte Schiff. Da ergriff den Matrosen ein dankbares Gefühl, und überzeugt, dass er von dieser Kugel wäre zerschmettert worden, wenn er sich nicht nach dem Tierlein gebücket hätte, hob er es schonend von dem Boden auf und setzte es wieder auf den Kopf. «Weil du mir das Leben gerettet hast», sagte er, – «aber lass dich nicht zum zweitenmal attrapieren, denn ich kenne dich nimmer.» [1814]

Tod vor Schrecken

Als einmal der Hausfreund mit dem Doktor von Brassenheim an dem Kirchhof vorbei ging, deutete der Doktor auf ein frisches Grab und sagte: «Selbiger ist mir auch entwischt. *Den* haben seine Kameraden geliefert.»

Im Wirtshaus, wo die Schreiber beisammen sassen bei einem lebhaften Disputat, schlug einer von ihnen auf den Tisch. «Und es gibt doch keine!» sagte er, – nämlich keine Gespenster und Erscheinungen. – «Und ein altes Weib», fuhr er fort, «ist der, der sich erschrecken lässt.» Da nahm ihn ein anderer beim Wort und sagte: «Buchhalter, vermiss dich nicht, gilt's sechs Flaschen Burgunder Wein, ich vergelstere dich und sag dir's noch vorher.» Der Buchhalter schlug ein: «Es gilt.»

Jetzt ging der andere Schreiber zum Wundarzt: «Herr Landchirurgus, wenn Ihr einmal einen Leichnam zum Verschneiden bekommt, von dem Ihr mir einen Vorderarm aus dem Ellenbogengelenk lösen könntet, so sagt mir's.» Nach einiger Zeit kam der Chirurgus: «Wir haben einen toten Selbstmörder bekommen, einen Siebmacher. Der Müller hat ihn aufgefangen am Rechen», und brachte dem Schreiber den Vorderarm. «Gibt,s noch keine Erscheinungen, Buchhalter?» – «Nein, es gibt noch keine.» Jetzt schlich der

Schreiber heimlich in des Buchhalters Schlafkammer und legte sich unter das Bett, und als sich der Buchhalter gelegt hatte und eingeschlafen war, fuhr er ihm mit seiner eigenen warmen Hand über das Gesicht. Der Buchhalter fuhr auf und sagte, dann er wirklich ein besonnener und beherzter Mann war: «Was sind das für Possen? Meinst du, ich merke dich nicht, dass du die Wette gewinnen willst?» Der Schreiber war mausstille. Als der Buchhalter wieder eingeschlafen war, fuhr er ihm noch einmal über das Gesicht. Der Buchhalter sagte: «Jetzt lass es genug sein, oder wenn ich dich erwische, so schaue zu, wie es dir geht.» Zum drittenmal fuhr ihm der Schreiber langsam über das Gesicht; und als er schnell nach ihm haschte und als er sagen wollte: «Hab ich dich», blieb ihm eine kalte, tote Hand und ein abgelöster Armstümmel in den Händen, und der kalte tötende Schrecken fuhr ihm tief in das Herz und in das Leben hinein. Als er sich wieder erholt hatte, sagte er mit schwacher Stimme: «Ihr habt, Gott sei es geklagt, die Wette gewonnen.» Der Schreiber lachte und sagte: «Am Sonntag trinken wir den Burgunder.» Aber der Buchhalter erwiderte: «Ich trink ihn nimmer mit.» Kurz, den andern Morgen hatte er ein Fieber, und den siebenten Morgen war er eine Leiche. «Gestern früh», – sagte der Doktor zum Hausfreund, «hat man ihn auf den Kirchhof getragen; unter selbigem Grab liegt er, das ich Euch gezeigt habe.» [1814]

Franziska

In einem unscheinbaren Dörfchen am Rhein sass eines Abends, als es schon dunkeln wollte, ein armer junger Mann, ein Weber, noch an dem Webstuhl und dachte während der Arbeit unter andern an den König Hiskias, hernach an Vater und Mutter, deren ihr Lebensfaden auch schon von der Spule abgelaufen war, hernach an den Grossvater selig, dem er einst auch noch auf den Knien gesessen und an das Grab gefolgt war, und war so vertieft in seinen Gedanken und in seiner Arbeit, dass er gar nichts davon merkte, wie eine schöne Kutsche mit vier stattlichen Schimmeln vor seinem Häuslein anfuhr und stille hielt. Als aber etwas an der Türfalle druckte, und ein holdes jugendliches Wesen trat herein von weiblichen Ansehen mit wallenden schönen Haarlocken und in einem langen himmelblauen Gewand, und das freundliche Wesen fragte ihn mit mildem Ton und Blick: «Kennst du mich, Heinrich?» da war es, als ob er aus einem tiefen Schlaf aufführe, und war so erschrocken, dass er nichts reden konnte. Denn er meinte, es sei ihm ein Engel erschienen, und es war auch so etwas von der Art, nämlich seine Schwester Franziska, aber sie lebte noch. Einst hatten sie manches Körblein voll Holz barfuss mit einander aufgelesen, manches Binsenkörbchen voll Erdbeeren am Sonntag mit einander gepflückt und in die Stadt getragen und auf dem Heimweg ein Stücklein Brot mit einander gegessen, und jedes ass weniger davon, damit das andere genug bekäme. Als aber nach des Vaters Tod die Armut und das Handwerk die Brüder aus der elterlichen Hütte in die Fremde geführt hatte, blieb Franziska allein bei der alten gebrechlichen Mutter zurück und pflegte ihrer, also dass sie dieselbe von dem kärglichen Verdienst ernährte, den sie in einer Spinnfabrik erwarb, und in den langen schlaflosen Nächten mit ihr wachte und aus einem alten, zerrissenen Buch von Holland erzählte, von den schönen Häusern, von den grossen Schiffen, von der grausamen Seeschlacht bei Doggersbank, und ertrug das Alter und die Wunderlichkeit der kranken Frau mit kindlicher Geduld. Einmal aber früh um zwei Uhr sagte die Mutter: «Bete mit mir, meine Tochter! Diese Nacht hat für mich keinen Morgen mehr auf dieser Welt.» Da betete und schluchzte und küsste das arme Kind die sterbende Mutter, und die Mutter sagte: «Gott segne dich und sei» — und nahm die letzte Hälfte ihres Muttersegens «und sei dein Vergelter!» mit sich in die Ewigkeit. Als aber die Mutter begraben und Franziska in das leere Haus zurückgekommen war und betete und weinte und dachte, was jetzt aus ihr werden solle, sagte etwas in ihrem Inwendigen zu ihr: «Geh nach Holland!» und ihr Haupt und ihr Blick richtete sich langsam und sinnend empor, und die letzte Träne für diesmal blieb ihr in dem blauen Auge stehen.

Als sie von Dorf zu Stadt und von Stadt zu Dorf betend und bettelnd und Gott vertrauend nach Holland gekommen war und so viel ersammelt hatte, dass sie sich ein sauberes Kleidlein kaufen konnte in Rotterdam, als sie einsam und verlassen durch die wimmelnden Strassen wandelte, sagte wieder etwas in ihrem Inwendigen zu ihr: «Geh in selbiges Haus dort mit den vergoldeten Gittern am Fenster!» Als sie aber durch den Hausgang an der marmornen Treppe vorbei in den Hof gekommen war, denn sie hoffte, zuerst jemand anzutreffen, ehe sie an einer Stubentüre anpochte, da stand eine betagte freundliche Frau von vornehmem Ansehen in dem Hofe und fütterte das Geflügel, die Hühner, die Tauben und die Pfauen.

«Was willst du hier, mein Kind?» Franziska fasste ein Herz zu der vornehmen freundlichen Frau und erzählte ihr ihre ganze Geschichte. «Ich bin auch ein armes Hühnlein, das Eures Brotes bedarf», sagte Franziska und bat sie um Dienst. Die Frau aber gewann Zutrauen zu der Bescheidenheit und Unschuld und zu dem nassen Auge des Mädchens und sagte: «Sei zufrieden, mein Kind, Gott wird dir den Segen deiner Mutter nicht schuldig bleiben. Ich will dir Dienst geben und für dich sorgen, wenn du brav bist.» Denn die Frau dachte: „Wer kann wissen, ob nicht der liebe Gott mich bestimmt hat, ihre Vergelterin zu sein", und sie war eines reichen Rotterdamer Kaufmanns Witwe, von Geburt aber eine Engländerin. Also wurde Franziska zuerst Hausmagd, und als sie gut und treu erfunden ward, wurde sie Stubenmagd, und ihre Gebieterin gewann sie lieb, und als sie immer feiner und verständiger ward, wurde sie Kammerjungfer. Aber jetzt ist sie noch nicht alles, was sie wird. Im Frühling, als die Rosen blühten, kam aus Genua ein Vetter der vornehmen Frau, ein junger Engländer, zu ihr auf Besuch nach Rotterdam, er besuchte sie fast alle Jahre um diese Zeit, und als sie eins und das andere hinüber und herüber redeten und der Vetter erzählte, wie es aussah, als die Franzosen vor Genua in dem engen Pass in der Bocchetta standen und die Östreicher davor, trat heiter und lächelnd, mit allen Reizen der Jugend und Unschuld geschmückt, Franziska in das Zimner, um etwas aufzuräumen oder zurecht zu legen, und dem jungen Engländer, als er sie erblickte, ward es sonderbarlich um das Herz, und die Franzosen und Östreicher verschwanden ihm aus den Sinnen. «Tante», sagte er zu seiner Base, «Ihr habt ein bildschönes Mädchen zur Kammerjungfer. Es ist schade, dass sie nicht mehr ist als das.» Die Tante sagte: «Sie ist eine arme Waise aus Deutschland. Sie ist nicht nur schön, sondern auch verständig, und nicht nur verständig, sondern auch fromm und tugendhaft, und ist mir lieb geworden als mein Kind.» Der Vetter dachte, „das lautet nicht bitter". Den andern oder dritten Morgen aber, als er mit der Tante in dem Garten spazierte, «wie gefällt dir dieser Rosenstock?» fragte die Tante; der Vetter sagte: «Sie ist schön, sehr schön.» Die Tante sagte: «Vetter, du redest irr. Wer ist schön? Ich frage ja nach dem Rosenstock.» Der Vetter erwiderte: «Die Rose» − «oder vielmehr die Franziska?» fragte die Tante. «Ich hab's schon gemerkt», sagte sie. Der Vetter gestand ihr seine Liebe zu dem Mädchen, und dass er es heiraten möchte. Die Tante sagte: «Vetter, du bleibst noch drei Wochen bei mir. Wenn es dir alsdann noch so ist, so habe ich nichts darwider. Das Mädchen ist eines braven Mannes wert.» Nach drei Wochen aber sagte er: «Es ist mir nimmer wie vor drei Wochen. Es ist noch viel ärger, und ohne das Mägdlein weiss ich nicht, wie ich leben soll.» Also geschah der Verspruch. Aber es gehörte viel Zureden dazu, die Demut der frommen Magd zu ihrer Einwilligung zu bewegen.

Jetzt blieb sie noch ein Jahr bei ihrer bisherigen Gebieterin, aber nicht mehr als Kammermädchen, sondern als Freundin und Verwandte in dem reichen Haus mit vergoldetem Fenstergitter, und noch in dieser Zeit lernte sie die englische Sprache, die französische, das Klavierspielen: „Wenn wir in höchsten Nöten sein etc." „Der Herr, der aller Enden etc." „Auf dich, mein lieber Gott, ich traue etc." und was sonst noch ein Kammermädchen nicht zu wissen braucht, aber eine vornehme Frau, das lernte sie alles. Nach einem Jahr kam der Bräutigam, noch ein paar Wochen vorher, und die Trauung geschah in dem Hause der Tante. Als aber von der Abreise des neuen Ehepaares die Rede war, schaute die junge Frau ihren Gemahl bittend an, dass sie noch einmal in ihrer armen Heimat einkehren und das Grab ihrer Mutter besuchen und ihr danken möchte und dass sie ihre Geschwister und Freunde noch einmal sehen möchte. Also kehrte sie jenes Tages bei ihrem armen Bruder, dem Weber, ein, und als er ihr auf ihre Frage: «Kennst du mich, Heinrich?» keine Antwort gab, sagte sie: «Ich bin Franziska, deine Schwester.» Da liess er vor Bestürzung das Schifflein aus den Händen fallen, und seine Schwester umarmte ihn. Aber er konnte sich anfänglich nicht recht freuen, weil sie so vornehm geworden war, und scheute sich vor dem fremden Herrn, ihrem Gemahl, dass sich in seiner Gegenwart die Armut und der Reichtum so geschwisterlich umarmen und zu einander sagen sollen Du, bis er sah, dass sie mit dem Gewande der Armut nicht die Demut ausgezogen und nur ihren Stand verändert hatte, nicht ihr Herz. Nach einigen Tagen aber, als sie alle ihre Verwandten und Bekannten besucht hatte, reiste sie mit ihrem Gemahl nach Genua, und beide leben vermutlich noch in England, wo ihr Gemahl nach einiger Zeit die reichen Güter eines Verwandten erbte.

Der Hausfreund will aufrichtig gestehen, was ihn selber an dieser Geschichte am meisten rührt. Am meisten rührt ihn, dass der liebe Gott dabei war, als die sterbende Mutter ihre Tochter segnete, und dass er eine vornehme Kaufmannsfrau in Rotterdam in Holland und einen braven reichen Engländer am welschen Meere bestellt hat, den Segen einer armen sterbenden Witwe an ihrem frommen Kinde gültig zu machen.

> Weg hat er aller Wege,
> an Mitteln fehlt's ihm nicht.

[1814]

Hochzeit auf der Schildwache

Ein Regiment, das sechs Wochen lang in einem Dorfbezirk in Kantonierung gelegen war, bekam unversehens in der Nacht um 2 Uhr Befehl zum plötzlichen Aufbruch. Also war um 3 Uhr schon alles auf dem Marsch bis auf eine einsame Schildwache draussen im Feld, die in der Eile vergessen wurde und stehen blieb. Dem Soldaten auf der einsamen Schildwache wurde jedoch zuerst die Zeit nicht lang, denn er schaute die Sterne an und dachte: „Glitzert ihr, solange ihr wollt, ihr seid doch nicht so schön als zwei Augen, welche jetzt schlafen in der untern Mühle". Gegen 5 Uhr jedoch dachte er: „Es könnte jetzt bald drei sein." Allein niemand wollte kommen, um ihn abzulösen. Die Wachtel schlug, der Dorfhahn krähte, die letzten Sterne, die selbigen Morgen noch kommen wollten, waren aufgegangen, der Tag erwachte, die Arbeit ging ins Feld, aber noch stand unser Musketier unabgelöst auf seinem Posten. Endlich sagte ihm ein Bauersmann, der auf seinen Acker wandelte, das ganze Bataillon sei ausmarschiert schon um 3 Uhr, kein Kamaschenknopf sei mehr im Dorf, noch weniger der Mann dazu. Also ging der Musketier unabgelöst selber ins Dorf zurück. Des Hausfreunds Meinung wäre, er hätte jetzt den Doppelschritt anschlagen und dem Regiment nachziehen sollen. Allein der Musketier dachte: „Brauchen sie mich nimmer, so brauch ich sie auch nimmer". Zudem dachte er: „Es ist nicht zu trauen. Wenn ich ungerufen komme und mich selber abgelöst habe, so kann's spanische Nudeln absetzen", er meinte Röhrlein. Zudem dachte er: „Der untere Müller hat ein hübsches Mägdlein, und das Mägdlein hat einen hübschen Mund, und der Mund hat holde Küsse", und ob sonst schon etwas mochte geschehen sein, geht den Hausfreund nichts an. Also zog er das blaue Röcklein aus und verdingte sich in dem Dorf als Baurenknecht, und wenn ihn jemand fragte, so antwortete er wie jener Hüninger Deserteur, es sei ihm ein Unglück begegnet, sein Regiment sei ihm abhanden gekommen. Brav war der Bursche, hübsch war er auch, und die Arbeit ging ihm aus den Händen flink und recht. Zwar war er arm, aber desto besser schickte sich für ihn des Müllers Töchterlein, denn der Müller hatte Batzen. Kurz, die Heirat kam zu Stande. Also lebte das junge Paar in Liebe und Frieden glücklich beisammen und bauten ihr Nestlein. Nach Verlauf von einem Jahr aber, als er eines Tages von dem Felde heim kam, schaute ihn seine Frau bedenklich an,

«Fridolin, es ist jemand da gewesen, der dich nicht freuen wird.» — «Wer?» — «Der Quartiermacher von deinem Regiment; in einer Stunde sind sie wieder da.» Der alte Vater lamentierte, die Tochter lamentierte und sah mit nassen Augen ihren Säugling an. Denn überall gibt es Verräter. Der Fridolin aber nach kurzem Schrecken sagte: «Laßt mich gewähren. Ich kenne den Obrist.» Also zog er das blaue Röcklein wieder an, das er zum ewigen Andenken hatte aufbewahren wollen, und sagte seinem Schwiegervater, was er tun soll. Hernach nahm er das Gewehr auf die Achsel und ging wieder auf seinen Posten. Als aber das Bataillon eingerückt war, trat der alte Müller vor den Obristen. «Habt doch ein Einsehen, Herr General, mit dem armen Menschen, der vor einem Jahr auf den Posten gestellt worden ist draußen an der Waldspitze. Ist es auch permittiert, eine Schildwache ein geschlagenes Jahr lang stehen zu lassen auf dem nämlichen Fleck und nicht abzulösen?» Da schaut der Obrist den Hauptmann an, der Hauptmann schaute den Unteroffizier an, der Unteroffizier den Gefreiten, und die halbe Kompanie, alte gute Bekannte des Vermissten, liefen hinaus, die einjährige Schildwache zu sehen, und wie der arme Mensch müsse zusammengeschmoret sein, gleich einem Borstdorfer Äpfelein, das schon vier Jahre am Baum hängt. Endlich kam auch der Gefreite, der nämliche, der ihn vor zwölf Monaten auf den Posten geführt hatte, und löste ihn ab: «Präsentiert das Gewehr, das Gewehr auf die Schulter, Marsch», nach soldatischem Herkommen und Gesetz. Hernach musste er vor dem Obristen erscheinen, und seine junge hübsche Frau mit ihrem Säugling auf den Armen begleitete ihn und mussten ihm alles erzählen. Der Obrist aber, der ein gütiger Herr war, schenkte ihm einen Federntaler und half ihm hernach zu seinem Abschied. [1814]

Der gläserne Jude

Im letzten Krieg floh ein polnischer Jude vor einem Husaren, der ihn zusammenhauen wollte, in das Haus seines Schwagers. Der Schwager, der sonst sein Freund nicht war, steckte ihn gleichwohl in einen Kornsack und legte ihn auf den Boden. «Nausel, rühr dich nicht, sonst sind wir beide kapores.» — «Doved, ich rühr mich nicht.» Kommt auf einmal der Husar mit zornigem Sabel zur Tür herein, und «wo ist der Spitzbub?» schrie er mit grimmiger Gebärde; der Schwager erwiderte: «Na, gestrenger Herr Unteroffizier! dass mein Haus keine Spitzbubenherberge ist. Bin ich nicht ein ehrlicher Jud.» Der Husar erwiderte: «Wo der Spitzbub ist, will ich wissen, der mich um vier Taler betrogen hat», und visitierte in allen Winkeln herum. «Was habt Ihr in diesem Sacke da», fuhr er den Schwager an und hielt ihm den blanken Sabel über den Kopf. «Grausamer Herr Unteroffizier, was werd ich haben in dem Sack do? Glas?» Da hieb im Zorn der Husar zuerst mit flachem Sabel, hernach mit dem Rücken des Sabels aus Leibeskräften auf den Sack. So viel Hiebe, so viel Schwielen. Der Jud aber, der darin steckte, dachte: „Ich will meinen Schwager nicht stecken lassen, mich noch weniger", und machte unaufhörlich mit reiner Stimme kling, kling, dass der Husar meinen sollte, er höre Glas klingeln. Item, es half etwas. Denn der Einfall kam dem Husaren selbst so lächerlich vor, dass schon sein halber Zorn gebrochen war. Also schlug er auch noch die andere Hälfte desselben an dem Sack heraus, und der Jud inwendig tönte immer schneller kling, kling, kling. Als aber der Husar fort war und der Jude blutrünstig aus dem Sack schlüpfte und sich beschaute: «Gottes Wunder», sagte er, «mein Leben lang will ich um vier Taler kein Glas mehr werden.»

[1814]

Einer oder der andere

Es ist nichts lieblicher, als wenn bisweilen gekrönte Häupter sich unerkannt zu dem gemeinen Mann herablassen wie König Heinrich der Vierte in Frankreich, sei es auch nur zu einem gutmütigen Spass.

Zu König Heinrichs des Vierten Zeiten ritt ein Bäuerlein vom Lande her des Weges nach Paris. Nicht mehr weit von der Stadt gesellt sich zu ihm ein anderer gar stattlicher Reiter, welches der König war, und sein kleines Gefolge blieb absichtlich in einiger Entfernung zurück. «Woher des Landes, guter Freund?» — «Da und da her.» — «Ihr habt wohl Geschäfte in Paris?» — «Das und das, auch möchte ich gerne unsern guten König einmal sehen, der so väterlich sein Volk liebt.» — Da lächelte der König und sagte: «Dazu kann Euch heute Gelegenheit werden.» — «Aber wenn ich nur auch wüsste, welcher es ist unter den vielen, wenn ich ihn sehe!» — Der König sagte: «Dafür ist Rat. Ihr dürft nur Acht geben, welcher den Hut allein auf dem Kopf behaltet, wenn die andern ehrerbietig ihr Haupt entblössen.» Also ritten sie mit einander in Paris hinein, und zwar das Bäuerlein hübsch auf der rechten Seite des Königs. Denn das kann nie fehlen. Was die liebe Einfalt Ungeschicktes tun kann, sei es gute Meinung oder Zufall, das tut sie. Aber ein gerader und unverkünstelter Bauersmann, was er tut und sagt, das tut und sagt er mit ganzer Seele, und sieht nicht um sich, was geschieht, wenn's ihn nichts angeht. Also gab auch der unsrige dem König auf seine Fragen nach dem Landbau, nach seinen Kindern, und ob er auch alle Sonntage ein Huhn im Topf habe, gesprächige Antwort und merkte lange nichts. Endlich aber, als er doch sah, wie sich alle Fenster öffneten und alle Strassen mit Leuten sich füllten und alles rechts und links auswich und ehrerbietig das Haupt entblösst hatte, ging ihm ein Licht auf. «Herr», sagte er und schaute seinen unbekannten Begleiter mit Bedenklichkeit und Zweifel an, entweder seid Ihr der König, oder ich bin's. Denn wir zwei haben noch allein die Hüte auf dem Kopf.» Da lächelte der König und sagte: «Ich bin's. Wenn Ihr Euer Rösslein eingestellt und Euer Geschäft versorgt habt», sagte er, «so kommt zu mir in mein Schloss. Ich will Euch alsdann mit einem Mittagssüpplein aufwarten und Euch auch meinen Ludwig zeigen.»

Von dieser Geschichte her rührt das Sprichwort, wenn jemand in einer Gesellschaft aus Vergessenheit oder Unverstand den Hut allein auf dem Kopf behält, dass man ihn fragt: «Seid Ihr der König oder der Bauer?» [1814]

Die Probe

In einer ziemlich grossen Stadt, wo nicht alle Leute einander kennen, auch nicht alle Hatschiere, ging ein neu angenommener Hatschier in ein verdächtiges Wirtshäuslein hinein und hatte einen braunen Überrock an. Denn er dachte: „Weil ich noch nicht lange angenommen bin, so kennt mich niemand, und niemand nimmt sich vor mir in acht, vielleicht gibt's etwas zu fischen". Ein bejahrter Mann in bürgerlicher Kleidung folgt ihm nach und geht auch in das Wirtshäuslein. Der neue Hatschier fordert einen Schoppen, der betagte Mann setzt sich an den nämlichen Tisch und fordert auch einen Schoppen. Unter ihnen und ober ihnen und an andern Tischen sassen mehrere Leute und sprachen in Friede und Eintracht von allerlei, von dem Elefant, von dem grossen Diebstahl, von den Kriegsoperationen. Einer zog mit dem Finger einen Strich von Wein über den Tisch, und sagte: «Zum Exempel, dies wäre die Donau.» Drauf legte er ein Stücklein Käsrinde daneben und sagte: «Jetzt, das wär Ulm.» Ein anderer, als er Ulm nennen hörte, sagte zu dem betagten Mann: «Ich bin von Ulm und hätte Haus und Gewerb daselbst. Aber die alten Zeiten sind nicht mehr.» Der betagte Mann sagte: «Landsmann, Ulm ist überall, die guten Zeiten sind nirgends mehr», und fing an, zu hadern und sich zu vermessen über die Zeit und über die Abgaben und über die Obrigkeit, wie es sich nicht geziemt. Da wurde der Hatschier im braunen Überrock aufmerksam und stille und sagte endlich: «Guter Freund, ich warne

Euch.» Der betagte Mann aber sagte: «Was habt Ihr mich zu warnen», und trank ein Glas voll Wein nach dem andern aus und schimpfte über die Obrigkeit nur noch ärger. Der verkleidete Hatschier sagte: «Guter Freund, ich kenn Euch nicht. Aber ich will Euch noch einmal gewarnt haben.» Der Betagte erwiderte: «Warnen hin und warnen her! Was wahr ist, muss man reden dürfen. Was bleibt einem noch übrig als die freie Rede?» und so und so. Da schlug der verkleidete Hatschier den braunen Überrock zurück und zeigte sich, wie er war, in einem hechtgrauen Rocke mit roten Aufschlägen und einem Bandelier. «Jetzt, guter Freund», sagte er, «jetzt kommt mit mir!» Da stellte sich der Mann, als er an dem Rock den Hatschier erkannte, auf einmal wie umgewendet. «Guter Freund», sagte er, «Ihr werdet doch meinen Spass nicht für Ernst angesehen haben und nicht erst heute auf die Welt gekommen sein. Ich sehe schon», sagte er, «wir müssen eine Bouteille mit einander trinken, dass Ihr mich besser kennen lernt», und forderte noch eine Bouteille und winkte der Wirtin: «Vom Guten.» Allein der Hatschier sagte: «Ich habe keinen Wein mit Euch zu trinken», und fasste ihn wohl oben am Arm und fort zur Türe hinaus. Unterwegs fuhr der Arrestant fort zu reden: «Ihr meint zum Beispiel, ich sei ein Feind von Abgaben, weil ich über die Abgaben geschimpft habe. Aber nein, ich will Euch das Gegenteil beweisen, denn Ihr seid auch eine obrigkeitliche Person, und ich habe vor Euers gleichen Respekt.» Also zog er einen Kronentaler aus der Tasche und wollte sich damit loskaufen. Aber der Hatschier sagte: «Ihr habt mir keine Abgaben zu bezahlen.» Eine Gasse weiter fuhr der Arrestant fort: «Was gilt's, Ihr seid noch nicht verheiratet und habt für keine Frau noch Kinder zu sorgen, weil Ihr keine Abgabe von mir braucht. Ich will Euch zu einem schönen Weibsbild führen.» Der Hatschier erwiderte: «Ihr habt mich zu keinem Weibsbild zu führen, aber ich Euch zu einem Mannsbild.» Als sie aber mit einander in den Polizeihof und vor den Herrn Stadtvogt gekommen waren, fing der Stadtvogt an, laut zu lachen, dann er gar ein lustiger Mann ist, und sagte: «Welcher von euch zweien bringt den andern?» Denn es ist jetzt Zeit, dem geneigten Leser zu sagen, dass der Arrestant selber ein alter Hatschier war, und hatte sich verkleidet und war dem neuen nachgegangen, nur um ihn zu prüfen, ob er seine Pflicht tut. Deswegen sagte der Stadtvogt: «Welcher von euch zweien bringt den andern.» Der junge wollte anfangen, der alte aber, der vermeintliche Arrestant, schaute ihn gebieterisch an und sagte: «Es ist an mir zu reden, ich bin älter im Dienst Ihro Gnaden, Herr Stadtvogt», sagte er, «dieser junge Mann ist probat, und wir können uns verlassen auf ihn, denn er hat mich arretiert mit Manier und in der Art, und hat sich nicht von mir bestechen oder breitschlagen lassen, noch mit Wein, noch mit Geld, noch mit Weibsleuten.» Da lächelte der Stadtvogt gar freundlich, dass ihm solches wohlgefalle, und schenkte jedem einen kleinen Taler.

Item, an einem solchen Ort mag es nicht gut sein, ein Spitzbube zu sein, wo ein Hatschier selber dem andern nicht trauen darf.

Dies Stücklein ist noch ein Vermächtnis von dem Adjunkt, der jetzt in Dresden ist. Hat er nicht dem Hausfreund einen schönen Pfeifenkopf von Dresden zum Andenken geschickt, und ist ein geflügelter Knabe darauf und ein Mägdlein und machen etwas miteinander. Aber er kommt wieder, der Adjunkt. [1814]

Die Schlafkameraden

Eines Abends kam ein fremder Herr mit seinem Bedienten im Wirtshaus zu der Goldenen Linden in Brassenheim an und liess sich bei dem Nachtessen beiderlei wohlschmecken, nämlich das Essen selbst und das köstliche Getränk. Denn der Lindenwirt hat Guten. Der Bediente aber an einem andern Tisch dachte: „Ich will meinem Herrn keine Schande machen", und trank wie im Zorn ein Glas und eine Bouteille nach der andern aus, sagend zu sich selbst: „Der Wirt soll nicht meinen, dass wir Knicker sind." Nach dem Essen sagte der Herr zu dem Lindenwirt: «Herr Wirt, ich hab' an Eurem Roten sozusagen eine gefährliche Entdeckung gemacht. Bringt mir noch eine Flasche voll in das Schlafstüblein.» Der Bediente hinter dem Rücken des Herrn winkte dem Wirt: «Mir auch eine!» Denn sein Herr liess sich vieles von ihm gefallen, weil er auf Reisen auch sein Leibgardist war und immer mit ihm in der nämlichen Stube schlafen musste, und je einmal, wenn er sich zuviel Freiheit herausnahm, war der Herr billig und dachte: „Ich will nicht wunderlich sein. Es ist ja das erstemal, dass er's tut." Also trank an seinem Tisch der Herr und las die Zeitung, und am andern Tisch dachte der Bediente: „Es ist ein harter Dienst, wenn man trinken muss, anstatt zu schlafen, zumal so starken." Gleichwohl, als er dem Herrn die zweite Flasche holen musste, nahm er für sich noch eine mit vom nämlichen. Der Herr fing endlich an, laut mit der Zeitung zu reden, und der Bediente nahm wie ein Echo zwischen der Türe und dem Fenster auch Anteil daran, aber wie? Der Herr las von dem grossen Mammutsknochen, der gefunden wurde. Der Bediente, der eben das Glas zum Munde führte, lallte für sich: «Soll leben der Mahometsknochen.» Oder als der Herr von dem Seminaristen las aus dem Seminarium in Pavia, der mit Lebensgefahr eines Schriftgiessers Kind aus den Flammen rettete, ergriff er das Glas, und «Bravo», sagte er, «wackerer Seminarist!» Der Bediente aber stammelte für sich: «Soll leben der wackere Seeminister», und goss richtig das halbe Glas über die Liberei hinab. «Hast du's gehört, Anton? So eine Tat wiegt viele Meriten auf», fuhr der Herr fort. — «Sollen auch leben die Minoriten», erwiderte der Diener; und so oft jener z.B. sich räusperte oder gähnte, räusperte sich und gähnte der Anton auch. Endlich sagte der Herr: «Anton, jetzt wollen wir ins Bett.» Der Anton sah seine Flasche an und erwiderte: «Es wird ohnehin niemand mehr auf sein in der Wirtschaft.» Denn seine Flasche war leer. Aber in der Flasche des Herrn war noch ein Restlein. Früh gegen zwei Uhr weckte es den Anton, dass noch ein Restlein in der Flasche des Herrn sei. Also stand er auf und trank es aus. „Sonst verriecht es", dachte er. Als er aber sich wieder legen wollte, kam er ein wenig zu weit rechts an das Bett seines Herrn. Denn beide Betten standen an der nämlichen Wand mit den Fussstätten gegen einander. Also legte sich der Anton neben seinen Herrn, mit dem Kopf unten und mit den Füssen oben neben des Herrn Gesicht, weil er meinte, er liege wieder in seinem eigenen. Eine Stunde vor Tag aber, als der Herr erwachte, kam es ihm vor, er wusste selbst nicht recht wie? „Soll ich denn gestern abend haben Backensteinkäs heraufkommen lassen?" dachte er. Als er aber sich umdrehen wollte, ob ein Schränklein in der Wand sei, fühlte er auf einmal neben sich etwas Lebendiges und Warmes, und das Warme und Lebendige bewegte sich auch. Jetzt rief er: «Anton, Anton!» mit ängstlicher und leiser Stimme, dass der unsichere Schlafkamerad nicht aufwachen sollte, und derjenige, den er wecken wollte, war doch der Schlafkamerad. «Anton», schrie er endlich in der Herzensangst, so laut er konnte. «Was befehlen Ihro Hochwürden», erwiderte endlich der Anton. – «Komm mir zu Hilfe! Es liegt einer neben mir.» – «Ich kann nicht, neben mir liegt auch einer», erwiderte der Bediente und wollte sich strecken, so zwar, dass er mit dem linken Fuss unter des Herrn Kinn kam. «Anton, Anton», rief der Herr, «meiner reisst mir den Kopf ab», und suchte ebenfalls mit den Füssen eine Habung. «Meiner will mir die Nase aufschlitzen», schrie noch viel ärger der Anton. «Wirf deinen heraus», schrie der Herr, «und komm mir zu Hilfe.» — Also fasste der Bediente seinen Mann an den Beinen, und dieser, als er Ernst sah, fasste er seinen Mann ebenfalls an den Beinen, und rangen also die beiden mit einander, daß keiner dem andern konnte zu Hilfe kommen; und der Bediente fluchte wie ein Türk, der Herr aber fluchte zwar nicht, aber doch rief er die unsichtbaren Mächte an, sie sollten seinem Gegner den Hals brechen, was auch fast hätte geschehen können, denn auf einmal hörte unten der Wirt, der schon auf war, einen Fall, dass alle Fenster zitterten und der Perpendikel an der Wanduhr sich in die Ruhe stellte. Als er aber geschwind mit dem Licht und dem Hauptschlüssel hinauf geeilt war, ob ein Unglück sich zugetragen habe, denn er kannte seinen Roten, lagen beide mit einander ringend auf dem Boden und schrien Zeter Mordio um Hilfe. Da lächelte der Wirt in seiner Art, als ob er sagen wollte, der Rote hat gut gewirkt, die gefährliche Entdeckung. Die beiden aber schauten einander mit Verwunderung und Staunen an. «Ich glaube gar, du bist es selbst, Anton», sagte der Herr. – «So, seid Ihr es gewesen», erwiderte der Diener, und legten sich wieder ein jeder in sein Bett, worein er gehörte. [1814]

Der Friedensstifter

Wer die rechten Mittel zu wählen weiss, der kommt zum Zweck, zum Exempel der Herr Theodor. Zwei junge Burgersmänner in seiner Nachbarschaft hatten sich gegenseitig im Wirtshaus beleidigt und waren doch zu honett, einander anzugreifen, und zu eigensinnig, einander zu vergeben. Also nährten sie den Unfrieden im Herzen. Das klagte jemand dem Herrn Theodor, und wie alle Mittel vergeblich seien, sie mit einander zu versöhnen. Der Herr Theodor sagte: «Lasst mich gewähren. Ich kenne sie. Bis morgen sind sie gute Freunde.» Also bat er jeden insbesondere, ob er nicht heute bei ihm zu Nacht essen wollte, und setzte sie an den Tisch neben einander. Keiner gönnte dem andern ein Wort oder einen Blick. Beide dupften fleissig mit dem Herrn Theodor an, aber keiner mit dem andern. Da löschte der Herr Theodor das Licht aus, als wenn er die Kerze hätte putzen wollen, und sagte: «Nichts für ungut! Ich will's gleich wieder anzünden.» Indem er aber hinausging, gab er dem einen von der Seite her, wo der andere sass, im Dunkeln eine Ohrfeige. Also gab dieser dem andern zwei, und also setzten sie das Multiplikationsexempel mit einander fort und zerschlugen sich, wo jeder im Finstern hintraf, bis der Herr Theodor wieder kam, der etwas lange ausblieb. Als der Herr Theodor mit dem Licht wieder kam, und traf sie an im wilden Kampf und Handgemeng, sagte er: «Das ist recht gut und löblich, ehrenwerte Nachbarn und Gäste, dass Ihr Euch gegen einander expliziert, und ich hab's schon den ganzen Abend gemerkt, dass Ihr etwas gegen einander auf dem Herzen habt. Ich sehe, dass es Euch aufrichtig um Aussöhnung zu tun ist, weil jeder dem andern seine Meinung unverhohlen zu verstehen gibt.» «Ihr hättet nicht sagen sollen, dass ich Trumpf verleugne», sagte der eine, «so ich doch Farbe angegeben habe.» Der andere sagte: «Ihr hättet nur nicht gleich schimpfen dürfen. Ein Herz ist bald für einen Eckstein angesehen. Ihr wisst, wie schmutzig die Karten sind.» Drauf liess sich der Herr Theodor den Handel von ihnen erzählen und schlichtete ihn vollends aus; den andern Tag waren sie wieder gut Freund. [1814]

Glück und Unglück

Wie hat zu einem Bauersmann ein Doktor gesagt? «Ihr Landleute», sagte er, «habt's doch immer gut. Wenn des Getreides wenig gewachsen ist, so verkauft ihr es um einen teuern Preis. Ist es wohlfeil, so habt ihr viel zu verkaufen und löset auch viel Geld.» – «Umgekehrt, Herr Doktor», sagte der Bauersmann, «wir kommen auf keinen grünen Zweig. Denn wenn das Getreide teuer ist, so haben wir nicht viel zu verkaufen. Wenn wir aber viel haben, ist es wohlfeil und macht uns doch nicht reich.» – Auch gut gegeben. [1815]

Verloren oder gefunden

An einem schönen Sommerabend fuhr der Herr Vogt von Trudenbach in seinem Kaleschlein noch spät vom Brassenheimer Fruchtmarkt zurück, und das Rösslein hatte zwei zu ziehen, nämlich den Herrn Vogt und seinen Rausch. Unterwegs am Strassenwirtshaus schauten noch ein paar lustige Köpfe zum Fenster heraus, ob der Herr Vogt nicht noch ein wenig einkehren und einen Bescheid tun wolle; die Nacht sei mondhell. Der Herr Vogt scheute sich weniger vor dem Bescheid als vor dem Ab- und Aufsteigen in das Kaleschlein, massen es ihm schon am Morgen schwer wird, aber am Abend fast unmöglich. Der Herr Theodor meinte zwar: «Wir wollen das Kaleschlein auf die Seite umlegen und ihn

abladen», aber kürzer war es doch, man ging mit der Flasche zu ihm hinaus. Aus einer Flasche wurden vier, und die Redensarten manquierten ihm immer mehr, bis ihm der Schlaf die Zunge und die letzte Besinnung band. Als er aber eingeschlafen war, führten die lustigen Köpfe das Rösslein in den Stall und liessen ihn auf der Strasse sitzen. Früh aber, als ihn vor dem Fenster des Wirts die Wachtel weckte, kam er sich kurios vor und wusste lange nicht, wo er sei und wo er sich befinde. Denn, nachdem er sich eine Zeitlang umgesehen und die Augen ausgerieben hatte, sagte er endlich: «Jetzt kommt alles darauf an, ob ich der Vogt von Trudenbach bin oder nicht. Denn bin ich's, so hab' ich ein Rösslein verloren, bin ich's aber nicht, so hab' ich ein Kaleschlein gefunden.»
[1815]

List gegen List

Einem namhaften Goldschmied hatten zwei vornehm gekleidete Personen für 3000 Taler kostbare Kleinode abgekauft für auf die Krönung in Ungarn. Hernach bezahlten sie ihm tausend Taler bar, legten alles, was sie ausgesucht hatten, in ein Schächtelein zusammen, siegelten das Schächtelein zu und gaben es dem Goldschmied gleichsam als Unterpfand für die noch fehlende Summe wieder in Verwahrung, wenigstens kam es dem Goldschmied so vor, als wenn es das nämliche wäre. «In vierzehn Tagen», sagten sie, «bringen wir Euch die fehlende Summe, und nehmen alsdann das Schächtelein in Empfang.» Alles wurde schriftlich gemacht. Allein, es vergehen drei Wochen, niemand meldet sich. Der Krönungstag geht vorüber, es gehen noch vier Wochen vorüber. Niemand will mehr nach dem Schächtelein fragen. Endlich dachte der Goldschmied: «Was soll ich Euch Euer Eigentum hüten auf meine Gefahr und mein Kapital tot drinnen liegen haben?» Also wollte er das Schächtelein in Beisein einer obrigkeitlichen Person eröffnen und die bereits empfangenen 1000 Taler hinterlegen. Als es aber geöffnet ward, «lieber guter Goldschmied», sagte der Aktuarius, «wie seid Ihr von den zwei Spitzbuben angeschmiert.» Nämlich in dem Schächtelein lagen statt Edelgestein, Kieselstein, und Fensterblei, statt Goldes. Die zwei Kaufleute waren spitzbübische Taschenspieler, böhmische Juden, brachten das wahre Schächtelein unvermerkt auf die Seite und gaben dem Goldschmied ein anderes zurück, welches ebenso aussah. «Goldschmied», sagte der Aktuarius, «hier ist guter Rat teuer. Ihr seid ein unglücklicher Mann.» Indem trat wohlgekleidet und ehrbar ein Fremder zur Türe herein und wollte dem Goldschmied allerlei krummgebogenes Silbergeschirr und einsechtige Schnallen verkaufen und sah den Spektakel. «Goldschmied», sagte er, als der Aktuarius fort war, «Euer Lebelang müsst Ihr Euch nicht mit den Schreibern einlassen. Haltet Euch an praktische Männer. Habt Ihr das Herz, eine Wurst an eine Speckseite zu setzen, Euch ist zu helfen. Wenn Euer Schächtelein oder der Wert dafür noch in der Welt ist, ich schaff Euch die Spitzbuben wieder ins Haus.» — «Wer seid Ihr, um Vergebung?» fragte der Goldschmied. — «Ich bin der Zundelfrieder», erwiderte der Fremde mit Vertrauen und mit einem recht liebenswürdig freundlichen Spitzbubengesicht. Wer den Frieder nicht persönlich kennt wie der Hausfreund, der kann sich keine Vorstellung davon machen, wie ehrlich und gutmütig er sich anstellen und dem vorsichtigsten Menschen so unwiderstehlich das Herz und das Vertrauen abstehlen kann wie das Geld. Auch ist er in der Tat so schlimm nicht, als man ihn zwischen Bühl und Achern dafür hält. Ob nun der Goldschmied noch überdies an das Sprichwort dachte, dass man Spitzbuben am besten mit Spitzbuben fangen könne, oder ob er an ein anderes Sprichwort dachte, dass, wer das Ross geholt hat, der hole auch den Zaum (wegen einer guten Freundin will ihn der Hausfreund nicht mit Namen nennen), kurz, der Goldschmied vertraut sich dem Frieder an. «Aber ich bitte Euch», sagte er, «betrügt mich nicht.» «Verlasst Euch auf mich», sagte der Frieder, «und erschreckt nicht allzusehr, wenn Ihr morgen früh wieder um etwas klüger geworden seid!» Vielleicht ist der Frieder auf einer Spur? Nein, er ist noch auf keiner. Aber wer in selbiger Nacht dem Goldschmied auch noch 4 Dutzend silberne

Löffel, 6 silberne Salzbüchslein, 6 goldene Ringe mit kostbaren Steinen holte, das war der Frieder. Manch geneigter Leser, der auf ihn nicht viel halten will, wird denken: «Das geschah dir recht.» Desto besser. Denn dem Goldschmied war es auch recht. Nämlich auf dem Tisch fand er von dem Zundelfrieder einen eigenhändigen Empfangschein, dass er obige Artikel richtig erhalten habe, und ein Schreiben, wie sich der Goldschmied nun weiter zu verhalten habe. Nämlich er zeigt jetzt nach des Frieders Anleitung den Diebstahl bei Amt an, und bat um einen Augenschein. Hernach bat er den Amtmann, die verlorenen Artikel in allen Zeitungen bekannt zu machen. Hernach bat er, auch das versiegelte Schächtelein mit seiner ganzen Beschreibung mit in das Verzeichnis zu setzen, um etwas. Der Amtmann sah ins Klare und verwilligte ihm den Wunsch. „Einem honetten Goldschmied", dachte er, „kann ein Mann, der eine Haushaltung führt, etwas zum Gefallen tun." Also verlauft es sich in alle Zeitungen, dem Goldschmied sei gestohlen worden das und das, unter anderm ein Schächtelein so und so mit vielen kostbaren Edelgesteinen, die alle benannt wurden. Die Nachricht kam bis nach Augsburg. «Löb», schmunzelte dort ein böhmischer Jud dem andern zu, «der Goldschmied wird nie erfahren, was in dem Schächtelein war. Weisst du, dass es ihm gestohlen ist?» – «Desto besser», sagte der Löb, «so muss er uns auch unser Geld zurück geben, und hat gar nichts.» Kurz, die Betrüger gehn dem Frieder in die Falle und kommen wieder zu dem Goldschmied. «Seid so gut und gebt uns jetzt das Schächtelein! Nicht wahr, wir haben Euch ein wenig lange warten lassen?» – «Liebe Herrn», erwiderte der Goldschnied, «Euch ist unterdessen ein grosses Unglück geschehen, das Schächtelein ist Euch gestohlen. Habt ihr's noch in keiner Zeitung gelesen?» Der Löb erwiderte mit ruhiger Stimme: «Das wäre uns leid, aber das Unglück wird wohl auf Eurer Seite sein. Ihr liefert uns das Schächtelein ab, wie wir's Euch in die Hände gegeben haben, oder Ihr gebt uns unser vorausbezahltes Geld zurück. Die Krönung ist ohnehin vorüber.» – Man sprach hin, man sprach her, «und das Unglück wird eben doch auf Eurer Seite sein», nahm wieder der Goldschmied das Wort. Denn im nämlichen Augenblick traten jetzt mit seiner Frau vier Hatschiere in die Stube, handfeste Männer, wie sie sind, und fassten die Spitzbuben. Das Schächtelein war nimmer aufzutreiben, aber das Zuchthaus und so viel Geld und Geldeswert als nötig war, den Goldschmied zu bezahlen. Aus Dankbarkeit zerriss der Goldschmied hernach den Empfangsschein des Frieders. Aber der Frieder brachte ihm alles wieder und verlangte nichts für seinen guten Rat. «Wenn ich einmal etwa von Euerer Ware benötiget bin», sagte er, «so weiss ich ja jetzt den Weg in Euern Laden und zu Euerm Kästlein. Wenn ich nur alle Spitzbuben zu Grunde richten könnte», sagte er, «dass ich der einzige wäre.» Denn eifersüchtig ist er. [1815]

Hülfe in der Not

Als im verwichenen Spätjahr der Zirkelschmied mit seiner Frau ungegessen ins Bett gehen wollte – schon seit drei Tagen war kein Feuer mehr in die Küche gekommen, und das letzte Mäuslein hatte sich ausquartiert –, da schickte ihm, wie gerufen, der Barbier von Brassenheim einen fetten Schinken, so gross als manches Säulein, was noch ganz ist, und drei Würste dazu, so lang wie Glockenseiler, und der Zirkelschmied wusste nicht warum, der geneigte Leser weiss es auch nicht. Aber er erfahrt's.

Schon vor Jahr und Tagen war in Brassenheim ein fremder Mann in das Wirtshaus zu den drei Rosen gekommen, und der Zirkelschmied sass damals auch schon drin, etwa beim dritten Schöpplein oder beim vierten. Als der Fremde eine Zeitlang da war und dem Zirkelschmied weniger pfiffig als ehrlich aussah, dachte der Zirkelschmied: „Ich will ein Gespräch mit ihm anfangen. Vielleicht lässt er sich über den Löffel balbieren." «Ihr seid wohl auch zum erstenmal hier, seitdem der Rosenwirt dies schöne Haus gebaut hat, weil Ihr so lange an einem Nagel gesucht habt für Euern Kaputrock?» Der Fremde sagte: «Ich bin auch ein Wirt, aber ich tauschte mein Haus noch nicht gegen dieses, wenn eins nicht wäre.» – «Habt Ihr noch namhafte Schulden darauf?» – «Das nicht.» – «Oder riecht der Abtritt?» – «Das auch nicht.» – «Oder habt Ihr ein böses Weib im Haus?» – «Das auch nicht, aber sonst nichts Gutes.» Endlich erfuhr der Zirkelschmied nach einigem Hin- und Herreden von dem Fremden, wie er das Unglück habe in seinem Haus mit einem grausamen Gespenst, das alle Nacht auf seinem Speicher erwache und Ziegel fresse, wie man an den Brosamen sehe und an den Lücken im Dach. Der wohlbelehrte Leser des Rheinländischen Hausfreundes ist darüber im Klaren, ehe man ihm sagt, dass dieses Gespenst nur ein boshafter Mensch, ein Feind des Hausbesitzers könne gewesen sein. Nämlich es war sein eigener Schwager, der ihm das Haus verleiden und feil machen wollte. Der Zirkelschmied sagte: «Wenn Ihr mit Wissen noch kein Menschenfleisch gegessen und noch keinem Ross das Einmaleins abgehört habt, so ist Rat, wenn's Euch auf zwei Grosse Taler nicht ankommt, einen sogleich, den andern, wenn Euch geholfen ist.» Der Fremde griff sogleich in die Tasche. «Jetzt geht zum Herr Barbier», sagte der Zirkelschmied halb leise, obgleich sonst niemand in der Stube war, «und klagt ihm Eure Not. Anfänglich wird er Euch kein Gehör geben, denn es ist ihm bei Strafe verboten. Wenn Ihr aber nicht nachlasst, so bekommt Ihr das Mittel (oder den Buckel voll Schläge», dachte für sich der Zirkelschmied). Als aber der Fremde zu dem Barbier gekommen war, der ein gar vernünftiger Mann ist, fuhr der Barbier ihn an: «Wer hat Euch zu mir geschickt?» – «Einer in einem abgeschabenen Röcklein und in einer schwarzen Halsbinde, hinten mit einer breiten messingenen Schnalle, drei Finger hoch über dem Rockkragen, hinten auf dem Kopf hat er noch vierundzwanzig bis dreissig Härlein und doch ein Kamm drin.» Da hob der Barbier drohend und zürnend den Zeigefinger auf und sagte: «Wart, vermaledeiter Zirkelschmied, hab ich dich einmal ausgekundschaftet.» Der Fremde aber fiel ihm ins Wort: «Stellt Euch nicht so kurios, Herr Doktor, ich weiss alles, und helft mir von meinem Ziegelfresser, von meinem Gespenst.» Der Barbier bekam gute Laune, weil er den Zirkelschmied ausgekundschaftet hatte. «Ich will Euch ein stinkendes Rauchpulver geben», sagte er, «mit dem geht dem Geist auf den Leib und schlagt ihn, Ihr seid ein handfester Mann, mit einem braven Weidenstumpen lederweich, bis er vor Euch zur Erde fällt, nur nicht zu Tod, denn die Geister halten nichts darauf, wenn man sie zu Tod schlägt. Hernach geht Ihr Eures Weges, damit der Geist auch unbeschrien nach Hause kann.»

Solchen Rat gab dem fremden Mann der Barbier, und dachte nicht daran, was die Sache für ein schlimmes Ende nehmen könnte. Aber sie nimmt ein gutes Ende. Der Hausfreund weiss es schon.

Denn, wie gesagt, im verwichenen Spätjahr am Katharinentag, als der Barbier nach Oberwaldsheim gehen wollte, sechs Stunden von Brassenheim, wohin sonst sein Weg nicht war, kehrt er unterwegs ein in einem Wirtshaus, wie es einem einfallen kann, wenn man einen Schild sieht. Als er aber in der Stube war und den Wirt erblickte, erschrak er gar sehr und dachte: „O weh, wie werd' ich wieder da herauskommen", und machte in der Geschwindigkeit ein krummes Maul, dass ihn niemand kennen sollte, denn der Wirt war der nämliche, dem er das Rauchpulver gegeben hatte, und er wusste nicht, wie der Handel ausgegangen war. Der Wirt aber, während er ihm ein Schöpplein holte, sann hin und her. «Den Mann sollt' ich kennen. Wenn er nicht das Maul so verdammt krumm im Gesicht hätte, so wär's der Barbier von Brassenheim, der brave Mann, der mich vom Gespenst erlöst hat. Ich will nur sehen, wie er den Wein hineinbringt», und als er hernach die ersten Ehrenfragen an ihn getan hatte: «Woher des Landes und wohin?» sagte er: «Herr Landsmann, nehmt meine Neugierde nicht zum Vorwitz auf! Wenn Euer Mund besser im Blei läge, so wollt ich glauben, Ihr seid der Gregorius (Chirurgus wollt er sagen) von Brassenheim.» Dem Barbier ging der Angstschweiss aus. «Wenn Euch mein krummes Maul irre macht», sagte er, «so muss der Barbier von Brassenheim ein gerades haben, und folglich kann ich nicht der nämliche sein. Zudem bin ich der Papiermüller von Neuhausen.» Jetzt erzählte ihm der Wirt die ganze Geschichte, und unmerklich, wie sie immer besser lautete, zog sich sein Mund immer gerader in die

Linie, «und Ihr seid es doch», rief endlich der Wirt. «Freilich bin ich's», erwiderte der Barbier, «ich habe Euch nur ein wenig vexieren wollen, ob Ihr mich noch kennt. Aber nicht wahr», sagte er, «das Mittel hat geholfen?» – «Gleich aufs erstemal», erwiderte der Wirt und rief voll Freude und Dankbarkeit die Frau und die Kinder herein und bestellte ein gutes Mittagsessen für seinen ehrenwerten Gast, sinnend, ob er ihm nicht sonst noch eine Ehre antun könne. Als daher der Barbier sich entschuldigte, dass er noch nach Waldsheim auf den Katharinenmarkt gehen und ein Säulein kaufen wolle, da ging eine freundliche Heiterkeit über das Angesicht des Wirtes, und sagte er zu ihm: «Ei, steht Euch keine von meinen an?» Jetzt liess er ihm sechs gemästete Schweine, eines grösser als das andere, in den Hof herausspringen. «Da sucht Euch eine heraus, Herr Doktor.» Der Barbier kam in Verlegenheit, so ein Schwein könne er nicht bezahlen, auch nicht gewältigen in seiner kleinen Haushaltung. Aber der Wirt fasste kurzweg eine am Bein. «Die ist Euer.» Also blieben sie beisammen über den Mittag, und als sie genug gegessen und getrunken hatten, befahl der Wirt dem Knecht, das Wägelein anzuspannen und den Herrn Doktor und die Sau nach Brassenheim zu führen. – Deswegen schickte der Barbier dem Zirkelschmied tags darauf den Schinken und die Würste, weil sein Mutwillen ihm dazu verholfen hatte. «Sieh, Bärbel», sagte hernachmals der Zirkelschmied zu seiner Frau, «du hast mich schon oft verkannt. Mit einem Mann, wie ich bin, ist eine Frau versorgt.»[1815]

Gleiches mit Gleichem

Der geistliche Herr von Trudenbach stand eines Nachmittags am Fenster. Da ging mit seinem Zwerchsack der Jud von Brassenheim vorbei. «Nausel», rief ihm der geistliche Herr, «wenn du mir zu meinem Ross einen guten Käufer weisst, 20 Dublonen ist es wert, so bekommst du.» – «Na, was bekomm' ich?» – «Einen Sack Haber.» – Es vergingen aber drei Wochen, bis der Jud den rechten Liebhaber fand, der nämlich 6 Dublonen mehr dafür bezahlte, als es wert war, und unterdessen stieg der Preis des Habers schnell auf das Doppelte, weil die Franzosen überall aufkauften; damals kauften sie noch. Also gab der geistliche Herr dem Juden statt eines ganzen Sackes voll einen halben. „Vielleicht bekehr ich ihn", dachte er, „wenn er sieht, dass wir auch gerecht sind in Handel und Wandel."

Das war nun zu nehmen, wie man wollte. Der Jud nahm's aber für recht und billig. „Wart nur, Gallech", dachte er, „du kommst mir wieder."

Nach Jahresfrist stand der geistliche Herr von Trudenbach am Fenster, und der Jud von Brassenheim ging durch das Dorf. «Nausel», rief ihm der geistliche Herr, «wenn du mir zu meinen zwei fetten Ochsen» — «Na, was bekomm' ich, wenn ich Euch einen guten Käufer schaffe?» — «Zwei Grosse Taler.»

Jetzt ging der Jud zu einem verunglückten Metzger, der schon lange kein Messer mehr führt, weil alles gut tut, nur so lange es mag, zum Beispiel das Schuldigbleiben. Endlich sagte er zu seinen zwei letzten Kunden: «Ich weiss nicht, ich bin seit einiger Zeit so weichmütig, dass ich gar kein Blut mehr sehen kann», und schloss die Metzig zu. Seitdem heisst er zum Übernamen der Metzger Blutscheu und nährte sich wie der Zirkelschmied von kleinen Künsten und Projekten, wie wirklich eins im Werk ist. Denn an ihm suchte und fand der Jud seinen Mann und sagte ihm, was zu fangen sei und auf welche Art. Nach zwei Tagen kamen die beiden zu dem geistlichen Herrn. Aber wie war der Metzger ausstaffiert? In einem halbneuen, brauntüchenen Rock, in langen, schön gestreiften Beinkleidern von Parchent, um den Leib eine leere Geldgurt, am Finger einen lotschweren silbernen Ring, ein dito Herz im Hemd unter dem scharlachenen Brusttuch, hinter sich her einen wohlgenährten Hund, alles auf des Juden Bürgschaft zusammengeborgt, nichts sein eigen als das rote Gesicht. Die Ochsen wurden kunstmässig umgangen, betastet, mit den Augen gewogen, und wie mit einer Klafterschnur gemessen. — «Na, wie jauker?» — «Zwanzig Dublonen.» — «Siebenzehn!» — «Herr Adlerwirt», sagte der Jud, «macht neunzehn draus, Ihr verkauft Euch nicht.» — «Die Ochsen sind brav», sagte der Blutscheu, «wenn ich's zwei Stunden früher gewusst hätte, als meine Gurt noch voll war, dass ich sie also gleich fassen könnte, so wären sie mir ein paar Dublonen mehr wert. Aber am Freitag hol ich sie für achtzehn», und zog den ledernen Beutel aus, als wenn er etwas drauf geben wollte. Unterdessen flüsterte der Jude dem geistlichen Herrn etwas in das Ohr, und «wenn Ihr für die Jungfer Köchin zwei Grosse Taler in den Kauf geben wolltet», sprach er dem Metzger zu, «so könnt Ihr die Ochsen also gleich mitnehmen für neunzehn. Ihr seid ein Ehrenmann, und der Herr Dechant ist auch so einer. Am Freitag bringt Ihr ihm das Geld.» Der Kauf war richtig, zwei Grosse Taler gingen auf die Hand. «Herr Adlerwirt», sagte der Jud, «Ihr habt einen guten Handel gemacht.»

Also trieb der Blutscheu die schöne fette Beute fort. Die meisten geneigten Leser aber werden bereits merken, dass der Herr Dechant sein Geld am Freitag noch nicht bekam. Eines Nachmittags, nach vier Wochen oder nach sechs, stand der geistliche Herr von Trudenbach am Fenster, und der Jud ging durch das Dorf. «Nausel», rief der geistliche Herr ihm zu, «wo bleibt der Adlerwirt? Ich habe mein Geld noch nicht.» — «Na, wo wird er bleiben», sagte der Nausel. «Er wird warten, bis eine Dublone das Doppelte gilt, alsdann bringt er Euch statt neunzehn neun und eine halbe. Verliert Ihr etwas dabei? Hab ich vor einem Jahr an meinem Haber etwas verloren?»

Da ging dem Herrn Dechant ein Licht auf.

Das Artigste an dieser ganzen Geschichte ist die Wahrheit. Der Jud hat es nachgehends selber erzählt und gerühmt, wie ehrlich der Metzger an dem Scheideweg im Wald mit ihm geteilt habe. «Was er getan hat», sagte er, «den schönsten hat er für sich behalten und mir den geringern gegeben.» [1815]

Der Schneider in Pensa

Ein rechtschaffener Kalendermacher, zum Beispiel der Hausfreund, hat von Gott dem Herrn einen vornehmen und freudigen Beruf empfangen, nämlich dass er die Wege aufdecke, auf welchen die ewige Vorsehung für die Hülfe sorgt, noch ehe die Not da ist, und dass er kund mache das Lob vortrefflicher Menschen, sie mögen doch auch stecken, fast wo sie wollen.

Der Schneider in Pensa, was ist das für ein Männlein! Sechsundzwanzig Gesellen auf dem Brett, jahraus, jahrein für halb Russland Arbeit genug, und doch kein Geld, aber ein froher heiterer Sinn, ein Gemüt treu und köstlich wie Gold und mitten in Asien teutsches Blut rheinländischer Hausfreundschaft.

Im Jahr 1812, als Russland nimmer Strassen genug hatte für die Kriegsgefangenen an der Berezina oder in Wilna, ging eine auch durch Pensa, welches für sich schon mehr als einhundert Tagereisen weit von Lahr oder Pforzheim entfernt ist und wo die beste deutsche oder englische Uhr, wer eine hat, nimmer recht geht, sondern ein paar Stunden zu spät. In Pensa ist der Sitz des ersten russischen Statthalters in Asien, wenn man von Europa aus hereinkommt. Also wurden dort die Kriegsgefangenen abgegeben und übernommen und alsdann weiter abgeführt in das tiefe fremde Asien hinein, wo die Christenheit ein Ende hat und niemand mehr das Vaterunser kennt, wenn's nicht einer gleichsam als eine fremde Ware aus Europa mitbringt.

Also kamen eines Tages mit Franzosen meliert auch sechzehn rheinländische Herren Leser, badische Offiziere, die damals unter den Fahnen Napoleons gedient hatten, über die Schlachtfelder und Brandstätten von Europa, ermattet, krank, mit erfrorenen Gliedmassen und schlecht geheilten Wunden, ohne Geld, ohne Kleidung, ohne Trost in Pensa an, und fanden in diesem unheimlichen Land kein Ohr mehr, das ihre Sprache verstand, kein Herz mehr, das sich über ihre Leiden erbarmte. Als aber einer den andern mit trostloser Miene anblickte: „Was wird aus uns werden?"

oder: „Wann wird der Tod unserm Elend ein Ende machen, und wer wird den letzten begraben?" da vernahmen sie mitten durch das russische und kosakische Kauderwelsch wie ein Evangelium vom Himmel unvermutet eine Stimme: «Sind keine Teutsche da?» und es stand vor ihnen auf zwei nicht ganz gleichen Füssen eine liebe freundliche Gestalt. Das war der Schneider von Pensa, Franz Anton Egetmeier, gebürtig aus Bretten im Neckarkreis, Grossherzogtum Baden. Hat er nicht im Jahr 1779 das Handwerk gelernt in Mannheim? Hernach ging er auf die Wanderschaft nach Nürnberg, hernach ein wenig nach Petersburg hinein. Ein Pfälzer Schneider schlagt sieben- bis achtmal hundert Stunden Wegs nicht hoch an, wenn's ihn inwendig treibt. In Petersburg aber liess er sich unter ein russisches Kavallerieregiment als Regimentsschneider engagieren und ritt mit ihnen in die fremde russische Welt hinein, wo alles anderst ist, nach Pensa, bald mit der Nadel stechend, bald mit dem Schwert. In Pensa aber, wo er sich nachher häuslich und bürgerlich niederliess, ist er jetzt ein angesehenes Männlein. Will jemand in ganz Asien ein sauberes Kleid nach der Mode haben, so schickt er zu dem teutschen Schneider in Pensa. Verlangt er etwas von dem Statthalter, der doch ein vornehmer Herr ist und mit dem Kaiser reden darf, so hat's ein guter Freund vom andern verlangt, und hat auf dreissig Stunden Weges ein Mensch ein Unglück oder einen Schmerz, so vertraut er sich dem Schneider von Pensa an, er findet bei ihm, was ihm fehlt, Trost, Rat, Hülfe, ein Herz und ein Auge voll Liebe, Obdach, Tisch und Bett, nur kein Geld.

Einem Gemüte, wie dieses war, das nur in Liebe und Wohltun reich ist, blühte auf den Schlachtfeldern des Jahres 1812 eine schöne Freudenernte. Sooft ein Transport von unglücklichen Gefangenen kam, warf er Schere und Elle weg und war der erste auf dem Platz, und: «Sind keine Teutsche da?» war seine erste Frage. Denn er hoffte von einem Tag zum andern, unter den Gefangenen Landsleute anzutreffen, und freute sich, wie er ihnen Gutes tun wollte und liebte sie schon zum voraus ungeseheneweise, wie eine Frau ihr Kindlein schon liebt und ihm Brei geben kann, ehe sie es hat. „Wenn sie nur so oder so aussähen", dachte er. „Wenn ihnen nur auch recht viel fehlt, damit ich ihnen recht viel Gutes erweisen kann." Doch nahm er, wenn keine Teutschen da waren, auch mit Franzosen vorlieb und erleichterte ihnen, bis sie weiter geführt wurden, ihr Elend, als nach Kräften er konnte. Diesmal aber, und als er mitten unter so viele geneigte Leser, auch Darmstädter und andere hineinrief: «Sind keine Teutsche da?» — er musste zum zweitenmal fragen, denn das erstemal konnten sie vor Staunen und Ungewissheit nicht antworten, sondern das süsse teutsche Wort in Asien verklang in ihren Ohren wie ein Harfenton, und als er hörte: «Teutsche genug», und von jedem erfragte, woher er sei — er wär' mit Mecklenburgern oder Kursachsen auch zufrieden gewesen, aber einer sagte, «von Mannheim am Rheinstrom», als wenn der Schneider nicht vor ihm gewusst hätte, wo Mannheim liegt, der andere sagte, «von Bruchsal», der dritte, «von Heidelberg», der vierte, «von Gochsheim»; da zog es wie ein warmes, auflösendes Tauwetter durch den ganzen Schneider hindurch. «Und ich bin von Bretten», sagte das herrliche Gemüte, Franz Anton Egetmeier von Bretten, wie Joseph in Ägypten zu den Söhnen Israels sagte: «Ich bin Joseph, euer Bruder» — und die Tränen der Freude, der Wehmut und heiligen Heimatsliebe traten allen in die Augen, und es war schwer zu sagen, ob sie einen freudigen Fund an dem Schneider oder der Schneider an seinen Landsleuten machte, und welcher Teil am gerührtesten war. Jetzt führte der gute Mensch seine teuern Landsleute im Triumph in seine Wohnung und bewirtete sie mit einem erquicklichen Mahl, wie in der Geschwindigkeit es aufzutreiben war.

Jetzt eilte er zum Statthalter und bat ihn um die Gnade, dass er seine Landsleute in Pensa behalten dürfe. «Anton», sagte der Statthalter, «wann hab' ich Euch etwas abgeschlagen.» Jetzt lief er in der Stadt herum und suchte für diejenigen, welche in seinem Hause nicht Platz hatten, bei seinen Freunden und Bekannten die besten Quartiere aus. Jetzt musterte er seine Gäste, einen nach dem andern. «Herr Landsmann», sagte er zu einem, «mit Eurem Weisszeug sieht's windig aus. Ich werde Euch für ein halbes Dutzend neue Hemder sorgen.» – «Ihr braucht auch ein neues Röcklein», sagte er zu einem andern. – «Euers kann noch gewendet und ausgebessert werden», zu einem dritten, und so zu allen, und augenblicklich wurde zugeschnitten, und alle sechsundzwanzig Gesellen arbeiteten Tag und Nacht an Kleidungsstücken für seine werten rheinländischen Hausfreunde. In wenig Tagen waren alle neu oder anständig ausstaffiert. Ein guter Mensch, auch wenn er in Nöten ist, missbraucht niemals fremde Gutmütigkeit; deswegen sagten zu ihm die rheinländischen Hausfreunde: «Herr Landsmann, verrechnet Euch nicht. Ein Kriegsgefangener bringt keine Münzen mit. So wissen wir auch nicht, wie wir Euch für Eure grossen Auslagen werden schadlos halten können und wann.» Darauf erwiderte der Schneider: «Ich finde hinlängliche Entschädigung in dem Gefühl, Ihnen helfen zu können. Benutzen Sie alles, was ich habe! Sehen Sie mein Haus und meinen Garten als den Ihrigen an!» So kurz weg und ab, wie ein Kaiser oder König spricht, wenn eingefasst in Würde die Güte hervorblickt. Denn nicht nur die hohe fürstliche Geburt und Grossmut, sondern auch die liebe häusliche Demut gibt, ohne es zu wissen, bisweilen den Herzen königliche Sprüche ein, Gesinnungen ohnehin. Jetzt führt er sie freudig wie ein Kind in der Stadt bei seinen Freunden herum und machte Staat mit ihnen. Der Kalender hat jetzt nimmer Zeit und Raum genug, alles Gute zu rühmen, was er seinen Freunden erwies. So sehr sie zufrieden waren, so wenig war er es. Jeden Tag erfand er neue Mittel, ihnen den unangenehmen Zustand der Kriegsgefangenschaft zu erleichtern und das fremde Leben in Asien angenehm zu machen. War in der lieben Heimat ein hohes Geburts- oder Namensfest, es wurde am nämlichen Tag von den Treuen auch in Asien mit Gastmahl, mit Vivat und Freudenfeuer gehalten, nur etwas früher, weil dort die Uhren falsch gehen. Kam eine frohe Nachricht von dem Vorrücken und dem Siege der hohen Alliierten in Teutschland an, der Schneider war der erste, der sie wusste und seinen Kindern, er nannte sie nur noch seine Kinder, mit Freudentränen zubrachte, darum, dass sich ihre Erlösung nahte. Als einmal Geld zur Unterstützung der Gefangenen aus dem

Vaterland ankam, war ihre erste Sorge, ihrem Wohltäter seine Auslagen zu vergüten. «Kinder», sagte er, «verbittert mir meine Freude nicht!» – «Vater Egetmeier», sagten sie, «tut unserm Herzen nicht wehe!» Also machte er ihnen zum Schein eine kleine Rechnung, nur um sie nicht zu betrüben und um das Geld wieder zu ihrem Vergnügen anzuwenden, bis die letzte Kopeke aus den Händen war. Das gute Geld war für einen andern Gebrauch zu bestimmen, aber man kann nicht an alles denken.

Denn als endlich die Stunde der Erlösung schlug, gesellte sich zur Freude ohne Mass der bittere Schmerz der Trennung und zu dem bittern Schmerz die Not. Denn es fehlte an allem, was zur Notdurft und zur Vorsorge auf eine so lange Reise in den Schrecknissen des russischen Winters und einer unwirtbaren Gegend nötig war, und ob auch auf den Mann, solange sie durch Russland zu reisen hatten, täglich 13 Kreuzer verabreicht wurden, so reichte doch das wenige nirgends hin. Darum ging in diesen letzten Tagen der Schneider, sonst so frohen leichten Mutes, still und nachdenklich herum, als der etwas im Sinn hat, und war wenig mehr zu Hause. «Es geht ihm recht zu Herzen», sagten die rheinländischen Herren Hausfreunde und merkten nichts. Aber auf einmal kam er mit grossen Freudenschritten, ja mit verklärtem Antlitz zurück: «Kinder, es ist Rat. Geld genug!» – Was war's? Die gute Seele hatte für zweitausend Rubel das Haus verkauft. «Ich will schon eine Unterkunft finden», sagte er, «wenn nur Ihr ohne Leid und Mangel nach Teutschland kommt.» O du heiliges, lebendig gewordenes Sprüchlein des Evangeliums und seiner Liebe : „Verkaufe, was du hast, und gib es denen, die es bedürftig sind, so wirst du einen Schatz im Himmel haben." Der wird einst weit oben rechts zu erfragen sein, wenn die Stimme gesprochen hat: «Kommt, ihr Gesegneten! Ich bin hungrig gewesen, und ihr habt mich gespeist, ich bin nackt gewesen, und ihr habt mich gekleidet, ich bin krank und gefangen gewesen, und ihr habt euch meiner angenommen.» Doch der Kauf wurde zu grossem Trost für die edlen Gefangenen wieder rückgängig gemacht. Nichts desto weniger brachte er auf andere Art noch einige hundert Rubel für sie zusammen und nötigte sie, was er hatte von kostbarem russischem Pelzwerk, mitzunehmen, um es unterwegs zu verkaufen, wenn sie Geldes bedürftig wären oder einem ein Unglück widerführe. Den Abschied will der Hausfreund nicht beschreiben. Keiner, der dabei war, vermag es. Sie schieden unter tausend Segenswünschen und Tränen des Dankes und der Liebe, und der Schneider gestand, dass dieses für ihn der schmerzlichste Tag seines Lebens sei. Die Reisenden aber sprachen unterwegs unaufhörlich und noch immer von ihrem Vater in Pensa, und als sie in Bialystok in Polen wohlbehalten ankamen und Geld antrafen, schickten sie ihm dankbar das vorgeschossene Reisegeld zurück. Das war das Gotteskind Franz Anton Egetmeier, Schneidermeister in Asien. Der Hausfreund wird im künftigen Kalender noch ein freudiges Wort von ihm zu reden wissen, und es wäre nimmer der Mühe wert, einen Kalender zu schreiben, wenn sich die geneigten Leser nicht auf sein Bildnis freuen wollten, was er ihnen zu stiften verspricht. [1815]

Die Wachtel

Zwei wohlgezogene und ehrbare Nachbaren lebten sonst mit einander immer in Frieden und Freundschaft, jetzt zwar auch noch, aber einer von ihnen hatte eine Wachtel. Zu ihm kommt endlich der Nachbar und sagt: «Freund, begreift Ihr nicht, dass mir Euer Lärmenmacher, Euer Tambour da, sehr ungelegen sein kann, wenn ich morgens noch ein Stündlein schlafen möchte, und dass Ihr Euch unwert macht bei der ganzen Nachbarschaft?» – Ihm erwiderte der Nachbar: «Ich begreife das Gegenteil. Ist's nicht aller Ehren wert, dass meine Wachtel der ganzen Nachbarschaft den Morgen umsonst ansagt und die Gesellen weckt, auch sonst Kurzweil macht, und ich trage die Atzungskosten allein?» Als alle Vorstellungen nichts verfangen wollten und die Wachtel immer früher schlug und immer heller, kommt endlich der Nachbar noch einmal und sagt: «Freund, wär' Euch Eure Wachtel nicht feil?» Der Nachbar sagt: «Wollt Ihr sie tot machen?» – «Das nicht», erwiderte der andere. – «Oder fliegen lassen?» – «Nein, auch nicht.» – «Oder in eine andere Gasse stiften?» – «Auch das nicht; sondern hier vor mein Fenster will ich sie stellen, damit Ihr sie auch noch hören könnt alle Morgen.» Der Nachbar merkte nichts, denn er war nicht der Klügere von beiden. „Ei", – dachte er, – „wenn ich sie vor deinem Fenster umsonst hören kann und bekomme noch Geld dazu, so ist's besser" – «Ist sie Euch ein Zweiguldenstück wert?» fragte er den Nachbar. Der Nachbar dachte zwar, es sei viel Geld, doch soll's ihm nicht verloren sein, und noch in der nämlichen Stunde wurde die Wachtel umquartiert.

Am andern Morgen, als sie ihren vorigen Besitzer aus dem Schlaf erweckte, und er eben denken wollte: „Ei, meine gute Wachtel ist auch schon munter", – halbwegs des Gedankens fällt's ihm ein: „Nein, es ist meines Nachbars Wachtel." – «Das undankbare Vieh», sagte er endlich am dritten Morgen, «ein Jahr lang hat sie bei mir gelebt und gute Tage gehabt, und jetzt hält sie es mit einem andern und lebt mir zum Schabernack. – Der Nachbar sollte verständiger sein und bedenken, dass er nicht allein in der Welt ist, wenigstens nicht allein in der Stadt.» Nach mehreren Tagen aber, als er vor Verdruss es nimmer aushalten konnte, redete er hinwiederum den Nachbar an: «Freund», sagte er, «Euere Wachtel hat in der vergangenen Nacht wieder einen kurzen Schlaf gehabt.» – «Es ist ein braver Vogel», erwiderte der Nachbar, «ich habe mich nicht daran verkauft.» – «Er ist recht brav worden in Eurem Futter», fuhr jener fort. «Was verlangt Ihr Aufgeld, dass er Euch wieder feil werde?» Da lächelte der andere, und sagte: «Wollt Ihr sie vielleicht tot machen?» – «Nein.» – «Oder fliegen lassen?» – «Das auch nicht» – «Oder in eine andere Gasse vermachen?» – «Auch das nicht. Aber an ihren alten Platz will ich sie wieder stellen, wo Ihr sie ja ebenso gut hören könnt wie an ihrem jetzigen.» – «Freund», – erwiderte ihm hierauf der Nachbar, – «vor Euer Fenster kommt die Wachtel nimmer mehr; aber gebt Ihr mir meine zwei Gulden wieder, so lass ich sie fliegen.» Der Nachbar dachte bei sich: „Wohlfeiler kann ich sie nicht loswerden als für sein eigenes Geld." Also gab er ihm die zwei Gulden wieder, und die Wachtel flog.

Der geneigte Leser wolle hieran gelegentlich erkennen, wenn er es nötig hat, was für ein grosser Unterschied es sei, ob etwas vor dem eigenen Fenster und in dem eigenen Haus geschieht oder in einem andern, ferner — denn es braucht keine Wachtel dazu —, ob einer in einer Gesellschaft selber pfeift und auf dem Tisch trommelt oder ob es ein anderer anhören muss, item: ob einer selber bis nachts um 10 Uhr eine langweilige Geschichte erzählt und ob ein anderer dabei sein und von Zeit zu Zeit sich verwundern und etwas dazu sagen muss, gleich als ob er Acht gäbe. [1819]

Der vorteilhafte Rosshandel

Folgende glaubhafte Geschichte wird erzählt, nicht zur Nachahmung für leichtfertige Söhne, sondern zur Warnung für leichtgläubige Väter. Ein leichtgläubiger und unerfahrener Mann, zwar ein Gelehrter, aber eben deswegen, hatte ein braunes Rösslein und einen lustigen Sohn. Aber um den Sohn und um die Haushaltung bekümmerte er sich weniger als um seine chaldäischen Bücher. So bekümmerte sich der Sohn weniger um den Vater als um die Kannen und Gläser, und weniger um das Zahlen als um das Trinken, und war ein Student. Fragte jemand den Vater, wenn er von Tisch aufstand, ob er Sauerkraut oder Apfelmus zu Mittag gegessen habe, er wusst' es nicht. Fragte jemand den Sohn, wo der beste Wein im Städtlein verzapft werde, er wusst's. Eines Abends aber, als er aus dem Löwen nach Hause gehen wollte, nahm ihn der Löwenwirt auf die Seite: «Herr Benedikt, wie haben wir's endlich miteinander? Es sind jetzt vier Monate.» — Als er nach Hause ging, begegnete ihm der Ritterwirt: «Ei, Herr Benedikt, sieht man Euch auch wieder einmal? Es scheint, Ihr könnt die Rittergasse gar nimmer finden: Was gilt's, ich finde die Euere?» Als er um das Eck herum ging, lief er dem Anschel Hirsch in die Hände: «Na, Herr Benedikt, wie lange soll ich auf Johanni warten, oder was führt Ihr vor einen Kalender? Den hundertjährigen?»

Als er aber nach Hause kam, war sein erstes, er führte das Ross aus dem Stall und redete etwas mit dem Knecht, und den andern Morgen, als der alte Herr den chaldäischen Morgensegen gebetet hatte, fragt ihn der Sohn: «Wisst Ihr auch, Herr Vater, dass heute nacht das Bräunlein krepiert ist?» – «Was hat ihm gefehlt?» fragte der alte Herr nicht ohne Schmerz. «Man muss ein anderes kaufen.» – «Wenn wir nur geschwind wieder so eins hätten», erwiderte der Sohn.

Den zweiten Morgen oder dritten bindet er das Rösslein wieder in den Hof und ruft dem alten Herrn am Fenster, er habe ein Rösslein im Handel. «Sieht ein Ei dem andern gleich», sagte er, als der alte Herr heraus kam, «so tut's das alte Ross und das neue. Und nur 18 Louisdor. Wenn Ihr's kauft», sagte er, «so habt Ihr 12 Louisdor reinen Profit. Denn unter 30 hättet Ihr das alte nicht hergegeben, und das ist auf und nieder das nämliche.» Der Vater sagte: «Ein wenig kleiner, mein ich, sei es, – wie man sich täuschen kann.» – «Ums Erkennen», erwiderte der schlaue Sohn. Kurz, das Bräunlein gefiel dem alten Herrn, und der Handel wurde richtig. Der alte Herr gab dem Sohn die 18 Louisdor, und der Sohn bezahlte den Löwenwirt, den Ritterwirt und den Juden, hat auch seitdem gut gelernt Wasser trinken als Abschreiber in einer würzburgischen Schreibstube. [1819]

Einer Edelfrau schlaflose Nacht

Es ist nichts lehrreicher als die Aufmerksamkeit, wie in dem menschlichen Leben alles zusammenhängt, wenn man es zu entdecken vermag, z.B. Zahnschmerzen und das Glück eines Ehepaars, und wie selbst das, was unrecht und verboten ist, wieder gut gemacht werden kann, wenn's an den rechten Mann oder an die rechte Frau kommt, und wie in dem grossen unaufhörlichen Wechsel der Dinge alles einzelne wieder verschwimmt, dass man ihm nimmer nachkommt, und doch getan bleibt und nicht verloren geht, es sei gut oder bös. Gleich als wenn man ein Glas Wasser in den Rhein ausgiesst, kein Sterblicher ist im Stand, es wieder herauszuschöpfen, sondern es ist jetzt dem Rhein vermählt und augenblicklich verschwemmt in der grossen Flut. Ja, wenn die Sonne Wasser aufzieht, wie man zu sagen pflegt, sind ein paar Tröpflein davon vielleicht auch dabei und fallen irgendwo, in Bayern oder Lothringen, wieder aus einer Wasserwolke vom Himmel herab und erquicken ein Blümlein.

Eine Dienstmagd, jung und brav, auch hübsch, und ein Knecht gleicher Qualiät dienten miteinander auf einem Edelhof und hätten nicht so gerne Kaffee getrunken oder alle Tage Braten gegessen, als vielmehr einander geheiratet. Allein sie waren Leibeigene, insoweit, dass sie verpflichtet waren, eine gewisse Zeit Hofdienste zu tun, und die Edelfrau auf dem Hofe wollte sie nicht früher aus dem Dienst entlassen, weil sie so brav waren in ihrer Aufführung und so fleissig und treu in ihren Geschäften. Deswegen sassen sie oft beisammen und weinten, oder sie weinte, und er nagte an einem Holzsplitter. Ein andermal, wie die menschliche Laune wechselt, sprachen sie sich Mut ein, dass es ja nur noch um zwei Jährlein zu tun sei und freuten sich schon zum voraus ihres zukünftigen Glücks, «wenn du mein Weib bist» – sagte er – «und ich dein Mann», und einmal vergassen sie sogar die Zukunft und meinten, es sei jetzt. Nach Verlauf aber eines Jahres hat die Frau auf dem Edelhof in der Nacht desperates Zahnweh, nicht gerade deswegen. Sie steht aus dem Bette auf und wirft sich auf einen Stuhl, sie läuft aus einer Stube in die andere, aus der andern in die dritte. In der dritten setzt sie sich gegenüber einem Fensterlein, das in die Küche geht, mit einem weissen Vorhang davor, und das Zahnweh wird ihr nun bald vergehen. Sie sitzt jetzt am rechten Ort dazu. Denn auf einmal sieht sie hell werden hinter dem weissen Vorhang, sie hört etwas sich bewegen, sie hört etwas flüstern und knistern, sie schiebt leise das Vorhänglein weg, und in der Küche stehen der Knecht und die Magd an einem Feuerlein nachts um 12 Uhr und legen Späne an das Feuer, und auf dem Feuer steht ein Pfännlein – Bereits gibt das Zahnweh ein wenig nach. – „O ihr gottloses Lumpenpack", – sagte sie inwendig für sich. „So ist denn keinem Menschen mehr zu trauen. Habt ihr nicht alle Tage euer ordentliches Essen. Ist es euch nicht gut genug. Müsst ihr mich noch in der Nacht bestehlen und Lekkerbissen kochen!" Nach einiger Zeit stellt das Weibsbild das Pfännlein von dem Feuer, als ob sie jetzt die Leckerbissen verzehren wollten, der Knecht aber geht zur Türe hinaus. — „Wie der Tag anbricht, lass ich beide in Gefängnis werfen", so fuhr die Edelfrau fort, „und jage sie weg ohne ehrlichen Abschied. Am Ende wird mir die Dirne auch noch schwanger von dem Purschen in meinem eigenen Haus. So weit soll's mir nicht kommen. Indem kommt der Knecht zurück und bringt ein vierteljähriges Kind auf dem Arme und gibt's der Mutter auf die Schoss. Da hörte plötzlich das Zahnweh der Edelfrau auf, wie weggeflogen. Die Mutter gibt dem Kindlein aus der Pfanne den Brei, sie legt es an die mütterliche Brust, und der Schein des abnehmenden Feuers ging zur rechten Zeit über ihr Angesicht, als sie mit nassen Blicken ihr Kindlein noch einmal beschaute und dem Vater zurück gab und etwas zu ihm sagte. Denn da ward das Herz der Edelfrau wunderbar bewegt und kam auf andere Gedanken. Denn es war ihr, als ob die Mutter mit den nassen Blicken gesagt hätte: «Gott wird des armen Würmleins sich auch erbarmen», und als ob sie dazu bestimmt wäre. Ja, es fuhr ihr mit Grausen durch die Seele, was für ein Unglück in ihrem Hause hätte geschehen können, wenn nicht Gott das Herz der Eltern vor einem schweren Verbrechen bewahrt hätte.

Am frühen Morgen aber liess sie beide Eltern vor sich bescheiden. Beide sahen einander an «Was gilt's», sagte sie, «wir bekommen unsere Freiheit.» — «Oder auch nicht», sagte er. Die Edelfrau aber, als sie hereingetreten waren, redete sie ernsthaft und gebieterisch an: «Wo habt ihr euer Kind?» Da glaubten beide in den Boden zu versinken vor Schrecken und Scham und schauten einander verstohlenerweise an, gleichsam ob das andere noch da sei. «Wo ihr euer Kind habt», wiederholte die Edelfrau. — «Weil wir denn doch eins haben», stotterte endlich der Vater, «in der Holzkammer hinter einer Beige.» Als es aber der Bursche holen musste, brachte er es, wie es war, in einem alten Felleisen. Es war reinlich gehalten und gebütschelt auf einem Bettlein von

Heu und weinte, als ob es schon wüsste, wie man es machen muss. Da erbarmte sich das Herz der Edelfrau noch mehr, und als die treue Magd und Mutter reuevoll und mit Tränen bat, sie und ihr unschuldiges Kind nicht unglücklich zu machen, konnte die Edelfrau ihre Rührung nicht mehr verbergen: «Nein, ich will euch nicht unglücklich machen», sagte sie. «Ich will euch die Härte vergelten, die ich an euch begangen habe. Ich will euch den Kummer versüssen, den ihr getragen habt. Ich will eure Sünde wieder gut machen. Ich will euch die Barmherzigkeit vergelten, die ihr an eurem Kinde getan habt.» Meint man nicht, man höre den lieben Gott reden in den Propheten oder in den Psalmen? Ein Gemüt, das zum Guten bewegt ist und sich der Elenden annimmt und die Gefallenen aufrichtet, ein solches Gemüt zieht nämlich das Ebenbild Gottes an und fällt deswegen auch in seine Sprache. «Ihr könnt euch am Sonntag in der Stille zusammengeben lassen», sagte die Edelfrau. «Ich will euch ein angenehmes Heiratsgut stiften. Ich will aus eurem Kinde etwas werden lassen. Ist's ein Büblein?» — Also wurden sie am nächsten Sonntag auf Geheiss der Edelfrau zusammen gegeben und lebten seitdem in Liebe und Frieden ehelich beisammen. Das Büblein aber kann jetzt schon Haselnüsse aufbeissen und lernt fleissig und hat runde rote Backen. — Was aber weiter daraus werden soll, weiss der, der den Himmel mit der Spanne misst und den Staub der Erde mit einem Dreiling. [1819]

König Friedrich und sein Nachbar

Der König Friedrich von Preussen hatte acht Stunden von Berlin freilich ein schönes Lustschloss und war gerne darin, wenn nur nicht ganz nahe daneben die unruhige Mühle gewesen wäre. Denn erstlich stehn ein königliches Schloss und eine Mühle nicht gut neben einander, obgleich das Weissbrot schmeckt auch in dem Schloss nicht übel, wenn's die Mühle fein gemahlen und der Ofen wohl gebakken hat. Ausserdem aber wenn der König in seinen besten

Gedanken war und nicht an den Nachbar dachte, auf einmal liess der Müller das Wasser in die Räder schiessen und dachte auch nicht an den Herrn Nachbar, und die Gedanken des Königs stellten das Räderwerk der Mühle nicht, aber manchmal das Klapperwerk der Räder die Gedanken des Königs. Der geneigte Leser sagt: «Ein König hat Geld wie Laub, warum kauft er dem Nachbar die Mühle nicht ab und lässt sie niederreissen?» Der König wusste, warum. Denn eines Tages liess er den Müller zu sich rufen. «Ihr begreift», sagte er zu ihm, «dass wir zwei nicht neben einander bestehen können. Einer muss weichen. Was gebt Ihr mir für mein Schlösslein?» — Der Müller sagte: «Wie hoch haltet Ihr es, königlicher Herr Nachbar?» Der König erwiderte ihm: «Wunderlicher Mensch, so viel Geld habt Ihr nicht, dass Ihr mir mein Schloss abkaufen könnt. Wie hoch haltet Ihr Eure Mühle?» Der Müller erwiderte: «Gnädigster Herr, so habt auch Ihr nicht so viel Geld, dass Ihr mir meine Mühle abkaufen könnt. Sie ist mir nicht feil.» Der König tat zwar ein Gebot, auch das zweite und dritte, aber der Nachbar blieb bei seiner Rede. «Sie ist mir nicht feil. Wie ich darin geboren bin», sagte er, «so will ich darin sterben, und wie sie mir von meinen Vätern erhalten worden ist, so sollen sie meine Nachkommen von mir erhalten und auf ihr den Segen ihrer Vorfahren ererben.» Da nahm der König eine ernsthaftere Sprache an: «Wisst Ihr auch, guter Mann, dass ich gar nicht nötig habe, viel Worte zu machen? Ich lasse Euere Mühle taxieren und breche sie ab. Nehmt alsdann das Geld, oder nehmt es nicht!» Da lächelte der unerschrockene Mann, der Müller, und erwiderte dem König: «Gut gesagt, allergnädigster Herr, wenn nur das Hofgericht in Berlin nicht wäre.» Nämlich, dass er es wolle auf einen richterlichen Ausspruch ankommen lassen. Der König war ein gerechter Herr und konnte überaus gnädig sein, also dass ihm die Herzhaftigkeit und Freimütigkeit einer Rede nicht missfällig war, sondern wohl gefiel. Denn er liess von dieser Zeit an den Müller unangefochten und unterhielt fortwährend mit ihm eine friedliche Nachbarschaft. Der geneigte Leser aber darf schon ein wenig Respekt haben vor einem solchen Nachbar, und noch mehr vor einem solchen Herrn Nachbar.[1819]

Der Wettermacher

Gleichwie einem Siebmacher oder einem Hafenbinder, wenn er in einem kleinen Ort zu Hause ist, können seine Mitbürger nicht das ganze Jahr Arbeit und Nahrung geben, sondern er begibt sich auf Künstlerreisen im Revier herum und geht seinem Verdienst nach; also auch der Zirkelschmidt ist fleissig darauf im andern Revier und handelt nicht mit Zirkeln, sondern mit Trug und Schelmerei, um die Leute zu berücken und sich frei zu trinken im Wirtshaus. Also erscheint er einmal in Oberehningen und geht gerade zum Schulz. «Herr Schulz», sagt er, «könntet Ihr kein ander Wetter brauchen? Ich bin durch Euere Gemarkung gegangen. Die Felder in der Tiefe haben schon zu viel Regen gehabt, und auf der Höhe ist das Wachstum auch noch zurück.» Der Schulz meinte, das sei geschwind gesagt, aber besser machen, sei eine Kunst. «Ei», erwidert der Zirkelschmidt, «auf das reise ich ja. Bin ich nicht der Wettermacher von Bologna? In Italien», sagte er, «wo doch Pomeranzen und Citronen wachsen, wird alles Wetter auf Bestellung gemacht. Darin seid ihr Deutsche noch zurück.» Der Schulz ist ein guter und treuherziger Mann und gehört zu denen, die lieber geschwind reich werden möchten als langsam. Also leuchtete ihm das Anbieten des Zirkelschmidts ein. Doch wollte er vorsichtig sein. «Macht mir morgen früh einen heitern Himmel», sagte er, «zur Probe, und ein paar leichte weisse Wölklein dran, den ganzen Tag Sonnenschein und der Luft so zarte glänzende Fäden. Auf den Mittag könnt Ihr die ersten gelben Sommervögel los lassen, und gegen Abend darf's wieder kühl werden.» Der Zirkelschmidt erwiderte: «Auf einen Tag kann ich mich nicht einlassen, Herr Schulz. Es trägt die Kosten nicht aus. Ich unternehm's nicht anderst als auf ein Jahr. Dann sollt Ihr aber Not haben, wo Ihr Euere Frucht und Euern Most unterbringen wollt.» Auf die Frage des Schulzen, wieviel er für den Jahrgang fordere, verlangte er zum voraus nichts als täglich einen Gulden und freien Trunk, bis die Sache eingerichtet sei, es könne wenigstens drei Tage dauren, «hernach aber von jedem Saum Wein, den Ihr mehr bekommt», sagte er, «als in den besten Jahren, ein Viertel, und von jedem Malter Frucht einen Sester.» «Das wäre nicht veil», sagte der Schulz. Denn dort zu Land sagt man veil statt viel, wenn man sich hochdeutsch explizieren will. Der Schulz bekam Respekt vor dem Zirkelschmidt und explizierte sich hochdeutsch. Als er nun aber Papier und Feder aus dem Schränklein holte und dem Zirkelschmidt das Wetter von Monat zu Monat vorschreiben wollte, machte ihm der Zirkelschmidt eine neue Einwendung: «Das geht nicht an, Herr Schulz! Ihr müsst auch die Bürgerschaft darüber hören. Denn das Wetter ist eine Gemeindssache. Ihr könnt nicht verlangen, dass die ganze Bürgerschaft Euer Wetter annehmen soll.» Da sprach der Schulz: «Ihr habt recht! Ihr seid ein verständiger Mann.»

Der geneigte Leser aber ist nun der Schelmerei des Zirkelschmidts auf der rechten Spur, wenn er zum voraus vermutet, die Bürgerschaft sei über die Sache nicht einig geworden. In der ersten Gemeindsversammlung wurde noch nichts ausgemacht, in der siebenten auch noch nichts, in der achten kam's zu ernsthaften Redensarten, und ein verständiger Gerichtsmann glaubte endlich, um Fried und Einigkeit in der Gemeinde zu erhalten, wär's am besten, man zahlte den Wettermacher aus und schickte ihn fort. Also beschied der Schulz den Wettermacher vor sich: «Hier habt Ihr Euere neun Gulden, Unheilstifter, und nun tut zur Sache, dass Ihr fort kommt, eh' Mord und Totschlag in der Gemeinde ausbricht.» Der Zirkelschmidt liess sich nicht zweimal heissen. Er nahm das Geld, hinterliess eine Wirtsschuld von circa 24 Mass Wein, und mit dem Wetter blieb es, wie es war. Item, der Zirkelschmidt bleibt immer ein lehrreicher Mensch. Merke, wie gut es sei, dass der oberste Weltregent bisher die Witterung nach seinem Willen allein gelenkt hat. Selbst wir Kalendermacher, Planeten und übrigen Landstände werden nicht leicht um etwas gefragt und haben, was das betrifft, ruhige Tage.   [1819]

Missverstand

Von drei Schlafkameraden war der eine eben am süssen Einschlummern, als der zweite zum dritten sprach: «Joachim, was soll das heissen, dass du seit am Montag nichts mehr mit mir redest, so wir doch unser Lebenlang gute Freunde gewesen sind? Hast du etwas gegen mich, so sag's.» — Der dritte erwiderte dem zweiten: «Wer mit mir nicht redet, mit dem rede ich auch nicht, mein guter Bartenstein. Wie man in den Wald schreit, so schreit's wider.» Darauf sagt der zweite: «So? du nennst mich mit meinem Zunamen? Ich kann dich auch mit deinem Zunamen nennen, mein guter Marbacher. Wie man in den Wald schreit, so schreit's auch wider.» Der dritte sagt wieder zum zweiten: «So war's nicht gemeint, Bastian. Übrigens halte ich den Geschlechtsnamen meines seligen Vaters für keinen Schimpf. Ich hoffe, er hat dich als ein ehrlicher Mann zur Taufe gehoben.» Darauf entgegnete der zweite: «Ich den meinigen auch nicht. Ich hoffe, deine Mutter hat einen ehrlichen Mann zum Beistand. Aber man erkennt etwas daran.» Der dritte sagt: «Dein Vater ist ein braver Mann, der meiner Mutter mit gutem Rat redlich an die Hand geht.» Der zweite sagt: «Dein Vater war auch ein braver Mann und hat mir viel Gutes erwiesen. Aber sie redeten mit einander.» Der dritte fuhr gegen den zweiten fort: «Eben darum. An einem andern hätt' es mich nicht verdrossen, dass du mir den Montag keine Antwort gabst, als ich dich zum zweitenmal fragte, warum dich dein Meister fortgejagt hat.»

Als endlich der erste des Zwistes müde war, weil er gern hätte schlafen mögen und nicht dazu kommen konnte, fuhr er unwillig auf und sagte: «Hat jetzt euer Disputat bald ein Ende, oder soll ich aufstehen und den Wirt holen, dass er Frieden schaffe, oder soll ich's selber tun?» Dem erwiderte der dritte, weil er am Wort war: «Seid doch nicht wunderlich, Herr Landsmann, Ihr hört ja, wir explizieren uns nur, warum keiner von uns mit dem andern redet.» [1819]

Die Ohrfeige

Ein Büblein klagte seiner Mutter: «Der Vater hat mir eine Ohrfeige gegeben.» Der Vater aber kam dazu und sagte: «Lügst du wieder? Willst du noch eine?» [1819]

Der geschlossene Magen

Als einst der Zirkelschmidt wieder auf vier bis sechs Wochen in gute Umstände gekommen war, lebte er so lange gar ehrbar und häuslich mit seiner Frau, der Bärbel, und war in keinem Wirtshaus mehr zu sehen. Nein, er ass alle Mittag ein Pfündlein Fleisch mit ihr daheim und liess eine halbe Mass Wein dazu holen aus dem 'Adler' und gab auf ihre Ermahnungen. Einmal jedoch, als es ihm besonders schmeckte, schickte er nach dem Essen das Büblein heimlich in das Wirtshaus, dass es noch eine Halbe holen sollte. Als aber das Büblein die zweite Halbe brachte und auf den Tisch stellte, schaute seine Frau ihn bittend an: «Männlein», sagte sie, «lass es jetzt genug sein! Weisst du nicht, was im Doktorbuch steht, dass der Magen nach dem Essen geschlossen sei.» Dem entgegen schaute der Zirkelschmidt so lieb und freundlich zuerst den Wein, hernach die Bärbel an. «Liebes Weiblein», sagte er, «sei unbesorgt! Soll der Magen auch geschlossen sein, so viel bring ich noch wohl durch das Schlüsselloch.» [1819]

Ist der Mensch ein wunderliches Geschöpf

Einem König von Frankreich wurde durch seinen Kammerdiener der Namen eines Mannes genannt, der das 75ste Jahr zurückgelegt habe und noch nie aus Paris herausgekommen sei. Er wisse noch auf diese Stunde nicht anderst als vom Hörensagen, was eine Landstrasse sei oder ein Akkerfeld oder der Frühling. Man könnte ihm weis machen, die Welt sei schon vor zwanzig Jahren untergegangen. Er müsse es glauben. – Der König fragte, ob denn der Mann kränklich oder gebrechlich sei. «Nein», sagte der Kammerdiener, «er ist so gesund wie der Fisch im Wasser.» Oder ob er trübsinnig sei. «Nein, es ist ihm so wohl wie dem Vogel im Hanfsamen.» Oder ob er durch seiner Hände Arbeit eine zahlreiche Familie zu ernähren habe. «Nein, er ist ein wohlhabender Mann. Er mag eben nicht. Es nimmt ihn nicht Wunder.» Des verwunderte sich der König und wünschte, diesen Menschen zu sehen. Der Wunsch eines Königs von Frankreich ist bald erfüllt, zwar auch nicht jeder, aber dieser, und der König redete mit dem Menschen von allerlei, ob er schon lange gesund und wohlauf sei. «Ja, Sire», erwiderte er, «allbereits 75 Jahre.» Ob er in Paris geboren sei. «Ja, Sire! Es müsste kurios zugegangen sein, wie ich anderst hinein gekommen wäre, denn ich bin noch nie draussen gewesen.» – «Das soll mich doch Wunder nehmen», erwiderte der König. «Denn eben deswegen hab ich Euch rufen lassen. Ich höre, dass Ihr allerlei verdächtige Gänge macht, bald zu diesem Tor hinaus, bald zu jenem. Wisst Ihr, dass man schon lange auf Euch Achtung gibt?» Der Mann war über diesen Vorwurf ganz erstaunt und wollte sich entschuldigen. Das müsse ein anderer sein, der seinen Namen führe, oder so. Aber der König fiel ihm in die Rede: «Kein Wort mehr! Ich hoffe, Ihr werdet in Zukunft nicht mehr aus der Stadt gehen ohne meine ausdrückliche Erlaubnis.» – Ein rechter Pariser, wenn ihm der König etwas befiehlt, denkt nicht lange, ob es notwendig sei und ob es nicht auch anderst eben so gut sein könnte, sondern er tut's. Der Unsrige war ein rechter, obgleich als auf seinem Heimweg die Postkutsche vor ihm vorbei fuhr, dachte er: „O ihr Glücklichen da drinnen, dass ihr aus Paris hinaus dürft!" Als er nach Hause kam, las er die Zeitung wie alle Tage. Aber diesmal fand er nicht viel drin. Er schaute zum Fenster hinaus, das war auf einmal so langweilig. Er las in einem Buch, das war auf einmal so einfältig. Er ging spazieren, er ging in die Komödie, in das Wirtshaus, das war so alltäglich. So das erste Vierteljahr lang, so das zweite, und mehr als einmal im Gasthaus sagte er zu seinen Nachbarn: «Freunde, es ist ein hartes Wort, fünfundsiebenzig Jahre kontinuierlich in Paris gelebt zu haben und jetzt erst nicht hinaus zu dürfen.» Endlich im dritten Vierteljahr konnte er's nimmer aushalten, sondern meldete sich einen Tag um den andern wegen der Erlaubnis, das Wetter sei so hübsch, oder es sei heut ein schöner Regentag. Er wolle sich gern auf seine Kosten von einem vertrauen Mann begleiten lassen, wenn's sein müsse auch von zweien. Aber vergebens. Nach Verlauf aber eines schmerzlich durchlebten Jahrs, gerade am nämlichen Tage, als er abends nach Hause kam, fragt er mit bösem Gesicht die Frau: «Was ist das für ein neues Kaleschlein im Hof? Wer will mich zum besten haben?» «Herzensschatz», antwortete die Frau, «ich habe dich überall suchen lassen. Der König schenkt dir das Kaleschlein und die Erlaubnis, darin spazieren zu fahren, wohin du willst.» «Ma foi!» erwiderte der Mann mit besänftigter Miene, «der König ist gerecht.» — «Aber nicht wahr», fuhr die Gattin fort, «morgen fahren wir spazieren aufs Land?» — «Ei nun», erwiderte der Mann kalt und ruhig, «wir wollen sehn. Wenn's auch morgen nicht ist, so kann's ein andermal sein, und am Ende, was tun wir draussen? Paris ist doch am schönsten inwendig.» [1819]

Seines gleichen

Ein kunstreicher Instrumentenmacher, aber ein eingebildeter und unfeiner Mann, hielt sich schon einige Zeit in einem namhaften Städtlein auf und genoss dann und wann im 'Löwen' abends eine Flasche Wein und einen halben Vierling Käs. Eines Abends, als sich die meisten Gäste schon früher denn gewöhnlich verlaufen hatten und der Instrumentenmacher oben noch allein sass, rückt zu ihm der bekannte Zirkelschmidt mit seinem Schoppen Siebenzehner hinauf. «Euer Wohlgeboren», sagte er, «redeten da vorhin an Ihre Nachbarn über die Quadratur des Zirkels. Ich hatte keine Freude zur Sache. Leute unsers gleichen», sagte er, «können von so etwas wohl unter sich sprechen und einander Gedanken geben. Ich zum Beispiel wäre Euerer Meinung nicht gewesen.» Der geneigte Leser kennt den Zirkelschmidt, dass er immer auf eine Schelmerei ausgeht. Unter andern macht er sich gern an Fremde, die etwas gleich sehen, um hernach bei andern mit ihrer Bekanntschaft gross zu tun, wie am Ende dieser Erzählung auch geschehen wird, und die Leute breit zu schlagen, wie man sagt. Der Instrumentenmacher aber betrachtete ihn mit einem vornehmen, verachtenden Blick und sagt: «Wenn Ihr bei Leuten Eures gleichen sein wollt, so kommt nicht zu mir, oder wer seid Ihr?» Der Zirkelschmidt, des Schimpfes und der Schande gewöhnt, erwidert: «Sollte Euer Wohlgeboren aus meiner Rede nicht erkennen, dass zwei Künstler mit einander sprechen.» Des erboste sich der andere noch mehr. «Ihr ein Künstler», fragte er ihn, «ein Kammacher oder ein Besenbinder? Wollt Ihr ein Almosen von mir?» Der Zirkelschmidt erwidert: «Herr Christlieb, das beugt mich, weniger wegen meiner als wegen der Kunst. Leute unsers gleichen pflegen sich sonst ebenso sehr durch feine Sitten auszuzeichnen als durch Kenntnisse und Geschicklichkeit.» Da stand der Instrumentenmacher auf: «Sprecht Ihr mir schon wieder von Eures gleichen», sagt er. «Hör ich's zum drittenmal von Euch, so werf ich Euch den Stuhl an den Kopf», und lupfte ihn bereits ein wenig in die Höhe. Der Wirt aber, der bisher ruhig am Ofen stand, trat hervor und sagte: «Jetzt, Zirkelschmidt, reist!»

Der Zirkelschmidt aber erbost sich darüber auch und geht aus dem 'Löwen' ins 'Rösslein' gerad gegenüber, und «stellt euch vor», sagte er dort zu seinen anwesenden Bekannten, «was sich der hergelaufene Instrumentenmacher, der Brotdieb, einbildet. Der hochmütige Gesell nimmt's für einen Affront auf, dass ich zweimal zu ihm sagte: Leute unsers gleichen, und ich sag's zum drittenmal, wenn er's hören will, der Flegel, der impertinente, der gemeine Kerl.»

Der geneigte Leser lacht ein wenig, dass der Zirkelschmidt darauf beharrt, ein Mann, den er für einen Flegel und gemeinen Kerl ausgibt, sei seines gleichen.

Lerne erstens am Zirkelschmidt: Man muss nie schimpfen, wenn man im Zorn ist, sonst schimpft und verunehrt man sich selbst.

Lerne zweitens an dem Instrumentenmacher: Man muss sich, wenn man etwas ist, mit liederlichen Leuten nie in Grobheiten gemein machen, sonst macht man sich wirklich zu ihres gleichen. Der Zirkelschmidt hatte insofern recht. [1819]

Herr Charles
Eine wahre Geschichte

Ein Kaufmann in Petersburg, von Geburt ein Franzose, wiegte eben sein wunderschönes Büblein auf dem Knie und machte ein Gesicht dazu, dass er ein wohlhabender und glücklicher Mann sei und sein Glück für einen Segen Gottes halte. Indem trat ein fremder Mann, ein Pole, mit vier kranken, halberfrorenen Kindern in die Stube. «Da bring' ich Euch die Kinder.» Der Kaufmann sah den Polen kurios an. «Was soll ich mit diesen Kindern tun? Wem gehören sie? Wer schickt Euch zu mir?» – «Niemand gehören sie», sagte der Pole, «einer toten Frau im Schnee, siebenzig Stunden herwärts Wilna. Tun könnt Ihr mit ihnen, was Ihr wollt.» Der Kaufmann sagte: «Ihr werdet nicht am rechten Orte sein», und der Hausfreund glaubt's auch nicht. Allein der Pole erwiderte, ohne sich irremachen zu lassen: «Wenn Ihr der Herr Charles seid, so bin ich am rechten Orte», und der Hausfreund glaubt's auch. Er war der Herr Charles.

Nämlich, es hatte eine Französin, eine Witwe, schon lange im Wohlstande und ohne Tadel in Moskau gelebt. Als aber vor fünf Jahren die Franzosen in Moskau waren, benahm sie sich landsmannschaftlicher gegen sie, als den Einwohnern wohlgefiel. Denn das Blut verleugnete sich nicht, und nachdem sie in dem grossen Brand ebenfalls ihr Häuslein und ihren Wohlstand verloren und nur ihre fünf Kinder gerettet hatte, musste sie, weil sie verdächtig sei, nicht nur aus der Stadt, sondern auch aus dem Land reisen. Sonst hätte sie sich nach Petersburg gewendet, wo sie einen reichen Vetter zu finden hoffte. Der geneigte Leser will bereits etwas merken. Als sie aber in einer schrecklichen Kälte und

Flucht und unter unsäglichen Leiden schon bis nach Wilna gekommen war, krank und aller Bedürfnisse und Bequemlichkeiten für eine so lange Reise entblösst, traf sie in Wilna einen edlen russischen Fürsten an und klagte ihm ihre Not. Der edle Fürst schenkte ihr dreihundert Rubel, und als er erfuhr, dass sie in Petersburg einen Vetter habe, stellte er ihr frei, ob sie ihre Reise nach Frankreich fortsetzen oder ob sie mit einem Pass nach Petersburg umkehren wolle. Da schaute sie zweifelhaft ihr ältestes Büblein an, weil es das verständigste und das kränkste war. «Wo willst du hin, mein Sohn?» — «Wo du hingehst, Mutter», sagte der Knabe, und hatte recht. Denn er ging noch vor der Abreise ins Grab.

Also versah sie sich mit dem Notwendigen und akkordierte mit einem Polen, dass er sie für fünfhundert Rubel nach Petersburg brächte zum Vetter; denn sie dachte, er wird das Fehlende schon drauflegen. Aber alle Tage kränker auf der langen, beschwerlichen Reise starb sie am sechsten oder siebenten, . . . «Wo du hingehst», hatte der Knabe gesagt, und der arme Pole erbte von ihr die Kinder, und konnten miteinander so viel reden, als ein Pole verstehen mag, wenn ein französisches Kind russisch spricht oder ein Französlein, wenn man mit ihm reden will auf polnisch. Nicht jeder geneigte Leser hätte an seiner Stelle sein mögen. Er war es selber nicht gern. «Was anfangen jetzt?» sagte er zu sich selbst. «Umkehren — wo die Kinder lassen? Weiter fahren — wem bringen?» «Tue, was du sollst», sagte endlich etwas in seinem Inwendigen zu ihm. «Willst du die armen Kinder um das Letzte und Einzige bringen, was sie von ihrer Mutter zu erben haben, um dein Wort, das du ihr gegeben hast?» Also kniete er mit den unglücklichen Waisen um den Leichnam herum und betete mit ihnen ein polnisches Vaterunser «Und führe uns nicht in Versuchung.» Hernach liess jedes ein Händlein voll Schnee zum Abschied und eine Träne auf die kalte Brust der Mutter fallen, nämlich, dass sie ihr gerne die letzte Pflicht der Beerdigung antun wollten, wenn sie könnten, und dass sie jetzt verlassene, unglückliche Kinder seien.

Hernach fuhr er getrost mit ihnen weiter auf der Strasse nach Petersburg; denn es wollte ihm nicht eingehn, dass, der ihm die Kindlein anvertraut hatte, könne ihn stecken lassen, und als die grosse Stadt vor seinen Augen sich ausdehnte, wie ein Hauderer tut, der auch erst vor dem Tor fragt, wo er still halten soll, erkundigt er sich endlich bei den Kindern, so gut er sich verständlich machen konnte, wo denn der Vetter wohne, und erfuhr von ihnen, so gut er sie verstehen konnte: «Wir wissens's nicht.» – Wie er denn heisse: «Wir wissen's auch nicht.» –Wie denn ihr eigener Geschlechtsname sei? «Charles.» Der geneigte Leser will schon wieder etwas merken, und wenn's der Hausfreund für sich zu tun hätte, so wäre der Herr Charles der Vetter. Die Kinder wären versorgt, und die Erzählung hätte ein Ende. Allein die Wahrheit ist oft sinniger als die Erdichtung. Nein, der Herr Charles ist der Vetter nicht, sondern dieses Namens ein anderer, und bis auf diese Stunde weiss noch niemand, wie der wahre Vetter eigentlich heisst, nicht, ob und wo in Petersburg er wohnt.

Also fuhr der arme Mann in grosser Verlegenheit zwei Tage lang in der Stadt herum und hatte Französlein feil. Aber niemand wollte ihn fragen: «Wie teuer das Pärlein?» und der Herr Charles begehrte sie nicht einmal geschenkt und war noch nicht willens, eines zu behalten. Als aber ein Wort das andere gab und ihm der Pole schlicht und menschlich ihr Schicksal und seine Not erzählte, „eins", dachte er, „will ich ihm abnehmen", und es füllte sich immer wärmer in seinem Busen, „ich will ihm zwei abnehmen", dachte er, und als sich endlich die Kinder um ihn anschmiegten, meinend, er sei der Herr Vetter, und anfingen, auf französisch zu weinen, denn der geneigte Leser wird auch schon bemerkt haben, dass die französischen Kinder anders weinen, und als der Herr Charles die Landesart erkannte, da rührte Gott sein Herz an, dass ihm ward wie einem Vater, wenn er die eigenen Kinder weinen und klagen sieht, und «in Gottes Namen», sagte er, «wenn's so ist, so will ich mich nicht entziehen», und nahm die Kinder an. «Setzt Euch ein wenig nieder», sagte er zu dem Polen; «ich will Euch ein Süpplein kochen lassen.»

Der Pole, mit gutem Appetit und leichtem Herzen, ass die Suppe und legte den Löffel weg, – er legte den Löffel weg und blieb sitzen, – er stand auf und blieb stehen. «Seid so gut», sagte er endlich, «und fertigt mich jetzt ab; der Weg nach Wilna ist weit. Auf fünfhundert Rubel hat die Frau mit mir akkordiert.» Da fuhr es doch dem milden Menschen, dem Herrn Charles, über das Gesicht wie der Schatten einer fliegenden Frühlingswolke über die sonnenreiche Flur. «Guter Freund», sagte er, «Ihr kommt mir ein wenig kurios vor. Ist's nicht genug, dass ich Euch die Kinder abgenommen habe, soll ich Euch auch noch den Fuhrlohn bezahlen?» Denn das kann dem redlichsten und besten Gemüt begegnen, wenn's ein Kaufmann ist, jedem andern aber auch, dass es wider Wissen und Willen zuerst ein wenig handeln und markten muss, sei es auch nur mit sich selbst. Der Pole erwiderte: «Guter Herr, ich will Euch nicht ins Gesicht sagen, wie Ihr mir vorkommt. Ist's nicht genug, dass ich Euch die Kinder bringe? Sollt' ich sie auch noch umsonst geführt haben? Die Zeiten sind bös, und der Verdienst ist gering.» – «Eben deswegen», sagte Herr Charles, «darüber lasst mich klagen. Oder meint Ihr, ich sei reich, dass ich fremde Kinder aufkaufe, oder so gottlos, dass ich mit ihnen handele? Wollt Ihr sie wieder?»

Als aber noch einmal ein Wort das andere gab und der Pole jetzt erst mit Staunen erfuhr, dass der Herr Charles gar nicht der Vetter sei, sondern nur aus Mitleiden die armen Waisen angenommen habe, «wenn's so ist», sagte er, «ich bin kein reicher Mann, und Eure Landsleute, die Franzosen, haben mich auch nicht dazu gemacht; aber wenn's so ist, so kann ich Euch nichts zumuten. Tut den armen Würmlein Gutes dafür», sagte der edle Mensch, und es trat ihm eine Träne ins Auge, die wie aus einem überwältigten Herzen kam, wenigstens überwältigte sie dem Herrn Charles das seinige. „Monsieur Charles", dachte er, „und ein armer polnischer Fuhrmann" – und als der Pole schon anfing, eines der Kinder nach dem andern zum Abschied zu küssen und sie auf polnisch zur Folgsamkeit und Frömmigkeit ermahnte, «guter Freund», sagte der Herr Charles, «bleibt noch ein wenig da! Ich bin doch so arm nicht, dass ich Euch nicht Euern wohlverdienten Fuhrlohn bezahlen könnte, so ich doch die Fracht Euch abgenommen habe», und gab ihm die fünfhundert Rubel. Also sind jetzt die Kindlein versorgt; der Fuhrlohn ist bezahlt, und so ein oder der andere geneigte Leser vor den Toren der grossen Stadt hätte zweifeln mögen, ob der Vetter auch zu finden seie und ob er's tun werde, so hat doch die heilige Vorsehung ihn nicht einmal dazu vonnöten gehabt. ['Rheinblüten' 1819]

Der Handschuhhändler

Ein Handschuhhändler, welcher eine Kiste voll feiner Handschuhe aus Frankreich nach Deutschland bringen wollte, gebrauchte folgende List. Nämlich es ist ein Gesetz an den französischen Zollstätten, dass, wer mit einer Ware hinüber oder herüber will, der muss angeben, «wie hoch schätzest du sie», wegen dem Zoll. Schätzt er sie nun, dass es gehen und stehen mag, gut, so zahlt er den Zoll, so viel oder so wenig. Sieht aber der Zollgardist, dass der Kaufmann oder der Krämer seine Ware viel zu gering anschlägt, damit er nicht viel dafür entrichten muss, so darf der Zollgardist sagen: «Gut, ich gebe dir so viel dafür; ich geb' dir auch zehn Prozent mehr», so muss sich's dann der Krämer gefallen lassen. Der Krämer bekommt das Geld, und der Zollgardist behaltet die Ware, die alsdann versteigert wird, in Colmar oder in Strassburg oder so. Solches ist listig ausgedacht, und man kann nichts dagegen sagen. Aber der Listigste findet seinen Meister.

Ein Kaufmann, welcher zwei Kisten voll Handschuh über den Rhein bringen wollte, verabredete zuerst etwas mit einem Freunde. Alsdann legte er in die erste Kiste lauter rechte Handschuhe, nämlich für die rechte Hand, je zwei und zwei, in die andere lauter linke. Die linken schmuggelte er bei Nacht und Nebel herüber. Siehst du nichts, merkst du nichts. Mit den andern kam er an der Zollstätte an.

«Was habt Ihr in Eurer Kiste?» «Pariser Handschuhe.» «Wie hoch schlagt Ihr sie an?» «Zweihundert Franken.» Der Zollgardist betastete die Handschuhe; zart war das Leder, fest war es auch, fein die Naht, kurz sie waren vierhundert Franken wert zwischen Brüdern. «Ich gebe Euch zweihundertzwanzig Franken dafür», sagte der Zollgardist; «sie sind mein.» Der Krämer sagt: «Sind sie Euer, so sind sie mein gewesen. Zehn Prozent sind auch Profit.» Also nahm er zweihundertundzwanzig Franken und liess die Kiste im Stich. Freitags drauf in Speyer im Kaufhaus, es war noch in der alten Zeit, kamen die Handschuhe zur Steigerung.

«Wer gibt mehr als zweihundertundzwanzig?»

Die Liebhaber besichtigten die Ware. «Es scheint mir», sagte der Freund des Krämers, «die linken seien etwas rar.» «*Parbleu*», sagte ein anderer, «es sind lauter rechte.» Kein Mensch tat ein Gebot. «Wer gibt zweihundert? – hundertundfünfzig? – hundert? – Wer gibt achtzig?» – Kein Gebot «Wisst ihr was», sagte endlich der Freund des Krämers, «es kommen vielleicht viel Leute mit einsechten Armen aus dem Feld zurück.» Es war Anno 13. «Ich geb sechzig Franken!» sagte er. Wem zugeschlagen wurde, war er. Wer vor Zorn des Henkers hätte werden mögen, war der überrheinische Zollgardist. Der angestellte Käufer aber hat hernach die rechten Handschuhe ebenfalls über den Rhein geschmuggelt – siehst du nichts, merkst du nichts, und hat sie in Waldangelloch mit seinem Freund wieder zusammensepariert, je einen linken und einen rechten, und haben sie in Frankfurt auf der Messe für ein teures Geld verkauft. An dem Zollgardist aber hat der Krämer gewonnen: einhundertundvierzig Franken und den Zoll. Item, wie sagt die Schrift? «Ich wusste nichts von der Lust, so das Gesetz nicht hätte gesagt: lass dich nicht gelüsten!»

[Aus dem Nachlass]

Das Branntweingläslein

Ein Unteroffizier trat im 'Roten Rösslein' ein von der Parade. Der Wirt sagt zu ihm: «Aber den habt Ihr nicht schlecht getroffen heut in dem Kasernenhof. Was hat er angestellt?» – «Nicht wahr, ich hab' ihn gut getroffen?» sagte der Unteroffizier. «Es ist ein ausgelernter Spitzbube, gegen den keine Vorsicht hilft. Er ist imstand und stiehlt Euch ein Rad vom Wagen, während Ihr drauf sitzt und Wein holt im Ramstal. Kommt Ihr herein, so habt Ihr noch drei Räder.» Der Wirt sagt: «Mir ist keiner schlau genug. Der ist noch nicht auf der Welt.» Denn der Wirt war ein wenig dumm. Es ist fast immer ein Zeichen von Unverstand, wenn man allein klüger zu sein glaubt als alle andern. Deswegen sagte er: «Mir ist keiner schlau genug.» Der Unteroffizier sagte: «Gilt's einen Taler, er führt Euch an?» Der Wirt geht die Wette ein.

Nachmittags kommt der Soldat mit einem Branntweinfläschlein in der Hand und verlangt für einen Sechser Branntenwein. Er habe daheim einen kranken Kameraden. Er hatte aber noch ein anderes Fläschlein von gleicher Grösse und Gestalt in der Tasche, darin war Brunnenwasser, soviel als man Branntwein bekommen mag für sechs Kreuzer. Als er in das leere Fläschlein den Branntwein bekommen hatte, steckte er es zu dem andern in die nämliche Tasche und gab dem Wirt einen Sechser; der war falsch. Als er aber schon an der Türe war, während der Wirt den Sechser umkehrte, ruft er dem Soldaten: «Guter Freund, Euer Sechser ist falsch auf der untern Seite. Gebt mir einen andern.» Der Soldat stellte sich schrecklich erbost über den Spitzbuben, der ihm den falschen Sechser gegeben hatte, und zum Unglück habe er keinen andern bei sich. Er wolle aber sogleich einen holen. – «Nein», sagte der Wirt, «so ist's nicht gewettet. Gebt den Branntwein wieder heraus, und holt zuerst das Geld.» Da stellte ihm der Soldat das Fläschlein auf den Tisch, wo das Brunnenwasser drin war, und ging und kam nicht wieder. Abends kam der Unteroffizier. «Ei, seid Ihr es?» sagte der Wirt und lachte aus vollem Halse. «Was gilt's, Ihr wollt mir einen Taler bringen.» Der Unteroffizier aber lächelte nur, zwar etwas spöttisch, und sagte: «Nein, ich will einen holen. Versucht einmal Euern Branntwein, ob er nicht schmeckt akkurat wie Brunnenwasser.» Da wusste der Wirt vor Verwunderung und Beschämung nicht, was er sagen wollte. Der Unteroffizier aber sagte spöttisch: «Euch ist keiner schlau genug.» Also hatte er den Taler gewonnen; doch durfte der Wirt sechs Kreuzer davon abziehen, was der Branntwein kostete, und bekam, wie das Sprichwort sagt, zum Schaden den Spott.

[Aus dem Nachlass]

Der sicherste Weg

Bisweilen hat selbst ein Betrunkener noch eine Überlegung oder doch einen guten Einfall, wie einer, der auf dem Heimweg aus der Stadt nicht auf dem gewöhnlichen Pfad, sondern gerade in dem Wasser ging, das dicht neben dem Pfade fortläuft. Ihm begegnete ein menschenfreundlicher Herr, der gerne der Notleidenden und Betrunkenen sich annimmt, und wollte ihm die Hand reichen. «Guter Freund», sagte er, «merkt Ihr nicht, dass Ihr im Wasser geht? Hier ist der Fusspfad!» Der Betrunkene erwiderte, sonst finde er's auch bequemer, auf dem trockenen Pfad zu gehen; aber diesmal habe er ein wenig auf die Seite geladen. «Eben deswegen», sagte der Herr, «will ich Euch aus dem Bache heraushelfen!» «Eben deswegen», erwiderte der Betrunkene, «bleib ich drin. Denn wenn ich im Bach gehe und falle, so falle ich auf den Weg. Wenn ich aber auf dem Weg falle, so falle ich in den Bach.» So sagte er und klopfte mit dem Zeigefinger auf die Stirne, nämlich, dass darin ausser dem Rausche auch noch etwas mehr sei, woran ein anderer nicht denke.

[Aus dem Nachlass]

Der Herr Graf

Eines Abends, da sassen wir in einem vornehmen Gasthaus und vexierten einander mit allerlei. «Wisst Ihr noch, zum Beispiel», fragte der Graf den Hausfreund, «wie Ihr einst mit einem fremden Herrn angegangen seid, an dem nämlichen Platz, wo Ihr jetzt sitzet, von wegen der Sternseherei, und wie Ihr von einem beschrien worden seid, als Ihr nachher auf dem linken Flügel wolltet abziehen? Man muss sich mit fremden Leuten in Acht nehmen, die man nicht kennt», sagte der Graf im Scherz und erfuhr es bald nachher im Ernst. Denn mancher gibt eine gute Lehre und befolgt sie selber nicht.

Es kamen jetzt aus einer Chaise vier fremde Personen in die Stube, und darunter zwei schöne weibliche Gestalten, wie sie der Graf gerne sieht, und freute sich schon der angenehmen Tischgesellschaft. Als wir aber näher zusammenrückten, damit die Fremden Platz hätten am Tisch, bestellten sie ihr Nachtessen in ein eigenes Gemach; denn sie seien müde von der Reise und reich. Als aber der Hausfreund hinwiederum den Grafen vexieren wollte: «Denkt Ihr auch noch daran, wie Ihr einmal seid heimgeschickt worden, als der ungarische Major im Land war», da war schon kein Graf mehr weit und breit zu sehen; sondern er war mit des Wirts Vorwissen und Gefälligkeit in eine Kammer gegangen und kleidete sich daselbst anderst an, als wenn er in die Wirtschaft gehörte. In solcher Gestalt ging er in die Stube, wo die Fremden waren, deckte den Tisch, brachte das Essen, wartete auf und erfreute sein Herz an der Schönheit der weiblichen Gestalten und an ihren süssen Reden. Auch musste er ihnen Neuigkeiten erzählen. Mehr Unglücksfälle sind in zehn Jahren nicht geschehen, als damals an einem Tag nach des Grafen Erzählung.

Den andern Tag reisten die Fremden wieder weiters, wir meinten nach Basel. Am Mittwoch aber oder Donnerstags drauf wurden wir einig, in die lustige Badstadt zu gehen, wo unzählige Fremde aus allen Weltteilen der Gesundheit pflegen und sich der wunderschönen Landschaft erfreuen. Als wir aber dort um die Mittagszeit in einen Speisesaal traten, es waren schon viele Leute da, erblickten wir die nämlichen vier fremden Personen wieder und sie uns, und wer uns kannte, bewillkommte uns laut mit Namen und tat uns unsere Ehre an. «Seid uns höchlich gegrüsst, Herr Graf! Guten Tag, Herr Hausfreund! Was führt Euch für ein Glücksstern zu uns, Herr Graf? Hausfreund, was bringt Ihr Neues von daheim?» Da schaute mit Schweisstropfen auf der Stirn der Graf den Hausfreund an: «Jetzt ist guter Rat teuer, wenn Ihr keinen wisst. Was Ihr aber tut, bringt's nicht in den Kalender.» — «Herr Graf», erwiderte der Hausfreund, «diesmal will ich Euch noch retten. Aber künftig befolgt die Lehren selbst, die Ihr andern gebt! In solche Verlegenheit kommt man mit Euch.» Also redete der Hausfreund mit dem Wirt, was er zu den fremden Personen sagen solle. Der Wirt sagte: «Wenn das so ist, so muss man freilich aus der Not eine Tugend machen», und redete mit den Fremden. «Wisst ihr», sagte er, «wer die zwei Personen sind, die zuletzt da hereintraten? Der eine ist eines Wirts Sohn nicht weit von hier, sonst ein wahrheitsliebender junger Mann, nur bisweilen, nachdem als der Mond steht, kommt es ihm in den Kopf, er sei der Graf Susse. Deswegen machen ihm die Leute, weil er gut ist, diesen Spass. Der andere ist der rheinländische Hausfreund, dem im Jahr 1814 auf 1815 eine Eule aufgesessen ist, wie ihr im Morgenblatt könnt gelesen haben.» Da sprach die eine weibliche Gestalt halb seufzend: «Der arme Mensch!» — nämlich der Graf — «wir kennen ihn», sagte sie. «Wir haben auch damals schon etwas an ihm gemerkt. Statt des Kaffee, den er uns auf den andern Morgen bestellen sollte, bestellte er uns eine Habermehlsuppe.»

Also wurde die Sache noch glücklich vertuscht, und als sie hernach sahen, mit welcher Feinheit und Würde er sich gegen jedermann benahm, sagten sie: «Man sieht's ihm recht an, dass ihm der Graf von Herzen geht. Mit Vorsatz könnte sich einer nicht so verstellen.»[Aus dem Nachlass]